불교와 이슬람, 실크로드에서 만나다

Buddhism and Islam on the Silk Road
by Johan Elverskog

불교와 이슬람, 실크로드에서 만나다

Buddhism and Islam on the Silk Road

요한 엘버스커그 Johan Elverskog 지음
김인성 옮김

한울 아카데미

헌사: 어머니에게

어떤 이가 선지자(무함마드)를 찾아와 물었다. “오, 신의 전령자시여! 사람들 가운데 누가 저의 가장 좋은 친구라 할 수 있겠습니까.” 선지자가 답하셨다. “너의 어머니이다.” 그가 물었다. “그다음은 누구입니까?” 선지자가 답하셨다. “그다음은 너의 어머니이다.” 그가 다시 물었다. “그다음은 누구입니까?” 선지자가 말씀하셨다. “그다음은 너의 어머니이다.” 그가 또 물었다. “그다음은 누구입니까?” 선지자가 말씀하셨다. “그다음은 너의 아버지이다.”
— 『알 부하리, 하디스』, 5586

한쪽 어깨에 어머니를 태우고 다른 쪽 어깨에 아버지를 태운 채 백 년을 지낸다고 해도, 수많은 몸종을 두어 부모님을 목욕시키고 팔다리를 주무르면서 대소변까지 다 받아낸다고 해도, 부모님의 은혜에 보답하지 못한다. 칠보로 가득한 땅을 다스리는 최고의 왕으로 모신다 해도 부모님 은혜에 보답하지 못한다. 왜인가? 부모는 자녀에게 참으로 많은 것을 주나니, 자녀를 기르고, 먹이고, 이 세상을 살아가도록 가르쳐주기 때문이다.
— 『앙굿따라 니까야(증지부增支部)』, 2집, 4품, 2경

차례

한국어판 저자 서문

나는 스웨덴에서 태어나 스웨덴 교회의 루터교 신자로 성장했고 아시아에서 수년간 거주하며 공부한 후 지금은 불교학 교수이다. 반면 아내는 유고슬라비아에서 태어나 그리스 정교회인으로 자랐고, 아프리카에서 수년간 일하고 공부한 후 지금은 아랍어 교수이다. 우리는 텍사스 댈러스에서 이러한 모든 문화, 전통, 언어, 종교를 건강하게 받아들이며 아들을 키웠다. 여러 면에서 우리 가족은 우리 모두가 살고 있는 세계화되고 다원적인 세계의 축소판으로, 이 세계에서는 우리가 직면한 가장 심각한 문제를 해결하고자 한다면 다른 이들을 이해하고 인정해야만 한다.

물론 "테러와의 전쟁"이 격화되고 이슬람 공포증이 일상 생활의 일부가 되면서 이러한 국제적 비전이 심각한 도전을 받았다. 그런데 이제 중국, 우크라이나, 기후 위기와 같은 여러 문제가 커지면서 당시 그러한 언변言辯이 얼마나 뜨거웠는지 기억하기 어려울 때마저 있다. 당시 말투는 날카로웠고, 비인간적이었다. 그리고 이러한 것이 전 세계에 걸쳐 좌우

양쪽에서 나타났다.

이러한 상황에서 이 책을 썼다. 나는 오랫동안 불교와 이슬람교의 만남에 대해 글을 쓰려고 했다. 그러나 이 방대하고 복잡한 역사를 정리하는 방법은 고사하고 이 주제에 접근하는 방법도 알지 못했다. 이 주제는 수세기에 걸쳐 유라시아의 절반에 닿아 있다. 어디서부터 시작해야 할까? 구성 원칙은 무엇이어야 할까? 그리고 말하고자 하는바, 즉 논점은 무엇인가?

결국 이 모든 질문에 대한 해결책은 종교학 분야의 근본 통찰에서 찾게 되었다. 즉, 종교마다 교리와 관습이 다르지만 유사한 것들(설화說話, 의식儀式, 공동체 등)을 중심으로 전개된다. 다른 말로 표현하면 많은 점에서 모든 종교는 동일하다. 이러한 통찰력이 나의 출발점이다.

이 책의 서론에서 나는 결론을 이렇게 내렸다. "불교-무슬림 간 상호 작용의 역사를 돈벌이나 요리 같은 일상적인 활동의 관점에서 확인함으로써, 종교적 사상과 인간 생활의 복잡한 교차성뿐만 아니라 그러한 만남 안에서 실제로 일어날 수 있는 문화 교류의 이해 가능성에 대해서도 새로운 통찰력이 생길 수 있으리라 기대한다. 이어지는 글에서 이러한 목표가 달성되었는지 판단하는 일은 독자에게 맡기겠다. 다만 나는 이어지는 내용이 좋은 이야깃거리일 뿐만 아니라, 그것을 통해 불교와 이슬람이 정반대가 아니라 실제로 얼마나 동일한지 보여줄 수 있기를 바랄 뿐이다."

물론 그렇다고 해서 이 두 종교의 만남이 항상 상호 존중과 이해에 기초했다고 말하지는 않겠다. 그렇지 않았던 것이 사실이다. 만남은 양측의 이해 부족과 폭력을 수반하기도 했다. 중요한 점은 두 종교가 비슷하고, 그렇기 때문에 이 두 전통에 대한 단순한 진부함을 넘어설 필요가 있다. 그렇게 할 수 있을 때 비로소 나무보다 숲을 볼 수 있기 때문이다.

요한 엘버스커그Johan Elverskog

사라예보, 2023년 7월

※ **일러두기**

1. 원서에서는 참고문헌 인용과 서지사항을 밝힐 때 페이지 해당 부분에 번호를 명기하되 책 말미에 미주로 처리했다. 역서에서도 이러한 관례에 맞추어 원서 미주를 그대로 따랐다. 역자가 보충하거나 가독성을 위해 풀이를 더한 부분은 해당 페이지 하단에 각주로 처리했다.
2. 저작권 관계로 원서의 도판 가운데 일부를 변경하게 되었다. 불가피하게 도판을 변경할 경우 반드시 본문의 내용에 일치하는 것으로 선정했고, 모두 원저자와 합의하고 허락을 받았음을 밝힌다.

서론

나는 모든 이들이 "알라 외에 신은 없다"고 말할 때까지 투쟁하라는 명령을 받았노라.
— 선지자 무함마드의 고별사

사문沙門 고타마는 대중과 함께하며 자신 있게 사자후를 토한다.
대중은 그에게 질문하고 그는 대답하면서, 그 대답으로 대중의 마음을 사로잡으니, 대중은 흡족해하며 이를 진실로 받아들이도다.
— 『디가 니까야(장부長部)』, 〈마하시하나다경〉⊕

날란다의 불교 사원은 5세기 초 인도 북동부에 설립되었다. 세월이 지나면서 날란다의 사원은 아시아 최고의 고등 교육기관이 되었고, 오늘날의 저명한 대학처럼 첨단 이론을 연구하는 세계적인 교수진과 불교계 전역에서 찾아온 학생으로 가득 찼다.[1] 이러한 명성 덕분에 부유하고 영향

⊕ 〈마하시하나다경〉은 『맛지마 니까야』에 속해 있다고 보기도 한다.

력 있는 사람의 기부도 많이 받았다. 인도 북동부의 지방 통치자가 마을을 통째로 유증遺贈하여 날란다의 운영 자금을 지원했을 뿐 아니라,[2] 수마트라의 왕 역시 사원 기부금을 마련하도록 몇 군데 마을을 공양물로 바쳤고, 특히 중국에서 온 학생을 지원할 수 있는 특별 기금이 만들어지기도 했다. 날란다의 절정기에는 "수미산의 눈 덮인 봉우리처럼" 드높은 첨탑을 자랑하는 회랑이 수없이 자리한 아름다운 캠퍼스에서 여러 분야의 교수진이 3천 명에 이르는 다양한 학생을 가르쳤다.[3] 그러던 어느 날 갑자기 이 불교 기관의 평온함이 산산조각 났다. 1202년 가을, 무슬림 군인들이 말을 타고 쳐들어와 그곳의 교사들과 학생들을 그 자리에서 난도질해 버렸다. 한때 웅장했던 건물들은 폐허가 되고 말았다.[4] 그 잔혹함이 너무나 심각했기 때문에 이로써 인도에서 불법佛法(다르마Dharma)이 끝장났다.

우리는 수도 없이 이 충격적인 이야기를 들어왔다. 오늘날 어디에서나 이 이야기를 접하는데, 학술 서적에서부터 여행 선전지에 이르기까지 모든 곳에서 이를 다룬다. 널리 퍼져 있다는 그 사실 하나만으로도 이 사건이야말로 1,300년에 이르는 불교도와 무슬림 간의 교류 역사를 한마디로 단정 짓는 하나의 상징처럼 여겨진다. 이러한 연유로, 불교와 이슬람이라는 주제가 언급되기만 하면 거의 언제나 무슬림의 불법 파괴로 이야기가 흘러가게 마련이다.[5]

이러한 현실이 문제라고 보는 데는 여러 가지 이유가 있지만, 무엇보다도 날란다 이야기가 사실이 아니라는 점을 들어야 한다. 예를 들면, 현지의 불교도 통치자들은 새로운 무슬림 군주와 거래하여 권좌를 유지했을 뿐 아니라,[6] 날란다 역시 13세기까지 계속 불교 교육기관으로 활동했다.[7]

예를 들어 인도의 어떤 승려는 날란다에서 교육과 수계를 받은 후 쿠빌라이 칸의 궁정에까지 이르렀다.[8] 또 알려진 바로는 중국 승려들이 14세기 후반에도 계속해서 인도로 가서 불교 경전을 얻어 왔다.[9] 날란다의 파괴가 불교의 종말을 알리는 시발이 되었다는 이야기 때문에 생겨난 일반적 의견과는 달리 불법은 인도에서 적어도 17세기까지 살아남아 있었다.[10] 달리 말하자면, 불교도와 무슬림은 거의 천 년 동안 아시아의 아대륙, 인도에서 함께 살았다는 것이다.

왜 이러한 사실은 잘 알려지지 않았을까? 이에 대해서는 여러 가지로 설명할 수 있는데, 불교의 말법설末法說부터 현대 학문의 제반 문제에 이르기까지 다양하게 접근할 수 있다.[11] 그러나 여기에서는 그러한 점을 논하기보다 설화의 힘에 대해 말해보는 것이 좋겠다. 앞서 언급한 바와 같이, 날란다의 파괴는 선인과 악인이 선명하게 구분되어 등장하는 이야기로 나타난다. 이 이야기에는 복잡한 회색 음영이 완전히 빠져 있는데, 역사라는 어수선한 직물의 색은 이런 복잡한 회색일 때가 많다. 그렇지만 인도에서 불법의 종말을 이해하기 위해 이러한 이야기를 엮어왔던 불교 역사학자들이 원했던 바도 바로 이것이었다.[12] 즉, 인도의 복잡한 경제나 환경, 정치, 종교의 역사를 탐색하기보다는, 혹은 단순히 불교 전통 자체의 결함을 탐구하기보다는 무슬림을 비난하기가 훨씬 더 쉽다.

이런 점에서, 불교도는 이후 남아시아 역사를 주도하는 선례를 만들었다.[13] 예를 들어 영국인은 좀 더 인간적이며 합리적인 식민 통치라고 주장하면서 자신들의 식민 통치 도입을 정당화하기 위해 불교도와 똑같이 무슬림의 야만성과 실정을 핑계로 들었다.[14] 다음으로, 인도 민족주의자도 영국령 인도 제국의 도덕적 정당성과 영광에 의문을 제기하면서도 무슬림을 비난하는 역사적 모델을 계속 이어갔다. 그들에 따르면 굴욕적인 식민 통치는 인도의 약점 자체의 결과가 아니라 오히려 나약하고 방탕한 무굴 제국의 잘못 때문이었다.[15] 이 견해는 오늘날 힌두 민족주의자의 수사학으로 바로 이어지는데, 이들은 필요하다면 폭력을 사용해서라도 인도에서 이슬람의 모든 흔적을 근절함으로써 상상의 힌두 유토피아를 만들어내자고 한다.[16]

물론 이렇게 만연된 반反무슬림 관점은 중세의 불교나 현대의 힌두 역사학에만 국한되지 않는다. 이러한 관점은 7세기 초에 무함마드가 가브리엘 천사에게 신의 최후 계시를 받은 이래로 유대교와 기독교 전통의 일부가 되었다. 근대 서구가 스스로를 의로움의 모범이라고 이론화할 수 있었던 것 역시 이슬람을 희생하는 가운데 이루어졌다고 주장하는 사람도 많다. 그러나 그러한 "오리엔탈리즘"이 수십 년 동안 대대적으로 학문적 비판을 받아왔음에도 불구하고, 여전히 이러한 관점이 지속되고 있다.[17] 현대의 학자들이나 박물관 학예관들이 책이나 화려한 박물관 전시를 통해 무슬림의 관용이라든가 이슬람과 기독교 유럽의 교류 시대를 보여주면서 용감하게 이런 고정관념을 뒤집어보고자 했지만 실제로 우리가 가지고 있는 "오리엔탈리즘의 공포"를 감소시키지 못하고 있다.[18] 아무리 그러한 재평가가 필요하다고 해도 오늘날의 지정학적 환경이 이에 도움이 되지 않는 것도 사실이다. 이렇게 이질적인 요소를 모두 고려해보면, 날란다 설화와 그에 동반하여 불교를 파괴하는 이슬람의 이야기가 너무나 쉽사리 받아들여지고 있는 일 역시 전혀 놀랍지 않다. 많은 이들이 이 이야기를 그럴듯하다고 받아들인다. 더욱이 이 이야기는 두 가지 종교 전통에 대한 우리의 선입견과도 맞아떨어진다. 즉, 불교는 선하고 합리적이며 후기 계몽주의 철학이라면, 이슬람은 본질적으로 폭력적이고 비합리적인 종교라는 것이다.[19]

대중적 상상에 따르면 어떠한 두 전통도 불교와 이슬람보다 더 다를 수는 없을 것이다. 하나는 평화, 평온, 성찰과 동의어이고 다른 하나는 폭력, 혼돈, 맹목적인 믿음과 동의어이다. 하나는 히말라야의 암자와 일본 선불교 정원의 이미지를 연상시키고, 다른 하나는 부르카⊕를 두른 여자들이 있는 원시적이고 더러운 마을을 연상시킨다. 불교는 현대적이라 그 가르침이 최첨단 과학과 조화를 이루고 있다고 보는 반면,[20] 이슬람은 퇴행적이라 그 가르침과 처벌 양식이 중세 시대를 떠올리게 만든다.[21] 그러나 모든 오리엔탈리즘적 접근 방식이라든가 이슬람을 선천적 악이라고 보는 해석이 그러하듯, 불교를 현대 시대의 완벽한 영성이라고 보는 이미지 역시 19세기 서구의 환상이거나 그 환상의 구성물이다. 불교가 세계의 모든 문제를 해결할 수 있는 철학이라고 받아들여졌던 때는 다름 아닌 제국주의와 근대의 절정기 동안이다.[22]

이렇게 불교를 다룬 학자는 영국의 식민지 운영 관료부터 아시아 민족주의자, 독일 철학자, 러시아 신지神智 학자에 이르기까지 다양하다.[23] 이렇게 다양한 가운데에도 모든 저자가 동의했던 바는 제식이나 교리, 공동체적 구조를 잃어버린 이 전통이 분명 세속적 인본주의 시대의 영적 철학

⊕ 무슬림 여인이 얼굴을 비롯하여 온몸을 가리는 데 쓰는 베일이나 천.

이라는 점이다. 물론 아시아의 불교도가 실제로 실천한 것은 그러한 철학이 아니었다. 아시아의 불교도는 부처의 진정한 가르침을 잃어버리고, 그 대신 제식과 미신의 악몽 같은 늪에 빠져 있었다. 이 이야기가 아리안족과 셈족에 대한 19세기 논쟁뿐 아니라 개신교 변증론(즉, 예수의 가르침이 이교적 교황 제도에 의해 왜곡되었다가 다시 마틴 루터에 의해 구제되었다는 설[24])과 깔끔하게 일치하는 것은 단순히 우연의 일치만이 아니다. 이는 확실하게 강력한 이야기의 짜임새를 보여준다.[25] 또한 이 때문에 불교는 개인의 해방을 위한 명상의 도道, 즉 이슬람의 대립어라고 받아들여졌다.

이 점을 고려하면 날란다의 멸망 이야기에 의문을 제기하는 사람이 별로 없는 까닭을 이해할 것이다. 이 설화는 유명한 핵심 연기자들이 그들에게 어울리는 역할을 맡아 연기하는 완벽한 이야기라고 할 수 있다. 더욱이 최근 몇 년 동안 이 이야기는 단순히 역사의 안개 속에서 오래전에 잊힌 어떤 사건이라든지 역사의 혼돈스러운 움직임을 안내하고 정렬시키는 추상적인 프레임이 아니라 구체적인 현실로 나타났다. 2001년 3월 한 달 동안, 탈레반이 탱크와 대공 무기를 사용하여 거대한 바미얀 불상佛像(그림 1, 그림 2)을 파괴했을 때, 바로 이 이야기가 전 세계의 텔레비전 화면으로 상영된 셈이다.

이 무자비한 파괴 행위는 날란다의 이야기를 재현했을 뿐만 아니라 우리의 모든 고정관념을 재확인해 주었다. 불교-무슬림 역사를 압축적으로 보여주는 데 있어 광신적인 무슬림 무장 단체가 평화롭고 조용한 부처상을 이슬람이라는 이름으로 무의미하게 훼손하는 것보다 더 좋은 이미지가 있겠는가? 이야말로 언제나 국제 사회의 언론이 이 설화를 표현하는

그림 1. 바미얀 대불상, 5~7세기, 1963년
자료: 위키피디아.

그림 2. 대불상 2001년 파괴 후, 2005년
자료: 위키피디아.

방식이다. 그러나 이 사건이 생겨난 역사적 배경은 고려하지 않는다. 그 부처상이 1,300년에 이르는 무슬림 통치 기간 동안 이럭저럭 살아남았다는 사실에는 더욱 관심이 없다.[26] 어찌 되었든 이런 것은 이야기를 깔끔하지 못하게 만드는 불편한 사실 중 하나이다. 조금이라도 그런 생각을 하면 역사의 모든 어수선한 현실이 밀고 들어오도록 문을 열어주는 것이고, 그러다 보면 지난 천 년 동안 전해져 내려온 관습적인 설화에 도전하고 심지어 그 줄거리를 망가뜨려버릴 수도 있으니, 차라리 생각하지 않는 편이 나을 수도 있다.

불교-무슬림 간 상호 작용의 역사를 조명해보자는 것이 바로 이 책의 목적이다. 이를 위해 불교-무슬림 상호 작용의 관습적인 역사를 형성하는 공간적, 시간적 경계를 넘어서본다. 따라서 인도가 아니라 소위 실크로드, 좀 더 정확히 말하자면 아프가니스탄에서 몽골리아까지 뻗어 있는 넓은 영토인 내륙아시아에 초점을 둔다. 그리고 초기 시대와 불교의 종말이라는 가상에 머무르기보다는 19세기에 이르기까지 이 두 전통의 상호 작용을 다룬다. 또한 이 이야기 전개에 구조를 제공하기 위해 각 장을 연대순으로 배열하고, 서술적 흐름을 위해 각 장에서는 주제별 문제를 중점적으로 다룬다. 이렇게 별개의 문제는 자료를 구성하는 틀을 제공할 뿐만 아니라 더 큰 이론적 관심사로 불교와 무슬림 세계의 만남을 바라본다.

제1장에서는 무역이라는 관점과 종교적 사상과 경제 체제 사이의 연관성을 통해 불교도와 무슬림 간의 초기 접촉(약 700~1000년경)을 탐색한다. 제2장에서는 동일한 기간을 중심으로 다루지만 구원의 경제economy of salvation를 넘어 이 두 전통이 어떻게 서로를 이해하려고 노력했는지 그 방

법을 탐구해본다. 제3장은 이 초기 시대를 넘어 몽골 제국(약 1100~1400년경) 시대까지 이르러, 다문화 간 예술 생산과 관련하여 불교-무슬림 상호 작용을 조사한다. 반면 제4장은 예술의 영역과 몽골 제국에서 벗어나 몽골 이후 시대(약 1400~1650년경)의 정치적, 경제적 배경과 불교와 무슬림 세계 사이에 야기된 갈등을 조사한다. 마지막으로 제5장에서는 청 왕조(1644~1911년) 동안 불교-무슬림 상호 작용을 종교적 식생활 습관이라는 문제를 통해 탐구한다.

이러한 방식으로 불교-무슬림 역사를 제시하는 것은 단순히 인류 역사에서 무시되어온 역사의 한 장을 드러내기 위해서가 아니다. 이어지는 글의 목표는 이 두 전통의 만남을 보여줌으로써 상호 연결된 세 가지 주제를 탐구하는 것이다. 이들 중 첫 번째 주제이자 실제로 이 글 전체에서 핵심적인 가닥은 불교도와 무슬림이 서로 접촉했을 때 무슨 일이 일어났느냐는 것이다. 특히 이러한 만남의 결과로 이 두 가지 전통이 어떻게 변모했는가? 또한 한 쌍으로 다루는 경우가 극히 드문 이 두 가지 전통의 만남을 이렇게 탐구함으로써 민족국가라는 근대적 현상뿐 아니라 동양과 서양이라는 개념이나 중동-동아시아와 같은 분류에 도전해보는 것도 이 책의 목표이다. 이 모든 것은 이러한 개념화가 어떻게 역사적 현실을 잠재적으로 왜곡하는지 탐구하기 위해서이다. 그리고 마지막으로, 불교-무슬림 간 상호 작용의 역사를 돈벌이나 요리 같은 일상적인 활동의 관점에서 확인함으로써, 종교적 사상과 인간 생활의 복잡한 교차성뿐만 아니라 그러한 만남 안에서 실제로 일어날 수 있는 문화 교류의 이해 가능성에 대해서도 새로운 통찰력이 생길 수 있으리라 기대한다. 이어지는 글에서 이러한 목표가 달성되었는지, 그 판단은 독자에게 맡기겠다. 다만 이어지는 내용이 좋은 이야깃거리일 뿐만 아니라, 그 이야기를 통해 불교와 이슬람이 정반대가 아니라 실제로 얼마나 동일할 수 있는지 보여주기를 바랄 뿐이다.

제1장

/

접촉

믿는 이들이여. 너희의 재산을 부정하게 낭비하지 마라; 너희 가운데 상호 공익을 위해 교역하고 거래하도록 하라.
— 꾸란 4장 29절

계를 구족한 현자는
마치 봉화처럼 반짝이는구나.
그는 재산을 모으기를 마치 벌이
꿀을 모으듯 하여, 점점 그 재산이 쌓여가노니.

마치 개미탑이 자꾸 높아가는 듯하구나.
그와 같이 모은 재물로 그는
주변 사람을 충실히 부양할 수 있으리.
그리 모은 재물을 넷으로 나누니.

첫 번째 몫의 재물은 그의 용도대로 쓰고,
두 번째, 세 번째 몫의 재물은 사업하는 데 쓰고
네 번째 몫의 재물은 따로 떼어두어야 하나니
재난에 대처하기 위해서이다.
—『디가 니까야』, 〈싱갈라경〉

불교 학계의 농담 가운데, 서구에서 불법은 중도中道, Middle Way가 아니라 상류 중도上流中道, Upper Middle Way라고 해야 한다는 말이 있다.[1] 꽤 많은 구미의 부유한 불교도가 일상에서 고단한 노동을 하지 않아도 될 정도의 여유를 누리면서 비행기를 타고 마우이섬에 가서 명상 안거를 하는 모습은 미국 대중문화에서 흔한 조롱거리가 되고 있다.[2] 물론 이런 농담이 생긴 것은 모든 세속적 소유를 포기한 불교 승려의 이미지와 호강스럽게 세계 곳곳을 돌아다니는 사치스러운 불교도가 전혀 어울리지 않기 때문이다. 그런데 불교도와 부유함이 정말 그렇게 상반될까?

이 질문을 역사적으로 살펴보면 그 대답은 '상반되지 않다'이다. 아주 초기부터 수천 년에 이르는 동안 불법을 계속 운영해온 자들은 항상 부유하고 강력했다. 어찌 보면 이는 참으로 모순적으로 들릴 수 있다. 재산, 권력, 폭력이야말로 불교가 거부하는 것이라고 알려져 있다. 무소유야말로 이 시대 종교 시장에서 불법을 독특하게 보이게 한다. 즉, 불교는 보통 종교에 비난거리가 될 만한 것과는 모두 상관이 없는 전통으로 보인다. 하지만 서론에서 이미 언급했듯이, 불교에 대한 이러한 관점은 불교 교리와 역사를 선별적으로 보는 데서 생겼다.

불법의 취약한 부분을 드러내기는 아주 쉽다. 가령 불교의 여성 혐오를 지적할 수 있다.[3] 또는 불교의 평화로움이라는 일반적인 주장에 반하는 예로 불교가 저지른 폭력의 역사를 살펴볼 수 있는데, 그 증거로 5대 달라이 라마가 그의 학살단에게 내린 다음의 명령을 제시할 수 있다.[4]

그들에게 맡겨진 임무를 훼손한 적들의 무리 [가운데에서]:

남계男系를 뿌리 잘린 나무처럼 만들어라.

여계女系를 겨울에 말라버린 개울처럼 만들어라.

자녀들과 손주들을 돌에 박살난 달걀처럼 만들어라.

종들과 추종자들을 불에 타버린 풀더미처럼 만들어라.

그들 나라를 기름이 고갈된 등불처럼 만들어라.

요컨대 그들의 흔적도, 그 이름조차도 모조리 없애버려라.[5]

이렇게 커츠Kurtz⊕적인 어두운 이미지를 달라이 라마와 관련짓는 것만으로도 일부 사람에게 큰 혼란을 줄 수 있다. 그러나 중요한 사실은 티베트 역사가 샹그릴라라는 서구의 대중적 이미지보다는 종교 개혁과 그 이후 유럽에서 일어난 종교적 혼란과 폭력에 더 가깝다는 것이다.[6] 스리랑카에서 진행 중인 내전에서 분명히 알 수 있듯이, 불교의 폭력성 사례를 살펴보자고 과거로 되돌아갈 필요도 없다.[7]

따라서 흔히 알고 있는 바와는 달리, 불교 역시 본질적으로 다른 "세계 종교"에서 발견되는 공포에서 벗어나지 않는다. 이러한 이유 때문에 최근 몇 년 간 학자들이 불법의 아름답지 못한 측면을 폭로했다. 그러나 이러한 학문적 성과가 대중의 인식에 큰 영향을 미치지는 못했다. 불교는 여전히 내리는 눈처럼 순수하리라는 분위기를 간직하고 있다. 여기에서 이것이 사실인지 아닌지 논쟁하자는 것이 아니다. 그보다는 흔히 알고 있는 불법에 대한 관점 때문에 불교가 이슬람과 접촉했을 때 일어났던 일에

⊕ 조지프 콘래드의 1899년작 『어둠의 한가운데Heart of Darkness』에 등장하는 중심인물.

대한 설화가 어떻게 형성될 수 있었으며, 왜곡될 수 있었는지 보여주는 일이 중요하다.

이 역사를 풀어가면서 유념해야 할 일은 이러한 오해만이 아니다. 다른 두 가지도 주목해야 한다. 첫째, 불교는 하나의 가르침이나 학파, 전통이 아니다. 오히려 다른 종교와 마찬가지로 불교 역시 시간이 지나면서 급격하게 다양해지고 상호 경쟁적인 학파로 갈라져 나갔다. 이슬람이 남아시아에 등장할 무렵에 불법은 세 가지 근본적으로 다른 전통, 즉 니까야 교단, 대승불교, 탄트라 불교(밀교)⊕로 나뉘어 있었다. 따라서 무슬림이 접한 것은 '불교'라는 하나의 단단한 체계가 아니라 다채로운 신념과 관습을 가진 다양한 불교도였다.

이와 마찬가지로, '무슬림'이라고 이를 만한 하나의 통일된 집단도 없었다. 이슬람이 불법과 접촉하던 시기에 무슬림이란 과연 무엇을 의미하는지 아주 활발하게 논란이 일었다. 참으로 중요한 사실은 오늘날 '이슬람'이라고 규정할 수 있는 관념이나 관행 대부분이 9세기와 10세기에 이르러서야 명료해졌다는 것이다. 따라서 그 이전에 받아들여지고 실천되었던 이슬람은 이와는 달랐으며, 불교도-무슬림 상호 작용의 역사에 접근할 때 그러한 사실을 중요하게 고려해야 한다. 특히 불교와 이슬람이 정지된 2개의 단일체로 서로 충돌하지 않았다는 점을 인지해야 한다. 오히

⊕ 원저原著에서는 티베트 불교를 포함하여 흔히 '밀교密敎'라고 알려져 있는 불교를 탄트라 불교, 혹은 탄트라로 부른다. 이 책에서는 문맥상 분명하게 티베트 불교를 가르키면 밀교라고 번역한다.

려 두 종교는 다양하면서도 끊임없이 발전하는 전통으로, 자체 내의 내재적인 신학상 전개 때문에 고민할 뿐만 아니라 그만의 특정한 공동체를 넘어 세계를 이해하려고 노력했다.

이렇게 좀 더 광범위한 현실성을 염두에 두는 것뿐 아니라 경제 문제도 고려할 필요가 있다. 종교 전통이 인정하고 싶어 하든 아니든, 신앙 공동체 역시 어떤 사회 제도와 마찬가지로 재정적 지원 없이는 생존할 수 없다. 실제로 역사가 반복적으로 보여주듯이, 자본을 성공적으로 조달한 종교 전통만이 살아남는다. 돈을 얻지 못한 종교 전통은 결국 사라진다. 예를 들어 초기 불교 16개의 니까야 교단 중에 살아남은 것은 현재 스리랑카와 동남아시아에서 주로 실행되고 있는 근본불교뿐이다.⊕ 따라서 불교와 이슬람 문제에 접근할 때 종교와 그 종교를 지원하는 경제 체제 간의 상호 관계를 간과할 수 없다. 그리고 불법과 관련해서 특히 이 점이 중요하다. 이슬람과 상업계의 연관성은 잘 알려져 있지만, 불교와 상업계의 관계는 그다지 잘 알려져 있지 않다.[8] 다시 말해, 불법은 궁극적 탐구를 욕망의 극복이라고 보는, 고로 돈 버는 일상 현실과는 상반되거나 적어도 돈벌이에 관심이 없다고 여기는 일이 보통이다. 이런 생각은 잘못되었다.

부처나 부처의 가르침을 성문화한 부처의 제자들은 경제적 현실을 기민하게 다룬 이론가였다. 불법은 고대 인도의 변화무쌍한 사회 경제적 세계와 밀접하게 연결되어 있으며, 불교가 새롭게 부상하는 도시 상업계층

⊕ 근본불교根本佛敎(테라바다Theravada)는 소승불교小乘佛敎(히나야나Hinayana)라고 불리기도 했다.

에게 가장 공감을 준 것도 바로 이 때문이다. 상업계층이야말로 불법을 현실적으로 지탱하고 아시아 전역에 걸친 무역로에서 불법이 확산되도록 촉진했다. 따라서 불교는 (오늘날 서구에서 그러하듯이) 도시 중심의 코즈모폴리턴 엘리트가 선택한 종교가 되었다. 여러 방면에서 불교는 거의 천 년 동안 이 위치를 유지했다. 그래서 불교가 새로운 종교인 이슬람의 도전을 받았던 것도, 이슬람 역시 칼리파 시대의 광대한 경제 체제에서 활동하는 도시 중심의 코즈모폴리턴 엘리트가 현실적으로 지탱해주는 종교였기 때문이다.

구원救援의 경제

부처의 생애 이야기는 책자에서부터 조각상, 그림, 영화에 이르기까지 다양한 매체를 통해 잘 알려졌다. 부처의 원래 이름은 고타마 싯다르타로, 현재 네팔 남부 영토를 다스리는 왕의 아들로 태어났다. 부처의 탄생과 더불어 여러 기적이 따랐기 때문에 그의 아버지는 종교인들을 불러들여 이러한 전조를 해석해보려고 했다. 이들은 차례로 아이가 세속을 떠나 위대한 종교 지도자가 될 것이며, 그렇지 않으면 강력한 왕이자 세계 정복자가 될 거라고 했다. 왕은 아들이 가업인 정치를 잇지 않고, 대신 머리를 땋고 반쯤 벗은 채로 돌아다니는 스승을 따라다닐까 봐 두려워서 싯다르타에게 절대로 궁전을 떠나지 말라고 명령했다. 또한 아버지는 싯다르타가 질릴 정도로 호강을 누리게 했다. 싯다르타는 소년이나 청년이라면 원할 만한 것, 장난감, 음식, 마차, 여자 등 모든 것을 소유하고 누렸다. 그러나 싯다르타는 호기심이 많아서 어느 날 밤 하인의 도움을 받아 궁전에서 몰래 빠져나왔다. 그는 병자와 노인, 시체를 보고 충격을 받았다. 그들을 보고 나서야 싯다르타는 이것이 자신을 포함하여 모든 이의 운명임을 깨달았다. 그는 이를 어찌해야 하는지 고민했다.

이때 그는 이 질문에 답을 구하려고 애쓰는 수행자를 보고 종교적 길을 가기로 결심한다. 아버지의 궁전을 버리고 그는 그 후 수년간 여러 스승을 찾아 공부했지만, 스승들의 생각이나 수행 중 어떤 것도 실제로 삶의 의미라는 큰 질문에 답을 주지 못했다. 결국 그는 혼자 가기로 결정했다. 큰 반얀나무(보리수) 아래에 앉아 명상하는 동안 그는 세 가지 환영을 보았다. 첫 번째는 시간의 본질로, 그의 모든 전생담前生譚에 드러나 있다. 두 번째는 공간의 본질로 그가 여섯 가지 존재 영역, 즉 육도六道(신, 반신半神, 인간, 축생, 아귀, 지옥)[◈]를 방문하면서 목격한다. 그리고 마침내 그는 궁극적인 깨달음을, 즉 무아無我를 이룬다. 부처는 이 새로운 지혜를 네 가지 고귀한 진리, 사성제四聖諦로 간략히 요약했다:

1. 고통이 있다.
2. 고통은 욕망에서 비롯된다.
3. 열반이 해결책이다.
4. 열반은 팔정도에 의해 이를 수 있다.

◈ 육도六道는 중생의 업인에 따라 태어나는 존재 양상의 여섯 가지로서, 동아시아 불교 교리에서는 천天, 아수라阿修羅, 인간人間, 축생畜生, 아귀餓鬼, 지옥地獄의 세계로 이해한다.

싯다르타는 40년 동안 이 불법을 설했다.

부처의 전기는 놀라운 이야기이다. 그러나 그 이야기에 역사적 타당성이 있는지 여부는 전적으로 다른 문제이다. 우리는 역사적 부처에 대해 거의 알지 못하고, 그가 언제 살았는지조차 모른다.[9] 그러나 이 사실이 부처의 전기가 무의미하다는 뜻은 아니다. 오히려 그 정반대이다. 비유와 은유를 통해 이 이야기는 부처의 가르침 전체, 그 우주론과 교설 및 공동체의 구조를 압축적으로 보여준다. 예를 들어 부처가 인생에서 취할 수 있었던 두 가지 길에 대한 최초의 예언은 불교 공동체의 상호 의존적인 두 가지 요소, 즉 세상을 버리는 종교 전문가와 세상에 살면서 그들을 지원하는 사람들을 알려준다. 젊은 때 부처의 감금 같은 생활과 방탕한 삶은 당연히 욕망, 물질세계로, 깨달음을 통해 초월할 수 있는 윤회의 세계를 비유한다.

그러므로 부처의 전기는 역사가 아니라 신화이다. 이 두 가지 서로 다른 실재實在는 서로 만날 수도 있고 그렇지 않을 수도 있지만, 그럼에도 불구하고 각자 의미를 생성한다. 이와 관련하여 시간이 지남에 따라 불법이 변화했고 부처의 전기도 변했다는 데 주목할 수 있다. 예를 들어 부처가 종교적 탐색을 시작하면서 임신한 아내를 버렸다는 이야기는 후대 가족 가치 중시형의 불교도와 잘 어울리지 않았기 때문에 다시 새롭게 설화가 만들어졌다. 부처가 아내를 떠난 일은 그 이야기의 변할 수 없는 핵심 요소로 그대로 남았지만, 그는 사랑스럽고 자비로운 방식으로 떠났다. 더욱이 아이는 부처가 깨달음에 이르는 순간까지 아내의 태중에 있었기 때문에 아들의 탄생을 불법과 영원히 연결시키게 되었다.[10] 그의 아내든 어떤 여자든 6년 동안 태중에 아기를 갖고 있고 싶은지는 그다지 중요하지 않았는데, 대부분의 종교와 마찬가지로 불교도 남성의 세계였고 그러한 여성의 문제는 문젯거리가 아니었다.

부처의 관심사는 무엇이었을까? 어떤 환경적, 역사적 상황에서 부처가 형성되었으며, 그가 관여하고 자신의 가르침으로 도전했던 상황은 무엇이었을까? 그는 무엇에 반응했던 것일까? 그는 무엇을 재해석했을까? 부처가 언제 살았는지 정확히 알지 못한다는 사실 때문에 이러한 질문에 답하기가 확실히 쉽지 않다. 최근 어떤 학자가 애석해했듯이 "초기 불교가 선언한 비판이 인도 아대륙의 지적, 문화적 역사에서 어떤 의미인지 적절하면서도 역사적으로도 상세한 설명이 부족하다는 것이 인도학 학문에서 가장 중요한 문제이다."[11] 이것이 사실이긴 하지만, 불법이 형성된 역사적 맥락이 전적으로 베일에 가려진 것은 아니다.

소위 "기축機軸 시대axial age"라고 불리는 기간(기원전 600~300년)에 인도가 정치적, 경제적, 문화적, 기술적으로 엄청난 변화를 겪었다는 것은 잘 알려져 있다.[12] 이렇게 상호 연관된 발전은 인도 사회의 구조와 본질뿐만 아니라, 사람들이 인간 경험의 본질을 어떻게 이해하는지에 대해서도 깊은 영향을 미쳤다. 이렇게 변화하는 환경에서 부처나 부처와 같은 사람들, 즉 힌두교 우파니샤드 사상가, 자이나교도 등이 삶의 의미에 관한 큰 질문에 답하려고 했다. 그리고 이런 점에서 모든 것이 변한다는 부처의 근본적인 생각은 시대의 기본 흐름을 잘 포착한다.

그러한 변화 중 하나는 정치 구조의 특성과 관련된다. 부처의 전기와 그 왕국의 성격에 반영된 바와 같이, 당시 인도는 혈통에 기반한 작은 협

지도 1.
부처가 살았을 당시 인도의 16개 '강대국'

의체 왕국(지도 1)으로 나뉘어 있었다.[13] 그러나 이 작은 공화국들은 점차 도전을 받고, 결국 패배하여 좀 더 복잡한 왕국으로 흡수되었다. 이 왕국도 여전히 가족이 통치했지만, 체제가 커졌기 때문에 가계상으로도 그만큼 확산되었다. 결과적으로 이런 새로운 국가는 씨족을 기본으로 했던 이전의 정치 구조보다 더 추상적인 정통 이데올로기를 필요로 했다.[14] 더욱이 이런 새로운 국가를 유지하기 위해 지배 엘리트는 이념적 혁신뿐만 아니라 이 새로운 체제를 지탱하는 구조에 자금을 조달할 수 있는 더 큰 자원 기반을 필요로 했다. 특히 왕국에서는 급증하는 관료, 그리고 군대에 돈을 지불해야만 했다.

철이 인도에 도입됨과 동시에 이러한 일이 우연히 발생했다. 철을 단조하는 능력은 두 가지 주요한 혁신으로 이어졌다. 첫 번째는 철제 쟁기가 개발되어 광범위하게 벼를 재배할 수 있었고, 이로써 그다음에 유목적 목축 생활에서 농업으로 전환이 일어나 도시의 부상浮上을 촉진했다. 도시화 자체만으로 엄청난 변화가 일어났는데, 그중에는 상거래商去來와 상인 계급의 증가가 포함된다. 더욱이 도시가 발달하고 경제가 복잡해지자 보호의 필요성이 요구되었다. 새로운 사업과 국가마다 군대가 필요해졌고, 철로 훨씬 더 나은 무기를 생산할 수 있었다.15

지도 2.
마우리아 제국

요컨대 이러한 혁신은 모두 동시에 발전하면서 중앙 집중화된 국가의 발전을 촉진했다. 그리고 이러한 나라들은 이 변화와 연결되어 발달했다. 즉, 잉여 농산품과 증가하는 금융 거래로 정규적 과세 체제를 구축했고, 그렇게 함으로써 교육받은 관료층과 상비군 둘 다에게 급여를 지불할 수 있었다. 마우리아 제국의 형성기(기원전 322~185년) 동안 기술적, 사회적, 경제적, 정치적으로 얽힌 발전이 모두 함께 나타났는데, 마우리아 제국은 영국인이 오기 전까지 인도에서 가장 큰 지역을 다스렸다(지도 2).

그러한 제국을 건설하기 위해서는 확실히 많은 요인이 필요하다. 그러나 금융 자본의 창출과 유통이 가장 중요했다. 따라서 앞서 언급한 혁신과 함께 이 기간에 인도를 변화시킨 주요한 발전은 화폐 도입이었다. 화폐 주조는 항상 사회의 모든 측면에 깊은 영향을 미쳤는데, 이는 경제와 관련되어서만이 아니었다. 그리스 철학자들에 대한 지적 재평가가 지중해에서 동전을 주조한 직후에 일어난 일은 우연이 아니다.[16] 또한 "예수의 생애 가운데 기억할 만한 두 가지 에피소드, 즉 예루살렘 성전에서 환전상들과 예수의 만남, 카이사르의 것을 카이사르에게 주라는 예수의 발언이 동전과 관련된 것도 우연이 아니다."[17] 그 이유는 화폐로 인해 모든 것, 심지어 아보카도, 일일 노동, 사원 등 근본적으로 완전히 다른 것들까지도 같은 차원에 두고 비교할 수 있는 현실의 평준화가 가능해지기 때문이다. 동시에 화폐 도입과 더불어 새로운 수준의 추상화가 도래하는데, 특히 고리대금으로 세계의 본질을 근본적으로 변화시킨다. 따라서 이 새로운 현실과 그 지적 의의를 알아볼 필요가 있다.

화폐의 도입으로 생겨나는 현실의 평준화와 추상화는 지적 문제만이 아니다. 오늘날 세계에서 신자유주의 자본주의의 확산으로 입증된 바와 같이, 이러한 경제 체제의 변화는 현상 질서에 엄청난 도전을 초래한다. 특히 화폐 도입과 시장 경제는 기존의 사회 질서뿐만 아니라 그 토대를 이루는 개념과 도덕 가치를 재편성함으로써 거대한 사회 변혁을 일으킨다. 예를 들어 부의 획득은 개인주의와 사회 이동을 촉진하여 전통적인 가족 구조에 도전한다. 요컨대 화폐 도입은 엄청난 변화를 불러일으키며, 이 변화하는 세상에서 불법이 형성되었다.

불법은 이러한 변화의 반영일 뿐 아니라 해석이기도 하다. 이런 개념화에서 부처는 급진적 진보주의자로 제시되었다. 그러나 흔히 상상하듯, 부처가 카스트 제도를 사회적으로 비판했다든가 근대 이전의 마르크스주의적 유토피아를 주창하지는 않았다. 오히려 부처는 새로운 시장 경제와 그에 수반되는 모든 것, 즉 도시화, 무역, 새로운 가족 질서, 새로운 정치 구조를 충실히 지지한 사상가였다. 따라서 그는 과거의 이상화되거나 낭만적인 개념에 집착하는 대신 그의 추종자들에게 앞으로 나아가면서 이 새로운 경제적, 사회적 변모를 수용하라고 촉구했다. 예를 들어 이것이 유목적 목축 생활을 포기함으로써 어떤 이의 사회적, 경제적 세계를 완전히 변경해야 했다면, 그렇게 하라고 했다.[18] 그러나 부처의 생각에 따르면, 최선의 행동 계획은 농장이나 가족, 오래된 전통 모두를 완전히 떠나 도시로 이동하여 상업 세계에서 새로운 종교적 정체성을 만드는 일이었다.

도시 무역 세계에서 불법이 번성했으므로 부처의 가르침은 당연히 이 세상에 대한 언급으로 가득했다. 초기 불교 경전에는 심지어 환율 변환율도 포함되어 있다.[19] 또한 부채負債나 상거래가 인간의 영적 장애물의 직유와 비유로 사용되었다. 재산은 선함의 표시이고, 만일 나쁜 사람이면 파산할 것이다.[20] 재산을 축적하고 물질을 소유함으로써 부를 과시하는 일은 호화로운 저택을 묘사한 부처의 말에 잘 나타난다. "부자 사업가나 그의 아들은 박공 지붕에 잘 어울리는 문과 여닫이가 안팎으로 달린 집에 산다. 그 집 안은 값비싼 영양 가죽으로 덮혀 있고, 위에 차양이 달리고, 양쪽 끝에 진홍색 쿠션이 놓인 소파가 펼쳐져 있다. 여기에 등불이 타고 있으며 4명의 아내가 정성을 다해 그의 시중을 든다."[21]

그러므로 돈을 벌고 부자가 되는 일은 부처에게 문젯거리가 아니었다. 오히려 그와 정반대라고 할 수 있는데, 부의 생산이 불교의 교리와 수행을 근본적으로 형성했기 때문이다.

따라서 불교 문학과 예술에는 마우리아 제국의 화폐 경제에서 번성했던 새로운 무역 세계와 관련된 요소가 가득 차 있다. 불법과 이러한 경제 영역 사이의 연결성은 수도원 청규淸規의 특별한 규정에서 잘 드러난다. 즉, 부처는 처음 모든 승려가 우기雨期 동안 한 장소에 머물러야 한다고 선언했고, 사원 자체가 이 관행에서부터 시작했다. 그러나 부처는 사업상 요구와 불법 간의 연관성을 인지하여 승려들이 카라반과 무역선을 타고 여행하는 경우 이 규정을 위반할 수 있다고 했다.[22] 시간이 지남에 따라 불교 예술과 문학에서 부처를 대상隊商의 지도자로 그렸다.[23] 그리고 그가 어떻게 바다나 사막에서 길을 잃은 상인들을 구했는지 알려주는 이야기들로 넘쳐났다.[24] 이는 부처나 부처의 가르침을 문자로 기록한 제자들이 당시의 사회 경제적 변화를 예리하게 파악하고 있었음을 분명히 알려준다. 그러나 불법은 이러한 발전만 반영하지 않았다. 불법은 또한 "필요와 욕망, 생산과 작업, 주고받기, 위계와 평등, 생성과 소멸을 이루는 과정"을 살펴보고 이를 분석하려 했다.[25] 그리하여 부처의 가르침은 궁극적으로 물질 세계를 비판하는 동시에 무역과 화폐의 세계를 완전히 거부할 수 없음을 인정한다.

이런 점에서 부처는 당시의 다른 사상가와 크게 달랐다. 예를 들어 인도의 힌두교 철학자와 중국의 유학자는 모두 화폐 경제와 그 사회적 의미를 깊이 경계했다. 특히 그들은 시장 경제가 가져다주는 엄청난 사회적 변화를 방지하고자 했다. 따라서 이 두 가지 전통 모두 과거에 보수적으로 집착했고, 새로운 이 발전이 어떻게 사회의 도덕적 질서를 위협하는지에 대해 개탄했다. 결과적으로 이 두 전통은 시장 경제를 막아야 한다고 주장했다. 예를 들어 유교 사상가는 관념적인 사회의 네 가지 계급을 만들어냈는데, 상인은 그중 맨 아래이다.[26] 힌두교 법규도 마찬가지였다. 브라만은 상행위에 필수적인 활동, 예를 들면 국제 여행과 같은 것을 비난했고, 새로운 상인 계층을 엄격하게 규제했다. 이 법규에서 상업에 종사하는 사람을 술주정뱅이, 가학자, 나병 환자처럼 피해야 할 사람으로 분류한 것이 그러한 규제의 증거이다.[27]

그러나 불법은 반대 입장을 취했다. 부처와 그의 제자들은 화폐 경제와 새로운 상업 엘리트가 미래임을 깨달았는데, 이는 부처의 첫째 재가 신도인 따뿟싸Trapussa와 발리까Bhallika의 이야기에 잘 드러난다. 부처의 이전 동료 걸식승들은 녹야원의 불법을 듣자마자 승려가 되고자 했는데, 이 두 사업가는 달랐다. 따뿟싸와 발리까는 일상 생활의 안락함을 포기하고 싶지 않았다. 부처는 기부하는 대가로 그들이 사업상 여행 중 기도하면 그들을 보호해줄 보살들에 대해 알려주었다. 이 교환은 사찰과 재가 신도 사이의 사회적, 제례적 역학을 확립한 것으로 오늘날에도 여전히 불교 공동체를 규정한다.

그런데 부처는 여기서 더 나아갔다. 그는 재산 창출 행위 그 자체를 불교의 교리와 수행에 통합시키기까지 했는데, 그가 보기에 긍정적인 까르마(업業)를 만드는 가장 좋은 방법은 재산을 이루는 일로, 이로써 불법을 지원할 수 있기 때문이다. 따라서 돈을 버는 일은 불교도가 되는 근본이고 결코 부끄러워할 일이 아니다. 사실 공덕을 이루는 일이 제일 중요하며 재산 그 자체는 좋은 업장의 표시이다.[28] 실제로 초기 인도의 시장 경제에서 사회적 이동성의 이러한 역동적이고 새로운 현실은 『밀린다왕문경王問經(밀린다팡하*Milindapañhā*)』에 등장하는 유명한 이야기에 잘 드러난다. 이 이야기에 따르면, 어떤 매춘부는 커다란 공덕과 더불어 능력을 얻어 갠지스 강을 거꾸로 흐르게 할 수 있을 정도였다. 유명한 불교도였던 아쇼카 왕은 이러한 위력에 놀라서 어떻게 그런 일이 이루어졌는지 물었는데, 금융 자본을 공덕으로 바꾼다는 대답을 들었다. 이 이야기에서 가장 놀라운 면은 매춘부의 성공 방법인데, 그녀는 계급이나 계층에 상관없이 모든 고객을 똑같이 대했다고 했다. 그녀가 아쇼카 왕에게 설명하기를, "왕이시여, 누구라도, 그가 귀족이든 브라만이든, 상인이든, 노동자든, 누구든 저에게 재산을 주면, 저는 귀족에게 어떤 고상함이 있든 노동자에게 어떤 경멸스러운 면이 있다고 생각하지 않고 각 사람을 똑같이 섬깁니다. 저는 좋거나 싫은 것 없이 재산의 주인을 섬길 뿐입니다."[29] 한 학자가 예리하게 관찰했듯이, 부처는 카스트 제도에 도전한 것이 아니라 경제적 측면에서 그것을 비판했는데, 어떤 시장 체계에서 "서비스를 받는 일은 계급 제도에서 자신이 차지한 지위가 아니라 서비스 비용을 지불할 수 있는 능력에 달려 있기" 때문이다.[30]

그러므로 화폐와 화폐 획득이 부처와 그의 추종자들에게는 중요한 문제였다. 그러나 불법은 단순히 번영 신학의 초기 형태는 아니었고, 또한 시장 경제가 불러일으키는 가혹한 현실을 깨달았다. 따라서 초기 불교 문헌에는 경제적 전문화의 현실뿐만 아니라 그로써 창출되는 부의 불가피한 불균형도 드러났다.[31] 예를 들어 초기 불교 정경政經은 여섯 가지 재정적 부류, 즉 매우 부유함, 부유함, 적당히 여유 있음, 적당히 가난함, 가난함, 매우 가난함을 인정했다.[32] 결국 불법이 궁극적으로 비판하는 바는 그 체제에 의해 생성된 차별과 고통이었다. 그러나 동시에 부처는 보편적인 열반의 최종 극락에 궁극적으로 도달할 때까지 물질적 부의 세계가 필요악임을 인식했다. 따라서 불법은 공교롭게도 부의 창출을 정당화하면서 동시에 폄하했다. 그 결과 부처의 가르침은 초기 인도의 상인 계급뿐만 아니라 오늘날 동서양의 부유한 도시 엘리트에게도 반향을 불러일으킨다.

한편 이는 이슬람에도 마찬가지였다. 수 세기 동안 이슬람은 최고의 국제 종교였다. 더욱이 전성기 불교가 그러했던 것처럼, 이슬람도 아랍 정복이 촉발한 엄청난 경제적, 사회적 변화와 이와 함께 생겨난 새로운 도시 엘리트의 관심사를 대변하고 해결해주었다. 결과적으로 불교-무슬림 상호 작용의 초기 역사를 이해하려면, 이슬람이 불법과 마찬가지로 사회적, 정치적, 경제적 격변의 상황에서 일어났음을 알아야 한다.

불행히도 불교의 경우와 마찬가지로, 이슬람의 기원과 초기 역사 역시 당대 자료가 없어서 모호하다. 예를 들어 현존하는 최고最古의 무함마드 전기는 그가 사망하고 한 세기가 지나서야 기록되었다.[33] 최근 한 학자가 지적했듯이, "우리가 사용할 수 있는 이슬람 사료가 전혀 존재하지 않기" 때문에 8세기 말 이전 이슬람 역사를 제대로 알기 어렵다.[34] 그러나 전통 무슬림 학자들과 당대 학자들이 역사 연구를 전혀 시도하지 않았다는 뜻은 아니다. 부처의 전기와 마찬가지로 선지자 무함마드에 대한 공식적인 이야기가 있다.

무함마드는 570년경, 한때 저명했으나 어려운 시기를 겪고 있던 메카의 바누 하심 가문에 태어났다. 부모 모두가 세상을 떠난 후 사랑하는 삼촌인 아부 탈리브가 무함마드를 양육했다. 그는 삼촌과 함께 아라비아반도를 왕래하는 카라반을 따라다니면서 가업인 무역을 배웠다. 20대 중반에 무함마드는 메카에 정착하여 40세의 과부인 카디자와 결혼했고 여섯 자녀를 낳은 후 히라산으로 은거하여 명상을 시작했다. 그는 라마단 달에 은거를 하다가 어떤 동굴에서 처음으로 천사 가브리엘에게 신의 계시를 받았다. 그는 자신이 미친 것은 아닐까 생각했으나 아내에게 이 사실을 알리고 난 후 참된 계시를 받았음을 깨달았다.

수년에 걸쳐 더 많은 계시를 받고 무함마드는 설교를 시작했다. 처음에 메카 사람들은 그에게 신경을 쓰지 않았지만 시간이 지나자 노골적으로 적대감을 드러냈다. 620년경, 무함마드는 하룻밤 만에 기적적인 예루살렘 여행을 했다. 그는 또한 신비한 말인 부라크를 타고 천사 가브리엘과 함께 천국과 지옥도 여행했다. 그는 이전 선지자인 아브라함, 모세, 예수와도 이야기를 나누었다. 그러나 메카인은 전혀 흔들리지 않았고 상황은 점점 더 긴장에 빠졌다. 다행히 2년 후 야스리브의 열두 부족이 무함마드에게 중립적인 중재자가 되어 부족 간의 오래된 불화를 중재해달라고 야스리브로 초대했다. 무함마드는 제안을 받아들여 그의 추종자들과 함께 최초의 무슬림 공동체를 설립했다. 집단이 확장되자 메디나, 즉 "선지자의 도시*madīnatal-nabbī*"에 새롭게 만들어진 무슬림 공동체와 메카 사이의 관계가 악화되었다. 전투가 발발하고 630년이 되어서야 무함마드와 그의 무슬림 군대가 승리하여 메카를 점령했다. 2년 후 무함마드는 마지막 카바 순례를 마치고 세상을 떠났다.

부처의 전기와 마찬가지로, 이 이야기가 역사적으로 얼마나 정확한지, 또는 후기 이슬람 교리와 연결되어 어느 정도로 신화적 공식화가 이루어졌는지 확실히 알 길이 없다. 대부분의 내용이 기록된 시기는 훨씬 나중에 무슬림이 다른 이들에게 무함마드가 누구인지 설명할 필요가 있을 때였기 때문에, 이 이야기가 역사적 현실을 반영하는지 아니면 자신의 생각을 과거사에 투영시킨 후기 무슬림의 관심사를 반영하는지에 대해서는 아직 해답이 나오지 않았다.[35] 더욱이 무함마드가 후기 이슬람 사상에서 인간 행동의 모범으로 받아들여지자 그가 무슨 말을 했는지 무슨 일을 행했는지를 알려주는 이야기가 폭발적으로 늘어났는데, 그런 사례를 통해 무슬림이란 무엇인가라는 지침으로 간주되었기 때문이다. 예를 들어 무함마드가 수염을 길렀다면 무슬림은 응당 수염을 길러야 한다. 물론 무슬림이 무엇을 의미하는지를 놓고 서로 상반된 견해가 있다는 데서도 알 수 있듯이, 선지자에 대해서도 서로 다른 이야기가 생겨났다. 그 결과 8세기와 9세기에 순나(선지자)에 대한 구비 전통을 수집할 때 편집자의 주된 관심은 특정 이야기, 즉 하디스가 마땅한 것이냐 아니냐였다. 이러한 우려는 오늘날에도 계속되는데, 꾸란과 더불어 이들 이야기가 이슬람 관습과 주해를 규정하는 근본 사료이기 때문이다.

역사적 관점에서 이 자료에 접근하면 상당히 문제가 될 수 있다. 실제로 많은 학자들이 무함마드와 초기 이슬람의 전통적인 이야기가 부주의와 단순화로 가득 차 있을 뿐만 아니라, 주로 후대의 역사가, 학자, 법학자들이 종종 서로 상반되는 해석을 내세우기 위해 만들어낸 것임을 보여준다. 최근 학문에서는 이슬람 전통 자체의 서술에 도전하고, 무함마드가 살아 있는 동안 이슬람이 완전히 정립되었다는 공식화된 입장에 문제가 있음을 밝혀준다. 학자들은 이슬람의 근본 요소, 즉 법학자들이 순나와 꾸란을 해석할 수 있는 권한을 가지고 있다는 이슬람 법의 이론적 근거와 같은 것들은 9세기가 되어서야 완전히 이루어진 것이라고 지적한다. 더욱이 이슬람의 많은 "측면, 즉 신학적 입장, 개인과 공동체의 종교로서 이슬람의 수용, 다양한 형태의 시아파 이슬람의 발전 등, 우리가 전형적이라고 생각하고 그에 따라 이슬람을 뚜렷한 일신교 전통이라고 식별하게 되는 많은 중요한 특징이 (이슬람력) 3세기/9세기, 심지어 (이슬람력) 4세기/10세기가 되어서야 확립되었다."[36]

일부 학자는 꾸란 창조라는 까다로운 문제를 다룬다. 이는 꾸란이 무함마드에게 계시되고 칼리파 우스만(644~656년) 치하에서 성문화되었으므로 꾸란은 영원하고 순수한 신의 말씀이라고 믿는 무슬림의 핵심 신앙의 정중앙에 타격을 가한다. 일부 용감한 학자는 문헌학과 성서학의 고등 비평을 사용하여 성경이나 불교 정경과 마찬가지로 꾸란이 이전 자료를 인용했을 뿐만 아니라 시간이 지남에 따라 편집되었음을 보여준다.[37] 이와 관련하여 가장 유명한 증거는 바위 성원에 있는 꾸란 비문이다. 이 구절은 현존하는 꾸란 구절 중에 가장 오래되었지만, 표준판으로 받아들여지고 있는 꾸란 자체의 구절과는 일치하지 않는다. 다양한 설명을 통해 이와 같은 불일치를 설명하려고 하지만,[38] 이 모든 자료에서 도출할 수 있는 핵심 주장은 이슬람이 다른 종교와 마찬가지로 아직도 진행 중이라는 것이다.

그리고 이와 관련하여 불교 전통을 만드는 데 어떤 역할을 했던 요인 중 많은 것들이 이슬람에서도 유사하게 나타났다는 점에 주목할 필요가 있다. 여기에는 아라비아반도의 부족 사회에서 도시화된 제국 환경으로 전환된 데 따른 사회적, 정치적 혼란뿐만 아니라, 그들의 제국이 확장되어 가면서 아랍인이 부딪히고 해결해야만 했던 새로운 아이디어와 기술 모두가 포함된다. 여기서는 아랍인이 이러한 새로운 현실에 적응하는 데 얼마나 성공적이었느냐에 주목해야 한다. 이슬람의 개방적이고 유연한 성격이 확실히 이러한 성공에 기여했지만, 무슬림 세력 아래 거대한 영토가 통합되고 평화가 이루어진 덕분에 가능했던 전례 없는 경제 호황도 또 다른 기여를 했다.

물론 아랍인은 항상 무역에 관여했다. 메카와 메디나에 있는 사람들에게 무역은 그다지 대단하지 않았을 수 있고, 전통적인 대로 유지되는 정도였을지 모르지만,[39] 아랍 정복의 여파로 국제 무역이 폭발적으로 늘어났다. 칼리파 조朝는 지중해와 인도양의 무역 네트워크를 성공적으로 연결하고 통합한 역사상 최초의 제국이었다. 더욱이 아랍인은 비잔틴 제국과 사산 제국이 수 세기 동안 쌓아둔 금은을 모두 가져와서 이 화폐를 유통시켰다. 새로 만들어진 화폐가 모두 금화 디나르와 은화 디르함으로 표준화되었다는 사실은 3대륙을 쉽게 여행하고 거래할 수 있는 통일된 경제 구역을 무슬림이 만들었다는 걸 보여준다.[40]

이것은 분명 엄청난 성과였으며 또한 엄청난 변화를 가져왔다. 천 년 전 인도에서 그랬던 것처럼 이러한 발전은 커다란 사회적 격변을 불러일으켰다. 예를 들어 국제 무역의 발전은 힌두교도와 유학자들이 두려워했던 대로 도시화와 그로 인한 결과, 즉 사회적 이동과 개인주의의 부상을 초래했다. 그 결과 초기 무슬림 사상가들은 초기 불교도들이 다루어야만 했던 문제에 똑같이 직면해야만 했고, 시간이 지나면서 이슬람 전통은 실제로 도덕 질서, 보편적 평등, 사회 정의라는 강력한 메시지로 이러한 문제와 정면으로 맞부딪혔다.

그러나 불교와 마찬가지로 이슬람 역시 당시의 사회적, 경제적 변화를 능숙하게 강화하면서 동시에 비난했다. 따라서 그 부족적 기원에서 멀어지면 멀어질수록 이슬람은 무역 세계에 기반을 둔 도시 종교로 발전해갔다.[41] 무굴 왕조의 자한기르 황제가 간략하게 말했듯이, "모든 직업 가운데, 이슬람의 눈으로 보기에는 무역만이 존경할 만하다."[42] 따라서 불교와 매우 유사하게, 이슬람 전통은 이러한 틀 안에서 형성되고 동시에 정교해졌는데 대부분의 무슬림 학자와 법학자가 코즈모폴리턴 엘리트 가문 출신이던 초기 아바스 시대(752~1258년)에 특히 더했다.[43] 그러므로 이 상인 계급의 관심사에 따라 이슬람 법과 신학이 정해진 것도 어쩌면 당연하다 할 수 있다.

따라서 이슬람 법, 샤리아는 상거래 세계에서 성공하도록 해주는 것에 가치를 두었다. 여기에는 오늘날 흔히 "개신교 직업 윤리"라고 알려진 관행, 즉 개별 재산, 책임감, 절약이 포함된다. 무역의 가치와 상업 정신은 이슬람 초기에 매우 중요했기 때문에 샤리아의 상당 부분이 그를 지원하는 것으로 되어 있다. "보다 흥미진진한 사례는 하나피 파派 법학자인 알 샤이바니(사망 804년)가 썼다고 알려진 논서, (대략 "수익률"이라고 번역할 수 있는) 『키타브 알카스브*Kitāb al-Kasb*』에서 찾을 수 있는데 그 글은 칼리파 우마르 이븐 알카타브에 대한 이야기를 전한다. 칼리파는 경건하고 참회하는 (그리고 활동하지 않는) 사람들을 무타와킬룬*mutawakkilūn*—'인내심을 가지고 신께 의지하는 사람들'이라고 하는 말을 듣자, 그렇지 않다. 그들은 무타아킬룬*muta'akillūn*—'[다른 사람의 돈을] 먹어 치우는 사람들'이라고 했다."[44]

물론 부의 창출과 성실한 "비생산적" 신심信心 사이에 벌어지는 긴장은 이슬람에만 있는 것이 아니다. 불법은 불교 공동체의 상호 의존적인 두 날개로 사찰과 평신도를 만들어냄으로써 바로 이 문제를 해결했다. 반면 이슬람은 수도원 전통을 발전시킨 적이 없었다. 이 점에서 불교와 크게 달랐다고 하지만, 그럼에도 불구하고 이슬람 또한 아랍 정복으로써 야기된 급진적인 경제적, 정치적 발전의 결과물인 사회적 변혁에 대해 분명 신학적으로 고민했다.

부처와 무함마드가 궁극적으로 제시한 해결책은 같지 않았지만, 두 전통 모두 매우 능숙하게 당대의 사회 변화를 인식하고 수용할 뿐만 아니라 이러한 새로운 현실을 각각 그 전통의 교리적, 사회적 구조로 조직화했다. 이런 식으로 두 종교는 새로운 도시의 상인 계급을 전도했는데, 이 계급은 당연히 그 이전 사회에서 자주 경시당하던 층으로, 불교와 이슬람이 지원하는 바로 이 세력이 그 이전 사회를 약화시켰다. 그 결과 이 두 전통은 새로운 이 계층에게 종교를 통해 새로운 사회 경제적 세계에서 스스로의 신분을 증명할 수 있는 수단을 제공했고, 그럼으로써 바로 이러한 상황에서 불교와 이슬람이 처음 접촉한 것은 당연했다.[45]

변화하는 무역 네트워크

상업 세계와 긴밀하게 연결됨으로써 확산된 불교의 영역은 무역로와 여러 도시, 그리고 궁극적으로 제국의 영토 확장과 완벽하게 일치했다.[46] 물론 이러한 연결은 무역 네트워크가 이동하고 제국이 무너지면 불법도 마찬가지임을 의미한다. 이슬람이라는 새로운 경제적, 종교적 세계 제국이 불교 세계에 미쳤던 영향력을 밝히기 위해서는 부처와 무함마드 사이에 천 년 이상이 흘렀음을 상기할 필요가 있다. 이는 엄청난 시간으로, 그동안 부처가 설교했던 것처럼, 모든 것이 변했다. 불법 자체가 뚜렷하면서도 종종 적대적인 전통으로 분열되었을 뿐만 아니라, 불교 전통을 지탱해왔던 초기 인도의 자유방임적 나라들을 결속시켰던 무역 네트워크도 사라졌다. 남아시아에 최초로 온 아랍 무슬림이 접한 것은 단단하고 의기양양한 불교가 아니라 경제 재편과 불법의 신학적 분열이었다.

불교가 항상 그랬던 것은 아니다. 앞서 언급했듯이, 불법은 서력 기원

수 세기 전부터 발달해온 화폐 경제화, 도시화, 정치적 통합으로 생겨났으며 동시에 그에 대한 반응으로, 이 모든 변화가 불법에 담겨 있었다. 부처의 메시지는 지주 양반층과 도시 상인 엘리트에게 가장 매력적으로 받아들여졌다. 이들은 금융 자본을 창출하고 재투자할 수 있는 사람들로, 금융 자본은 종교적 공덕을 만들어냈을 뿐만 아니라, 그다음에는 불법을 하나의 제도로 만드는 데 도움이 되었는데, 사찰은 이 초기 시대에 은행 역할을 했기 때문이다.[47] 그리고 바로 이 재원 덕분에 마우리아 제국과 중앙아시아 쿠샨 제국의 후계 국가들(1~3세기)이 세워졌다. 그리고 이들 중 어느 제국도 특별히 불교도는 아니었지만(그보다는 제국 내의 모든 종교를 지원하기를 선호했다), 마우리아 제국과 쿠샨 제국의 지배 엘리트는 불법과 그 무역 네트워크가 나라의 세수稅收를 창출하는 데 중요하다는 것을 분명하게 알았다. 또한 이동이 잦은 불교 상인은 해외에서 귀중품이나 아이디어, 기술을 들여올 수도 있었다. 예를 들어 마우리아인은 페르시아의 아케메네스 제국의 관행을 수없이 받아들였다. 따라서 이 같은 상호 연결 덕분에 이들 국가와 상인 엘리트, 불법 사이에 강력한 공생 관계가 발달했고, 그 결과 불교가 급속히 확산되면서, 어떤 학자가 "불교적 국제 세계"[48]라고 부른 것이 생겨났는데, 이는 불교적 세계 시스템이 하나의 통신망처럼 "아이디어와 상품, 사람들이 유라시아 전역을 통해 퍼져나가는"[49] 역할을 했다.

불교적 국제 관계에서 무역, 제국, 종교를 연계할 때 한 지역이 중추적인 역할을 했다. 인도 북서부에서 (현재 아프가니스탄과 파키스탄의 대부분을 포함하는) 힌두쿠시 산맥과 (힌두쿠시 북쪽 지역 카자흐 대초원까지 뻗어 있으며 서쪽으로는 카스피 해, 동쪽으로는 톈산天山 산맥에 접한 곳으로, 현재는 소련연방 이후에 생긴 5개국 투르크메니스탄, 카자흐스탄, 키르기스스탄, 우즈베키스탄, 타지키스탄으로 구성된) 중앙아시아가 여기에 해당된다. 이 지역은 세계 경제의 중심 역할을 하기에 완벽한 위치였다. 여기를 통해 로마와 중국 간에 육상 무역이 연결되었을 뿐만 아니라, 현재 구자라트라고 알려진 바루치⊕(그리스어로 바리가자Barygaza) 항구를 통해 인도양 해상 동서 무역도 연결했다. 따라서 마우리아 제국과 쿠샨 제국에서 경제가 커짐에 따라 이 지역에서 불법 세력 역시 커졌다. 특히 지역 엘리트는 그들의 새로운 부를 이용해서 사찰을 짓고, 불교 문헌을 제작했으며, 무엇보다도 불교 조각을 만드는 데 지원한 것으로 유명하다. 실제로 간다라의 조각상은 동서양의 조화를 담고 불교 국제 세계의 코즈모폴리턴적 성격을 보여주는 유적으로 유명하다(그림 3).[50]

그러나 이 예술적인 번영에 더해 인도 북서부 지역의 경제 확장에서 중요한 점은 이 확장이 수 세기 동안 지속되었다는 것이다. 마우리아인의 인도 왕조가 중앙아시아의 쿠샨 왕조로 넘어갔지만, 그때도 경제와 불법은 계속 번성했다. 실제로 쿠샨 제국 아래 인도 북서부에서 경제 활동과 불교 지원이 절정에 이르렀다(지도 3).

더욱이 이 시기에 불교도 상인들과 포교자들이 실제로 중국까지 진출하여 경제적으로나 영적으로 가장 알찬 선교라고 할 만한 일을 해냈다.

그러나 3세기경 인도 북서부와 중앙아시아의 상황이 서서히 흐트러지

⊕ 인도 구자라트주州 바루치 디스트릭트에 있는 도시.

그림 3.
간다라 부처상, 미래불, 파키스탄 (과거 간다라 지방), 3세기경
자료:
뉴욕 메트로폴리탄 미술관 (소장번호 1991.75).

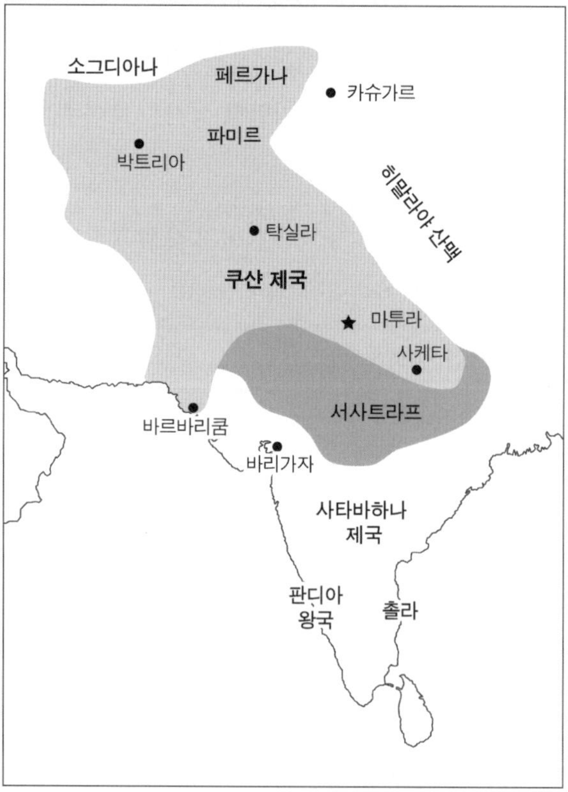

지도 3.
쿠샨 제국

기 시작했다.[51] 이러한 침체에는 몇 가지 연동된 이유가 있었지만, 그 시작은 일련의 군사 정복에서부터였을 가능성이 크다. 232년경 쿠샨족은 인도 북서부와 중앙아시아의 일부를 새로운 페르시아 왕조인 사산 조(240~651년)에게 잃었다. 지역에 대한 사산 조의 집권은 백훈족White Huns이라고도 알려진 에프탈인이 나타나면서 이른 종말을 맞았는데, 에프탈은 또 다른 중앙아시아 왕조로 힌두쿠시 북부 지역을 정복하고 2세기 이상(350~550년) 그곳을 통치했다. 사산 조와 에프탈은 정권에 차이가 있었으나 그 차이와 무관하게 둘 다 압도적으로 불교도가 많은 지역에 침입하여 수익성이 좋은 무역로와 거기서 생겨나는 수입을 장악했다. 그리고 둘 다 어느 정도까지는 성공했다. 흔히 백훈족은 순전히 파괴적이라고만 알려졌는데, 그들조차도 경제를 유지하기 위해 맹렬하게 노력했다.[52] 6세기 초 그들은 화폐 경제로 가기 위해 사산 조로부터 상당한 양의 은을 확보하기도 했다.[53] 물론 이러한 자금 투입과 그로 인한 경제적 타격 때문에 50년 후 투르크인이 이 지역을 침략하고 정복하게 되었을 수도 있다.[54] 얼마 지나지 않아 중국인과 티베트인, 그리고 마침내 아랍인이 이 지역에 도래했고, 이들 모두가 751년 유명한 탈라스 전투에서 정점을 이룬다.

이러한 역사적 개략화는 간단해 보이지만, 쿠샨족이 북서쪽을 잃고 남쪽으로 후퇴한 사건의 중요한 결과를 부각시킨다. 즉, 인도양 권역圈域에서 인도 북서부와 중앙아시아가 사라진 것이다. 이것이 급진적 사건인 이유는 이 지역이 수 세기 동안 인도 문명의 중심이었기 때문이다. 남쪽으로 이동함으로써 쿠샨 왕조는 그 뒤에 경제적, 사회적 공백을 남겼을 뿐만 아니라, 인도 북부에 도착하면서 그들 역시 힌두교도가 절대다수를 이루는 세계라는 새로운 현실을 받아들여야만 했다. 따라서 이러한 상황에서 새로운 문명 모델이 생겨났는데, 그것은 불법에서 멀어지고 대신 산스크리트어 사용에 기반을 두면서 『마하바라타』와 『라마야나』라는 힌두 서사시에서 정치적 영감을 얻는 것이었다.[55] 그런데 소위 "산스크리트 국제도시"라고 알려진 이러한 일이 앞으로 수 세기 동안 인도에서 베트남까지 막대한 영향을 미치게 되면서도, 인도 북서부에서는 거의 영향을 미치지 못했다. 그리고 새롭게 생긴 이 산스크리트 국제도시에서 제외되면서 생긴 중요한 사건이 인도 북서부의 오래된 불교 경제가 붕괴한 것이다.

예를 들어 중국 구법승 법현法顯(337~422년경)은 5세기 초 무역로가 카슈미르로 이동했다고 기록했다.[56] 2세기 후 당나라의 유명한 구법승인 현장玄奘(602~664년)은 담담하게 탁실라와 같은 인도 북서부의 옛 무역 도시가 폐허가 되었다고 언급했다.[57] 현장이 지나간 직후 무슬림이 이 지역을 침입했을 때 그들이 발견한 것은 바로 이 황폐한 상태로, 9세기 무슬림 역사가인 알발라두리Al-Baladhuri⊕가 이 현실을 잘 전달해준다. 그는 불교의 보물을 묘사하는 대신, "인도에는 물이 부족했고, 대추 상태도 나쁘고 도적이 날뛰었다. 소규모 부대라면 말살될 것이고, 대규모 군대는 기아와 굶주림으로 죽을 것"이라고 했다.[58] 그런데도 아랍인은 계속해서 이 지역을 침략했다. 왜일까? 알발라두리의 설명이 실제 문화적 또는 경제적 분석보다 군사 물류와 더 관련이 있다는 사실이 중요하다. 예를 들어 다른 원전에 따르면, 인도 북서부의 정복자인 무함마드 알카심은 실제로 1억 2

⊕ 아마드 이븐 야햐 알발라두리(~892년).

천만 디르함의 전쟁 전리품을 이라크로 가져왔다.[59] 따라서 그곳에 돈이 있다는 것은 확실하지만, 그 돈이 반드시 불교의 것은 아니었다. 현장이 한탄했듯이, 원래 불교가 번성했던 힌두쿠시 남쪽 계곡의 많은 옛 무역로가 파산했다.

앞서 언급했듯이 이 지역에서 불교가 실패한 이유는 쿠샨족이 남쪽으로 이동하면서 형성된 뚜렷한 힌두교 문화 및 정치권이 천 년 동안 남아시아를 지배했기 때문이다. 이러한 변화를 주도한 또 다른 주요인은 환경이다. 특히 남부 타림 분지의 룰란과 니야와 같은 도시가 환경 파괴를 겪자, 인도 북서부와 중국을 연결하는 주요 무역로가 사라졌다(지도 4).

그 결과 인도 북서부는 국제 무역의 핵심 허브로서의 효용성을 상실했다. 물론 무역은 끝나지 않았다. 단순히 재배치되었을 뿐이다. 특히 남부 노선이 사라지자 무역 네트워크는 톈산 산맥의 남쪽 가장자리를 따라 타

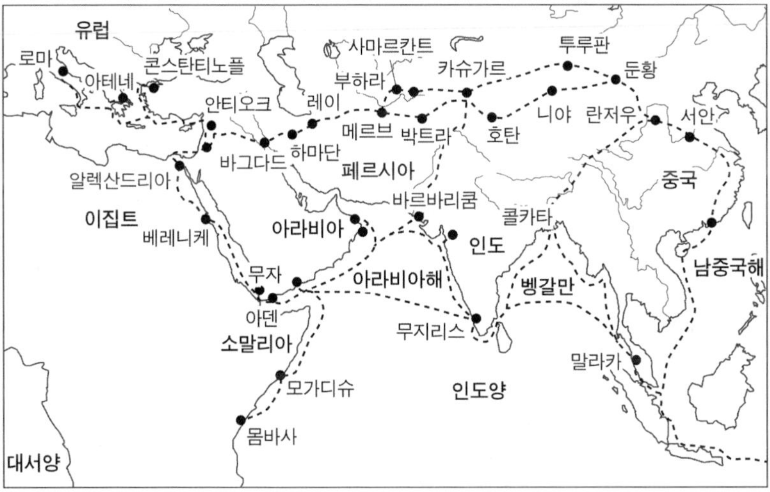

지도 4. 실크로드

클라마칸 사막의 북쪽으로 이동했다. 이러한 변화와 함께 경제의 중심 역시 인도 북서부에서 중앙아시아로 옮겨 갔고, 그에 따라 그 지역의 소그디아인, 즉 사마르칸트 주변 지역에 거주하는 이란인이 국제 무역을 지배했다.[60] 그러나 이러한 발전이 완전히 불법의 종말을 시사하지는 않았다. 오히려 진취적인 불교도 상인들은 이러한 경제적 변모를 잘 이용했다. 따라서 불교 기관이 인도 북서부에서 약화되어가던 시기에 중앙아시아에서 아지나 테페(타지키스탄), 페르가나의 쿠바(우즈베키스탄), 비슈케크 근처의 아크베심(키르기스스탄)과 같은 곳에서 건축 붐이 일었다.[61] 그러나 불교도 상인들만 이 변화에 참여한 것은 아니었다. 중국은 불교와 무역 간의 관계를 인지하고 그들의 외교 정책을 펼치기 위해 중앙아시아에 불교 사찰 건립을 지원했다.[62]

그런데 무역과 불교가 모두 북쪽으로 이동함과 동시에 남쪽에서도 역시 새로운 무역 네트워크가 발전하고 있었다. 3세기와 4세기 동안 인도에서 강력한 굽타 왕조(320~550년)가 부상하고 사산인이 이란 권력을 통합하면서 인도양 전역으로 해상 무역이 확장되었다. 따라서 무역 네트워크는 콩칸 해안을 따라 스리랑카로 옮겨 갔을 뿐만 아니라,[63] 인도와 이란 사이에서 번성했는데, 그 사이에서 이러한 동서 해양 무역에 통제력을 발휘했던 에티오피아의 악숨 제국이 이후 이슬람의 부상과 더불어 어려움을 겪었다. 그러나 무슬림이 정복하기 전에 불교도 상인들이 이 무역의 많은 부분을 담당해서, 타조 알과 같은 아프리카의 물건이 불교 사원에 보관되어 있을 정도였다.[64] 불교도가 해상 무역이 증가하자 인도양의 주변지를 따라 남북에서 이 새로운 무역 네트워크를 향해 이주했던 게 분명하다. 예를 들어 중국 구법승인 현장은 인도 북서부의 옛 불교 중심지에서보다 페르시아만을 따라 현재 이란과 파키스탄 동부에 해당하는 곳을 여행하는 동안에 더 많은 불교도를 만났다.[65] 또한 무슬림 사료에서 알려진 바로는 불교도만이 이 무역에 관심을 가진 것이 아닌데, 오만에서 온 아랍인도 이 지역에 정착했기 때문이다. 이들이야말로 이후 무슬림 해양 무역 발달의 중요한 교두보가 되었다.

그럼에도 불구하고 이렇게 해상 무역으로 전환했다고 해서 동서 무역이나 남북 무역이 종식되지는 않았다. 그렇지만 그 대부분이 이란의 사산조의 통제 아래 있었던 관계로 이 두 방향의 무역 모두 서쪽으로 경로를 변경했다. 그리고 이러한 변화와 더불어 불교도 상인들과 그들의 조직도 서쪽으로 이동하기 시작했다.[66] 바로 이때 지금의 아프가니스탄, 특히 바미얀에서 불교 모임이 크게 확장되었다.[67]

불교도 상인들은 대담무쌍한 일을 해냈다. 그들은 이익을 극대화하기 위해 자신이 옮겨 온 것뿐만 아니라 그들의 재정 자본도 옮겨 왔다. 그리고 이 시기에 그런 일을 할 수 있는 가장 큰 경기장은 쿠샨 왕조를 정복한 굽타 제국의 광대한 산스크리트 국제도시였을 것이다. 새롭게 통일된 인도 북부의 이 문화적, 경제적 권역은 노다지라 할 만했는데, 그 안에서 엄청난 부가 돌아다녔을 뿐 아니라 그 지역에 사는 이들 대부분이 힌두교도여서 여러모로 반기업적이었기 때문이다. 이렇게 불교도는 팽창하는 시장 경제를 다시 한 번 독점할 수 있었다.[68] 이러한 사건의 순환은 인도 역사에서 수없이 나타났는데, 예를 들어 8세기부터 12세기까지 말라바르의 힌두교화가 진행된 것도 이슬람 세계와 무역 거래 증가와 시기적으로 일치하는 사례를 들 수 있다. 힌두교는 해상 여행과 사회적 상호 작용에 제한을 가했기 때문에, 힌두교도가 새로운 경제에 관여한 것은 사실상 미미했다. 따라서 급성장하는 시장은 불교도, 자이나교도, 무슬림, 유대인이 통제했는데, 이들의 지위와 사회적 계층은 카스트 제도에서 결정되는 것이 아니라 "실지로 이동하고 무역에 참여하는 전통"에서 비롯되었다.[69] 그리고 굽타 시대에도 이 상황은 같았는데, 이 시대에 새로운 『푸라나』 경전⁺에 기반하여 사원 힌두교가 성장하는 것과 더불어 경제가 팽창하고 새로운 도시적 국제 문화가 성장했기 때문이다.

이 발전을 잘 드러내는 굽타 시대의 가장 유명한 문서 『카마수트라』는 3세기 사교계 플레이보이를 위한 교범이다.[70] 이 라이프스타일 교범의 조언을 따라 낮에는 차를 마시고 시를 읽으면서 시간을 보내다가 밤에는 희한한 성적 체조에 몰두하고자 한다면, 분명 신탁 기금이 넉넉해야 했을 테고, 당시 많은 사람이 그랬던 거 같다. 휘황찬란한 이 새로운 시대에 불교도는 대단히 성공한 집단이었고, 그 결과 불법은 인도의 경제 네트워크에서뿐만 아니라 좀 더 광대한 산스크리트 국제도시를 넘어 동남아시아로 확장되어갔다.

⁺ 고대 인도의 신화·전설·왕조사를 기록한 힌두교 성전. 산스크리트어로 쓰였다.

새로운 시대, 새로운 아이디어

이슬람이 남아시아에 도래하기 수 세기 전에 이러한 무역 네트워크의 변모와 영토 축소, 불법 확장이 동시에 일어났다는 것을 자세히 살펴보기 전에, 불교 역시 변화하고 있었음을 상기할 필요가 있다. 여러 면에서 이는 전혀 새로운 일이 아닐 수도 있었는데, 처음부터 부처가 실제로 무엇을 가르쳤는지를 놓고서 논쟁했던 것으로 보이기 때문이다. 이러한 분쟁을 해결하기 위해 네 차례에 걸쳐 결집結集이 이루어졌지만, 의견 차이는 계속되었고 결국 16개의 부파部派라고 알려진 일이 일어났다.[71]⌖ 각 부파는 불교 교리의 가장 까다로운 문제–무아가 있는가, 누가 또는 무엇이 실제로 환생하는가와 같은 문제를 두고 그들 나름의 해석을 제시했다. 어떠한 종교 분쟁에서도 그러하듯이, 특정 파벌은 성공하고 제도적 지원을 받았지만 다른 파벌은 그저 사라졌다.

그러나 이러한 분쟁에도 불구하고, 초기 불교部派佛教에서는 분명한 핵심 원칙에 대해서는 결코 이의를 제기하지 않았다. 그런데 마하야나, 즉 "대승불교"가 것이 등장하면서 이도 변했다. 불행히도 대승불교의 기원은 역사의 무성한 안개 속으로 사라져버렸다.[72] 그 기원은 기원전 1세기부터 기원후 5세기 사이 언제쯤이라고 했다. 인도 북서부에서 발생했다

⌖ 『이부종륜론異部宗輪論』 등 북방불교의 자료에 따르면, 불멸佛滅 후 100년 불교 교단은 상좌부上座部와 대중부大衆部로 양분되었고, 그 후 약 200년에 걸쳐 양쪽에서 분열이 거듭되어 총 18부로 나뉘었는데 이를 지말분열枝末分裂이라 한다. 근본분열에 의한 근본이부와 지말분열에 의한 18부를 합해 총 20부의 부파를 소승20부小乘二十部라 한다.

는 설도 있고, 인도 남동부에서 발생했다는 설도 있다. 더욱이 옛 이론에서는 대승불교가 재가 신도 사이에서 발전했다고 보았는데 최근에 이의가 제기되었고, 그 증거로 대승불교가 일종의 엄격한 사원 운동일 뿐 아니라[73] 굽타 시대에 부유한 여성의 지지를 받았다는 점을 든다.[74] 그렇지만 알려진 바로 대승불교 사상가들은 니까야파의 가르침을 근본적으로 뒤엎어버렸다. 그들은 무아라는 부처의 중심 사상을 취하면서 모든 것은 영속적인 고유의 실재를 가지고 있지 않다고 추론했다. 그 대신에 모든 것은 공空, śūnyatā하다.[75]

그럼에도 불구하고 핵심 문제는 그대로 남았다. 즉, 우리는 이 실재를 깨닫지 못한다는 것이다. 부처가 설했듯이 바로 이 잘못이 근본 문제이다. 왜냐하면 존재한다고 가정하면 반드시 자신의 욕망이 충족되기를 원하고, 이는 곧 행行으로 이끌어 까르마를 일으키는데, 까르마는 끊임없는 생사윤회를 주도하는 동력이기 때문이다. 고로 이 순환을 깨는 유일한 방법은 깨달음을 이루는 것이다. 그럼으로써 욕망을 극복하고 까르마 생산을 끝장낼 수 있다. 어떤 까르마도 일어나지 않을 때에만 다시 태어나는 미래가 없을 것이고, 그래야만 세상에 고통이 없을 것이다.

이것이 표준적인 니까야 해석으로, 대승불교는 여기에 공이라는 새로운 개념을 들어 도전했는데, 인간의 무지라는 불교의 근본 주장에는 이의를 제기하지 않았다. 니까야와 대승불교 전통 모두 핵심 문제는 동일하다. 즉, 사람은 무엇인가를 욕망하고 그로 인해 세상에서 행함으로써 업을 만들어낸다는 것이다. 그러나 공이라는 개념은 또한 여러 방향으로 받아들여질 수도 있었다. 인도 굽타의 힌두교적 맥락에서 공이 일원론적 개념화로 나아간 일은 그다지 놀랍지 않다. 따라서 초기 중관파⊕ 철학자들의 허무주의적 공 사상은 주로 공을 논증 도구로 사용한 것인데, 그것이 신성한 실재로 변모했다. 따라서 공이란 "공허한, 비어 있는" 것이 아니라 오히려 실재의 근본적인 본질이었다. 공이야말로 궁극적 실재이며, 다름 아닌 부처, 혹은 불성佛性이었다.

이것은 엄청난 사건이다. 대승 전통에서 부처는 영원하고 강력한 실체, 말하자면 신으로 받아들여졌고, 부처가 그저 사람일 뿐이라는 니까야의 믿음과는 달라졌다. 대승 전통에서는 공을 신격화한 개념, 예를 들면 천상의 부처와 구세주 보살이라는 완전히 새로운 신들을 중심으로 완전히 새로운 범위의 교리가 이루어졌고, 이들 신은 기도를 통해 인간사에 개입할 수 있었다.[76] 이러한 새 개념을 가장 명확하게 반영하는 대승불교의 형태가 아미타 부처에 초점을 맞춘 정토淨土 전통이다. 아미타불은 신도들을 서방 극락 정토에 다시 태어나게 하여 윤회의 순환에 빠지지 않도록 해준다.

그러나 공 사상은 외적으로 간구와 은총의 세계로 발전했을 뿐만 아니라 내적으로도 발전했는데 그 증거로 득도得道, 즉 선禪 명상을 통한 돌연한 깨달음을 들 수 있다. 득도는 새로운 발전으로, 초기 전통에서 깨달음이란 결코 갑작스럽게 이룰 수 없었다.[77] 깨달음은 그보다 지난한 시련의 정점이라고 보았다. 그러나 깨달음이 무아의 실재를 헤아리는 탐구가 아니라 자신의 불성을 체험하는 것이라면, 절대적으로 필요한 것은 수수께

⊕ 중관파中觀派, Madhyamika. 200년경 불교의 한 파로 대승大乘, Mahayana의 입장에서 소승小乘, Hinayana과의 조화를 시도했다.

기 같은 훌륭한 선문답으로 자신의 관습적인 마음을 흔들어 숨어 있는 궁극적 진리를 드러내는 것뿐이라 할 수 있다.

물론 중국에서 선 명상이 나타나고 이후 일본에서 젠Zen이 발전하는 것은 기원후 1세기 동안 일어난 대승과 인도에서의 발전과는 거리가 멀었다. 그러나 대승이 어떻게 당대 인도의 사회적, 경제적, 정치적 환경과 관련하여 발생했는지도 이해하기 어렵다.[78] 그럼에도 불구하고 대규모 사원의 부상과 부유한 불교도 엘리트들이 기부한 광대한 토지를 근거로 판단해보면, 불법은 분명 굽타 시대의 전반적인 경제 발전의 덕을 보았다.[79] 이러한 상황이 특히 대승이나 니까야 중 어느 하나에 도움이 되었는지를 알아내기 어려운데, 초기에는 다른 부파의 승려들이라고 하더라도 같은 사원 규정을 따르는 한, 한 사원에서 같이 생활할 수 있었기 때문이다.

이 같은 어려움이 있지만, 학자들은 이 시기 인도의 변화하는 사회 경제적 현실이 대승의 부상과 연결된다고 보았다. 예를 들어 리유신루劉欣如는 공 개념과 더불어 금전을 포함한 물질적 현실의 무의미성을 역설하는 주장이 각광받게 된 것은 사찰의 부가 엄청나게 축적된 것과 같은 때라고 보았다.[80] 더욱이 리유신루는 이러한 신학적-경제적 연관성을 더욱 발전시켜, 대승 문헌에서 "칠보(금, 은, 청금석, 수정, 진주, 산호, 마노)"는 새로운 소비 패턴이 부상하고 그와 더불어 중국-인도 간 무역에서 이러한 사치품들이 증가함과 동시에 생겼다고 주장했다.[81] 그런데 이 시기에 분명 무역이 증가하고 중국의 물질문화에 불교가 깊은 영향을 미쳤지만,[82] 사치품이 이 무역의 대부분을 차지하지는 않았을 것이다. 오히려 대부분의 무역품은 비종교적 대량 품목으로 동남아시아의 주석과 같은 것들이었다.[83]

그렇지만 또 다른 각도에서 이 문제에 접근하면, 과연 대승이 변화하는 사회 경제적 상황의 불안을 더 잘 포착했느냐는 것이다. 특히, 대승에서 말하는 "가피와 구원자에 대한 의존"은 초기 불교의 비판적 사고와 "자유 시장"에서 벗어나 실제 굽타 사회의 "후원과 위계질서"를 재현했을까?[84] 아마 그랬을 수도 있겠지만, 이외에도 다른 많은 이유에서 사찰과 재가 신도들이 이 기간 동안 대승이 주창한 사상을 채택했을 것이다. 그렇다 하더라도 니까야파가 남아시아와 동남아시아에서만 살아남은 것처럼 대승은 굽타 시대에 동아시아로 전승되면서 새롭고도 흥미로운 방식으로 발전했다.

그러나 인도 자체에서 대승은 탄트라가 부상하면서 사라졌다. 그 이유는 지적인 면에서 찾을 수 있다.

힌두교의 경우, 샤키야Sąkhya라고 하는 형이상학적 범주, 혹은 우주 원리(타트바스*tattvas*)는 일찍부터 마하사데시바Mahāsadāśiva의 25면 신상으로 표현되었다. 불교는 절대적이든 보편적이든 어떠한 원초적 본질도 부정하는 "폭발형" 형이상학이었기 때문에 수 세기 동안 샤키야 모델에 반대해왔다. 그러나 여기에서도 결국 요가적 경험이 우세해졌다. 이미 마명馬鳴(아슈바고샤Aśvaghosa)⊕(사망 80년)의 "진여眞如" 이론에 따르면, 부처가 설했던 존재(삼

⊕ 마명馬鳴은 산스크리트어로 아슈바고샤Aśvaghosa로, 중인도 마가다인이다. 불멸佛滅 후 600년경에 등장한 대승의 논사論師. 본래 외도外道 출신으로 논의를 잘하며 불법을 헐뜯었으나 불법에 귀의한 후 마가다국을 중심으로 중인도에서 전도했다. 카니시카 왕이 중인도를 정복했을 때 배상금 대신 마명을 데리고 갔고, 북쪽의 월지국으로 들

사라)와 존재의 마침(니르바나) 사이에 메울 수 없는 간극이 있기 때문에 요가 수행 경험이 강력한 위력을 발하기 시작했다. 수 세기 후, 이러한 입장이 쇠락해진 것은 대승의 다르마카야Dharmakāya 개념, 즉 부처의 가르침 일체를 담은 "법신法身"을 절대적이며 보편적인 영혼이라고 보는 설 때문인데, 불교의 법신 개념은 힌두 베단타 학파의 브라만과 같은 것으로, 여기서는 수행자가 법신과 신비한 합일을 이루게 된다. 일단 삼사라(존재)와 니르바나(열반) 사이의 신성한 간극이 무너지자, 인도의 우주관의 익숙한 상응 위계질서가 뒷문으로 밀려들어 오기 시작했다고 할 수 있다. 따라서 적천寂天(샨티데바Śantideva)과 진나陳那(디그나가Diṅnāga)와 같은 논리학자들이 세계를 공으로 해석하기 위해 까다로운 논리를 전개하는 동안, 탄트라(밀교) 경전들은 부처를 다섯 선정불, 혹은 다섯 여래如來로 신격화하고 실물화했는데, 그들이 바로 아미타불, 비로자나불, 불공성취불, 보생불, 아촉불이다. 후에 이 다섯 원형原型 부처는 다섯 가지 요소와 동일시되었는데, 이 기본 개념은 우주적 확장, 즉, 절대 존재가 다양한 근본 위력으로 확장되는 것을 형이상학적 범주로 표현할 수 있듯이 신의 가계도를 통해 표현할 수 있다고 보았다. 따라서 다섯 원형 부처는 각자 다섯 보살의 다섯 가계도를 관장했으니, 여기에 초월적인 법신法身을 더하면 총 25개의 신성한 존재를 이루어, 샤키야의 범주에서 나타나는 숫자와 동일해졌다. 그리하여 『지혜성취법智慧成就法, *Jñānasiddhi*』에는 다음

어가, 임금의 보호를 받으며 대승불교를 선전했다 하여 그를 대승불교의 시조라고도 한다. 저서로는 『대승기신론大乘起信論』 1권, 『대장엄논경大莊嚴論經』 15권, 『불소행찬佛所行讚』 5권이 있다.

지도 5. 굽타 이후 인도

과 같은 구절이 나온다. "인간 성격의 다섯 가지 구성 요소는 다섯 부처의 본질을 가지고 있기 때문에 이를 지나(정복자)라고 부른다. 그리고 5개의 다투스(요소)는 부처의 샤크티(원초적인 우주 에너지)에 해당한다. … 그러므로 우리 몸이 부처 몸이다."85

그러나 이러한 급진적인 교리상의 발전은 진공 상태에서 일어나지 않았다. 탄트라의 발전은 굽타 이후 인도의 사회적, 정치적 붕괴와 밀접하게 관련되어 있었다(지도 5).[86]

탄트라의 기원에 대해서는 설이 많다. 그중 가장 유력한 설에 따르면, 이는 요가 수행자들의 독특한 하위 문화에서 시작된 것으로 이들의 명상이나 의식 수행은 어떤 위력, "종종 사회 미풍양속과 청규淸規를 위배하는" 위력을 얻고자 주력했다.[87] 이러한 관행들, 특히 금지된 "5M(고기[맘사], 생선[마츠야], 술[마디야], 버썩 마른 곡물[무드라], 성관계[마이투나])"을 의례에서 사용했기 때문에 탄트라는 오랜 세월 터무니없이 혐오스러운 것으로 간주되어왔다.[88] 탄트라 수행자들에게는 "중세 인도의 헬스 엔젤스Hells Angels"라는 별명이 붙었다.[89] 그러나 소니 바거Sonny Barger⊕와 그의 추종자들과 달리 탄트라는 실제로 인도 왕실에서 환영받았다. 그들은 힘을 제공했기 때문이다.

데이비슨Davidson이 설득력 있게 보여주었듯이, 만다라는 탄트라 수행의 중심을 이루는 종교 패러다임으로, 중세 인도의 변화하는 환경에 대한 완벽한 은유였으며, 농업 확장과 지역 경제의 강화뿐만 아니라 정치적 분열과 더불어 점차 군사적 격돌이 증대되었다. 만다라의 우주 지도에는 신격화된 군주(신왕神王)를 중심에 둠으로써, 새로운 지역 왕조들의 수평적 통합을 개념화, 조직화할 수 있는 완벽한 종교 정치적 모델이 되었다.[90]

⊕ 헬스 엔젤스Hells Angels의 창시자.

여기에서, 만다라는 그 기원부터 왕권과 직접 관련이 있다는 점에 주목해야 한다. 실제로 "만다라"는 단순히 고대 인도의 행정 단위 또는 군郡을 가리키는 용어로 계속 그 의미를 지니고 있었는데, 적어도 6세기 카트만두 계곡과 그 주변 영토를 "네팔라 만다라"라고 한 표현에서 알 수 있다.

왕을 전륜성왕轉輪聖王, cakravartin, 즉 자신의 왕국이나 제국의 바퀴(차크라 cakra)를 돌리는vartayati 사람이며, 동시에 그 전차 바퀴가 거침없이 주변을 굴러가게 하는 사람이라고 보는 개념은 후기 베다 시대로까지 거슬러 올라간다. 이러한 왕권 구성에서 핵심은 왕을 왕국의 중심에 두는 (또한 그 중심에서 주변 지역까지 다스린다고) 보는 것으로, 신을 신성한 왕국이나 천상의 왕국의 중심에 두는 것을 그대로 반영하는 개념이다. 그러나 신격의 초자연적인 영역은 불변하고 영원한 반면, 지상 통치자의 왕국은 만다라라는 "유토피아"를 통해 그렇게 되었다. 따라서 만다라의 이상화된 "만들어진 왕국"은 지리적이면서 동시에 정치적인 실제 영역과 신성神性이 자리한 천국 사이를 연결하는 중간 우주적인 모본模本으로, 여기에서 왕이라는 인간은 지상의 신으로서 이상화된 소우주를 구성한다.[91]

여러 면에서, 영적 권력과 정치적 권력 사이의 이러한 연관성 때문에 묘지에서 유래했던 도덕률 폐기론 주장의 탄트라 수행이 인도 종교 생활의 중심으로 옮겨 와 거의 4세기 동안 그 자리를 유지할 수 있었다.

그러나 탄트라의 성장에 도전이 없지는 않았다. 다른 불교도들은 탄트라승들이 권력의 전당에 접근하고 그로 인해 불가피하게 경제적 자원이 탄트라 기관으로 이동하는 것을 위협적이라고 보았다. 불교도들은 날란다의 주요 불교 기관에서 탄트라를 가르치게 되었을 때 특히 당황했다.[92] 일부 불교도들은 심지어 자력으로 이를 해결하려고 했다. 예를 들어 인도 북서부와 스리랑카 출신의 니까야 승려들은 보드가야의 금강좌 사원을 보고 너무 격분하여 그곳에 보존된 탄트라 경전을 불태우고 사원에 있던 은으로 된 희금강喜金剛(헤바즈라) 상像을 박살냈다. 더 나아가 이 니까야 승려들은 이렇게 말했다고 한다. "대승은 잘못된 견해를 따르는 사람들의 호구지책일 뿐이다. 그러므로 이른바 참교리의 설교자라 하는 자들을 가까이하지 마라."[93]

이 에피소드가 실제 역사적으로 일어났는지는 의심스럽지만 서로 경쟁적인 불교 전통 사이에서 일어나는 긴장, 특히 재정적 긴장을 강력하게 전달하고 있다. 문제의 핵심은 그러한 우려가 거의 근거 없는 것처럼 보인다는 점이다. 니까야파와 탄트라의 교파는 둘 다 이후 수 세기에 걸쳐 번성하고 엄청나게 확장되었다. 탄트라는 캄보디아와 인도네시아에서 발전했을 뿐 아니라 티베트에서도 이를 받아들임으로써 내륙아시아와 동아시아의 역사에 깊은 영향을 미쳤다. 마찬가지로 니까야 불교는 동남아시아 종교계에서 없어서는 안 될 부분이 되어갔다.

이러한 발전을 인도 북서부에서 동시에 등장한 이슬람과 연관지어 이해하려면 좀 더 큰 역사적 맥락을 상기할 필요가 있다. 특히 탄트라가 형성되었던 굽타 이후 시기의 초기 혼란이 지나면서 인도의 경제적, 정치적 상황이 실제로 개선되기 시작했다는 사실을 기억해야 한다. 8세기 중반에 이르면서 굽타 이후 시대의 경제적, 정치적 분열은 거의 종식되어 3개의 강력한 제국—북쪽의 프라티하라 왕국, 동쪽의 팔라 왕국, 남쪽의 라

지도 6. 삼왕국三王國

슈트라쿠타 왕국이 나타났다(지도 6).

이렇게 급격한 전환이 일어난 주 원인으로 이슬람이 인도 북서부까지 확장해온 것을 들 수 있지만, 이슬람이 등장하면서 이 인도 왕조들이 어떻게든 "조국을 방어하기 위해" 모였다는 뜻은 아니다. 초기에 무슬림과 인도의 지역 국가들 간에 전투는 거의 없었다.94 오히려 이슬람의 여파는 경제적인 것이었다. 특히 칼리파 조에 의해 폭발적으로 확대된 세계 무역계에 인도가 편입되면서 경제적으로나 정치적으로 상황이 개선되었다. 인도 경제가 회복되면서 정치 구조도 회복되어 상품의 흐름을 유지해주었다. 이러한 나라들은 종교 기관에 자금을 지원하기 위해 그들의 새로운 자원을 이용하기도 했다.

이런 점에서 팔라 왕조만이 분명하게 불교도였다. 다른 두 나라, 특히 프라티하라 왕국은 적극적으로 힌두교를 장려했다. 앞서 언급했듯이 카스트 제도와 순수령純粹令의 힌두교를 지지함으로써 굽타 왕조 이후 다시 한 번 불교도 상인 엘리트가 인도의 확장되는 시장을 독점할 수도 있었다. 그런데 그런 일은 일어나지 않았다. 당시 유명한 구자라트 상인들과 같은 현지 힌두교도는 불교도에게 도전했을 뿐 아니라, 이슬람 세계의 자원과 제도에 직접 접근할 수 있는 무슬림도 불교도에게 도전했다. 따라서 다른 종교 전통이 남아시아 경제계에서 불교를 그토록 역동적인 세력으로 만들었던 많은 동인動因을 빼앗으면서 인도에서 불법의 영향력이 쇠락하기 시작했다.

이렇게 힌두교 그룹이 "원래 불교도가 주도권을 잡고 있던 과업의 후계자임을 성공적으로 보여주면서"[95] 인도에서 불교 경제력이 약화되었을 뿐 아니라, 중앙아시아에서도 약화되었다. 지금까지 보았듯이, 불교는 일찍이 소그디아나로 무역을 확대하면서 중앙아시아로 진출했다. 그러나 중앙아시아 역사에서 소그디아인은 흥미롭게도 중국과 그 외 지역에서 유명한 불교 포교자들이었음에도 불구하고 실제로 자신들의 고국에서는 불법을 지지하지 않았다.[96] 따라서 불교는 중앙아시아에서 제도로 자리를 잡아 가고 있었지만, 동시에 그 지역에서 계속 일어나고 있는 현지 이란 종교의 규모와 비교해보면 여러 면에서 미미한 전통으로 남아 있었다. 7세기 후반 최초의 무슬림 군대가 중앙아시아에 도착했을 때 불교는 이미 상인 공동체의 지원을 잃고 거의 사라진 것처럼 보였다.97

불교의 자리를 대신한 종교는 마니교였다. 마니교는 3세기에 이르러 이란의 선지자 마니Mani가 세웠으며 여러 교리적, 제도적 측면에서 불교를 반영했다. 특히 마니교는 상업계와 강한 친화력을 가지고 있었다.98 그러나 불교와는 달리, 마니교는 "세계 종교"로 온전히 자리 잡기 위해 필요한 후원을 받을 수 있던 적이 없었다. 한때 세계 종교의 꿈을 이루는 것처럼 보이기도 했는데, 762년 위구르의 통치자가 소그디아인 고문들의 조언에 따라 마니교를 국교로 채택했던 때였다. 당시 내륙아시아의 넓은 지역을 통치했던 부구 칸이 왜 이런 조처를 취했는지 알 수 없지만(지도 7),

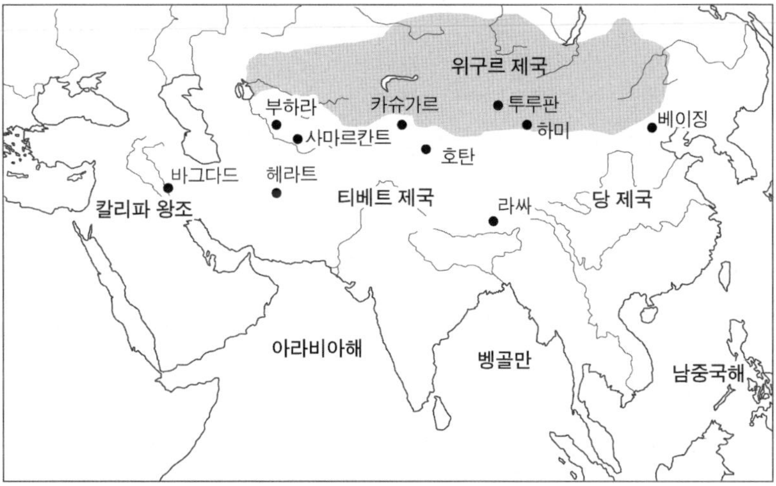

지도 7. 위구르 제국

어떤 면에서는 마니교를 채택함으로써 소그디아 마니교도과 그들의 독보적인 경제력이나 기술이 그에게 유리하게 모여들었을 수 있다. 또한 이로써 위구르 제국과 티베트 불교 제국을 차별화하게 되었고, 동시에 중국 당나라의 반불교적 경향으로 인해 문젯거리를 일으키지도 않았다. 물론 부구 칸이 마니의 가르침을 믿었을 수도 있다.[99] 어찌 되었든, 그의 개종은 내륙아시아 세계에서 불교의 입지를 급격히 변화시켰다. 그것이 불법의 종말은 아니었지만, 분명 불법의 위상이 감소하고 있음을 보여준다.

불교 상인들은 분명 재난의 징조를 느꼈을 것이다. 그리하여 이전의 경우와 마찬가지로 그들은 계속 이동했다. 그런데 불교 상인들은 북쪽이나 남쪽으로 가는 대신 동쪽으로 나아갔다. 그들 중 일부는 카슈미르로 이동하여 랄리타디티야(약 724~760년) 치하의 카르코타 왕조가 부상하도록 적시에 그들의 지식과 자원을 제공했는데, 랄리타디티야는 인도 북부와 중부 대부분을 정복하여 다음에 프라티하라 왕국, 라슈트라쿠타 왕국, 팔라 왕국이 일어날 수 있는 길을 마련했다. 카슈미르는 탄트라의 중요한 지역이 되어 14세기까지 그렇게 남아 있었다.[100]

그러나 불교 세계의 중심은 더 동쪽으로 나아가 팔라 왕조와 오리사의 바우마카라(750~950년)의 영토로 이동했다.[101] 더욱이 이 지역에서 불교 상인들과 포교자들은 티베트 세계와 연결되었을 뿐만 아니라 벵골만을 가로지르며 확산되어, 어떤 학자가 "불교 지중해"라고 불렀던 세계를 이루어냈다.[102] 따라서 수 세기 동안 도시화, 불교 사상, 국제 무역, 불교 제도 사이의 상호 연결로 인해 불법은 다시 한 번 새로운 영토에서 꽃을 피울 수 있었는데, 우연히 이곳은 이슬람이 처음 등장했던 곳에서 멀리 떨어져 있었다.

이슬람의 도래

8세기부터 11세기까지 벵골만 주변과 내륙아시아에서 불교가 번성함과 동시에 이슬람은 인도 아대륙의 반대편, 즉 인도 북서부와 중앙아시아로 침투해 들어오고 있었다. 그리고 앞서 설명에서 쉽사리 상상할 수 있듯이, 이 무렵 들어 불교가 전통적으로 가장 강했던 이 지역에서 불교 상인들과 그들의 종교 기관이 거의 사라졌다. 그나마 중앙아시아에 남아 있을 수 있는 것은 모두 도전을 받았는데, 예를 들어 당시 무슬림 군대가 이 지역을 침공하면서 중앙아시아와 그 지역의 부富를 확고히 우마이야 칼리파(661~750년)의 궤도권 안으로 끌어들이기 위해 5만 명의 아랍인 가족이 이라크의 바스라에서 이곳으로 이동했다.[103] 그렇다고 해서 불교도가 귀중한 무역로에 있는 이 전략적 지역에서 완전히 후퇴한 것은 아니었다. 중국의 구법승인 현장은 무슬림 정복이 시작되기 불과 수십 년 전에 이곳을 지나면서 꼼꼼한 기록을 남겼는데, 그에 따르면 여러 지역에 상당한 불교도가 있었다. 그의 계산에 따르면 아프가니스탄의 바미얀에는 1만 명의 승려, 신드 지역에는 460개의 사원,[104] 이란 방향의 해안 지역에는 1만 1천 명의 승려와 180개의 사원이 있었다.[105] 바로 이 지역에서 8세기 초 불교와 이슬람이 처음 접촉했다.

이 만남으로 무슨 일이 일어났는지 구체적으로 살펴보기 전에, 무슬림이 왜 처음에 이 지역에 들어갔는지 그 문제를 다시 다루어야 할 것이다.

앞서 언급했듯이 주된 이유는 경제적인 것이었다. 두 번째 이유는 이단자異端者를 쫓아서 잡아내는 것이었다. 그러나 어느 쪽이든 간에, 무슬림이 신앙을 전파하기 위해 그곳에 간 것은 아니라는 점을 알아두어야 한다. 이 초기 시대에는 아랍인만이 무슬림이 될 수 있었기 때문이다. 비아랍인 개종자는 소위 '마왈리'라고 알려졌는데, 이들 문제는 초기 이슬람의 중심 문제로서 내부 폭력을 촉발시키는 핵심 역할로 작용하여 초기 무슬림 공동체를 형성하는 데 큰 걸림돌이었다. 따라서 인도 북서쪽으로 전진해 온 아랍인이 불교도를 잘못된 길로부터 이슬람으로 개종시키려고 했던 것은 아니었다. 그보다는 차라리 아랍인이 하와리지파를 쫓고 있었을 가능성이 훨씬 더 크다. 하와리지파는 이슬람 최초의 이단으로, 어쩌면 당연한 일이겠지만, 비아랍계 무슬림에게 상당한 지지를 얻고 있었다. 이런데도 불구하고, 무슬림 역사가들은 이슬람의 인도 진출을 이단자를 쫓아가서 처단한다는 식으로 기억하지 않는다. 그보다 훨씬 더 화려한 이야기가 생겼는데, 여기에는 해적들과 곤경에 처한 아가씨들이 등장한다.

이 이야기를 다루기 전에, 당대 자료가 부족해서 이 지역에 이슬람이 등장하고 그 후 무슬림 정복까지 이어지는 시기에 대한 지식을 확보하기가 쉽지 않다는 점을 기억해야 한다. 인도 북서부에서 이 문제가 특히 심각한 것은 이 역사의 주요 출처인 『신드 정복서(차흐나마*Chachnama*)』가 13세기 페르시아 번역본으로만 보존되어 있기 때문이다. 그보다 이른 시기의 저자들이 이 작품의 구절을 인용하는 것으로 보아, 페르시아어 『신드 정복서』는 나중에 만들어졌을 뿐 아니라, 이전 아랍 역사서를 훗날 페르시아어로 편집했다고 보아야 할 것이다.[106] 그럼에도 불구하고 이 사료와 다른 몇 사료를 근거로 데이불Daybul의 해적들이라든가 그 지역 힌두교 통치자가 그 해적들에게 아무런 조치를 취하지 않았음을 알 수 있다. 이 사건이야말로 무슬림 침공을 일으키는 전쟁 명분이 되었다.

이 특정 사건의 역사성과는 무관하게, 이 이야기는 당대의 역사적 현실을 잘 드러낸다. 특히 이 이야기는 라이 왕조(489~632년), 브라흐만 왕조(632~724년), 사히 왕조(865~1026년)와 같은 힌두 왕조를 정확하게 반영하는데, 이들은 지난 세기의 혼란스러운 시대에 힌두쿠시 남쪽 지역으로 이동하여 인도 북서부의 정당한 통치자라고 주장했다. 그러나 그들의 후원하에 힌두교화가 진행되지 않았다는 사실에서 알 수 있듯이 그들의 통치력은 미약했다. 그 전후의 많은 통치자들과 마찬가지로, 이들 힌두 왕은 신하들의 문화적, 종교적 문제에 개입하기보다는 그 지역의 기존 무역으

지도 8.
하르샤 제국

로부터 이익을 얻는 데 더 많은 관심을 갖고 있었다. 그리고 이 무역을 불교도 상인이 좌지우지했을 뿐 아니라, 그렇게 수 세기 동안 이어져왔다. 무슬림 침공 직전에 경제는 확대되었는데, 이는 7세기 전반기 동안 하르샤(재위 606~647년경)가 펀자브에서 벵갈까지 인도 북부를 통일한 사건과 함께 이루어졌다(지도 8).

하르샤 제국은 647년 그가 사망하면서 무너졌지만, 그 통치의 영향은 이 시기를 훨씬 넘어선다. 영향력의 대부분은 경제 부흥과 관련이 있다. 하르샤의 수도인 카나우지는 인도 아대륙 전체 무역로의 연결점이었을 뿐만 아니라, 인도 북서부와 중앙아시아 일부 지역을 그 경로 안으로 들여왔다. 그러나 하르샤의 비전은 이보다 훨씬 컸다. 그는 중국에 사절을 보냈고, 새로 형성된 당나라(618~907년)의 통치자들은 급성장하는 인도와 중앙아시아의 무역에 큰 관심을 보여 인도로 사절을 보냈다.[107] 티베트 제국의 통치자인 송첸 감포(재위 614~650년)와 투르크의 칸도 사절을 보냈다. 이들 세 사람 모두 이 지역 통제의 본질적 가치를 알았고, 그 결과 중앙아시아와 북부 아프가니스탄의 현지 통치자들이 서로 경쟁하는 이들 초강대국을 대리하면서, 이곳은 경쟁 상대와 대리 전쟁의 공연장으로 변했다.[108] 결국 이들 외부 세력 중 누구도 실제로 승리한 적 없이 권력은 다시 현지 정치 구조로 되돌아가면서 약간의 수정을 거쳤을 뿐이다. 그러나 이 격동기에도 경제는 살아남았다. 더욱이 알카심이 물탄의 집 한군데에서 4만 파운드의 금을 압수했다는 데서도 알 수 있듯이, 이렇게 재물이 있다는 가능성이야말로 아랍 군대를 인도 북서쪽으로 끌어들였다.[109] 그러나 아랍인은 단순히 경제를 약탈하고 싶어한 것만은 아니었다. 오히려 해적 이야기에서 잘 포착된 것처럼, 그들은 무역 네트워크의 수호자로 당시 통치자들보다 더 뛰어나고자 했다.

이 이야기에 따르면, 이 지역에 무슬림이 개입한 것은 카라치에서 남동쪽으로 45마일 떨어진 곳에 위치한 중요한 해안 무역 도시 데이불에서 활동하는 해적 무리가 아랍 무역선의 승객과 상품을 강제 포획하면서부터였다. 무슬림 당국은 현지 힌두교 통치자 다히르 빈 차흐에게 포로와 물품을 풀어줄 것을 보장하라고 서신을 보냈다. 그러나 힌두교 왕은 해적들은 자신의 통제 밖이라 아무것도 할 수 없다고 주장했다. 아랍인은 이 주장을 받아들이지 않았는데, 소위 "해적들"은 데이불 주민이고, 데이불 총독은 왕의 아들일 뿐 아니라, 아랍 상인들과 그 아내들도 그 도시 감옥에 수감되어 있었기 때문이다.[110] 이리하여 동포를 구하고 여인들의 명예를 구하기 위해, 아랍인은 데이불을 공격했다. 그들은 두 번 격퇴당했지만 세 번째 시도에서는 성공했다. 데이불 정복은 이후 무슬림이 인도 북서부 전체를 정복하는 무대를 마련해주었다.[111]

이 에피소드의 역사적 정확성이 어떻든 간에 이야깃거리로는 훌륭하다. 이로써 무슬림은 거짓말하고 부패한 통치자를 전복시키는 해방자가 되었다. 더욱이 이 이야기에는 무슬림이 현지 힌두교 독재자보다 반드시 더 나은 경제 관리자가 되리라는 전제가 깔려 있다. 이에 덧붙여 아랍인은 지역 문제에 개입하는 데 관심이 없다고 주장했다. 오히려 그들은 단순히 법과 질서를 도입함으로써 경제가 확장되어 이론상으로는 모두에게 이익이 될 수 있기를 바랐다. 물론 경제 체제의 이러한 변화가 실제로 현지의 관행을 어떻게 흔들리게 할지에 대해서는 거의 논의하지 않았다.

그럼에도 불구하고 흥미로운 점은 종교-경제 패러다임에서 이 이야기가 작용하는 방식이다. 즉, 다히르 빈 차흐는 전형적인 힌두 통치자로 도시를 좋아하지 않고 무역을 무시하는 자로 묘사된다. 이와 대조적으로 무슬림 통치는 비즈니스 세계를 선호하는 것으로 나타난다. 무슬림은 재정적 이익을 보호하기 위해 전쟁까지 불사한다. 아랍 통치는 개종이나 현상 유지의 붕괴를 목표로 하지 않았다. 오히려 무슬림 국가의 근본적인 목표는 상품 유통에 대한 모든 장애를 극복함으로써 무슬림 국가 자체와 신하들 모두를 풍요롭게 하는 것이었다.

이것이 불교도가 이해한 바였다. 데이불 해적의 에피소드에 대한 불교도의 반응에서 알 수 있듯이, 무슬림은 그들이 함께 사업을 할 수 있는 사람들이었다. 따라서 불교도는 "데이불의 해적 행위를 사과하고 해적들과 무관하다는 것을 보이기 위해 사절을 보냈다. 그들은 정기적으로 공물을 보내겠다고 제안했고, 그 대가로 이라크 총독에게 서면 조약을 받았다. 바로 이 불교도가 몇 년 후 아랍인이 무력을 쓰며 쳐들어왔을 때 도시의 성문을 열고 '군인과 거래했던' 사람들이었다."[112]

불교도와 무슬림 통치

무슬림 통치에 대한 일반적인 견해는 폭력과 박해이다. 무슬림이 아닌 사람들은 칼로 위협을 받거나 지즈야*jizya*, 무함마드의 계시를 받아들이지 않는 사람들에게 부과했던 인두세로 부담을 주었다. 이것은 분명 강력한 이야깃거리로, 이슬람에 대한 다른 많은 이야기가 그렇듯이, 보스니아부터 인도에 이르기까지 여전히 사람들의 상상력에 불을 붙이고 있지만, 사실은 이와 다르다. 많은 학자가 보여주었듯이, 초기 무슬림 통치자는 관대해서 그들이 통치하는 다양한 종교 집단에서는 거의 긴장이 일어나지 않았다.[113] 그 이유는 아주 단순한 사실로, 아랍인은 엄청난 숫자의 비무슬림을 통치하는 극소수 집단이라는 점이다. 비무슬림 자체가 개종 문제를 심각하게 논의했을 뿐 아니라, 앞서 언급한 바와 같이, 무슬림 공동체에서 그들의 개종과 지위는 여전히 큰 논쟁거리였다. 이런 문제가 결국 8, 9세기에 해결되고, 아랍인이 아닌 사람도 쉽게 무슬림이 될 수 있었음에도 개종률은 여전히 극심하게 저조했다. 이라크와 이집트와 같은 무슬림 세력의 중심지에서도 10세기가 되어서야 인구의 대다수가 무슬림이 되었다.[114] 제국 주변, 인도 북서부와 중앙아시아와 같은 지역에서 개종 과정은 훨씬 더 느렸다. 예를 들어 아프가니스탄의 바미얀은 11세기까지도 불교의 활동지였다.[115] 오늘날의 파키스탄인 신드 지역에서 불교도들은 11세기에도 그들이 불교 공동체에 기부한 바를 기록한 비문을 세웠다.[116]

어쨌든, 불교는 여전히 초기 무슬림에게 문젯거리를 안겨주었다. 아주 간단히 말해 도대체 이 종교를 어찌할 것이냐였다. 이슬람 전통은 기독교, 유대교, 심지어 조로아스터교와는 달리 불법에 대해 아는 바가 전혀 없었다. 이는 어쩔 수 없이 어떻게 불교를 지적으로, 법적으로 분류할 수 있느냐는 일련의 질문을 불러일으켰다. 특히 불교도를 어떻게 이해해야 하며, 그들을 발전하는 무슬림 정치 형태에서 어디에 배치해야 하는가? 불교도는 유대인이나 기독교인처럼 '딤미dhimmi'⊕ 공동체의 일원으로 무슬림 국가에서 보호 협정에 따라 평온하게 살 수 있어야 하는가?[117]

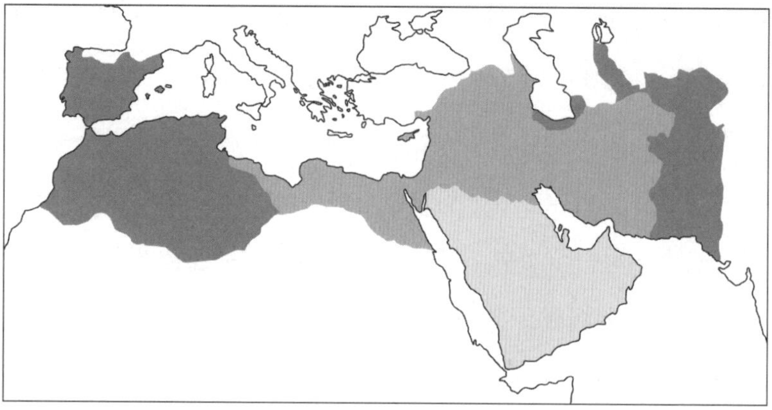

지도 9. 칼리파 시대

그러한 질문은 불교도에게만 국한되지 않았다. 이는 무슬림의 놀라운 정복의 여파로 무슬림 공동체가 직면하게 된 지나치게 복잡한 문젯거리였다(지도 9).[118] 내부적으로 그들은 무슬림이 무엇을 의미하느냐 하는 긴급한 문제를 해결해야 할 뿐만 아니라, 제국 팽창의 속도가 주춤하면서 이슬람 공동체가 그들 권력에 속한 사람들과 더불어 국경 너머의 이들과도 어떻게 상호 작용해야 하는지도 이해해야만 했다.

이런 방향으로 가는 한 가지 단계가 "투쟁한다"는 의미의 '지하드*jihad*,

⊕ 딤미는 이슬람 법이 다스리는 국가에서 무슬림이 아닌 국민을 가리키는 용어이다. 원래 딤미의 지위를 누릴 수 있었던 사람들은 꾸란에 '책의 사람들'로 지칭된 유대인과 기독교인뿐이었으나 후에 시크교도, 조로아스터교, 힌두교 교인도 포함되었고, 불교도도 이에 해당했다. 딤미에게는 지즈야라는 세금이 부과되었는데, 그 대가로 종교의 자유, 신변의 안전, 자치를 보장받았다. 딤미에 해당하는 국민은 법적, 사회적 지위가 무슬림보다 상대적으로 낮지만 다른 이교도보다는 더 많은 권리를 누린다.

聖戰'를 성전聖戰 개념에서 벗어나 재해석하는 것이었다. 따라서 이슬람의 최종 승리는 당대의 역사적 순간을 넘어 신화적인 종말로 연기되었을 뿐만 아니라, 투쟁 자체도 군사 정복에서 내면의 영적 투쟁,[119] 소위 "더욱 위대한 성전"으로 이슬람의 가르침에 따라 살려고 노력한다는 의미로 변모했다. 또한 이 모든 문제를 보다 직접적이면서 실질적으로 해결하기 위해, 무슬림은 로마 법에서 영감을 얻어 세계가 이슬람 세계, 전쟁의 세계, 휴전의 세계라는 세 가지 상호 의존적 실체로 구성된다고 보았고, 이슬람 세계는 다른 세계와 협약을 맺는 것으로 이해했다.[120]

이런 새로운 아이디어와 정책이 초기 불교-무슬림의 상호 작용을 형성했다. 예를 들어 인도 북서부의 대부분은 '무력*'anwa*'이 아닌 '조약*ṣulḥ*'에 의해 이슬람의 통제를 받았다. 더욱이 이 과정에서 불교도는 조로아스터교와 연관이 있는 것으로 분류되어 '딤미' 지위를 부여받았다. 9세기 역사가 알발라두리는 알 루르al-Rur 시의 합병을 다음과 같이 기록했다. 그는 '협약*ṣulḥ*'으로 그 도시를 정복했는데, 협약의 조건은 그들을 죽이지도 않고 그들 '성전*budd*'에 들어가지도 않겠다는 것이었다. 그는 "그들 성전이 조로아스터교의 '교회*majus*'와 비슷하다고 볼 수 있다"고 했다. 그는 알-루르에 있는 사람들에게 '공물(카라즈*kharaj*)'을 바치라고 했고 모스크를 지었다.[121]

다른 많은 제국과 마찬가지로, 무슬림은 대부분 현지 지배 엘리트의 자리를 유지해주었고, 그들이 전통 종교를 행할 수 있도록 했을 뿐만 아니라 전통 관습에 따라 무슬림 국가의 지방 통치자라고 확인해주기까지 했다.[122] 예를 들어 "부디야Budiyah의 통치자인 카카 이븐 코톡은 아랍인을 대신하는 현지 세습 부지사로 임명되었는데, 그 의식은 가문의 '불교

samani' 관습을 따랐다."[123] 초기 무슬림 국가는 비무슬림 종교 걸식승에게 세수의 3%를 할당하는 정책도 계속 이어갔다. 그리고 불교도가 그들의 사찰을 복원하게 해달라고 당국에 청원하자 이를 허가하기도 했다.[124]

초기 무슬림 통치 모습을 너무 장밋빛으로 그리기 전에, 이러한 모든 사건과 정책이 8세기 초반에 수행되었음을 인식할 필요가 있다. 이 당시 이슬람은 다른 전통과의 관계는 말할 것도 없이 그 자체만으로도 유동적이었다. 불교도가 사원을 재건할 수 있도록 허용한 이라크 총독 알하자즈의 판결은 '우마르 협약'(717년경)[⌖]과 그 이후의 모든 이슬람 법규를 직접적으로 위반한 것으로, 이에 따르면 비무슬림 종교 건축물은 복원할 수도 없으며 이슬람 영토에 새로운 건축물을 지을 수도 없다.[125] 물론 무슬림이 이 정책을 얼마나 진지하게 받아들였는지는 수 세기에 걸쳐 지역마다 크게 달랐다. 그리고 인도 북서부에서 불교-무슬림 관계가 어떻게 형성되었는지는 안타깝게도 알려진 바가 없고, 이 지역이 아바스 칼리파의 통제에서 멀어지면 질수록 더 알려진 바가 적어진다.

초기 불교-무슬림 상호 작용 문제에 접근할 때 명심해야 할 것은 이 지역에서 이슬람의 통제와 무슬림의 존재는 신학적으로뿐만 아니라 정치적으로도 끊임없이 혼란 상태였다는 것이다. 중앙아시아가 그 위치와 경제적 자원 때문에 매우 중요했지만, 아바스 칼리파 조는 이 지역을 거의

⌖ 우마르 협약Pact of Umar의 기원과 역사적 정황에 대해서는 여러 설이 있다. 이 협약은 무슬림과 시리아, 메소포타미아, 예루살렘에 사는 비무슬림 간에 맺어졌으며, 핵심 내용은 무슬림 국가에 사는 비무슬림 딤미의 권리와 의무이다.

통제하지 못했다. 칼리파 하룬 알 라시드(763~809년, 재위 786~809년)가 사망하고 칼리파 조가 골육상잔의 투쟁에 접어들자, 현지 페르시아계 타히르 왕조(821~873년)가 중앙아시아의 지배권을 물려받았고, 곧이어 이들은 현지 사만 왕조(819~999년)로 대체되었다.[126] 상황은 인도 북서부와 아프가니스탄에서도 마찬가지였다.

무슬림이 아프가니스탄의 일부를 정복한 것은 9세기 말 사파르 왕조(861~1003년)가 부상하면서부터였다.[127] 더욱이 871년에 칼리파는 신드에 대한 통제권을 완전히 포기했다. 다음 이 힘의 공백을 채운 것은 이스마일파(879~1025년)였다. 이들은 순니파와 시아파 외 이슬람 공동체의 세 번째 분파로 다음 150년 동안 신드를 통치했다. 바그다드에서 이스마일파를 순니파 칼리파의 적이라고 공언하자, 이스마일파는 이 중추적인 경제 지역의 무역 네트워크를 페르시아만에서 홍해로 이동시켰다. 이런 식으로 그들은 이집트에서 그들의 시아파 동맹인 파티마 왕조(909~1171년)가 부상하도록 힘을 실어주었을 뿐 아니라, 이후 지중해 무역 네트워크가 부흥할 수 있도록 지원했다.[128] 그럼에도 불구하고 인도 북서부와 중앙아시아의 현지 무슬림 왕조 모두가 가즈나 왕조의 투르크계 순니파 통치자인 마흐무드에 의해 완전히 일소되었다.

이 간단한 역사적 개요가 분명히 보여주듯, 인도 북서부와 중앙아시아는 불교-무슬림 상호 작용을 최초로 경험했던 몇 세기 동안 상당한 정치적, 종교적 격동을 겪었다. 놀랍게도 이 모든 격변을 겪으면서, 혹은 아마 그 격변 때문인지, 불교는 살아남았다. 아랍 지리학자들이 확인해주듯, 10, 11세기 이 지역의 많은 도시에는 여전히 "이교도들"과 "우상 숭배자들"이 있었다.[129] 예를 들어 가즈나 왕조의 마흐무드가 원정에 나섰을 때 함께했던 유명한 학자 알 비루니는 11세기 초 중앙아시아에 불교 사원들이 있었다고 기록했다. "그들 의식을 처음으로 정립하고 부다사프Budhasaf인이 출현하기 전에 세계 동쪽에 거주하면서 우상을 숭배하는 이들이 있었다. 그들 중 남은 자들이 현재 인도와 중국에 있고, '타가즈가르*Taghazghar*'⊕ 가운데에도 있다. 호라산 사람들은 그들을 '샤마난*Shamanan*'이라고 부른다. 호라산과 인도 사이 변경 국가들에서는 여전히 그들의 건축물인 우상 '바하라*Bahara*(사원)'나 '파카라*Farkhara*(승려)'를 볼 수 있다."[130]

또한 아사디 투시는 1048년작 『가하습나메*Garshasp Name*』에서 가즈나 왕국의 마흐무드가 어떻게 카불 외곽의 불교 사원에 이르렀는지 다음과 같이 묘사했다.

> 그가 수바하의 불교 사원[봇-하네*bot-khane*]에 도착하자
> 그는 건물[하네*khane*] 한 채를 보았는데, 그 모습이 아름다워 마치 봄 같았다.[131]

더 나아가 시인은 이 사원의 벽은 대리석이고, 바닥은 은이었으며, 그 가운데에는 "달 같은 얼굴"을 한 커다란 황금 불상이 있었다고 알려준다.[132] 그러나 역사적 기록이 너무나 조각만 남아 있어서 이 사원이나 다른 어떤 사원들이 얼마나 잘, 또 얼마나 오랫동안 살아남았는지 분명하지 않다.

⊕ 토쿠즈 오구즈Tokuz Oguz라고도 하는데, 무슬림 사료에서 위구르를 지칭하는 용어다.

이 시기의 불교-무슬림 상호 작용의 역사에 접근할 때, 어떤 만남에서도 그러하듯, 이 만남 역시 단순히 일방적인 사건은 아니라는 점을 명심해야 한다. 이런 사건 전개에 대한 불교도의 관점을 알려줄 만한 자료가 없기는 하지만, 불교도가 단순히 이슬람 통치의 박복한 희생자였을 뿐이라고 상상해서는 안 된다. 데이불 사건에서 보았듯이 불교도는 상당히 적극적이었다. 그러나 일부 불교도는 그렇게 환영하지 않았고, 대신 무슬림 지배에서 탈출하기로 작정했다. 따라서 동판 비문을 보면 이 지역의 불교도가 라슈트라쿠타 왕조와 팔라 왕조 강역疆域으로 이동했다는 것을 알 수 있다.[133] 그러나 불행히도, 그 뒤에 남은 사람들이 무슨 생각을 했을지는 알기 어려운데, 우리가 가진 것이라고는 무슬림 자료뿐이기 때문이다.

이들 자료를 사용하면 이런 한계에도 불구하고 무슬림이 불교도를 호의적으로 보았다는 것을 알 수 있다. 어떤 의미에서 이는 불교가 현대 대중문화에 전달하는 긍정적인 특징을 미리 보여주는 것 같다. 물론 초기 무슬림의 관점은 다른 패러다임을 기반으로 하며, 불법의 선함은 그 자체에서 왔다기보다 기꺼이 이슬람 통치를 받아들이려는 불교도의 태도에서 기인했다. 앞서 보았듯이 불교도는 실제로 아랍인과 함께 일하려고 했으며, 여기에는 분명히 양쪽에 편의가 있었다. 어떠한 무슬림 자료에도 이슬람 세력에 대한 "불교의 반란"과 같은 언급은 없다. 오히려 불교도는 흠잡을 데 없이 무슬림의 권위에 복종했다. 물론 이것이 사실인지 아닌지는 완전히 별개의 문제이다.

어느 쪽이든, 이러한 문제를 생각할 때 무슬림 사료에서 보이는 불교도와 힌두교도는 실제 역사적 인물이라기보다 이슬람 정복 문학의 문학적 수사에 어울리도록 만들어진 캐리커처라는 점이 중요하다. 따라서 불교도는 협력자, "좋은 녀석"이고 힌두교도는 저항자 또는 "나쁜 녀석"이다(힌두교 역사 역시 그 자체의 "반무슬림 서사시"에서 반드시 채택하는 수사법이기도 하다).[134] 물론 당시 힌두교도가 권력을 잡고 있어서 무슬림 진전에 걸림돌이었다는 역사적 사실 때문에 이런 표현이 생겼다. 그러나 더 흥미로울 수 있는 또 다른 문제는 불교나 이슬람이 스스로 이러하다고 상상했던 모습에는 분명한 유사성이 있고, 둘 다 자신을 상인 엘리트의 코즈모폴리턴 종교라고 보았다. 두 종교는 동일한 청중이 갖고 있는 문제와 우려에 대해 말했다. 그러한 상황이 반드시 실현 불가능한 것은 아닐 수도 있지만, 두 종교가 같이할 수 없다는 것이 입증되었고, 궁극적으로 "이슬람 국제 사회"가 "불교 국제 사회"를 이겼다.

이에 대해서는 잘 알려져 있지만, 어떻게 또는 왜 그렇게 되었는지에 대해서는 여전히 논쟁의 여지가 있다.[135] 이러한 상황 전개를 이해하자면, 무슬림 정복을 피해 인도로 피신하고 도망친 불교도의 경우로 시작할 수 있다. 라슈트라쿠타 왕조의 강역으로 도망친 불교도라면 그들이 살고 있는 힌두교 지배 영토에서보다 무슬림 통치하의 불법이 2세기나 더 오랫동안 살아남았다는 사실에 깜짝 놀랄 것이다. 8세기 탈라스 전투에서 잡힌 중국인 포로에 대한 설명과 무슬림이 통제하는 중앙아시아로 여행한 한국인 구법승의 설명까지 포함하여 모든 가능한 증거를 보면, 아랍인들은 대체로 불교도가 종교 의식을 계속하도록 허용한 것 같다.[136] 이러한 정책은 무슬림이 불교도가 지역 경제에서 담당했던 중심 역할을 인지했기 때문일 것이다. 거의 같은 방식으로 불교도도 무슬림에 대해 생각했는데, 불교도는 무슬림이 "해상과 육로 둘 다를 이용한 지역 간 무역로를 재개하여, 그들의 지위는 물론 간접적으로 종교에도 도움이 될 수 있기를" 희망했다.[137] 그리고 인도 북서부와 중앙아시아가 다시 한 번 무슬림의 지도 아래 동서 무역의 핵심이 되면서 불교 공동체도 이익을 얻었다고 생각할 수 있다.[138]

그러나 핵심은 얼마나 오랫동안 이러했느냐는 것이다. 매클린MacLean이 설득력 있게 보여주었듯이, 불교 공동체의 초기 경제력과 지위는 결국 쇠약해져갔다. "그들[불교도]은 그들이 비무슬림 범주에 속해 종교적 측면에서 사회 경제적 지위가 약화되는 것을 곧 알아차렸을 텐데, 비교 기준 그룹인 도시 상인 무슬림이 같은 기간 동안 번영했기 때문이다."[139]

이슬람은 천 년 이상 불교를 유지해온 지원 시스템 전체에 도전하여 성공적할 수 있었던 최초의 종교이다. "이 지원 시스템은 여러 수준에서 작동했다. 이념적 수준에서 불교는 재가 신도들이 무역 사업에서 부를 축적하고 재투자하도록 영향을 미쳤다. 사회적 차원에서는 불교 사원에 기부함으로써 상인이나 기타 직종 집단은 지위를 얻었다. 경제적 차원에서 불교 사원은 정보뿐 아니라 글쓰기와 같은 필수 기술의 저장소였다. 공동체 차원에서는 보름마다 열리는 포살布薩(우포사타*uposatha*) 의식에 참여함으로써 재가 신도들 사이에 정체성을 심어주었다."[140]

이슬람은 번영 신학과 모스크, 칼리파 통치 내의 좀 더 큰 이슬람 공동체 네트워크를 가지고 있어서 이 네 가지 구조적 구성 요소 모두에 대해 실행 가능한 대안을 제공했다. 이런 대안과 이슬람의 "영적 자본", 즉 "특정 종교 전통에 참여함으로써 생성되는 권력, 영향력, 지식, 자질"[141]은 어떤 시점에서 불교 국제 사회의 지원 시스템을 압도하게 되었을까?

개인 차원에서 불교도 상인이 어느 날 모스크에 가서 '샤하다*shahāda*'—"알라 외에 신은 없고 무함마드는 그의 메신저입니다"라고 신앙 증언을 하는 이유는 무엇 때문일까? 모욕적인 비무슬림 인두세 때문일까? 아니면 칼리파가 제정한 좀 더 부담스러운 5%의 비무슬림 세금이 그의 거래 이익을 삭감했기 때문일까? 아니면 지역 사회에서 그의 가족의 사회적, 경제적 지위가 움츠러들고 있다는 사실을 깨달았기 때문일까? 아니면 아이가 아플 때 무슬림 의사의 기술이 불교도 의사의 기술보다 더 좋았던 것일까?[142] 아니면 단순히 딸에게 적합한 남편을 찾기가 어려워서일까? 아니면 간단히 말해 이슬람이 불법보다 더 나았기 때문일까? 이 모든 것 때문일까, 아니면 이 중 어느 것도 아닐까?[143]

어떤 한 개인의 관점에서 이런 질문들을 해보면 이것들이 얼마나 어려운지 알 수 있다. 질문이 추상적, 역사적, 문명적 수준이라면 얼마나 더 어렵겠는가? 거시적 수준에서 역사가들과 종교학자들이 답을 알아내려 시도하면서 원인과 결과의 논리적 사슬을 통해 무슨 일이 "실제로 일어났는지" 그럴듯한 모습을 그려낸다. 그러한 서술이 훌륭하면서 또 필요한 일이지만, 불행히도 그들 역시 종종 지나치게 단순하고 단단하게 설명함으로써 그들이 설명하려는 그 복잡한 현상을 더 불명료하게 만든다.

예를 들어 피터 브라운Peter Brown은 이런 말을 했다. "내가 오랫동안 의심해온 것은 기독교화에 대한 설명이 … 가장 오해의 소지가 있는 때는 기독교화 과정이 마치 단일 블록처럼, 단 하나의 집적集積적인 묘사로 표현될 수 있고, 이로써 단 하나로 포괄적으로 설명될 수 있다고 시사할 때다."[144] 단순하고 단단하게 서술하는 경향에 대해 그는 이렇게 말했다. "우리는 해변가에 있는 어린 소년과 같다. 황홀하게 즐거워하면서 잘 만든 모래성으로 조수가 스며드는 것을 지켜본다. 그리고 다시 또 물이 밀려들어 오기 전에 모래성이 모두 부서져 내리고 있음을 알게 된다."[145]

이 이미지는 이슬람의 녹색 물결이 가난하고 무방비한 불교도를 덮치는 모습을 잘 포착했다. 그러나 이슬람화는 서구의 기독교화 못지않게 복잡하고 오랫동안 이어져온 과정이다.[146] 따라서 수 세기에 걸쳐 불교와 이슬람 사이에서 진화해온 너무나 복잡한 역학을 단순화하는 이야기는 조심해야 한다. 경제 체제의 현실이나 그것과 종교 이념의 연계는 이러한 방정식의 일부일 뿐이다. 다른 하나는 개별 무슬림과 불교도가 실제로 어떻게 서로를 이해하려고 했느냐인데, 이는 다음 장의 주제로 다루겠다.

제2장

상호 이해

나는 『도로道路와 제국지諸國志(키타브 알 마살리크)』에서 불교도는 두 부류라고 써 있는 걸 보았다. 한 부류는 부처가 사도라고 주장하고, 다른 부류는 부처가 사도의 모습으로 나타난 창조주라고 주장한다.

— 무타하르 이븐 타히르 마크디시, 『창조와 역사서(키타브 알바드 와 타리크)』

아담과 노아와 아브라함; 악마와 뱀의 가문에 사악한 본성을 부여받은 자가 다섯 명이 더 있다. 즉, 모세와 예수, 흰옷을 입은 자와 무함마드, (여덟 번째) 마흐디는 어둠에 떨어질 것이다. 일곱 번째는 분명 메카의 땅 바그다드에서 태어날 텐데, 그곳에는 야만인이 모시는 강력하고 사나운 우상, 악마의 화신이 산다.

— 『시륜탄트라時輪怛特羅(칼라차크라탄트라*Kālacakratantra*)』

8세기 말에 인도 북서부에서 온 사절이 바그다드에 도착하여 칼리파 하룬 알 라시드를 알현케 해달라고 청했다. 칼리파는 이슬람 제국의 변경에서 온 이 가련한 가신에게 자신의 위대함과 웅장함을 보여줄 만하다고 믿고 알현을 허락했다. 그런데 마침내 바그다드 중심에 있는 호화로운 궁전으로 이 남자를 불러 들어오자, 칼리파는 이 하찮은 하수인이 전달하는 메시지를 듣고 충격을 받았다. "내가 듣기에 당신들의 종교는 칼을 빼고는 아무런 진리의 증거가 없소. 당신 믿음의 진실성을 확신한다면, 당신 궁전에 있는 학자들을 보내 나의 학자들과 종교 문제를 토론하도록 해주시오."

칼리파는 너무 격분하여 당장 그 자리에서 사절을 죽이려고 했지만, 한편으로는 그의 대담한 제안에 흥미를 느껴 종교학자 한 명을 보내 그 학자와 토론하기로 결정했다. 불행히도 논쟁은 잘 되지 않았다. 사절 측 학자는 불교 논쟁과 논리의 오랜 전통으로 무장하여, 무슬림 학자의 전능한 유일신 존재에 대한 주장을 체계적으로 공격했다. 사절 측 학자가 토론 마지막에 "당신의 신이 전능한 분이라면, 자신과 같은 존재를 창조할 수 있겠는가?"라고 질문을 던지자, 무슬림 학자는 너무 당황해서 모르겠다고 답했다. 토론을 주선한 신드 지방의 현지 통치자는 불교 학자가 승자라고 발표했고 이슬람 학자를 칼리파에게 돌려보내면서 다음과 같은 메시지를 남겼다. "당신들 신앙에는 아무런 진리의 증거가 없다고 장로들에게 들은 적이 있었는데, 직접 내 눈으로 보고 나니 그 말이 사실이라는 걸 확신하게 되었소."

칼리파는 격노했고, 주요 학자들을 모두 소집하여 불교의 도전에 대해 연구하도록 했다. 그러나 아무도 적절한 대응을 못했는데, 한 소년이 일어서서 이렇게 말했다: "신도의 군주시여, 이 반대는 전혀 근거가 없습니다. 신은 누구에 의해 창조된 분이 아닙니다. 하나님이 자신과 같은 실체를 창조한다면, 그는 어느모로 보나 신의 창조물이라 할 것입니다. 다시 말하지만, 신과 똑같은 실체가 있다는 것은 곧 신에 대한 모욕이며 신은 그러한 자기 비하를 용납하지 않을 것입니다. 이 질문은 결국 이런 질문들과 같습니다. 신이 무지할 수 있습니까? 신이 죽을 수 있습니까? 신이 먹을 수 있습니까? 신이 마실 수 있습니까? 신이 잘 수 있습니까? 이 모든 것이 그분의 존엄성을 손상하는 것으로, 분명히 신께서는 이러한 일을 할 수 없습니다."

이 대답을 듣고 모두 기뻐했고, 하룬 알 라시드는 이슬람을 방어하고 논쟁에서 불교도를 물리치기 위해 이 소년을 인도로 보내려고 했다. 그러나 궁정에 있던 다른 학자들은 아이가 너무 어리고, 또 이 아이가 그 질문에 대답할 수 있더라도 다른 질문은 어떻게 하느냐면서 반대했다. 이 주장을 듣고 마음이 흔들린 하룬 알 라시드는 나이 많은 유명한 학자를 보내 새로운 논쟁에서 불교도를 물리치라고 했다.

어떤 이야기에 의하면, 이 학자가 논쟁에서 쉽게 승리했고 신드의 현지 통치자는 이슬람으로 개종했다고 한다. 또 다른 이야기에 따르면, 불교 학자가 이 이슬람 학자가 신학자인지 아니면 합리주의에 익숙한 학자인지 알아보기 위해 스파이를 보냈다고 한다. 불교 학자의 정보원이 그에게 물라(이슬람 학자)가 합리적 논리에 익숙하다는 걸 알려주자, 불교 학자는 논쟁에서 질까 봐 걱정했다. 절망에 빠진 불교 학자는 누군가에게 돈을 주고 이슬람 학자를 독살하라고 했고, 결국 이슬람 학자는 인도 북서부에 도달하기 전에 사망했다.

이 두 이야기는 유명한 칼리파 하룬 알 라시드 시대에 있었다는 불교-무슬림 논쟁을 다루며, 모두 15세기 무슬림 역사에만 기록되어 있다.[1] 이 이야기가 역사적 사실에 기반하고 있는지는 의심스럽다. 그럼에도 불구하고 예기치 않았으나 이들 이야기는 불교-무슬림 간의 상호 작용과 지적 교류의 현실을 드러낸다. 단순한 파괴와 낯설음이라는 표준화된 이야기보다 중요한 것은 불교도와 무슬림이 실제로 수 세기 동안 공존했다는 점이다. 예를 들어 아랍 지리학자들은 11세기까지도 인도 북서부의 도시에 무슬림과 "우상 숭배자들"이 함께 살았다고 기록했다.[2] 어떤 곳에서는 이 두 집단의 상인 엘리트들이 같은 옷을 입기도 했다는데,[3] 이는 사소한 듯 보일 수도 있지만 복식이 집단 정체화의 표식으로 작용한다는 근본적인 중요성을 기억한다면 강력한 의미를 가지는 에피소드라고 할 수 있다. 흥미로운 사실은 이라크 출신 무슬림이 무슬림 정복 이후에 일부 중앙아시아 도시로 이주하여 너무 현지화되는 바람에 면세免稅 아랍인으로서의 지위를 잃었다는 것이다.[4] 이러한 이야기들은 불교도와 무슬림이 함께 살았을 뿐만 아니라, 겉으로 보기에 그럭저럭 잘 지냈음을 알려준다.

그럼에도 불구하고 불교도와 무슬림이 실제로 어떻게 서로를 이해했는지는 여전히 궁금하다. 아랍 지리학자들이 보여주듯 그들 사이에는 평화와 조화만 있었을까? 아니면 하룬 알 라시드 시대에 불교-무슬림 간 논쟁 이야기에서 잘 드러나듯 긴장이 있었을까? 다음에서는 이러한 질문에 답하기 위해 무슬림과 불교도가 어떻게 서로를 이해했는지 살펴보고, 수 세기에 걸친 공존과 상호 교류 중에 발생한 몇 가지 물질적 교류를 탐색하려고 한다.

초기 무슬림의 관점

앞 장에서 살펴본 바와 같이, 인도 북서부와 중앙아시아로 아바스 칼리파 조가 확장을 주도한 것은 근본적으로 경제적 관심, 특히 유라시아 무역 시스템의 이 마디점에서부터 퍼져나오는 재정 자원과 무역 경로를 통제하려는 욕구 때문이다. 이 지역을 통제하던 여러 왕국이 칼리파의 권역 안으로 들어오면서 궁극적으로 이 목표가 달성되었다. 그러나 앞서 이야기에서 알 수 있듯이 이 지역 역시 무슬림의 정치 및 지적 생활의 중심에서 멀리 떨어진 변방 지역으로 남아 있었다. 특히 최초의 무슬림 왕조인 우마이야 시대에 특히 그러했는데, 그들은 다마스쿠스에 수도를 건설하고 거의 전적으로 서쪽에 집중했다.[5] 실제로 우마이야 칼리파 조의 군대야말로 북아프리카 전역을 행군하고 스페인을 정복했었다. 그런데 이 서진西進 지향성은 군사적일 뿐만 아니라 이슬람 자체의 신학적, 지적 형성에도 해당되었다.

물론 대부분 이와 관련된 것은 이슬람 전통을 규정하고 다른 아브라함 계통의 전통과 구별하는 일이었다. 따라서 무슬림 학자들은 최근에 정복한 비잔틴 제국과 사산 제국의 유대교와 기독교 전통뿐만 아니라 이 두 종교 모두에 스며 있던 헬레니즘의 심오한 유산도 다루었다. 결과적으로 초기 이슬람은 서구를 모체로 발전했는데, 그렇다고 그게 전부는 아니었다. 지금 학자들이 깨닫고 있듯이 이슬람 전통은 또한 동양과 연계되어 발전했다. 초기 이슬람은 중앙아시아의 국제적인 문화의 영향을 깊이 받았는데, 이는 차용된 예술 양식에서 입증된다.[6] 또한 전형적인 "무슬림"

노예 제도, 즉 변방 지대에서 유망한 어린 소년들을 데려와 엘리트 경비대로, 또 나중에는 정치가로 키우는 제도에도 반영되었는데, 이 전통은 중앙아시아를 선례先例로 발전한 것이었다.[7]

물론 무슬림이 이 시기에 중앙아시아의 전통을 모방했다고 해도 전혀 놀랍지 않은 것은 이 지역이 세계 경제와 문화 체제에서 모두 중심에 있었기 때문이다. 이러한 영향력은 아바스 칼리파 조 기간에 증가했는데, 아바스 조는 기지를 중앙아시아에 두고 우마이야 조를 무너뜨리면서 "페르시아-아랍 권력 협업"을 구축했다.[8] 그런데 아바스 조가 이슬람이나 세계사에 미친 여파가 심오하다면서도 여전히 간과되는 혁명적 측면이 하나 있다. 그것은 바로 무슬림 세계가 "동방"으로 향하는 전환을 했다는 점이다. 즉, 아바스 조와 더불어 많은 중앙아시아 출신이 집권하면서 아바스 조는 "동양적" 방향성을 가졌다.[9] 이슬람의 수도가 다마스쿠스에서 바그다드로 이동한 일은 아시아로 향하는 전환의 가장 뚜렷한 상징이다. 그러나 초기 아바스 조 기간에 수도만 이동한 것이 아니었다. 수도와 함께 이슬람의 전체 방향도 움직였다.

이렇게 된 데는 바르마크 가문의 영향이 컸다. 이 가문에서 8세기 후반 동안 아바스 칼리파를 모시는 재상들이 나왔다.[10] 바르마크 가문은 발흐의 나우 바하르Naw Bahar⌖ 불교 사원을 관리하는 저명한 불교 가문이었고, 바르마크 재상의 삼촌이 사원의 주지였다.[11] 그러나 정치적, 경제적, 가족적, 영적으로든 이유가 무엇이었든지 이 가문의 한 지파支派가 이슬람

⌖ '나와 비하라Nava Vihara'로도 알려져 있다. '새 사원'이라는 뜻.

으로 개종했다.[12] 그 후 이들은 계급 상승을 지속하여, 드디어 아바스 혁명과 이슬람 세계 통치의 초기 핵심 인물로 자리 잡았다.[13] 그리고 이 가문이 아바스 칼리파 조에서 유명해지긴 했지만, 발흐의 가문은 불교도로 남았고, 심지어 중앙아시아에 있는 나우 바하르와 그 주변의 수많은 사원을 계속 통제하려고 했던 것 같다.[14] 그들이 얼마나 오랫동안 통제했는지 또는 아바스 칼리파의 힘이 점점 커지는 데도 불구하고 그럴 수 있었는지는 분명치 않다. 그럼에도 불구하고 분명한 것은 많은 종교 개종자들과 마찬가지로, 바르마크 가문이 불교와 무슬림 두 세계에 발을 걸치고 있었고, 그들이 아바스 칼리파 행정부의 상위 계층으로 이동함에 따라 이중적 지향성이 칼리파 조의 전체 움직임에 지대한 영향을 미쳤다는 점이다. 중앙아시아 출신인 바르마크 가문은 불교 국제 사회를 통해 드넓은 인도 세계에 대해 잘 알고 있었는데, 그들은 아바스 궁정에 인도 세계와 인도의 지식 체계를 널리 알렸다.

이와 관련하여, 아랍 정복이 끝나고 무슬림이 새로운 세계에 적응하기 시작했을 때 그들이 두 가지 주요 지적 전통—그리스 세계와 산스크리트 세계와 접촉하게 되었음을 기억해야 한다 . 이 두 세계 모두 분명히 아브라함계 신앙의 신성한 혈통에서 벗어나 있지만 각자 풍부한 문학적, 과학적, 철학적 전통으로 도움이 되었다. 이론상으로 보면 무슬림 전통은 어느 정도까지 양쪽 어느 쪽으로든 나아갈 수 있었다. 그런데 실제로 이런 일은 일어나지 않았고 이슬람은 그리스 전통하고만 연계되었다.[15] 이러한 결과가 당연한 것은 아니다. 무슬림 전통은 산스크리트어와 인도 지식 세계와 대화함으로써 발전할 수도 있었는데, 이것이야말로 바르마크 가문이 지지했던 방향이다. 그들에게는 헬레니즘의 세계나 아브라함계 전통의 끝도 없이 이어지는 살인적인 논쟁은 아주 이상해 보였다. 그 대신 그들은 불교 국제 사회에 의해 가능했던 드넓은 인도 세계(그들이 바그다드에 들여오고 싶어 했던 세계이기도 하다)에서 성장했다.

초기 이슬람의 이러한 인도 성향은 최초의 바르마크 가문 출신 재상인 할리드 이븐 바르마크(사망 781/782년)의 재임 동안 시작되어, 803년 가문이 칼리파의 신임을 잃을 때까지 이어졌다. 가문이 추락하기 전에, 바르마크 재상들은 인도에 특사를 보내 의약품과 문서를 가져오고, 학자를 불러왔을 뿐 아니라, 이슬람이 동양과 연계하도록 주력했다. 이를 위해 그들은 산스크리트어 문헌을 아랍어로 번역하여, 무슬림 학자들이 이 자료에 접근할 수 있도록 지원했다. 이 작업에서 일찍이 집중했던 분야는 인도 천문학이었다. 세 가지 주요한 문헌 전통이 8세기에 번역되었다고 알려져 있으며, 이후 수 세기 동안 인도 전통이 이슬람 달력 및 천문학을 형성했다.[16] 무슬림 학자들은 인도의 의학 지식에도 관심을 기울였는데, 그 증거로 9세기 중반 알리 이븐 사알 알타바리의 의학 및 자연 철학 집합서인 『지혜의 낙원(피르도스 알 히크마*Firdaws al-Ḥikma*)』을 들 수 있다. 여기에는 『챠라카사미타*Carakasamhitâ*』, 『슈스르타사미타*Suśrutasaṃhitā*』, 바그바타Vagbhata의 『여덟 가지 중심 개요서(아스타가흐르다이라사미타*Aṣṭāṅgahṛdayasaṃhitā*)』를 비롯해 여러 산스크리트어 자료가 들어 있다.[17]

인도에서 무슬림 세계로 전이된 지식에는 수학도 포함된다. 이러한 영향을 받은 사람으로 무함마드 이븐 무사 알 화리즈미(활동 807~847년)를 들 수 있다. 그는 숫자 '0'을 비롯해 서양에 인도 숫자를 확산시켰을 뿐 아니라[18] 대수학과 연산을 처음으로 만들었다.[19] 또한 형이상학 영역에도 인도의 영향이 있었는데, 특히 "9세기 중반에 이르러 [무슬림] 신학계에서 확고히 자리 잡은" 원자론을 들 수 있다.[20] 인도적인 것에 대한 무슬림의 관심은 과학을 넘어 문학도 포함했다.[21] 이 시기 때부터 인도의 『다섯 편 이야기(판차탄트라)』에 바탕을 둔 유명한 동물 우화집 『칼릴라와 딤나』가 등장했다.

이러한 번역이나 지식 이전이 특별히 불교적이지는 않지만, 바르마크 가문 재임 동안 좀 더 큰 규모의 동양 지향적 변화가 어떠했을지를 보여준다는 점에서 중요하다 . 이를 통해 야히아 이븐 할리드가 인도를 여행한 맥락의 큰 틀을 확인할 수 있다. 할리드는 바르마크 가문이 의약품을 수집하고 의사와 학자 들과 이야기를 나누라고 인도로 보낸 사람이다. 더욱이 그는 바그다드로 돌아오자마자 여행 보고서를 작성하라는 요청을 받았고, 그가 8세기에 실제로 인도를 여행했기 때문에 무슬림 사료에 최초로 불교에 대한 광범위한 설명이 남게 되었다.

현재 그 보고서의 원작은 사라지고 없다. 그러나 바그다드 관료 체제 내에서 사라지기 전에 우연히 야꿉 이븐 이스하끄 알킨디(801~873년경)가 그 문서를 필사해두었다. 그 후 이 책은 이븐 알나딤(998년경)의 손에 넘어갔다. 그는 바그다드의 유명한 서적상으로, 성장하는 도시 엘리트층에게 귀중한 필사본을 조달하는 일을 전문으로 했다. 알나딤은 단순히 바그다드 신흥 계층의 지위 불안감을 달래주는 서적 행상인이 아니었다. 그는 학자이기도 했다. 바그다드 서적 거래에서 그가 맡았던 중추적인 역할을 고려하면, 그가 비할 데 없는 시각에서 당대 무슬림 문헌 전체를 개관했었다는 것을 알 수 있다. 그는 모든 지식을 『도서 목록(키타브 알 피흐리스트)』에 담았다. 이 작업 중 일부가 바로 야히아 이븐 할리드의 인도 여행 이야기이다.

알나딤의 기록은 어떤 사본을 나중에 또 필사한 것이기 때문에 이븐 할리드의 원래 저서에 대해 정확하게 말하기 어렵다. 즉, 이븐 할리드의 보고서가 제국의 정찰 보고서인지 아니면 바르마크 재상을 위해서 작성된 개인적인 민족지학 문서인지 알 수 없다. 만약 전자라면, 표현이 좀 더 공식적이고 당시 표준적인 무슬림의 개념에서 크게 벗어나지 않았으리라 추측할 수 있다. 그러나 순전히 바르마크 가문만을 위해서 썼고, 작가가 그 가문의 동양 지향성을 잘 알았다면, 아마도 인도와 인도 문화에 대해 좀 더 자유롭게 설명했을 것이다. 그러나 애석하게도 이븐 할리드가 불교에 대해 쓴 것은 말할 것도 없이 그 작품을 누구를 위해, 어떤 특정한 이유 때문에 썼는지 도무지 알 수가 없다. 그럼에도 불구하고 그의 저서는 무슬림이 불법을 이해하려고 했던 최초의 시도였을 뿐만 아니라 가장 뛰어난 작업이기도 하다.

『피흐리스트』에 남아 있는 대로라면, 이븐 할리드의 저서는 느닷없이 인도 중부, 오늘날 하이데라바드 지역에 있는 힌두교 사원을 설명하면서 시작된다. 이 왕국의 재산 규모는 엄청나서, 왕의 코끼리가 6만 마리에 이르고, 사원에는 2만 개의 보석 박힌 황금 조각상이 있는데, 이 우상들에게 인간 제물을 바친다. 저자는 갑자기 하이데라바드에서 인도 북서부로 이동하여 물탄의 유명한 힌두교 태양 사원을 묘사하는데, 멀리 동남아시아에서도 이 사원으로 순례자들이 온다고 한다. 바르마크의 고향인 발흐에서 물탄까지 오는 길이 멀지 않으며 직선 거리라고 말한 뒤 불교에 대해 논한다. 역설적이게도 바미얀의 (원래 흰색으로 칠해진 불상과 금으로 칠해진) 불상부터 이야기를 시작한다.

> 그들이 가진 두 개의 우상 중 하나는 준-북트Jun-bukt[황금 적불赤佛]이고 다른 하나는 즈운-북트Zun-bukt[백불白佛]라고 불린다. 산의 바위에서 잘려 나온 큰 계곡의 측면에 이 형태를 조각해두었다. 각각의 높이는 80척이나 되어 멀리서도 볼 수 있다.
>
> 그[알 킨디al-Kindi]는 다음과 같이 말했다. "인도인은 공양물과 향, 향긋한 나무를 지니고 이 두 [우상]에 순례하러 간다. 멀리서 그 우상들을 보면, 사람은 위압감에 눈을 낮추게 된다. 혹시라도 그들을 보았는데 산만하거나 부주의했다면, 제대로 보지 못했던 지점으로 되돌아가서 다시 경건한 관심을 가지고 이 우상들을 바라보면서 다가가야 한다."[22]

이 묘사는 불교 전통에서 바미얀이 공덕을 비롯해 여러 축복을 얻기 위한 방법으로서 중요했다는 점과 순례의 중심적 역할을 잘 담고 있다.[23]

다음 구절에서는 저자의 기민한 관찰력이 비딱하게 나가는 것처럼 보인다. "이 우상들을 실제로 목격한 사람이 내게 말해주었는데, 그 곁에서 흘린 피가 적지 않다고 했다. 그는 아마도 5만 명 이상이 자신을 공양물로 바쳤다고 주장했는데, 알라가 아니고서야 알 수 없는 일이다."[24] 바미얀 불상에 인간을 바쳤다는 이 주장을 어떻게 생각해야 할까? 저자가 이 의식을 목격했다고 주장하지 않았다는 점에 주목해야 한다. 그는 다른 사람에게 들었다고 했다. 이렇다면 그 이야기를 의심하게 될까? 아마도 그렇지 않다고 봐야 할 것이다. 경험주의나 "백문불여일견百聞不如一見"이라는 개념이 있기 전의 시대에는 다른 사람의 말이나 글이 자신의 말이나 글과 똑같이 타당했다.[25] 그러므로 무슬림 저자와 독자에게 이것은 실제로 일어난 일이었다. 하지만 무슨 일이 실제로 일어났던 것일까? 어떤 학자는 이것이 불교의 관습에서 불법을 수행하기 위해 출가함으로써 가족을 떠나고 "자신의 삶을 포기한다"고 표현하는 데서 생긴 언어적 혼란이라고 했다. 그러므로 "자신을 공양한" 5만 명은 제물로서의 희생자가 아니라 승려가 된 사람들이라고 설명할 수도 있지만, "제물로서의 희생자"가 사망한 불교도의 백골을 언급한 것이며 불교 장례 관행의 일부를 반영했다고 추측할 수도 있다.

안타깝게도 지금으로서는 이븐 할리드가 무엇을 묘사하려고 했는지 알 길이 없다. 그럼에도 불구하고 바미얀과 하이데라바드의 힌두 사원에서 인간이 희생되었다는 생각은 우상과 우상 숭배에 대한 당대 이슬람의 좀 더 큰 담론을 반영한다고 본다. 잘 알려져 있듯이 초기 이슬람은 이슬람 이전의 아랍 종교와 비교했을 때 우상 숭배에서 정반대였을 뿐 아니라, 기독교와 마니교 같은 다른 일신교에 비해서도 우상 숭배의 정반대에 있다고 했는데, 그들의 신학 논증에서 이들 종교는 항상 우상 숭배자로 규정되었다.[26] "서방" 전통 가운데 우상 숭배에 대한 주장과 반박이 과열되던 상황에서, 무슬림이 자신의 관행을 어떻게 이해했는지와는 무관하게 동양에서 발견한 진정한 "우상 숭배"는 무슬림이 생각하기에 힌두교와 불교의 본질적인 특징이었다. 따라서 무슬림은 이슬람 이전의 아랍인이 여러 가지 이유에서 카바와 그 우상에게 기도했던 것과 마찬가지로 힌두교도와 불교도가 자신의 우상을 향해 기도한다고 받아들였다.

힌두교도와 불교도 모두 이 시기에 엄청나게 다양한 관습과 신념을 갖고 있었지만, 무슬림 사료는 이들에게 언제나 "우상 숭배" 딱지를 붙였다. 이는 힌두교나 불교 관습 때문이라기보다 무슬림 내부에서 이슬람을 이해한 데 따른 결과였는데, 이슬람은 반反 우상 숭배 종교라고 규정했다. 따라서 그들 각자의 세세한 신학적 차이와는 상관없이, 힌두교와 불교에 대한 정의는 순전히 우상 숭배의 관점에서만 다루어졌다. 시간이 지나면서 이 순환 논리가 발전하여, 무슬림 사상에서 인도는 모든 우상 숭배의

그림 4. 카바의 우상들을 부서뜨리는 무함마드와 알리(부분), 『순수의 낙원(라우다트 아스사파 Rawdat as-Safā)』 필사본, 쉬라즈, 이슬람력 1003년(1595년)(소장번호 Per. 254.83), 더블린, 체스터 비티Chester Beatty 도서관
자료: 한일송 드로잉.

근원으로 이해되는 지점까지 이르렀다. 나중에 이슬람 학자들은 이슬람 이전 아랍인의 우상 숭배가 인도에서 도입된 것이라고 주장했다. 이슬람 예술에서 표현되었듯이, 아랍 이교도 신들과 이전 선지자들을 표현한다고 하여 무함마드가 카바의 지붕에서 내던진 것들은 힌두상이나 불상처럼 보이는 우상이었다(그림 4).[27]

인도를 모든 우상 숭배의 원천으로 보는 개념은 이슬람 전통에서 나중에 발전했으며, 이븐 할리드의 저서에는 분명하게 나타나 있지 않다. 그럼에도 불구하고 이븐 할리드부터 이후의 변화까지 살펴보면 이슬람 사상이 어떻게 지상의 현실과는 별반 상관없이 이슬람 내부의 신학 논쟁에 기초해서 발전했는지 알게 된다.

인도에서 인간 희생이라는 무슬림의 주장에 대해서는 이러한 관점으로 접근해야 한다. 이는 힌두교나 불교의 관습을 확인하는 것이라기보다 무슬림의 자기 정체성 역학에 대한 논평이다. 무슬림 사상은 우상 숭배를 너무나 사악하다고 인식했기 때문에, 알라를 거부한다는 것을 분명하게 보여주기 위해 이 "우상 숭배자들"이 "우상 숭배"의 가장 끔찍한 형태인 인간 희생을 행했다고 뒤집어씌웠다고 보아도 크게 틀리지 않을 것이다. 유럽인이 모험을 떠나 인간 희생부터 식인 풍습에 이르기까지 전 세계의 온갖 끔찍한 관습을 접했다고 주장할 때도 같은 현상이 일어났던 것이다. 불교가 인간 희생을 행한다는 옛 주장과 마찬가지로, 이들 후대 유럽의 주장 대부분 역시 현실을 반영했다기보다 기독교의 신학적 논쟁을 구성하는 요소였다.

이런 지엽적 내용과는 별도로 이븐 할리드의 이야기는 궁극적으로 좀 더 검증 가능한 사건이나 관습을 다룬다.

> 그들은 인도 국경 바미얀에 건물을 가지고 있는데, 그 지역은 시지스탄⊕과 접해 있다. 야쿠브 이븐 알라이스가 인도 침공 시 이 지역에 당도했다. 바미얀의 그 지역에서 우상들을 평화의 도시[바그다드]로 보냈는데, 침공 당시에 옮겨 간 것이었다. 수도사와 신도들이 이 거대한 건물을 차지하고 있다. 그 안에는 보석으로 장식된 황금 우상이 있는데, 그 숫자가 얼마나 되는지 모르고 어떤 칭찬이나 설명으로도 그를 제대로 표현할 수 없다. 인도인은 자국에서 가장 먼 마을(지역)에 살아도 육로나 해로로 그곳으로 순례를 간다.
>
> 파라즈[물탄]에는 황금의 집이 있는데, 이 건물을 두고 여러 의견이 있다. 어떤 사람은 이곳이 우상을 보존하는 석조 건물이라고 하는데, '황금의 집'이라고 부르는 이유는 아랍인이 알 하자즈⊕⊕ 시대에 이곳을 침략했을 때 100부하르의 금을 가져갔기 때문이라고 한다.[28]

이 마지막 구절은 정복에 관한 것으로 무슬림의 인도 북서부 진출의 재정적 차원에 대해 논했던 바를 확인해주고 있지만, 더 흥미로운 것은 종교적 관습, 특히 순례 수행에 대한 저자의 설명이다. 순례가 불교 전통의 기본 요소이기 때문에 이븐 할리드가 순례를 기록한 것은 당연하다. 그러

⊕ 현재 시스탄 지역으로, 이란 동부와 아프가니스탄 남서부의 접경 지역이다.

⊕⊕ 알 하자즈 이븐 유수프(661~714년). 유마이야 칼리파 조의 가장 유명한 총독으로, 이라크와 제국 동부 지역의 총독을 지내기도 했다.

나 이 관습이 이슬람 전통과 유사한 의식이기 때문에 묘사한 것은 아니었을까 생각해볼 수도 있다. 저자가 불교 순례와 무슬림의 하즈(메카 순례) 사이에 어떤 비유를 유추했다고 볼 수 있을까? 아니면 그가 단순히 쉽게 관찰할 수 있는 불교 관습에 주목한 것뿐일까?

불행히도 그 답을 알 길이 없다. 그러나 나중에 무슬림 지리학자들이 이렇게 연결 지었다는 것은 알고 있다. 예를 들어 13세기 학자 야쿠트 알 하마위는 이븐 알파퀴흐의 작품을 연구한 사람으로, 그는 바르마크 가문의 사원 의식을 설명하면서 불교 숭배와 카바를 직접 연결했다. "그들은 나우바하르 건물을 신神의 성소(즉, 카바)와 동등하게 여겼고, 건물 주변에 우상을 세웠으며 금단과 비단으로 장식하고 그 위에 귀중한 보석을 걸었다."29 이와 같이 분명 무슬림 문헌에서는 불교와 이슬람 순례 사이에 연관성을 알고 있었다. 그러나 이 같은 아이디어가 이븐 할리드에게 영감을 주었는지 여부는 분명하지 않다.

현재 아프가니스탄에 대한 무슬림 공격과 그 이후에 일어난 카불 정복에 대한 야이야 이븐 할리드의 설명이 사실이라는 점은 분명하다. 황금과 조각상들이 바그다드로 보내졌고, 심지어 메카에도 전시되었는데, 그에 대해 사이드 이븐 야이야Sa'id b. Yahya가 이렇게 기록했다:

> "티베트[즉, 카불]의 왕들 가운데 한 왕이 무슬림이 되었다. 그는 숭배하던 황금 우상을 가지고 있었는데, 그것은 사람의 모습을 하고 있었다. 우상의 머리에는 금관이 놓여 있었고, 각종 보석과 루비, 녹색 강옥鋼玉과 노란색 감람석橄欖石으로 장식되어 있었다. 우상은 다리가 달려 있는 사각형 왕좌에 놓여 있

었고, 왕좌는 은으로 만들어져 있었다. 왕좌에는 공단 방석이 놓여 있었다. 방석 가장자리에는 금과 은으로 된 술絨이 달려 있었고 술은 … 마치 왕좌 위를 덮는 천 같았다." 알 마문은 그 우상을 트로피처럼 메카로 보내 카바의 보고에 보관하도록 했다. 메카에서 이 우상은 처음에 우마르 이븐 알-카타브 'Umar b. al-Khattab의 광장에 사흘 동안 전시되었는데, 함께 전시된 은판에 다음과 같이 적혀 있었다. "자비하며 자상한 신의 이름으로. 이것은 티베트의 왕, 아무개의 아들인 아무개의 왕좌이다. 그가 무슬림이 되어 이 왕좌를 카바에 선물로 보냈으니, 그를 이슬람으로 인도하신 신을 찬양하라."[30]

사실은 수 세기에 걸쳐 힌두상과 불상을 보내는 관행이 계속되었다. 예를 들어 870년에 사파르 왕조의 통치자 야쿱이 마침내 자불을 정복했을 때, 그는 50개의 금은 우상을 칼리파 알 무타미드에게 보냈고, "칼리파는 이 우상들을 메카로 보냈다. 896년에 아므르 가 사카완드에서 보석과 은으로 화려하게 장식된 또 다른 우상 일습을 보냈는데, 이는 … 그 기이함 때문에 바그다드에서 큰 물의를 일으켰다."[31]

그러나 인도의 기이함은 그 우상에서만 드러나지 않았다. 무슬림 세계에서는 "마법적이고 신비한 동방"에 관한 일련의 이야기들이 떠돌고 있었다. 물론 동일한 현상이 수 세기 후 서양에서도 발생했다. 이븐 알나딤의 『피흐리스트』에서 발견한 인도에 대한 설명은 분명히 이러한 추세의 일부로, 마법처럼 둥둥 떠 있는 사원과 말하는 동상이라는 두 가지 일화를 다룸으로써 무슬림들이 가지고 있던 이상하면서도 영적인 동양에 대한 관점을 부추기고 있다.

여행자인 아부 둘라프 알얀부이는 내게 황금의 집이라고 알려진 건물은 이것이 아니라고 알려주었다. 그 건물은 마크란Makran과 칸다하Qandahar 영역, 인도의 야생 지역에 있다. 인도의 신도들과 수도사들 외에는 아무도 그곳에 가지 않는다. 건물은 황금으로 지어졌다. 길이는 7척이고 너비도 그와 같다. 높이는 12척이며 다양한 보석으로 장식되어 있다. 그 안에는 붉은 루비와 여러 경이로운 보석으로 만들어진 우상들이 있으며, 각각 새 알만 하거나 새 알보다 큰 화려한 진주로 장식되어 있다. 그 [아부 둘라프]가 주장하기를, 인도인들 가운데 믿을 만한 지인知人이 그에게 말해주었는데, 비가 온다고 해도 이 건물의 꼭대기에서나 오른쪽과 왼쪽 [측면]에서 흘러 떨어져 나가기 때문에 젖지 않는다고 했다. 마찬가지로 홍수가 나도 물길이 오른쪽, 왼쪽으로 흘러서 이 건물을 피해 간다. 그가 말하기를 "어떤 인도 사람이 그러는데, 알라시여, 그 이름 영광 있으소서, 무슨 질병에 걸린 사람이라도 그걸 보면 치료가 된다고 합니다." 그가 또 말하기를 "내가 이 문제를 조사해보니, 그에 대해 의견 차이가 있었습니다. 일부 브라만이 말해주었는데, 그 건물은 아무 지지대도 없고 연결도 받지 않고 하늘과 땅 사이에 매달려 있다고 합니다."

아부 둘라프가 내게 말했는데 "인도인은 퀴마Qimar에 사원을 갖고 있습니다. 그 벽은 황금으로 만들어졌으며, 지붕은 인도산 목재로 뼈대를 만들고 각 목재의 길이는 50척이나 그 이상입니다. 그 안의 우상들과 그 자리, 경배 대상이 되는 부분들은 황홀한 진주와 보석으로 장식되어 있습니다." 그가 말하기를 "믿을 만한 사람이 그러는데, 알-산프 시市에는 이 사원 말고 다른 사원이 있다고 합니다. 옛 사원인데 그 안의 우상들은 모두 경배자들과 이야기하며 그들이 질문하는 모든 것에 대답을 해준답니다." 아부 둘라프는 [또] 말했는데

"내가 인도에 있을 때, 알-산프 정부의 왕은 라진Lajin이라고 했습니다." 나즈란 [네스토리아파] 수사가 내게 말해주었는데, 현재의 왕은 루친Luqin이라고 알려진 군주로 그도 알-산프를 갖고 싶어 했다고 한다. 그는 도시를 멸망시키고 그들의 통치자가 되었다.[32]

이 이야기의 전후 사정을 알아보기 위해서 반드시 기억해야 할 것은 이들 이야기의 출처라고 알려진 아부 둘라프가 실제 동방으로 여행한 적이 없다는 점이다. 대신 그는 전적으로 허구인 두 여행 이야기에 대해 기록했다.[33] 그런데도 불구하고 이 이야기들이 이슬람 세계에 큰 여파를 남긴 것은 바로 이시기에 이슬람 세계와 동양 세계가 멀어지면서 실제 지식은 부족해졌기 때문이다.

그렇지만 아부 들라프의 이야기는 무슬림이 신비한 동양에 대해 갖고 있는 황당한 류의 "오리엔탈리즘"만은 아니다. 퀴마의 사원에 대한 마지막 사례는 실제로 세계 반대편의 지정학적 현실에 대한 예리한 인식을 보여준다. 즉, 퀴마는 크메르의 한 가지 표기법으로, 이븐 알나딤이 『피흐리스트』를 쓰던 당시 번성했던 캄보디아의 왕국을 나타낸다. 더욱이 라진은 흔히 일어나는 L→R음의 음운 이동을 반영한 것으로, 라젠Rajen 혹은 라젠드라바만Rajendravarman을 나타내는데, 그는 크메르 왕으로, 944~952년경 여기에서 알-산프라고 부르는 베트남의 참파 왕국을 정복했다. 또한 루친은 룽피엔Lung-pien을 뜻했을 것인데, 이곳은 송-코이 강 하구 근처 하노이 남동쪽에 자리 잡았던 왕국으로 10세기 말 참파를 정복했다.[34]

이 자료는 10세기 동남아시아의 발전에 대한 무슬림의 인식을 확인시켜 주지만, 8세기 야이야 이븐 할리드의 보고에는 이러한 사건이 기록되어 있지 않았다는 것도 반드시 주지해야만 한다. 오히려 이후의 사건들이 담고 있는 것을 보면 그 문서를 나중에 받아들인 판본의 다층적 성격이 드러난다. 퀴마나 루친 왕에 대한 네스토리아파 수사의 의견에 대해 아부 둘라프가 논평한 것은 분명 이븐 알나딤이 나중에 추가한 내용이다. 마찬가지로 이전에 아부 둘라프가 말했다는 둥둥 떠 있는 사원의 사례도 그러하다. 마술적인 동양에 대한 전체 부분이 실제로 이븐 할리드의 보고서에 들어 있지 않았을 수 있다. 그것은 모두 후기 작가의 작품처럼 보이기도 한다. 실제로 이븐 할리드의 펜에서 나온 것으로 보이는 인도에 대한 간단명료하고 냉철한 표현과 비교해보면, 이들 사례는 정말 느닷없어 보인다. 특히 이들 사례는 8세기의 경우처럼 무슬림 세계가 인도와 관계를 맺고 있던 시기에 어울린다기보다, 두 세계가 멀어지면서 인도가 머나먼 곳이 되자, 뱀을 놀리는 수행자들과 둥둥 떠 있는 사원의 나라라고 쉽사리 상상하게 된 시기와 더 어울리는 것 같다. 인도를 "알몸의 철학자들"이 알려주는 특별한 지혜의 땅이라고 보는 관점은 그리스와 로마가 동양을 바라보는 관점의 본질이었음을 기억해야 한다.[35] 이슬람과 인도의 세계가 멀어지던 바로 그때, 예전 서양의 이런 견해가 후기 무슬림의 이 관점을 만들어냈을 수도 있다.

이븐 알나딤이 『피흐리스트』를 썼던 시대는 이러한 후기였다. 그러나 바르마크 가문 이후에 일어난 인도와 이슬람 세계 사이의 단절을 탐구하기 전에 이븐 할리드의 작품으로 돌아가서 그가 8세기에 인도 불교를 어떻게 이해했는지 살펴보자. "인도인은 [이 문제에] 의견을 같이하지 않습니다. 한편에서는 그[부처]가, 신의 위대함을 찬양하노니, 창조주와 유사하다고 주장합니다. 또 다른 편에서는 그[부처]가 그들에게 [보낸] 창조주의 사도와 비슷하다고 말합니다. 그리고 그들은 이 점에도 동의하지는 않습니다. 한편에서는 그 사도가 천사 중 하나라고 말합니다. 다른 파는 그 사도가 그들 백성 가운데 한 사람이라고 말합니다. 그러고 나면 어떤 집단에서는 그가 악마들 가운데 악마라고 말했고, [다른] 파에서는 그가 부다사프와 비슷하다고 말하는데, 이 현자賢者는, 그 이름에 영광이 있기를, 알라로부터 그들에게 왔다고 합니다."[36]

이것은 인도 불교에 대한 압축적이면서도 혼란스러운 설명이다. 그렇지만 이 이야기는 불교 공동체를 분열시켰던 논쟁을 잘 포착했다. 니까야 전통이 16개의 부파로 나뉜 것은 부분적으로 그러한 논쟁 때문이었다. 더욱이 대승 전통에서 부처의 신성화로 인해 궁극적으로 불교 공동체는 양립할 수 없는 2개의 분파로 분열되었다.

이븐 할리드는 윗 구절에서 이러한 논쟁을 제시하려했지만, 애석하게도 그의 설명 중 어떤 것도 특정 니까야파라고 확인할 수가 없다. 이 표현에서는 어떻게 이븐 할리드가 자신의 전통 범주에 의지해서 이 외래 전통을 이해하려고 했느냐가 더 중요하다. 그는 불교를 완전히 다른 것, 혹은 단순히 또 다른 형태의 우상 숭배로 제시하기보다 불교 사상을 전달하려고 노력한다. 또한 그런 노력을 하면서 무슬림에게 친숙한 용어와 생각, 즉 창조주와 천사와 악마를 사용한다. 이러한 용어를 불교에 적용할 수 없다고 볼 수도 있다. 그러나 이는 자기 자신의 정신적 틀을 이용해서 완전히 다른 것을 이해하려는 용감한 시도이다.

우선 주목해야 하는 것은 "타자"를 이해할 때 항상 지적知的이지만은 않다는 점이다. 불교를 "우상 숭배"라는 경멸적인 명칭으로 싸잡아서 무시하기가 훨씬 쉽고 덜 위협적이었다. 그리고 다음에 알게 되듯이, 이후의 이슬람 사상가들, 특히 샤흐라스타니와 같은 신학자들은 이븐 할리드와 같은 식으로 불법을 이해하려 하지 않았다. 그들은 우상 숭배, 심지어 인간 희생 문제에서와 마찬가지로, 불교를 자신들의 신학적 의제를 앞세우기 위한 수단으로 사용했다. 따라서 그들은 불교 사상을 이해하거나 그에 대해 고민하기보다, 자신들의 신학적 해석을 정당화하려는 좀 더 큰 과업 아래 불법을 이단異端의 한 사례로 이용했을 뿐이다. 이들 무슬림 신학자 중 일부는 불법에 대한 자신들의 오해를 이용하여 다른 이슬람 학파가 그런 생각을 따른다고 공격하기까지 했다. 그 접근 방식을 사용했던 악명 높은 사례는 무슬림 신학자들이 모든 반증이 있음에도 불구하고 불교도는 이성을 믿지 않는다고 주장한 경우이다.

> 잘 알려진 대로, 진정한 불교도는 논리를 결코 거부하지 않았기 때문에, 여기서 우리가 계속 다른 경우에도 접하는 기본 메카니즘의 사례를 본다. 논리로 신앙을 설명하려는 스콜라 신학(칼람*kalām*)에서, 이슬람에 위배된다고 반박당하는 어떤 특정한 형이상학적 입장을, 잘 알려지지 않은 특정 비무슬림 집단에 투영하는 경우가 종종 있다. 이렇게 하는 것은 그들이 이 교리를 실제로 견지하고 있어서가 아니라(실제 지식이 부족했다), **단순히 이단 교리를 특정 외부인 집단에 덮어씌우기 위해서였다.** 이런 식으로, 무아틸라*mu'aṭṭila*⊕는 이슬람의 수마니야Sumaniyya[즉, 불교도]라고 불렸다. 이렇게 잘못된 교리를 사용하

는 방식이 의미하는 바는, 특히 비무슬림을 "판단"할 때 그들에 대해 알아보려고 하지 않는다는 것이다. 어쨌든 수마니야의 실제 교리는 무슬림 무아틸라의 교리와는 매우 달랐다.37

여기서 핵심 요소는 상대방을 알지 못한다는 것으로, 이 문제는 다음에 다시 살펴보기로 한다. 그렇지만 이븐 할리드의 경우에 그러한 무지와 타자他者의 신학적 사용을 찾아볼 수 없다. 그는 실제로 불교도의 다양한 입장을 제시하려고 했다. 더욱이 그는 이러한 생각들을 이슬람의 용어로 표현했는데, 비판을 가라앉히기 위해서가 아니라 실제로 불법을 이해하기 위해서였다. 이런 점에서 이븐 할리드가 별다른 고민없이 부다사프라는 용어를 사용한 일은 흥미롭다.

이 단어는 산스크리트어의 보살(보디삿트바Bodhisattva)에서 유래했지만, 이븐 할리드는 매우 전문적인 이 불교 용어에 대해 어떤 설명도 하지 않는다. 왜 이럴까? 그는 독자가 이미 그것이 무엇인지 알고 있다고 가정했었을까? 물론 그는 부다사프는 알라가 인류에게 보낸 "현자"라고 정의 비슷하게 제시했는데, 이는 아브라함계 종교 전통의 틀 안에서이긴 하지만 보살을 해석할 때 어느 정도 타당한 견해이다.38 이븐 할리드의 지적 성향 외에도 흥미로운 것은 부다사프라는 용어가 무슬림 어휘집의 일부처럼 보인다는 사실로, 이는 마치 오늘날 일련의 모호한 산스크리트어 용어가

⌖ '(신성) 박탈자'라고 해석할 수 있는데, 특히 8세기 이슬람 신학의 한 학설로 신의 속성 가운데 일부를 인정하지 않아 반대파로부터 이런 이름을 얻었다.

일상 영어의 일부를 이루는 것과 비슷하다.[39] 어떻게 이런 일이 일어났을까? 영어의 경우 서양이 아시아 종교에 매료되었다는 데서 설명을 구할 수 있다. 그러나 초기 아랍어에 불교 용어가 나타난 경우는 어떠한가? 8세기의 무슬림 청년들, 특히 상인 엘리트의 한가한 부자 아들들 역시 영적인 동양에서 답을 구했던 것일까?

일부 무슬림 엘리트 가운데 마니교의 철학적 사색에 대해 오랫동안 관심을 가진 경우가 있었지만,[40] 이들이 바르마크 가문 시대에 불교에도 이끌렸는지는 분명치 않다. 이러한 불확실성 때문에 초기 이슬람에 내밀內密한 불교적 영향이 남아 있다는 주장이 계속 떠돌고 있다. 일부 학자들은 불교와 수피즘, 즉 신비주의 이슬람교를 연결시키고 싶어 한다. 어떤 학자들은 수피 이브라힘 이븐 아드함(사망 778년경)이 발흐의 불교도 왕족 가문에서 태어났다고 주장하는데, 이 설은 이미 오래전에 믿을 수 없는 것으로 판명되었다.[41] 다른 학자들은 최초 수피교인 아부 야지드 알-비스타미(사망 875년경)의 교사가 아부 알리 알-신디라고 한다. 이는 신드 출신 사람이 그곳에서 행해지고 있던 불교 전통과 여전히 관련이 있다는 의미이다.[42] 신을 체험하기 위해서 '파나*fana*', 즉 자아의 "소멸"이 있어야 한다는 수피의 개념을 보면, 불교의 무아無我와 열반涅槃의 유사성을 발견하고 일종의 계보가 있다고 주장하기 쉽다. 그러나 이런 가능성이 아무리 매력적이라 할지라도 그런 전달 관계를 보여주는 확실한 증거는 하나도 없다.

그렇다고 무슬림이 동양과 부처에 대해 알지 못했다거나 관심이 없었다는 뜻은 아니다. 부처의 생애가 헤르만 헤세의 소설 『싯다르타』나 영화를 통해 서양 설화의 일부가 된 것처럼, 초기 무슬림 세계에도 빌라와

Bilawar와 부다사프Budhasaf라는 유명한 이야기가 있었다. 부처의 일생담을 되풀이한 이 이야기가 중세 페르시아어인 파흘라비어語에서 아랍어로 번역된 때는 동양에 대한 관심이 높았던 바르마크 시대였다. 이 이야기는 산불처럼 퍼져 나갔다.[43] 인기를 측정할 수 있는 척도는 이븐 할리드가 8세기에 부다사프라는 용어를 쓰면서 그 용어를 상세히 설명하려고 하지 않았다는 사실이다. 빌라와와 부다사프 이야기 때문에 그 용어가 잘 알려졌을 것이다. 그리고 수 세기 동안 계속 그랬을 것이다. 저명한 시아파 학자 이븐 타우스(사망 1266년경)는 천문학 논저의 특정한 논점을 설명하기 위해 빌라와와 부다사프 이야기에서 나오는 사례를 이용했다.[44] 그 역시 이 이야기를 설명하거나 상세하게 알려줄 필요를 느끼지 않았는데, 이 이야기가 이슬람 문화 목록의 일부였기 때문이다.

이슬람 세계에서 인기가 있었으니 빌라와와 부다사프 이야기도 기독교 유럽으로 퍼졌다. 그러나 서양에서는 발람과 죠세파트의 이야기가 완전히 원전과 달라졌다. 이야기는 부처 일생담의 서술 구조를 유지했지만 기독교 이야기로 재구성되었다. 죠세파트는 인도의 왕자로, 그의 아버지인 아브너 왕이 사도 도마(토머스)가 설립한 기독교 교회를 박해했다. 게다가 아들이 위대한 기독교인이 될 거라는 예언이 있었기 때문에 왕은 아들을 성에 가두었다. 그러나 죠세파트는 탈출하여 세 가지 악惡을 본 후 그를 기독교로 인도하는 수도사 발람과 함께 공부한다. 그들의 노력에 대해 16세기 가톨릭 교회는 발람과 죠세파트를 순교자이자 성인이라고 선언했다. 기독교 서양에서만 부처 이야기가 제멋대로 발전한 것은 아니다. 이것이 무슬림 전통의 일부가 되기도 했으며, 시아파와 이스마일파 공동체에서 특히 그러했는데, 그들은 점차 지혜로 들어간다는 이 이야기의 주제를 높이 평가했다. 또한 내적 지혜와 외적 지혜라는 개념은 이슬람에 대한 그들의 이해와 깔끔하게 일치했다.[45]

그럼에도 불구하고 무슬림이 불교 문학에 친숙한 정도는 발람과 죠세파트 이야기만이 아니었다. 10세기 시아파 신학자 이븐 바부야가 전해주는 「왕의 백발 이야기」는 부처의 전생前生에 대한 여러 자타카 이야기에서 발견되는 데바두타*devadutta*, 즉 "죽음의 사신"에 대한 불교 이야기가 기반인 것으로 보인다.[46] 더욱이 무슬림 세계에서 불교 이야기가 널리 알려졌다는 증거로 맹인이 코끼리를 설명하려고 한다는 불교 우화가 수피 설화담의 유명한 일부라는 것을 들 수 있다.[47] 그러나 어떻게 그런 전승이 일어났는지는 거의 알려진 바 없다. 그 이야기는 전설적으로 유명한 실크로드의 카라반 숙소에서 상인끼리 나누었던 것일 수도 있다. 아니면 번역으로 그 이야기를 읽었을까? 이븐 알나딤이 『피흐리스트』에 「왕의 백발 이야기」와 비슷한 제목을 담았다는 사실로 보건대, 이 이야기가 아랍어로 번역되어 무슬림 공동체에 유포되었음을 알 수 있다.[48] 이러한 사실로 해서 다음 질문들을 하게 된다. 이런 과업이 언제 어떻게 수행되었을까? 어떤 맥락에서 그런 번역이 이루어졌을까? 더 나아가, 불교도와 무슬림이 그런 번역 작업을 함께 했을까?

애석하게도 이런 질문에 답하지 못하고 있다. 이 시기에 불교도와 무슬림 사이에서 일어났을 수도 있고 일어나지 않았을 수도 있는 일상적이면서 개인적인 실제 상호 작용은 거의 알려지지 않았다. 결과적으로 이런 이야기들이 어떻게 한 공동체에서 다른 공동체로 옮겨졌는지를 정확하게 알지 못한다. 그럼에도 불구하고 여기저기 흩어져 있는 사료를 통해 두 집단이 실제로 만났음을 짐작할 수 있다. 12세기 수피 샤키크 알-발끼는 투르크인 지역에 있는 불교 사원을 방문했다고 간략히 적었다. "하루는 불교 사원에 갔는데, 중국(키타이)⊕ 말로는 토이인*toyin*이라 하고, 인도 말로는 스타비라*sthavira*라고 하는 하인을 한 명을 보았습니다. 그는 머리 전체를 깎고 진홍색 옷을 입었습니다."49 그들이 함께 앉아 차를 마시며 대화를 나누었을지 궁금하다. 그랬다면 그들은 무엇에 대해 이야기했을까?

전 세계적으로 그렇듯이 그들 대화의 일부는 다른 사람에 관한 내용이었을 것이다. 이러한 가능성을 확인할 수 있는 경우가 라마난디스Ramanandis에 대한 무슬림의 해석인데, 라마난디스는 힌두교의 라마 숭배자들로, 이들에 대한 무슬림의 해석은 분명하게 불교적 관점을 따른다. 라마 숭배에 대한 "표준적인" 무슬림 표현이라고 알려진 것은 힌두교의 관점에서 보면 근본적으로 잘못되었다. "라마니야Ramaniya는 폭군인 라만(라마)(을 따르는 심복들)으로 지독한 압제를 행했다. 그는 [신의?] 사절이라면서 백성에게 그를 숭배하라고 명령하고, 그것이 창조주를 기쁘게 한다는 둥 말도 안되는 소리를 했다. 라바니야Ravaniya(라바나의 심복들)는 그들이 라반Ravan의 중재로, (라반의) 회개를 받아들이고 그에게 긴 창을 수여했던 창조주의 가르침을 구하고 있다고 말한다. 그래서 그들은 라반을 선지자로 삼았다."50

⊕ '키타이'는 이슬람 세계에서 거란인을 일컫는데, 중국이라는 지명을 대신할 때가 많았다.

이 표현에서 라마는 사악하고, 라바나는 정의로운데, 이는 『라마야나』와 정반대되는 설정으로, 『라마야나』에서는 라바나가 마왕이며, 라마의 아내 시타를 납치하여 라마와 그의 영웅적 행위라는 신화적 서술을 가동시키는 자이다. 그러나 여기서 주목해야 할 점은 라바나에 대한 긍정적인 평가가 불교와 자이나교 출처에서만 발견된다는 것이다. 이 두 전통은 역사적으로 힌두교와 적대 관계였다. 따라서 이 이야기가 무슬림 자료에 등장했다는 사실은 불교도와 무슬림의 상호 작용을 확증하는 것처럼 보인다. 그러나 그러한 교류의 정도나 기간에 대해 알려진 바가 없다.

이제 이야기가 8세기 이븐 할리드와 그의 인도 여행에서 멀리 떠나버렸다. 그러나 이러한 논의를 통해 이븐 할리드가 실제로 활동했던 세계뿐만 아니라 그가 그렇게 되도록 도움이 되고자 했던 세계, 즉 불교 전통의 아이디어와 산물이 점점 더 무슬림 환경의 일부가 되는 세계를 이해하게 된다. 이제 그의 관찰로 돌아가보자.

> 그들 각 파에는 그를 경배하고 찬양하는 의식이 있다. 그 가운데 믿을 만한 사람들이 말하기를, 각 공동체마다 어떤 형상이 있어서 사람들이 가서 경배하고 찬양할 수 있다고 한다. 알 부드[부처]는 일반적인 용어이고, 알 아스남 *al-asnam* (우상)은 [여러] "종류"를 뜻한다. 가장 거대한 부처에 대한 묘사에 따르면, 부처는 왕좌에 앉아 있는 남자로 얼굴에는 아무 털도 없으며 턱과 입이 [가깝게] 붙어 있다고 한다. 그는 옷을 두르지 않았고, 마치 미소 짓는 것처럼 보인다. 그 손에는 32개의 [구슬]을 묶고 있다.
>
> 믿을 만한 사람 말에 따르면, 집집마다 부처의 형상이 있다고 한다. 이 형

상들은 온갖 종류의 재료로 만들어졌는데, 각 개인의 지위에 따라 다르다. 각종 보석으로 장식된 금 이미지도 있고, 은, 놋쇠, 돌, 나무로 만든 것도 있다. 그들은 이 형상을 보면 찬배하는데, 이 형상은 동에서 서로 향하든가 서에서 동으로 향하며, 대부분은 등을 동쪽 방향에 두고 있어서 경배자들이 동쪽으로 향한다. 그들은 이 형상이 4면상四面像이어서, 기술로 또 정확한 장인 정신으로 그런 얼굴을 만들었기 때문에 경배자들이 어느 곳에서 접근하든 그 형상의 전체 얼굴과 옆모습을 숨김없이 완벽하게 볼 수 있다고 한다. 이것이 물탄에 있는 우상의 모습이라고 한다.[51]

이 구절에서 가장 먼저 눈에 띄는 것은 이븐 할리드의 불상과 불상 숭배에 대한 설명이 이븐 알나딤이 삽입한 황당한 이야기와 얼마나 다른가 하는 점이다. 말하는 불상이라든가 인간 희생에 대해서는 아무 말이 없다. 대신 불상이라든가 불교도가 불상과 상호 작용하는 다양한 방식에 대해 어느 정도 명확한 민족지학적 설명이 들어 있다. 심지어 특정 형상, 즉 왕좌에 있는 부처 형상에 대해서는 명확한 식별도 하는데, 이 형상은 실제로 싯다르타가 아니라 미래불未來佛인 미륵불을 표현한 것으로 보인다.[52]

불교 우주론에는 수많은 부처가 있다. 각 부처는 인간들이 그 이전 부처의 가르침을 완전히 잊었을 때 세상에 와서 불법을 새롭게 가르친다. 그렇게 같은 순환이 다시 일어난다. 즉, 인간들이 불법을 잊을 것이고, 세상은 파멸하여 무지와 폭력의 시대로 가고, 그때가 되면 또 다른 부처가 나타나 새로운 황금시대를 이끌 것이다. 이 신화적 순환과 더불어 쇠퇴에 대한 예언 때문에 불교 사상가들은 어떠한 재앙의 시대라도 해석할 수 있

그림 5. 미륵불, 멘두트 사원(732~929년), 자와 텐가
자료: 위키피디아.

는 틀을 준비했다. 이로써 불교 사상가들은 만약 이것이 종말이라면 불교도로서 무엇을 해야 하는가라는 질문을 할 수 있는 상황도 알았다.[53] 이런 사변은 불교 전통의 교리적 혁신을 촉진했을 뿐만 아니라, 미륵불의 도래에 초점을 맞춘 다양한 천년왕국 운동을 불러일으켰다. 중국에서는 특히 미륵불과 종말의 개념을 동원해서 반복적으로 당대 질서에 도전했다.[54] 중국사의 장구한 혁명사에 대한 이야기는 그만하고, 여기에서 관련성이 있는 것은 앉은 부처에 대한 이븐 할리드의 묘사이다. 앞서 언급했듯이 인도 불교 도상학에서 그런 형상은 대부분 미륵불을 표현한다(그림 5).[55]

이븐 할리드가 자신이 볼 수 있었던 수많은 부처 형상 가운데 미륵을 강조했다는 사실은 그가 여행했을 당시 인도 불교에서 천년왕국 운동이 있었느냐 외에도 많은 질문을 불러일으킨다. 힌두교의 강력한 부상, 대승불교의 허우적거림, 혼란스러운 정치적 경제적 상황, 그와 더불어 탄트라가 동시적으로 출현한 일에 근거하면, 많은 불교도가 8세기를 "마지막 시대"처럼 느꼈으리라 추측할 수 있다. 그러나 문학이나 예술 기록상으로 보면, 이븐 할리드가 이 특정 부처 형상에 초점을 맞추어 설명할 정도로 미륵 숭배는 없었던 것 같다. 따라서 단순히 그가 유별나게 큰 미륵상이나, 아니면 다소 독특한 미륵상을 보았다고 할 수 있다. 궁금한 것은 중국 구법승 법현과 현장이 인더스 계곡 상류의 다렐에 있다고 묘사했던 30피트 좌상이 백단白檀 미륵상이 아닐까 하는 점이다.[56] 어느 쪽이든 이 미륵 좌상 외에 이븐 할리드가 또 다른 종류의 불상으로 4면상 불상도 지적했다는 것은 분명하다 . 이는 새로운 현상으로, 모든 종교 예술에서 그러하듯 단순히 새로운 미학만이 아니라 교리적 변화와도 연결된다.

그림 6. 불적佛跡(부분), 쿠샨 시대(1~2세기), 예일대학교 미술관
자료: 위키미디어.

불상의 역사에 대해서는 논란이 많다.57 초기 불교 전통에는 부처 이미지가 없다고 알려져 있다. 대신 부처는 법륜法輪이나 불적佛跡, 왕좌나 보리수 같은 비형상적 상징으로 표현되었다(그림 6). 교리적으로 보면 이것이 이치에 맞는데, 니까야 전통에서 부처는 신이 아니라 사람이므로 경배의 대상이 아니었기 때문이다. 더욱이 부처가 열반에 이르면 더 이상 어떠한 형태로도 존재하지 않았기 때문에 접근할 수도 없었다. 다른 말로 하자

면, 그의 가르침뿐 다른 어떤 것도 남아 있지 않아서 이를 다양한 추상적 상징으로 표현하게 되었다.

시간이 지남에 따라 불교가 활동하던 문화와 예술적 환경이 바뀌듯이 불교의 교리 역시 변했고 결국 부처의 형상이 나타났다. 그런데 이 형상이 언제 어디에서 나타났는지는 아직도 논쟁의 여지가 있다. 이러한 세부 사항과는 무관하게, 초기 형상 가운데 어떤 이미지에도 부처가 여러 머리를 가진 신으로 표현된 적은 없었다. 그러한 발전은 나중에 일어난 현상으로 굽타 시대의 사원 힌두교, 이후의 대승 교리, 초기 탄트라 운동이 혼합되어 다수다면多手多面 신상이라는 개념과 표현이 만들어졌다.[58] 그러므로 이븐 할리드가 이러한 현상에 접촉하게 되었다고 볼 수 있다. 이러한 사회적, 정치적, 종교적 세력의 소용돌이가 더해져 현재 탄트라라고 규정하는 것이 되었고, 이것이 인도의 종교 전망을 근본적으로 바꾸는 관습과 이념이 되었다.

이븐 할리드가 긴 여행을 하던 때, 탄트라라는 독특한 학파와 그 경전은 아직 완전히 만들어지지 않았다. 그가 묘사한 다면多面 불상은 불법의 독특한 세 번째 방식인 탄트라 불교의 일부가 아니라, 무엇인가 창조되어 가는 과정이었다. 힌두교 탄트라나 불교의 탄트라라고 구체적으로 식별할 수 있는 작품이 실제로 등장한 것은 9세기와 10세기에 이르러서다. 그 전에 이러한 새 관념이 싯다(종교 수행자)들 가운데에 퍼지고 있었고, "모든 남아시아인(및 티베트인)이 종교적 상상력의 갈증을 풀기 위해 이용 가능한 마법사, 반신半神, 슈퍼맨, 요술쟁이 들에 의존했는데, 이는 중세 인도의 종교적 경관에서 가장 혼합주의적인 사건이다."[59] 이븐 할리드는 싯다의 세계와 당시의 이러한 순간을 잘 포착했다. 그가 "탄트라 불교"에 대해 이야기하지 않았다면 그런 것이 아직 존재하지 않았기 때문이다.

그럼에도 불구하고, 이븐 할리드는 인도의 종교적 전통을 설명하면서 불교를 탐색한 후 바로 어떤 집단을 묘사하는데, 여기에서 싯다와 초기 탄트라의 관습을 포착한 것으로 보인다. 실제로 그의 묘사를 보면 이후 탄트라의 핵심이 되는 몇 가지 주요한 아이디어가 드러난다. 이븐 할리드는 이 집단을 마하칼라야, 즉 마하칼라 숭배자라고 불렀다.

> 그들은 마하칼이라는 이름의 우상을 모시는데, 손은 4개이고 색은 사파이어색이며 머리카락은 덥수룩하다. 이빨을 드러내고 배를 노출하고 등에는 피가 뚝뚝 떨어지는 코끼리 가죽이 덮여 있다. 코끼리 가죽의 다리를 그 앞에 묶어 두었다. 한 손에는 입을 벌리고 있는 큰 뱀을 쥐고, 다른 손에는 지팡이를 잡고, 세 번째 손은 사람 손을 쥐고 있다. 네 번째 손은 위로 들어 올리고 있다. 두 마리의 뱀이 귀걸이처럼 달려 있고, 두 마리 커다란 뱀이 몸을 둘둘 감싸고 있다. 두개골로 만든 왕관을 쓰고 목걸이를 둘렀는데, 목걸이도 두개골로 만들었다. 그들 주장에 따르면, 이 우상은 마군魔軍 중 하나로 위력이 대단하고 성질은 경멸스럽고 혐오스러울 뿐 아니라 선하고 사랑스럽기도 한 데다가, 행운을 주기도 하고 안 주기도 하며 선행을 하기도 하고 악행을 하기도 해서 경배를 바친다고 한다. 더욱이 이 우상은 역경의 시기에 그들의 안식처이다.60

마하칼라가 티베트 전통에서 결국 어떻게 표현되었는지 보면(그림 7), 이븐 할리드가 곧 탄트라 불교의 일부가 될 전통을 어떻게 묘사했는지 잘

그림 7. 샤드부자 마하칼라(6개의 팔을 가진 마하칼라), 몽골, 19세기, 광물성 안료/무기 안료, 면에 검정색 배경(C2006.66.279 [HAR 637])
자료: 루빈 미술관.

알 수 있다. 특히 주목할 만한 것은 그의 묘사가 탄트라의 이진 논리二進論理 혹은 역논리, 즉 상반되는 것은 결국 서로 동일하며 깨달음은 자비로우면서 격노한 신처럼 비非정통적인 수단을 통해 얻게 된다는 논리를 잘 포착하고 있다는 점이다. 이븐 할리드는 탄트라가 형성되는 것을 보았던 기민한 관찰자였을 뿐만 아니라, 실제로 새로운 남아시아의 이 종교 운동을 기록한 최초의 외국인일 수도 있다.[61] 그러나 흥미롭게도 무슬림 세계에서 그가 마지막이기도 했다. 탄트라가 인도와 내륙아시아에서는 지배적인 불교 전통이 되었지만, 무슬림이 이 강력하고도 새로운 종교적, 정치적 체계에 대해 가진 지식은 사실상 이븐 할리드의 작업으로 끝이 났다.

이러한 현상을 설명하면서, 불교 탄트라는 점차 실제와 이론에서 더 이상 힌두교와 구별할 수 없게 되었다고 추론할 수 있다. 유명한 14세기 여행자 이븐 바투타는 그 둘의 차이를 전혀 깨닫지 못한 것으로 보인다.[62] 불교가 탄트라로 되면서 힌두교의 영원한 무정형無定形 범주에 속하게 되어 결국 소멸했다는 생각은 인도에서 궁극적으로 불교가 소멸한 데 대한 가장 일반적인 설명이다. 이후 무슬림이 불교 탄트라와 접촉했을 때는 불교를 힌두교와 구별할 만한 것이 전혀 보이지 않았으며, 둘 다 "우상 숭배"라는 포괄 범주에 들어 즉시 차단되었을 수 있다. 이런 일이 실제로 일어났을 수도 있다. 그러나 이러한 혼란과 관련하여 고려해야 할 또 다른 중요한 요소는 앞서 언급했던 불교 세계와 무슬림 세계의 분열이다.

불교-무슬림 분열

9세기 초 바르마크 가문은 총애를 잃었고, 이슬람의 '인도 시대'는 끝났다.[63] 산스크리트적 이슬람의 가능성 대신 무슬림 세계는 전적으로 헬레니즘의 유산하고만 관여했다. 서양으로의 이 전환은 중대한 영향을 남겼는데, 이후 그리스 전통을 유럽으로 전달하여 르네상스의 토대를 마련한 것도 그중 하나이다. 세계사의 이러한 획기적인 전환이 생기기 이전에 유라시아 대륙에서 또 다른 변화가 일어났다. 즉, 무역이 증가해 무슬림 세계와 불교 세계가 함께 성장하기보다는 분리되어갔다.

불교와 무슬림의 이러한 분열을 이해하려면, 9세기에 일어난 일을 알아야 한다. 이 기간에 인도 북서부와 중앙아시아의 일부가 칼리파 지배에서 벗어나, 여러 지역 왕조가 이곳을 통치한 것은 특히 주목할 만하다. 사만 왕조와 사파르 왕조가 부상하면서 수많은 일이 벌어졌는데, 그러한 부상과 동시에 무슬림이 서양 지향적 관계를 추구했다. 중앙아시아의 지방 왕조 중 일부가 다양한 방식에서, 특히 재정적으로나 기술적으로 칼리파 세력을 능가했지만, 더 큰 구조에서 보면 중앙아시아는 무슬림의 사고 체계에서 점점 더 주변으로 밀려났다. 이 지역은 더 넓은 무슬림 세계의 일부가 되는 대신 이슬람의 심장부와 인도 사이에 있는 일종의 완충지대가 되었으며, 인도 자체는 불가능할 정도로 먼 곳으로 여겨졌다.[64] 그리하여 바르마크 시대에 인도를 과학과 수학의 나라이자 쉽게 방문할 수 있는 곳이라고 보았던 것과 달리, 이제 인도는 머나먼 환상의 나라, 귀중한 지식이 아니라 불경스러운 수행자와 마술적인 주문, 말하는 우상으로 가득 찬나라가 되었다. 인도가 무슬림 궤도에 있었던 바르마크 시대와는 달리, 그 이후에는 완전한 타자로 여겨졌다.[65]

이러한 환경에서 이븐 알나딤의 저서에도 나타나듯이 인도를 마법과 신비의 이미지로 보려는 경향이 커졌다. 이전에 이븐 할리드의 명료한 보고와는 대조적으로 인도에 대한 공상적 이야기가 생겨났다.[66] 이러한 공상물 가운데 흥미로운 사례가 9세기 중반 선원 술레이만이 저자라고 알려진 여행기에 기록되어 있는데, 그는 "부처의 고급 매춘부들", 즉 공덕을 얻고 사찰을 위해 돈을 모으려고 어머니들이 자기 딸들을 불교 사원에 보내 매춘을 알선한다고 전했다.[67] 물론 이렇게 매료와 혐오가 동시에 나타나는 현상을 이해하려면 이것이 정치적, 경제적 우려를 경감하기 위해 생긴 일임을 알아야 한다. 상인이었던 술레이만의 작품에는 인도 시장에서 증가하고 있는 무슬림의 관심이 반영되어 있다. 역사에서 반복적으로 목격한 바와 같이 경제적 관심이 반드시 지적 호기심이나 문화적 관여와 관련이 있었던 것은 아니다.[68] 사실상 경제통합에 대한 관심과 문화적 이해는 거의 반비례 관계인 경우가 많다. 인도 경제에 대한 무슬림의 관심과 참여가 기하급수적으로 증가함에도 불구하고 인도의 종교와 문화에 대한 실제 인식과 관심은 그와 동시에 감소했다고 해서 놀랄 일도 아니다.

이렇게 상호 얽혀 있는 현상 가운데 좀 더 흥미로운 사례는 무슬림이 스리랑카를 에덴동산으로 인정했다는 것이다.[69] 이 전설이 발전한 것을 보면 경제적 관심과 종교적 상상력이 풍성하게 교차하고 있음을 알게 된다. 물론 스리랑카는 동서 해상 무역의 중심지였기 때문에 그곳을 "무슬림" 영토라고 주장하는 것은 그 무역로를 다스리는 데 엄청나게 중요하다. 그러나 동시에 이 현상에는 실제 인도, 혹은 이 경우에는 스리랑카가 되는데, 그곳과 무슬림 상상 속의 "인도" 사이의 단절이 점점 더 커지고 있다는 것이 드러난다. 이러한 발전이 경제적 이익 때문에 일어났을 뿐만 아니라, 무슬림 세계가 문화적, 지적으로 동양에서 멀어지면서 서양으로 향하는 더 큰 변화와 연결된다는 점이 중요하다. 그 결과 바르마크 시대의 동양에 대한 이전의 관심과 관여는 이 기간에 끝났다. 그 대신 인도의 재물에 대한 황당한 이야기뿐 아니라 그 낯설음에 대한 이야기가 퍼져 나가는데, 이것은 분명 스리랑카를 에덴동산이라고 보기에 완벽한 환경이었다. 그리고 이러한 진행은 칼리파 세력의 경제적 영향력이 확대되는 것을 의미할 뿐만 아니라, 동방에 대한 무슬림의 진정한 지적 교류가 종식되었음을 의미하기도 했다.

이러한 변화로 인해 당연히 불교에 대한 무슬림의 지식도 발전하지 않았다. 이 중 일부는 분명히 앞서 언급한 동인動因과 관련이 있지만 다른 요인도 있는데, 당시 불교 세계와 무슬림 세계를 가르는 실질적인 분열, 즉 지리적 차이라고 할 만한 것이 생기고 있었다. 물론 이 중 일부는 인도 북서부와 중앙아시아의 불교 가문이 점차 이슬람과 힌두교로 개종한 일과 관련이 있다. 수 세기에 걸쳐 이런 일이 진행되면서, 무슬림이 상호 작용할 수 있는 불교도의 숫자 자체가 점점 더 줄어들었고, 이는 알 비루니가 그의 저서에서 잘 포착했던 현상이다. 알 비루니는 11세기에 불법을 실제로 그에게 설명해줄 수 있는 불교도를 도무지 찾을 수 없다는 사실을 안타깝게 여겼다.[70] 불교도는 분명히 사라졌다고 봐야 하는데, 그렇다면 그들은 어디로 간 것일까? 지금까지 보았듯이, 많은 불교도가 무슬림이 활

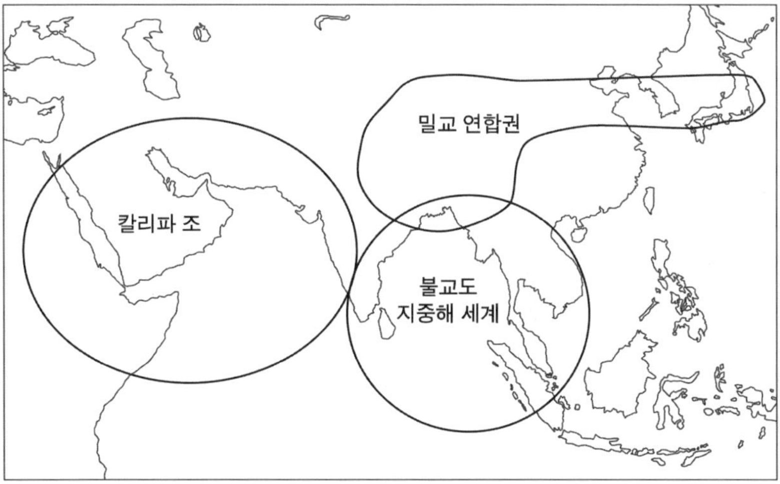

지도 10. 3개의 경제 구역

동하던 곳에서 멀어졌다. 더욱이 중요한 점은 불교 세계의 중심이 인도 북서부로부터 멀어진 지 오래되었다는 것이다. 이 지역에서 무슬림 세력이 힘을 모으는 동안 불교 세계는 두 개의 새로운 종교-경제 단위로 발전했다. 하나는 이미 앞에서 다루었듯이 벵골만 주변의 "불교 지중해"이다. 그런데 탄트라가 부상하고 티베트에서 탄트라가 발전하여 내륙아시아 전역으로 퍼져 나가면서 또 다른 불교 무역 네트워크가 생겨났는데, 이를 "탄트라 연합권"이라고 부를 수 있다(지도 10).

11세기 티베트의 불교 부흥에 대해서는 잘 기록되어 있지만 그 경제적 차원에 대해서는 별로 연구가 없다.[71] 여러 면에서 티베트 불교의 발전(즉, 티베트 사원, 교리와 의식 및 예술적 전통)을 이해하려면 티베트 경제가 유라시아 대륙의 무역 네트워크로 통합된 것을 함께 살펴야 한다. 티베트의 부상과 아시아 전역에 퍼진 탄트라 불교의 확산은 인도의 팔라 왕조를 티베트 및 중앙아시아의 탕구트 왕국(1038~1227년), 중국 북부 거란족의 요나라(907~1125년)와 연결하는 새로운 탄트라 연합권 발전의 핵심이며, 이들 모두 불교도였다.[72] 탄트라 연합권의 재정적 복지나 전체 유라시아 경제조차도 중국 본토 송나라(960~1279년)의 경제 기적과 밀접하게 연결되어 있었다.[73] 송나라 경제의 중요성과 당시 해상 무역의 폭발적 확대에 대해서는 익히 잘 알려져 있다.[74] 그런데 해상뿐 아니라 중국과 이슬람 세계에 초점을 맞추다 보니, 내륙아시아에서 일어났던 일은 간과하는 게 보통이다. 별로 탐구된 바 없는 것은 이 시기에 동시에 일어난 탕쿠트인이나 거란인의 요나라의 경제 호황에 대한 것이 아니라 그로 해서 유래된 (경제) 통합에 대한 것이다. 개별적으로 이 문제를 연구하는 경우가 너무나 흔하기 때문에 그들 사이에 얽혀 있는 본질은 간과하게 된다.

최근 연구를 통해 탄트라 연합권이 실제로 얼마나 연결되어 있는지 알려졌다.[75] 이와 관련하여 주목할 만한 증거는 일본 교토의 유명한 사원인 뵤도인平等院의 아미타 상이다. 1053년 후지와라 요리미치가 지은 이 건물은 오랫동안 일본다움의 고전 사례로 인정되어왔다. 그러나, 그 사찰은 일본다움의 기념비라기보다는 유라시아 통합을 확인한 것에 더 가까운데, 뵤도인 사원의 건축과 스타일이 실제로 요나라의 선례에 기반을 두고 있기 때문이다. 또한 뵤도인 사원의 일부 예술적 요소를 추적해보면, 내륙아시아의 둔황에서 발견된 티베트 예술적 요소까지 거슬러 올라갈 수 있다.[76] 따라서 뵤도인 사원은 일본만의 독특함을 보여주는 사례라기보다 11~12세기 탄트라 연합권의 상호 연결성에 대한 기념비이다.

뵤도인은 또한 왜 이시기에 불교-무슬림 상호 작용이 감소한 것으로 보였는지, 그 궁금증에 대해 설명을 제공한다. 여러 면에서 앞서 제시한 지도를 보면 그 이유가 시각적으로 잘 드러난다. 즉, 불교 세계와 무슬림 세계는 경제적으로 분리되었다는 것이다. 그렇다고 해서, 이슬람 세계, 불교 지중해, 탄트라 연합권이 배타적인 경제 구역이었다고 말하는 것은 아니다. 이 시기에 인도와 중국 사이의 무역이 확대되면서, 이러한 불교 구역을 중재 삼아 이루어졌다.[77] 그러나 이렇게 다양한 아시아 경제 구역 사이에서 무역과 이동이 뚜렷하게 증가하고, 심지어 해상 무역을 통해 이슬람 세계와도 무역이 있었지만, 이로써 무슬림과 불교도가 상호 작용할 가능성은 점점 줄어들었다. 불교도는 더 이상 무슬림이 지배하는 지역의 근접지에 살지 않았고 사업을 하지도 않았다. 따라서 알 비루니가 불교도를 필요로 했을 때 그가 불교도를 찾지 못한 것은 당연했다.[78]

그러나 이렇게 경제 구역이 증가했다고 해서 불교도와 무슬림 사이의 갈등이 커진 것만은 아니다. 그다음에 일어난 진행은 이 구역의 부상과 관련이 있는데, 약 1000년경 나침반 사용뿐 아니라 선박 건조 및 지도 제작의 혁신과 같은 항해 기술이 발전하여 해상 무역이 확대되었다는 것이다.[79] 운송 방법에서 이러한 변화는 내륙아시아를 통과하는 전통적인 육로에 지대한 영향을 미쳤는데, 그 방법은 더 이상 효율적인 상품 운송 수단이 아닌 것으로 되었다. 그러나 육지에서 바다로의 이동은 덜 가시적인 효과도 만들어냈는데, 특히 문화 간의 단절이 점점 더 커져갔다. 즉, 해상 무역은 육로 무역이 요구하는 강한 사회적 참여를 요구하지 않으며, 따라서 해상 무역으로 인해 무역량이 증가했다고 해도 그 때문에 동시에 문화적 상호 작용이 증가한 것은 아닐 수 있었다. 앞서 언급했듯이 종종 그 반대의 일이 벌어졌다.

이븐 알나딤에게 정보를 제공했고 중국에 있었던 네스토리아 기독교인이 이러한 역학을 알려준다. 그에 따르면 해상 교통이 증가함으로써 무슬림 세계에서 아시아에 대한 지식이 감소했다. "해상 항해가 변하고 해상 교통이 쇠퇴하여 이러한 것들을 이해하는 사람이 거의 없습니다. 두려움 때문에 또 항해를 방해하는 섬들 때문에 사고가 자주 생겨서 기꺼이 위험을 감수하려는 사람만이 여행을 떠납니다."[80] 11세기에 이르러 거란인의 요나라가 무역 연결을 재확립하기 위해 가즈나의 마흐무드에게 사절을 보냈을 때 이슬람 세계와 중국 사이의 연결이 너무나 미약해졌기 때문에 마흐무드는 그 연결이 불가능하다고 생각했다.[81]

무역의 이러한 역사적 현실보다는 내륙아시아를 가로지르는 육로 무역의 가능성에 대해 그렇게 무지하다는 사실이 11세기에 이르러 무슬림 세계와 불교 세계가 얼마나 분리되어 있었는지 잘 보여준다. 네스토리아파 수사가 지적했듯이, 이 두 세계 사이의 지식 격차는 시간이 지날수록 점점 더 커졌을 뿐이다. 동양에 대한 무슬림의 지식은 거의 8세기에 정지되었다. 이후 수 세기에 걸쳐 같은 생각이 반복되었는데, 그 사이에 아시아의 현실이 변했어도 이는 마찬가지였다. 무슬림 작가들은 12세기에 여전히 티베트 제국과 투르크 제국에 대해 이야기했지만, 두 제국 다 수백 년 전에 멸망했다. 이 "암흑기"에서 상상할 수 있듯이, 무슬림의 불교 지식도 확장되지 않았다. 대신 이 장의 서문으로 쓰인 간략한 불법의 요약에서 볼 수 있듯이, 수 세기를 걸쳐 불법에 대한 피상적 생각이 똑같이 반복되었다. 10세기의 천재, 무타하르 이븐 타히르 마크디시는 불교도가

"신학적으로 결여된 자들[무아틸라]"이라고 지적한 후 니까야와 대승불교의 부처 해석의 차이에 대해 이렇게 말한다. "그들은 두 파를 형성한다. 한 파는 그(부처)가 선지자로 사도 위임을 받은 자라고 주장하고, 다른 파는 부처가 창조주 자신이라고 주장한다."[82]

그러나 이렇다고 해서 무슬림 지식인들이 동양이나 불법을 완전히 무시했다는 것은 아니다. 이슬람 세계의 또 다른 편에 있는 톨레도에서조차 아불-카심 카디 사이드 알-안달루시는 1068년 그의 저서 『제국가諸國家의 범주(타바카트 알-우맘 *Ṭabaqāt al-'Umam*)』에서 인도 종교에 대해 기록했다.[83] 그러나 무슬림 지식인들이 쓴 것에는 새로운 내용이 없었다. 더욱이 동양에 대한 이러한 호기심에는 실질적인 비판적 관심보다 앞서 언급했던 대로 환상적 이야깃거리에 대한 관심이 담겨 있다. 후기 작가들이 불교를 조금이라도 다루는 경우라면, 몇 안 되는 이전 작가들(이븐 후라다비, 자이하니, 주르칸, 이란샤흐리처럼 작품이 소실된 이들)이 쓴 글을 단순 반복할 뿐이다. 그러므로 이 후기 작품들에서 불교에 대한 정보가 조금 더 있었더라도, 그중 어떤 것도 당대 불교에 대한 직접 지식을 담고 있지는 않았다.

가르디지의 11세기 중반 저서인 『역사의 아름다움(자인 알 아크바 *Zayn al-akhbār*)』은 부처가 합리성에 초점을 맞추었다는 것과 명상의 중요성에 대해 언급했지만, 탄트라의 등장이나 대승불교의 다양성에 대해서는 언급조차 하지 않았다: "[불교도:] 창조주를 믿고 보상과 처벌을 믿지만 선지자들을 부정하는 자들로, 이들이 말하기를 신은 피조물에게 다른 어떤 이도 필요로 하지 말라고 했다는데, 왜냐하면 신이 피조물의 마음이 선을 구하고 악을 미워하도록 했으며, (그리고 신이 그들에게 가르치기를) 다른 사람으로부터 이성으로 받아들일 수 없는 것이라면 어떤 것도 받지 말고, 그들 육체의 본성에 저항하라고 했기 때문이다. 신은 피조물도 필요로 하지 않고 그들의 숭배도 필요로 하지 않기 (때문에), 그들이 말하기를 정신적 노력을 통해, 또 육체의 본성에 저항함으로써(만) 낙원에 도달할 수 있다고 하는데, 이는 달성하기 어려워서 목표에 도달할 때까지 각별히 인내해야 한다."[84]

샤흐라스타니의 1125년 저서 『종교와 철학분파에 관한 서(키타브 알밀랄 완 니할*Kitāb al-milal wan-nihal*)』에서도 같은 현상을 발견할 수 있다.[85] 그의 작품은 무슬림 자료 가운데 불교에 대해 가장 긴 설명을 담고 있지만, 아래 긴 발췌 부분에서 볼 수 있듯이, 어떤 새로운 정보라든가 8세기 이래 불교 전통의 발전에 대한 인식을 전혀 담고 있지 않다.

> 그들 생각으로, 부처는 태어나지도 않고 결혼도 한 적이 없고, 음식도 먹지 않고, 음료도 마시지 않고, 늙지도 죽지도 않는 사람이다. 이 세상에 처음 나타난 부처의 이름은 샤카만*Shakaman*으로 "고귀한 스승"이라는 뜻이다. 그가 출현한 이래 히즈라(622년)까지 5천 년이 흘렀다. 그들은 부처 계급 아래에 부디사이야Budisa'iya 계급이 있다고 주장하는데, 부디사이야는 "진리의 길을 찾는 자"라는 뜻이다. 사람이 이 등급에 도달하려면 (도덕성을 얻기 위해 특정 방법을 따라야만) 하는데, (a) 인내와 자선; (b) 추구해야만 할 것을 추구하는 것; (c) 세상사로부터 욕심을 버리고 물러나며 그 욕망과 쾌락으로부터 무관심해지는 것; (d) 금지된 것들을 원치 않음; (e) 모든 피조물에 대한 연민; (f) 다음과 같은 열 가지 죄를 짓지 않는 것, 즉 1. 어떠한 생물도 죽이지 않고 2.

재산을 (갖는 것을) 합법적이라고 여기지 않으며, 3. 간음하지 않고 4. 거짓말하지 않으며 5. 비방하지 않고 6. 비어卑語를 쓰지 않으며 7. 헐뜯지 않고 8. 중상하지 않고 9. 어리석은 말을 하지 않으며 10. 다음 생에 보상(과 처벌)이 있음을 부정하지 않는다. 그리고 (g) 열 가지 미덕을 준수하는데, 그것들은 다음과 같다.

1. 선함과 관대함을 보여주는 것
2. 나를 괴롭힌 사람을 용서하고 인내를 통해 분노를 극복하는 것
3. 세상적인 욕망을 금하는 것
4. 영혼이 이 잠깐의 세계에서 벗어나 영원한 세계로 구원되도록 묵상하는 것
5. 앎과 문화를 통해, 또 세상적인 것들의 결과에 대해 많이 생각함으로써 지성을 발휘하는 것
6. 영혼의 방향을 다스려 더 높은 것을 추구하는 것
7. 모든 사람과 대화할 때 부드럽게 말하고 예의를 갖추는 것
8. 다른 사람을 친절하게 대하여, 그들의 소원을 자신의 소원보다 중요해지도록 하는 것
9. 피조물로부터 완전히 떠나 온전히 진리에 관심을 갖는 것
10. 영혼을 바쳐 진리를 구하고 진리를 얻고자 하는 것

이 사람들이 주장하는 바로는 부처들이 킬 강(지류)을 따라 그들에게 와서, 그들에게 과학 지식을 알려주었고, 다양한 종류로 또 다양한 개인으로 나타났다고 한다. 또한 그 실체의 고귀함으로 인해 부처들은 왕가에서만 나타났

다. 그들 주장으로는 이 부처들이 세계의 영원성이라든가 이미 언급했던 보상에 대해 주장하는 바에는 서로 차이가 없었다고 한다. 그러나 부처들의 출현은 인도에만 국한되었는데, 이는 생물체와 기후가 매우 다양하기 때문이며, 또한 많은 인도인이 영적 수련과 수행에 열중하고 있기 때문이다. 만일 그들의 말이 옳다면 그들이 묘사하는 부처와 비교할 만한 자는 무슬림도 인정하는 알-히드르al-Khidr를 제외하고는 없다.[86]

따라서 이 저서는 이븐 할리드 이후로 불법에 대한 가장 광범위한 연구를 담고 있음에도 불구하고 어떠한 당대 관심도, 이해하려는 시도도 담고 있지 않다.

샤흐라스타니는 사실상 신학자로, 세계의 이단異端 목록을 알려준다. 불교도 그중 하나였다. 따라서 이븐 할리드가 당대 불교에 대해 정확한 설명을 제시한 것과 달리, 샤흐라스타니의 저서는 "정확한 관찰과 엉뚱한 오류를 함께 제시하고" 있다.[87] 더욱이 이븐 할리드가 불법을 이해하기 위해 무슬림의 관념과 관습을 불교와 비교한 것과 달리, 샤흐라스타니는 자신이 알고 있는 불법의 몇 가지 요소를 나열했을 뿐 궁극적으로 그것들이 거짓이라고 무시했다. 그러나 특이하게도 샤흐라스타니의 설명 가운데 마지막 구절에서 이러한 신학적 전략의 유일한 예외를 찾을 수 있는데, 그는 불교도의 부처 숭배를 무슬림의 알-히드르 숭배와 유사하다고 보았다. 알-히드르는 신비주의적 계몽을 추구한 것으로 유명한 성인이다.[88] 이러한 비교가 종교 비교에 대한 시도를 드러낸 것처럼 보이지만, 그를 표현하는 방식을 보면 실제로는 이 두 가지 관행이 모두 잘못되었다고 일축하는데, 샤흐라스타니가 믿고 있었듯이 알라 이외의 다른 숭배는 무슬림 정설에 위배되기 때문이다.

궁극적으로 이러한 후기 무슬림 기록에서 가장 주목할 만한 점은 무슬림이 당대 불교의 다양한 발전 형태에 대해서 완전히 무지하다는 것이다. 그리고 이러한 무지는 교리적 차이에 대해서뿐만 아니라 불교 지역을 여행한 사람이라면 누구나 쉽게 접할 수 있는 "우상 숭배"나 순례와 같은 불교 의례 관습에 관해서도 마찬가지였다. 이븐 할리드는 이 두 가지 관행에 대해 설명했지만, 이후 출처에서는 이들에 대한 설명이 사라져버렸다. 불법에 대한 인식 저하가 절정에 이르렀다고 볼 수 있는 것으로 12세기 초 마르바지의 『동물의 자연 특성(타비이아트 알-하야완 *Tabī'iat al-Ḥayawān*)』을 들 수 있는데, 여기에서 불교 전통 전체를 다음 한 문장으로 요약했다: "그들은 그들이 명상하는 부처와 보살에 대해 많은 이야기를 갖고 있다. 그들 대부분은 영혼 재생[환생]을 믿는다."[89]

그런데 환생조차도 무슬림 사료에서는 그다지 주목을 받지 못하는데, 당시 무슬림 지식인 사이에서 영혼 재생에 대해 다소 격렬한 논쟁이 있었던 것을 생각해보면 이는 독특한 일이다.[90] 무슬림 학자들은 신플라톤주의를 이슬람에 통합시키려고 했지만 그리스 철학자들, 특히 플라톤[91]이 환생을 믿어서 문제였는데, 이는 신체 부활에 대한 무슬림 학자들의 믿음과 상치했기 때문이다. 무슬림이 신플라톤주의를 완전히 받아들이기 위해서는 이 모순이 해결되어야만 했다. 그렇게 하는데는 전적으로 서구적 맥락에서만 논쟁의 틀이 잡혀 있었다. 그 주제에 대한 불교적 견해에 관심을 가지지 않은 것은 물론이고 그 주제를 언급한 적도 없으며, 다만 어쩌다 힌두교적 관점을 언급했을 뿐이다. 실제로 무슬림 학자들이 이 논쟁에서 인도의 환생 이론을 너무나 쉽사리 무시할 수 있었다는 사실이야말로 두 세계가 얼마나 멀리 떨어져 버렸는지 그 증거가 된다. 10, 11, 12세기에 이르면 무슬림 사상가들은 동양과 접촉도 하지 않았고, 관심도 가지지 않았다. 사실 인도와 그보다 더 큰 아시아 세계는 더 이상 무언가를 제공할 만한 곳이 아니었다. 그것은 머나먼 곳에 있는 부유한 환상의 나라였을 뿐이다.

다른 무슬림, 다른 불교도

앞서 설명했던 경제 구역과 종교 구역 사이의 격차는 지속적으로 벌어졌다. 무슬림은 남아시아뿐만 아니라 티베트와 중국과 같은 곳에서도 분명히 불교도를 만나고 관찰했다. 실제로 서두에서 언급한 바와 같이, 흔히 불교-무슬림 상호 작용의 역사에서 인도에 초점을 맞추는데, 불교도도 무슬림도 인도 아대륙에만 있었던 것은 아니다. 아바스 칼리파 시대의 경제력을 확대하려는 노력의 일환으로 무슬림 상인들은 과감하게 아시아 해안 지역 전역으로 나아갔다. 인도 남부에서 스리랑카로 이동하고, 동남아시아를 거쳐 이동하면서 무슬림 상인들은 마침내 중국 해안에까지 당도했다.[92] 8세기에 이르면 어떤 무슬림이 이미 한국에까지 다다랐다고 알려졌다. 그리고 대부분의 설명에 따르면, 이것은 사소한 탐험이 아니라 동양의 부를 이용할 수 있는 무슬림 무역 네트워크를 구축하려는 공동의 노력이었다.

이러한 경제 발전의 정도를 잘 포착한 것이 9세기 광둥廣東에 10만 명의 무슬림이 있었다는 주장이다. 879년 황소의 난黃巢之亂 동안 무슬림이 추방당했지만,[93] 10만 명이라는 숫자는 설혹 과장된 것이더라도 이 당시 무슬림 무역망의 위세와 범위를 잘 보여준다. 그리고 이와 관련하여 알아두어야 할 것은 무슬림 상인들이 남쪽 항로를 누비고 있었을 뿐만 아니라, 내륙아시아의 전통적인 무역로도 넘나들었다는 사실이다.[94] 예를 들어 티베트는 전설적인 사슴 사향 때문에 확장하고 있는 무슬림 무역 네트워크에서 중요 지역이었는데, 아랍 지리학자 이븐 하우칼에 따르면 그 사향은 "모든 종류의 사향 가운데 품질과 가격이 가장 우수했다".[95]

중국과 티베트 양쪽에서 일하고 여행하는 무슬림 상인들을 떠올리면 불교-무슬림 상호 작용의 기회가 많으리라고 상상할 수 있다. 그리고 확실히 그런 기회는 있었는데, 증거로 838~847년에 중국을 여행한 일본 승려 엔닌圓仁(793~864년)이 언급한 사건을 들 수 있다. 그가 양저우揚州에 머무는 동안 그곳의 어떤 사원에 대해 설명하는데, 그 사원은 길상대吉象臺를 복원하기 위해 현금 1만을 모아야 했다. 승려들은 이를 위해 필요한 돈을 모으려고 2개월 동안 금강경 법문 시리즈를 마련했다. 그 결과 현지 페르시아 상인 집단이 이 재건축 과제를 위해 현금 1천을 주었다. 베트남 참파 출신의 사람들은 현금 200을 주었던 반면 일본인들은 50만 주었다.[96] 이 사례를 보면 불교-무슬림 상호 작용의 가능성에 대해 알게 되는데, 다양한 시대, 다양한 장소에서 둘은 가깝고 친밀할 수 있었다.

그럼에도 불구하고, 이용 가능한 이 시기 자료에 따르면 중국과 티베트의 불교 모두에 대한 무슬림의 견해는 여전히 피상적으로 보인다.[97] 수 세기 동안 무슬림 역사가들은 티베트 왕들이 예멘 출신이라고 믿었다.[98] 이런 잘못된 견해를 이해하자면, 정보를 수집한 상업 환경 때문에 그러한 견해가 생겼다고 볼 수 있다. 그러나 그런 사정과는 무관하게, 무슬림의 티베트 불교 지식은 미미했다. 예를 들어 982년의 익명의 페르시아 지리서 『세계경역지世界境域志(후다드 알 알람*Hudūd al-'Ālam*)』에서는 티베트 종교 전체를 설명하면서 단순히 "모든 사람이 우상 숭배자"라고 언급했다. 그 저자는 구체적으로 불교에 아무런 관심도 갖고 있지 않았으며, 탄트라 전통과의 관계는 더더욱 없었다. 실제로 티베트 불교 전통 전체를 다음과 같이 설명한다: "라싸, 수많은 우상 사원과 무슬림 모스크가 하나 있는 작은 마을. 그곳에 사는 무슬림은 거의 없다. … 크르상(유상)은 티베트에 속한다. 거기에 큰 우상 사원들이 있다. 이 지역은 대大파르하르라고 불린다."[100]

『세계경역지』는 티베트에 대한 이런 허술한 관찰을 빼고는 더 알려주는 것이 없다. 더욱이 그 저서가 알려주는 내용도 황당한데 이것이 다시 티베트에 대한 무슬림의 표현에서 하나의 특징이 되었다. 그 황당한 표현 중 하나는 티베트가 거대한 "독산毒山, *Jabal al-samm*"의 고향이라는 생각으로, 알 비루니조차 이 "사실"을 반복했다.[101] 또 다른 황당한 요소는 훨씬 더 이상하다. "그 나라의 특이한 점은 거기에 간 사람은 누구나 항상 즐거워하고 이유도 모른 채 미소를 지으며, 거기에서는 슬픈 (얼굴)을 본 적이 없다는 것이다."[102] 이런 관점이 이후 서구에서 티베트를 샹그릴라라고 보았던 관점이 생길 수 있는 분위기를 조성했는지는 알려져 있지 않다. 그럼에도 불구하고 이로써 티베트를 멋지고 평온한 곳이라고 보는 분위기가 만들어진 것은 분명하다. 이와 무관하게, 티베트에 대한 이렇게 황당한 표현들은 무슬림이 티베트를 대하는 태도가 결코 진지하지 않고 비판적이지도 않았음을 보여주는 것으로, 탄트라에 대해서는 더했다.

물론 지금 그 시대가 무지해 보인다면 실은 그 시대의 사료가 부족했기 때문일 수도 있다. 따라서 9세기 중국에서 불교-무슬림 상호 작용에 대한 엔닌의 묘사를 독특하다든지 비정상적이라고 받아들이는 대신, 그러한 교류가 자료를 통해서 우리가 재구성할 수 있는 것보다 훨씬 더 빈번했다고 볼 수도 있다. 티베트를 이렇게 생각할 수 있도록 만드는 자그마한 사례가 있다. 즉, 아랍어에서 불교도를 가리키는 독특한 용어, 마흐마라 *mahmarah*가 생겨났다. 이 단어는 "붉은 옷을 입은 자"라는 의미로, 승려들이 『시륜탄트라』와 같은 불교 문헌에 따라 입었던 적갈색 옷을 말한 것이 분명하다.[103] 분명히 무슬림은 티베트 불교도와 접촉했었는데, 불행히도 이러한 교류에서 일어났던 일들 중 많은 것이 이제는 소실되었다.

중국의 경우도 마찬가지이다. 이슬람 사료가 장례葬禮부터 남색男色에 이르기까지 중국 관습에 대해 풍부한 자료를 제공하지만,[104] 무슬림 저자들은 중국인이 "우상"에게 기도하고 중국에 "인도 교사"가 있다는 것을 인지하고 있었음에도 불구하고 불교 전통은 소홀히 다루었다.[105] 어느 시점에서 무슬림 세계에서는 중국인은 모두 마니교도라는 오해가 생겨났고, 이러한 잘못이 수 세기 동안 계속 무슬림 사료에 등장했다.[106] 그럼에도 불구하고, 티베트의 경우처럼, 중국의 종교 생활에 대한 관심의 조짐도 희미하게나마 보인다. 예를 들어 중국 선교 여행에 실패한 후 이라크로 돌아와 이븐 알나딤에게 정보를 알려주었던 네스토리아파 수사는 중국의 관습이 가족, 황제, 국가에 초점을 맞추고 있다고 길게 설명했는데, 이는 오늘날 유교라고 알려져 있다.[107] 동시에 그는 "그들 대부분이 이원론자이고 샤마니야Shamaniyah"라고도 한다. 이와 관련하여 알나딤은 또 다른 정보 제공자의 이야기를 인용하는데, 그 역시 "중국의 법령 중에는 국왕 찬양과 숭배가 있다. 일반인 대부분이 이를 지키지만, 국왕과 중요 인물의 교리는 이원론과 샤마니야[신앙]"라고 주장했다. 이 두 경우에, 이원론과 (산스크리트어 스라마나*sramana*에서 유래한) 샤마니야는 각각 도교와 불교를 의미한 것으로, 둘 다 중국 당나라(618~907년)에서 널리 퍼져 있었다.[108]

이렇게 보면 무슬림은 중국의 종교 생활에 대해 다소 기민한 관찰자였다. 그들은 불교, 유교, 도교 세 가지 종교 전통이 다양한 목적을 위해 동시에 행해지는 중국의 유동적 성격을 정확하게 포착했으며, 이는 사실 최근에서야 서양 학자들이 "재발견"한 것이다.[109] 그런데 이들 초기 무슬림 여행자의 그런 기민한 관찰이 있었다고 해서 거기에서 더 나아가 중국 불교를 탐구하지도 않았으며, 무슬림 중심지의 학자와 신학자들이 중국 불교를 해설해보고자 하지도 않았는데, 그들은 중국의 불법이 인도에서 알게 된 것과 동일하다고 생각했다. 이런 일반적 유형의 유일한 예외로 마르바지가 12세기에 쓴 『동물의 자연 특성』의 기이한 논평을 들 수 있는데, 중국에 대한 다음과 같은 설명을 볼 수 있다: "대부분의 농작물은 곡물이다. 가뭄이 오면 물가가 오르고, 주민들이 곡물이 없어 고통을 받으면 왕은 (그의 부하들을) 우상 사원에 보내 무당들을 붙잡아 옥에 가두고 수갑을 채워 비가 내리지 않으면 죽이겠다고 협박하고, 비가 올 때까지 계속 그들을 그렇게 둔다."[110] 이 경우 우상 사원의 무당은 샤마니야, 즉 불교 승려로써, 승려는 4세기 북위 왕조(386~534년) 때 유명한 술사術士 불도징

佛圖澄⊕ 이래 중국에서 비를 오게 하는 능력으로 유명했다.[112] 이 사소한 관찰은 다시 한 번 무슬림이 중국에서 실제 행해진 불교 관습에 대해 상세하게 알고 있었음을 보여준다.

그렇지만 후기 시대의 어떤 무슬림 사료도 8세기의 이븐 할리드의 묘사만큼 일관적이지도 체계적이지도 않았다. 그들 중 누구도 이븐 할리드 저서의 특징인 개방성도 없었고 이해를 시도하지도 않았다. 시간이 지남에 따라 정치적, 경제적 상황이 변하면서 불법에 대한 무슬림의 관심과 관용마저도 약해지기 시작했다. 호탄和田에 대한 무슬림의 표현에서 이러한 현상을 가장 잘 볼 수 있는데, 호탄은 실크로드에 자리 잡은 유명하고 부유한 이란계 불교 도시 국가로, 동서 무역로에 전략적으로 위치했을 뿐만 아니라 옥玉의 매장지를 깔고 앉아 있는 곳이었다. 10세기 『세계경역지』에서는 호탄의 부유함과 권력을 인정하여 "호탄 왕은 위풍당당하게 살고 있으며 스스로를 '투르크와 티베트인의 군주'라고 한다"고 했다.[113] 이런 면에서 보면 『세계경역지』의 저자는 단순히 오래된 역사적 현실을 반복 설명한 것만은 아니었다. 10세기에 호탄 왕은 중국에 여섯 차례 사절을 보냈으며, 당시 둔황을 다스렸던 강력한 차오曹 가문⊕⊕에 딸을 시집

⊕ 불도징佛圖澄(232년~348년) 후조後趙시대에 활약한 서역승西域僧.

⊕⊕ 914년 차오(조曹) 가문의 차오 이진曹議金은 장張씨 가문이 세운 서한금산국西漢金山國을 무너뜨리고, 원래 명칭인 귀의군歸義軍으로 복귀하면서 중국 하서 지방의 실질적인 지배자로 자리 잡았다. 이후 11세기 초 멸망할 때까지 오대 및 북송의 제후국으로 있었다. 934년 차오 이진은 둘째 딸을 호탄 왕에게 시집보냈고, 976년 차오 가문을 이끌었던 차오 얀루曹延祿 역시 호탄 공주와 혼인했다.

보냈다.[114] 이렇게 『세계경역지』가 쓰일 당시 호탄은 강력한 도시 국가였다. 그러나 이보다 더 중요한 것은 이곳이 칼리파 세력과 내륙아시아의 탄트라 연합권 사이의 접경 지대에 있는 마지막 불교 왕국 중 하나였다는 점이다.[115]

당연히 무슬림 사료에는 호탄의 불법에 대한 정보도 담겨 있다. 『세계경역지』에는 호탄 지역에 "우상 사원이 많았다"고 적혀 있다.[116] 그러나 티베트와 중국의 경우처럼 저자가 불법에 대해 좀 더 깊이 있는 지식을 갖고 있다는 사실도 드러난다. 무슬림 사료치고 사리 숭배라는 중요한 불교 관습을 설명한 것은 호탄에 대한 것뿐이다.[117] "이곳은 산 가까운 데에 위치한 쾌적한 곳이다. 거기에는 주민들이 숭배하는 어떤 사체死體(야키 무르다*yaki murda*)가 있다."[118] 저자는 실제로 행해지는 불교 수행에 대해 이렇게 중요한 관찰을 남기면서, 동시에 호탄인, 즉 호탄 경내에 사는 사람들이 식인종이라고 주장하기도 했다.[119]

이 두 가지 불일치하는 설명을 어떻게 조화시킬 수 있을까? 이 질문의 답을 결코 알지 못할 수도 있지만, 티베트와 중국의 경우처럼 불교의 사리 숭배에 대해 무슬림이 알고 있었다는 것을 보면, 현존하는 자료들에서 알 수 있는 것보다 무슬림이 불법에 대해 더 많은 지식을 갖고 있었으리라 추측할 수 있다. 이븐 할리드가 바미얀을 묘사하면서 인간 희생에 대해 말했던 것과 마찬가지로, 식인 풍습을 비난한 것은 커다란 종교 정치적 논쟁의 일부라고 추측할 수 있다. 즉, 호탄은 경제적으로 계속 번창했을 뿐만 아니라, 단호히 이슬람을 거부한 곳이었다. 따라서 그들이 식인종이라고 주장하는 것은 편리하게 그들을 비인간화하는 방법이었다. 이렇게 되면 그들은 불교도일 뿐만 아니라 인간의 도리를 벗어난다. 이 해석이 맞든 아니든, 『세계경역지』의 저자는 그렇게 걱정할 필요도 없었다. 이 저서가 완성되고 26년이 지난 후 호탄은 무슬림인 카라한 칸국 세력에 함락되었다.[120] 이 정복은 다음의 짧은 시로 영원히 기억되고 있다:

우리 홍수처럼 그들을 덮쳤다.
우리 물 빠지듯 그들 마을을 부수고 나왔다.
우리 그들의 우상 사원을 박살내고
우리는 부처 머리에 똥을 누었다.[121]

불교의 반응

불교가 이슬람에 어떻게 반응했는지, 그리고 호탄과 카슈미르 같은 곳에서 계속 불법이 이어진 것을 파악하려면 앞서 제시한 세 경제 구역 지도를 다시 살펴볼 필요가 있다. 그렇게 하면 카슈미르와 호탄이 무슬림 세계와 불교 세계의 최전방에 위치했으며, 그러면서 각각 두 세계의 상품과 문화 교류 네트워크에 자리 잡았다는 것을 분명하게 알 수 있다. 이렇게 자리 잡게 되면 장점과 위험이 모두 있었다. 호탄인과 카슈미르인이 이 두 세계 사이에서 중요한 중개자 역할을 할 수 있었다고 하지만, 그들은 또한 불교 세계의 새로운 중심지인 불교 지중해와 탄트라 연합권에서 멀리 떨어져 있었다. 따라서 호탄과 카슈미르는 점점 더 고립되었고, 이러한 상황에서 보면 주민들 사이에 어떤 운명적 종말의 느낌이 있었다고 해도 놀랍지 않을 것이다.

호탄인과 카슈미르인 가운데 이러한 절망감이 생긴 한 가지 요인은 분명 이슬람의 확장이었다. 그러나 또 다른 요인이면서, 불교도의 생각으로 훨씬 더 심각한 문제는 힌두교의 성장이었다. 앞서 언급했듯이, 나중에 많은 주석가들은 불교가 힌두교에 섞여 들어간 것은 탄트라 때문이라고 주장한다. 불교 탄트라와 힌두 탄트라 사이의 유사점을 찾을 수 있다고 하지만, 힌두교의 탄트라 전통과 불교의 탄트라 전통은 단호하게 서로 구별하려고 노력했다는 점도 깨달아야 한다. 한 학자가 지적했듯이, 불교도가 직면한 문제는 두 전통이 서로 합쳐지는 것이라기보다 불교 탄트라 자체가 점점 더 비전秘傳 위주로 되어가면서, "인도 대중이 이해할 수 없게 되고 [그럼으로써] 그들의 인간적 관심과 열망에 대해 점점 더 해답이 되지 못했다"122는 사실이다. 불교가 이렇게 애매모호해진 결과, 대다수 사람들이 다양한 형태의 힌두교 의식을 훨씬 더 쓸모 있는 대안으로 받아들였다.

불교에서 힌두교로의 전환은 불교 사료와 힌두교 사료 둘 다에서 흔하게 등장하는 이야기이다.123 그러한 사례 중 하나가 티베트 역사가 타라나타多羅那他가 쓴 17세기 초 『인도 불교사』에 등장한다: "분명 이 시기에 수많은 시다siddha(탄트라 스승)와 사다카sadhaka(탄트라 경전 학습자)가 살았다. 그러나 일반적으로 사람들의 업장은 바꿀 수 없었기 때문에, 이런 것을 막을 수 없었다. 그 당시 현자 가우락사Gauraksa를 따르던 수행자들 대부분은 바보였고, 외도外道의 왕들이 주는 돈과 명예를 탐해서 이스바라[시바]의 추종자가 되었다. 그들은 '우린 투루크사[투르크인]조차 반대하지 않는다'고 한다. 나테스바리-바르가Natesvari-varga에 속한 사람들 중 소수만이 내부자[불교도]로 남았다."124 물론 타라나타의 작품은 훨씬 후기의 것이지만, 이렇게 불교가 이슬람과 힌두교 모두에게 도전을 받고 있던 초기 시대의 분노와 혼란을 신랄하게 표현했다. 그러나 한탄하는 것 외에 불교도가 악화되는 이 상황에 대해 실제로 무슨 일을 했는지는 완전히 다른 문제이다. 우리가 보아왔던 대로, 어떤 이들은 계속 불법을 행할 수 있는 다른 지역으로 이동했다. 다른 사람들은 개종했다. 그리고 어떤 이들은 그들의 적을 물리치기 위해 탄트라의 마법魔法을 사용한 것으로 보인다. 예를 들어 라일라바즈라는 "투르크 침공이 임박했다는 소문을 듣고 야마리 차크라를 그려서 그 병사들을 물리쳤다. 마가다에 도착한 후, 병사들은 멍청하고 무력해져서 오랫동안 기운을 쓰지 못했다. 그리하여 그들을 물리치게 되었다."125 그러한 마법이 더욱 섬뜩하게 쓰인 바를 카말라락시타의 전기傳記에서 볼 수 있다.

> 그는 한때 비크라마의 화장터에서 가나 차크라를 사용하려고 생각하기도 했다. 많은 탄트라 신도 제자들과 함께, 그는 그곳에 수행자들이 사다나 수행을 위해 가지고 다니는 도구들도 가져왔다. 가는 도중에 그들은 서쪽 카나Karna의 투르크 왕을 모시는 어떤 재신宰臣을 만났는데, 그때 500명의 투르크인과 함께 마가다를 침공하러 가고 있었다. 그들은 사다나 수행 도구들을 약탈했다. 그러나 그들이 이 스승과 그를 모시는 이들에게 다가오자, 스승은 격노하여 마법의 물이 가득 담긴 물항아리를 그들에게 던졌다. 그 즉시 끔찍한 폭풍이 일어나면서 그 폭풍에서 흑인들이 튀어 나와 손에 쥔 단검으로 투르크인들

을 공격했다. 그 재신도 피를 토하며 죽었고, 다른 사람들은 여러 가지 질병에 시달렸다. 한 명을 제외하고는 아무도 고국으로 돌아가지 못했다. 이로써 [힌두교도]와 투르크인 모두 공포에 휩싸였다.[126]

이슬람에 대한 불교의 반응을 보여주는 일화로 탄트라의 전쟁 마법보다 좀 더 확고한 증거를 찾기 위해 불법의 쇠퇴를 담고 있는 확고한 신화를 살펴보자.

이 신화 가운데 첫 번째라 할 만한 것이 호탄에서 등장하는데, 이는 특히 야만인 페르시아인과 투르크인에 의해서 불법이 종말을 맞이하리라고 예언했다.[127] 물론 지금 알고 있듯이 호탄이 결국 1008년에 카라한 칸국에 정복되리라는 것을 생각하면, 이 예언은 당대 상황에 대해 기민한 예지력을 발휘한 설명이라고 볼 수 있다. 그러나 11세기에 이슬람이 폭력적으로 등장한 일은 호탄에서만이 아니었다. 이때 가장 유명한 무슬림 진격은 가즈나 왕조의 마흐무드가 인도 북서쪽을 정복한 것으로, 그가 지나간 자리에는 파괴의 흔적만이 남았다. 그리고 알 비루니가 지적했듯이, 화전을 일구듯 마구 베고 불태우는 이 방식으로 해서 인도인은 무슬림과 이슬람교에 대해 크나큰 증오를 가지게 되었다. "마흐무드는 그 나라의 번영을 완전히 손상시켰고 그곳에서 엄청난 착취를 행했으니, 그로써 [인도인]이 마치 먼지 알갱이가 사방으로 흩어지는 것처럼 되었고, 사람들의 입으로 전하는 오래된 이야기처럼 되었다. 물론 여기저기 흩어진 그들 유해는 무슬림 모두에 대해 가장 뿌리 깊은 혐오감을 간직하고 있다. 이것이 또한 [인도] 학문이 정복지에서 멀리 떠나 아직도 우리 손이 닿을 수 없는 곳, 카슈미르, 베나레스 등으로 도망친 이유이기도 하다. 그곳에서 그들과 모든 외래인 사이의 적대감이 정치적, 종교적 근원 때문에 점점 더 커지고 있다."[128] 그러므로 이슬람에 대한 불교의 대응을 넓게 살펴보려면 실제로 불교 접경 지대에서 재난이 일어나고 있고 재난이 임박한 상황을 고려해야 한다.

일찍이 불교도가 이슬람을 주목한 기록이 몇 개 있기는 하다. 예를 들면 8세기 한국의 구법승 혜초慧超는 두려움 때문에 아프가니스탄의 이슬람 지역을 피했다고 했다.[130] 그러나 어떤 것도 『시륜탄트라』와 그에 대한 다양한 주석에서 발견할 수 있는 광범위한 자료와 비교할 수는 없다. 더욱이 11세기 초에 불교가 쇠퇴하던 때, 이곳에서 편찬되었기 때문에 당연히 이 작품에는 파멸감과 절망감이 스며 있다.[131] 이 특별한 탄트라의 가르침은 분명 이슬람의 전진에 대한 대비책이라고 알려졌다.[132] 앞에서 말했던 호탄의 예언에서 알 수 있듯이, 이슬람이 세계를 장악할 수 있다는 가능성 때문에 『시륜탄트라』의 종말론과 구원론이 형성되었다.

이러한 관점이 가장 웅변적으로 압축되어 있는 예가 샴발라의 종말 신화이다. 이 예언에 따르면 미래에는 이슬람이 세계를 장악한다. 바로 그때 불교의 구세주인 칼킨 로드라 차크린Kalkin Raudra Cakrin이 샴발라라는 미지의 내륙아시아 왕국에서 군대를 몰고 나타나 무슬림을 전멸시키고 순수한 불교의 새로운 황금기를 연다.[133] 비록 이 비전이 인도 북서부의 당대 현실에 대한 반응이었음에도 불구하고, 후기 주석가들은 이 종말론적 비전이 외부 전투가 아니라 자신의 마음속에서 일어나는 내적 전투라고 설명했는데,[134] 이러한 해석은 "더 큰" 지하드와 "작은" 지하드 이론의 발달과 기이하게도 비슷한 모양새이다.

어찌 되었든 『시륜탄트라』는 이슬람의 파괴에 대한 이러한 비전을 담고 있을 뿐만 아니라, 이슬람 사상과 실천에 대한 최초의 불교적 해석을 보여준다. 그러나 불행히도 『시륜』 문헌의 저자 혹은 저자들이 직접적으로 알고 있었던 이슬람의 파가 정확하게 무엇인지 알려져 있지 않다. 불교도가 가장 친숙했던 파는 이스마일파이거나 아부 무슬림(사망 755년경)과 그의 제자 알 무칸나(사망 779년)의 추종 세력인 무바이다Mubayyida('백의白衣 입은 자들')였을 것이다. 그러나 이런 추측마저 맞지 않을 수도 있는데, 『시륜탄트라』에서 발견되는 8명의 선지자—아담, 노아, 아브라함, 모세, 예수, 백의인白衣人, 무함마드, 마흐디는 어떠한 무슬림파와도 일치하지 않기 때문이다. 『시륜』의 저자들 역시, 무슬림 저자들과 마찬가지로, 이슬람에 대해 거의 아는 바가 없었기 때문에 무바이다와 같이 더 이상 존재하지 않는 전통에 대해 말했을 수도 있다. 그렇지 않다면 그들이 가장 친숙했던 집단은 이슬람 이단파로, 그에 대해서는 우리가 알 수 없는 것이 이들 비정통 집단 중 많은 이들이 당시 순니파의 박해를 피해 북인도로 도피했기 때문이다. 그렇다고 하더라도 이 집단 중 어느 파가 8명의 선지자를 믿었는지, 혹은 그러한 파가 있기나 했는지에 대해서는 알 길이 없다. 어쨌든 『시륜』의 저자들이 순니파 무슬림과 관계를 맺고 있었던 것 같지는 않으며, 이스마일파가 『시륜탄트라』가 등장하기 전에 2세기 동안 인도 북서부를 통치했다는 사실을 상기해보면 이런 생각이 어느 정도 이치에 맞는다.

『시륜탄트라』의 저자(들)이 나타내고자 했던 특정 이슬람 전통과는 무관하게, 그들은 이슬람의 원칙적인 기준에 대해 비교적 일관된 이해를 보인다. 그들은 무함마드를 그 전통의 창시자로 인식하고, 알라에 대한 공통 명호로 “자비로운 자”라는 뜻의 “아르 라흐만”을 썼으며, 아르 라흐만이 전능한 세계 창조자임을 알고 있었다. 더구나 신의 명령을 따르는 일이 인간의 의무이며, 인간은 천국의 상을 받거나 지옥의 형벌을 받게 되어 있다. 불교도는 무슬림이 환생을 믿지 않고 사후 세계에서 육체적 부활을 믿는다는 것도 알았다. 그들은 또한 라마단 기간에 금식하는 무슬림의 제례도 알고 있었다. 불교도는 무슬림이 매일 다섯 번 기도하며, 그 기도를 할 때 씻은 다음 무릎을 꿇고 “거북이처럼 팔다리를 움츠린다”는 것도 알았다. 그런데 불교도가 보기에 가장 기이한 이슬람 관습은 할례였다. “[그들은] 천국의 행복을 위해 성기 끝에서 피부를 잘라냈다.”[135]

이러한 관습 이외에 불교도가 가장 길고 가장 독설스럽게 공격했던 무슬림 제례는 동물 희생이다. 즉, 불교도는 할랄 고기 준비를 오해했는데, 동물의 목을 벨 때 비스밀라 기도를 하는 것을 실제 동물의 피를 알라에게 바친다고 보았다. 이 의식에 대한 불교도의 이해에는 처음부터 결함이 있었지만, 『시륜탄트라』의 저자는 이 관례를 비난하느라 꽤 많은 공을 들였다. 이렇게 잘못 알고 공격하면서 그들은 이 무슬림 관습이 불교도가 오랫동안 비판해온 베다의 희생 제사와 유사하다고 봄으로써,[136] 기이한 방식으로 이슬람과 힌두교라는 불법의 두 적을 하나로 연결시켰다. 두 관습이 매우 유사하기 때문에 불교도는 힌두교도가 반드시 이슬람으로 개종할 것이라고 예상했고, 이로써 더욱 이슬람이 전 세계를 지배하게 될 것이라고 예측했다.

[수리야라타여, 당신과 다른 브라만 현자들은 반드시 시륜에 입문하여, 탄트라의 금강저 가족과 함께 먹고, 마시고, 혼인을 이루어야 한다.] 그렇지 않으면, 800년이 지나 당신의 후손들이 야만인의 교설에 빠져들고 샴발라의 구십육 곳에서 야만인 교설을 가르치게 될 것이다. 후손들은 야만인 신의 주문인 비스밀라를 쓰면서 식칼로 동물의 목을 자를 것이다. 그런 다음 그들은 자신들 신의 주문에 따라 죽인 짐승의 살을 먹으라 하고, 자신의 업 때문에 죽은 동물들의 살을 먹는 것은 금지할 것이다. 성전聖傳 문학에 "짐승은 희생용으로 창조되었다"(『마누 법전』 5.39a)고 진술되어 있는 걸 보면 바로 그러한 교설이 당신들[브라만 현자들]에게도 권위를 갖고 있다. 죽임에 관한 한 야만의 교설과 베다 교설에는 차이가 없다.

그러므로, 당신들의 후손은 전투에서 그 야만인의 용맹과 죽음의 신, 마라데바타바툼*māradevatāvatārum*의 화신을 볼 것이며, 앞으로 800년이 지나면 그들도 야만인이 될 것이다. 야만인이 되면 9억 6천만 촌락에 사는 모든 이들, 4개의 카스트 등도 모두 야만인이 된다. 브라만 현자들이 말하기를 "위인이 가는 곳이 바로 길"이라고 했기 때문이다 (『마하바라다摩訶婆羅多』 3.297; 부록 1089쪽, 1. 68).

베다 법뿐 아니라 야만인의 교설에 따르면 신과 조상을 위해 살생도 해야 하며, 이는 크샤트리야의 법에서도 마찬가지이다. 브라만 현인들이 말하기를 "조상들과 신들을 만족시켰으므로 육식한다고 해도 아무 결함이 없다"고 하기 때문이다(『야즈나발키아 법전』 1.5.178cd). 그리고 "나는 사악한 [짐승]에게 해를 끼친다고 해서 그 사람이 잘못했다고 하지 않는다"[인용문 미확인]고도 했기 때문이다.

따라서 베다 법이 유효하다고 주장하려면 야만의 법을 채택하게 될 것이다. 이런 이유 때문에 미래에 야만의 법에 들지 않도록 내가 당신들에게 이 계율을 알려준다. 그러므로 존경하는 경들께서는 내 명령에 따라 [시륜에 입문하라].137

이러한 전체적 개념 구조가 오해를 바탕으로 만들어졌다는 걸 생각해 보면, 불교도가 실제로 이슬람을 얼마나 잘 알고 있었을까 하는 중요한 질문을 하게 된다. 불교도의 이슬람 탐색에서 그 누락이 확연하게 눈에 띄는 것은 하즈, 즉 메카 성지 순례라는 기본 관행이다. 불교도가 하즈를 직접 본 적이 없을 것이라는 사실을 생각하면 이렇게 빠져 있는 것이 아주 당연하다고 볼 수 있지만, 놀랍게도 『시륜탄트라』에서 메카는 바그다드 도시에 있으며 무함마드가 태어난 곳이라고 되어 있다.

이러한 혼란을 보면 『시륜탄트라』의 저자는 이슬람에 대해 알고 있었는지 의문이다. 그러나 동시에 그 탄트라의 몇몇 부분을 보면 그러한 오류에서 예상할 수 있는 것보다 훨씬 더 정교하게 이슬람에 대한 지식이 드러난다. 다음은 이슬람 교리에 대한 철학적 반박의 예이다.

야만인은 악마의 법을 따른다. 그들은 창조주의 주창자이며 영혼의 주창자이고, 카스트 제도에서 벗어나 있다. 야만인은 두 개의 교리를 가지고 있다. 즉, 몸은 입자의 집합체라는 교리와 우발 징후적 인격*upapattayahgika-pudgala*이 입자의 집합체로 이루어진 육체 안에 머무른다는 교리인데, 그렇다면 입자의 집합체로 구성된 몸이 파괴되면 누가 다른 몸을 취한다는 말인가? 따라서 자발적 생성 인격*upapāduka-pudgala*이 있다. 이것을 보면 천상의 보상이 열반의 보상임을 알 수 있다. 흔히 말하는 "천상의 보상 외에 열반"은 없다.

[야만인이] 실재實在에 대해 물었을 때, 그를 아시는 바가반[부처]께서는 그들의 믿음을 알고 있으시기 때문에 [『바라하라경*Bhārahāra-sūtra*』에서] 이렇게 말씀하신다. "짐을 진 사람이 있다. 나는 그것이 영원하다고 말하지 않으며 그것이 영원하지 않다고 하지도 않는다." 참으로 이 말씀이 진실인 것은 그것이 바가반의 말씀이기 때문이다. 꿈의 상태에서 정신적 성향[의 산물인] 사람이 영원하지 않다거나 영원하다고 말할 수 없다고 한 분이 이 말씀을 하셨기 때문이다. 여래如來의 이러한 말씀에 따르면, [야만인]은 야만의 법을 버리고 불교의 바이바시카⊕가 된다고 한다. 더욱이 어떤 이들은 보살에게 가르치는 초절적 불법을 듣고, 자신의 교리를 버리고, 진정하며 완전한 부처님의 길에 귀의한다.138

이슬람에 대한 이러한 비판과 무슬림이 불법으로 옮겨 갈 거라는 애석한 희망을 보면 불교도가 이슬람에 대해 잘 알고 있었을 뿐만 아니라 이슬람의 믿음을 반박하면서 동시에 불교도의 믿음을 적극적으로 옹호하고 있음을 알 수 있다.

다음 구절에서 드러나듯이 이러한 교류가 단순히 일방적이지는 않았

⊕ 바이바시카Vaibhāṣika는 초기 불교 중 가장 종합적인 체계를 가졌다고 알려진 학파로, 인도와 그 외 지역에 널리 영향을 미쳤다.

다. 이 경우 불교도가 까르마와 환생 이론을 옹호한 것은 육체의 부활을 믿었던 어떤 무슬림 비판론에 대한 반응이다.

"살아 있는 존재" 등등이 주장하는 바는 [현생現生에서] 이전 까르마의 [과보]를 겪고 [내생來生을 위해] 현재의 까르마를 쌓고 있다는 교리를 무슬림이 거부한다는 것이다:

『시륜時輪』 2.168

[불교도들은 주장한다:] 살아 있는 존재는 이전에 만든 까르마를 [현생에서] 겪고 다른 생에는 현재에 [만든 까르마]를 겪는다. [무슬림은 대답한다.] 만약 그렇다면, 사람들은 [그들의] 생을 반복하기 때문에 까르마를 없앨 수 없다. 그들의 무한한 존재 때문에, 윤회부터 벗어날 수도 없고, 해방으로 갈 수도 없다. 다른 생을 거부하는 것이야말로 진정 무슬림의 믿음이다.

[무슬림은] 생명체가 이전에 만들었던 까르마를 [금생今生에서] 겪고, 금생에서 만든 [까르마]를 다른 생에서 겪는다는 [불교의 교리는 거짓]이라고 믿는다. [그들이 말하기를], 만약 그렇다면, 인간은 반복되는 생에서 까르마의 결과를 겪기 때문에 까르마를 없애버릴 수 없다. 따라서 무한한 존재로 인해 윤회로부터의 출구도 없고, 해방에 이를 수도 없을 것이다. 그것이 바로 [무슬림]의 믿음이다. 그러나 [탄트라는] "다음 생을 거부"하라고 가르친다. 야만인 무슬림은 죽은 사람이 아르 라흐만의 율법에 따라 천국이나 지옥에서 인간의 몸을 갖고 행복이나 고통을 경험한다고 믿는다. 따라서 다른 생에 대한 거부

는 [그들의] 계율이다.[139]

이 구절에서 흥미로운 점은 불교도나 무슬림 중 누가 이 신학적 논쟁에서 이겼느냐가 아니라, 양 당사자가 상대방의 전통에 비판적으로 관심을 갖고 있다는 점이다. 이 구절을 보면 실제로 불교-무슬림 논쟁이 있었던 것처럼 보인다.

물론 이런 논쟁을 접하는 『시륜탄트라』와 그 주석서인 『비말라프라바 *Vimalaprabhā*』의 저자(들)가 이슬람에 맞서서 자신(들) 견해의 타당성을 옹호하기 위해 이런 의견 교환이 있었던 것처럼 조작했을 수도 있고, 이는 15세기 무슬림 역사가가 칼리파 하룬 알 라시드 시대에 불교-무슬림 논쟁이 벌어져 이슬람 수호자들이 승리를 거두었다고 상상했던 것과 같다. 그런데 라마난디스의 경우에서 볼 수 있듯이, 불교-무슬림의 이처럼 강렬한 교류가 단순히 상상의 산물만은 아니라고 생각할 만한 증거가 있다.

그러한 상호 작용에 대한 가장 명백한 증거는 『시륜탄트라』의 점성학 체계에 드러나는데, 이는 10세기 인도에서 무슬림 과학의 영향력이 점점 커지면서 그에 대한 반응으로 만들어졌다. 특히 이 시기에 인도 천문학은 이슬람의 프톨레마이오스 이론의 특정 측면을 채택하기 시작했다.[140] 불교 학자들은 서방 과학의 이런 도입을 고대 인도 지혜의 "부패"라 보고, 그리스와 무슬림의 영향에 대한 직접 반박으로 『시륜탄트라』의 체계를 만들었다.[141] 그러나 그렇게 함으로써 그들이 창조한 것은 거부했던 바로 그 전통에 영향을 받은 새로운 점성술 체계였다. 『시륜탄트라』는 위치를 계산하기 위해 이슬람과 프톨레마이오스적 방법을 사용할 뿐만 아니라,

천체의 방향에서 묘성昴星⊕에 초점을 두었던 인도 방식을 버리고 대신 "서방" 춘분점을 채택한다. 이런 점에서 다음 천 년간 불교 전통을 형성하는 『시륜탄트라』는 여러 면에서 불교-무슬림 상호 작용의 산물이었다.

여기에서 놀라운 일은 『시륜탄트라』의 많은 부분이 반反 무슬림적이지만 이슬람에 대한 긍정적 평가도 포함하고 있다는 것이다. 특히 불교도는 평등에 대한 무슬림 교리와 카스트 제도에 대한 완전한 거부를 칭송했다. 또한 무슬림이 전투에서 용맹스럽고 영웅적이며, 일부일처제와 위생에 관심을 갖고 있다고 그들을 높이 샀다. 더욱이 불교도와 무슬림이 비즈니스와 무역의 세계에 연결되어 있었기 때문에 『시륜탄트라』 또한 무슬림이 서로의 재산을 존중한다는 것을 긍정적으로 보았다.

따라서 이 모든 자료를 보면, 흔한 이야기나 이용 가능한 자료를 통해 우리가 알고 있는 것보다 불교-무슬림의 상호 작용이 더 많았으리라고 결론을 내리게 된다. 그리고 이러한 교환이 앞서 설명했던 지적 관심뿐만 아니라 물질적 교환의 측면에서도 드러난다. 이 현상으로 가장 잘 알려진 사례는 이슬람교의 마드라사 발전의 모델로 불교 사원을 차용한 것으로, 이슬람 마드라사 자체가 기독교 서구 대학의 기초가 되었다.[143] 불행히도 이러한 전이轉移의 전체적인 역학 관계에 대해서는 완전히 이해된 바 없이 여전히 논쟁 중이고, 그다지 극적이지는 않지만 불교-무슬림의 상호 작용에 대해 알려주는 또 다른 물질적 교환 사례가 있다.

그런 교류 중 하나로 학자들이 깊이 탐구한 것은 불교가 무슬림 예술에

⊕ 황소 자리에 속한 플레이아데스 성단Pleiades cluster을 이루는 별.

끼친 영향이다. "불교의 상아 판넬과 석재 조각을 장식하는 기하 문양이나 식물 문양, 사자나 신화상의 생물이 나중에 이슬람 예술에서 다시 나타나는데, 불교에서 쓰인 그대로 따라 하기도 하고 다소 수정된 형태를 보이기도 한다. 그런데 불교의 영향이 가장 강렬하게 드러나는 부분은 초기의 이슬람 금속 세공이라 할 것이다. 놀랍게도 장식적인 디자인만 불교미술에서 차용한 것이 아니라, 이슬람의 금속 공예가들은 불교 유적지의 형태, 무엇보다도 사리탑의 모양을 모방했다."[144]

그러나 불교 세계와 이슬람 세계 사이의 그러한 이전은 일방적이지도 않았고 물질적 산물의 영역에만 국한되지도 않았다. 지적 교류도 있었으며, 그 증거로 그리스 의학 지식이 티베트로 전파된 것을 들 수 있는데,[145] 여기에는 갈렌의 이론적 개념화뿐만 아니라 소변 분석이나 머리 손상 치료를 다루는 무슬림 의학 방식처럼 실용적인 응용까지 포함되었고, 이들은 모두 티베트 의학 전통의 일부가 되었다.[146]

물론 치료 기술의 전파가 다문화 접촉의 공통된 특징으로 나타나는 것은 이러한 과학이 종종 정치적, 종교적 정통의 경계를 넘어서 작동하기 때문이다. 인도의 경우에서 드러나듯 "무슬림 군주가 그들의 종교적 열정보다 더욱 열렬하게 불멸과 정력 증가, 현자의 돌⊕을 갈구했던 궁정에서 힌두교 의사와 연금술사들이 환영을 받았다는 확실한 증거가 있다.

⊕ 연금술에서 구하던 것으로, 값싼 금속을 값비싼 금속으로, 비금속을 금속으로 바꾸는 물질 변환을 이루고, 더 나아가 유한한 생명을 영원한 생명으로 바꾸는 불로불사까지 목적으로 한다.

[그리고] 무슬림 의사, 연금술사, 신비가들이 인도의 의사, 연금술사, 신비가들의 지혜를 간절히 구하고 있었다."[147] 따라서 당연히 치유와 마법의 영역에서도 아시아와 무슬림 세계 사이의 교류를 찾을 수 있다.

그런 전달로 가장 잘 알려진 사례는 점술에 사용되었던 "마방진魔方陣"의 경우이다(그림 8, 그림 9).[148] 그리고 그러한 동서 교류의 또 다른 예는 불교에서 유래한 것으로 보이는 아랍의 목판 인쇄 부적이다(그림 10).[149]

이런 추측을 할 수 있는 첫 번째 이유는 불교도가 8세기 초에 목판 인쇄를 발명했을 뿐만 아니라,[150] 유라시아 전역에 제지 기술을 전파하는 데 필수적 역할을 했기 때문이다.[151] 더욱이 불교도는 수 세기 동안 부적을 만들기 위해 이 두 가지 기술을 사용해왔다.[152] 따라서 이와 유사한 관행이 무슬림 세계, 특히 12세기에 동서 교류가 다시 활발해지자 갑자기 나타났다는 사실이 단순히 우연만은 아니라고 본다.[153] 그러한 전이를 보여주는 또 다른 증거로 아랍어 부적이 중국이나 티베트 원형과 유사하다는 것을 들 수 있다. 예를 들어 여러 아랍 부적에서 사각형 안에 연꽃을 둔다든가(그림 11)⊕ 사각형 격자 문양(그림 12, 그림 13)이 보이는데, 이는 많은 티베트 부적과 유사하다.[154]

아랍 부적에서 가장 흥미로운 점은 이 부적들이 전통적인 무슬림 서적의 표준 고문서 규격 양식을 따르지 않고, 대부분이 야자잎 필사본에 근거한 인도 및 티베트 문서의 길쭉하고 좁은 푸스타카(경전*pustaka*) 양식을

⊕ 저자는 사각형 안이나 원형 안의 동심원 문양을 '연꽃' 문양이라고 해석했는데, 이에 대해서는 보는 시각에 따라 의견이 다를 수 있다.

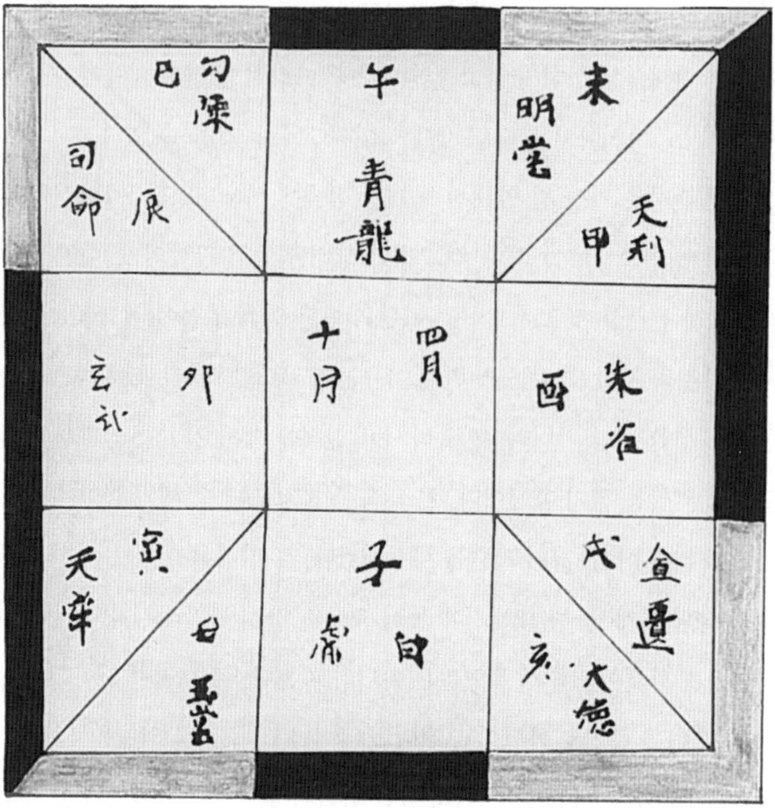

그림 8. 중국의 마방진魔方陣. 소장번호 2964 r의 선화線畵, 프랑스 국립박물관
자료: 마르크 칼리노프스키, 『중세 중국의 점술과 사회: 프랑스 국립도서관과 대영 도서관 둔황 사본 연구*Divination et société dans la Chine médiévale: Étude des manuscrits de Dunhuang de la bibliothèque nationale de France et de la British library*』(파리: 프랑스 국립박물관, 2003), 298, ill. 22.

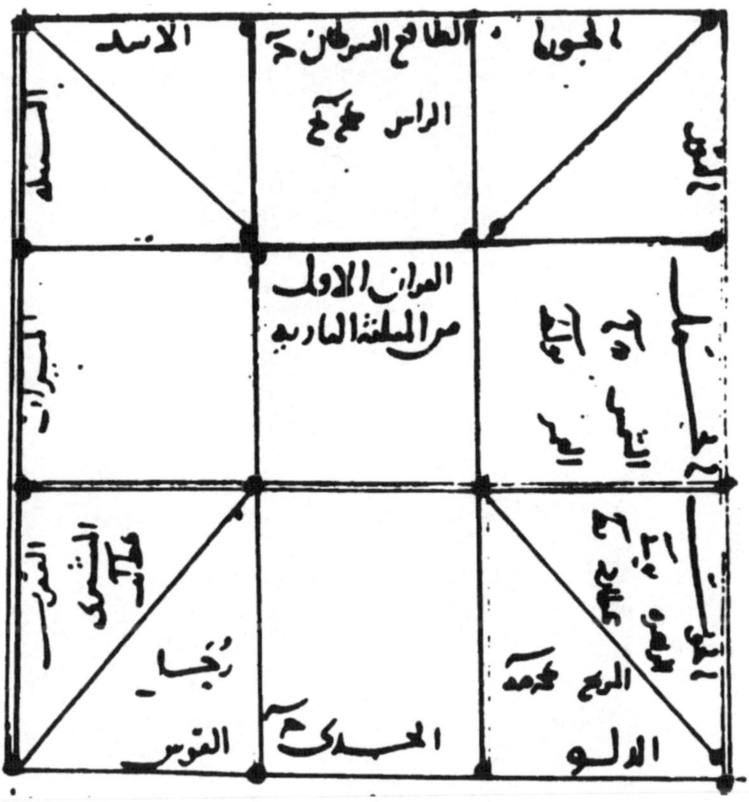

그림 9. 아랍 마방진
자료: 후아트 세즈긴, 『천문학자*Al-Mughnī fī aḥkām al-nujūm*』(1987), vol. 2, p. 435.

그림 10. 아랍 부적, 11~12세기, 종이에 잉크와 색채, 높이 $7\frac{1}{2}$인치(16.6cm), 너비 $6\frac{1}{2}$인치(19.1cm), $6\frac{1}{8}\times1\frac{1}{2}$인치(15.6×3.8cm), 리처드 에팅하우젠 기부, 1975(1975.192.21)
자료: 메트로폴리탄 미술관.

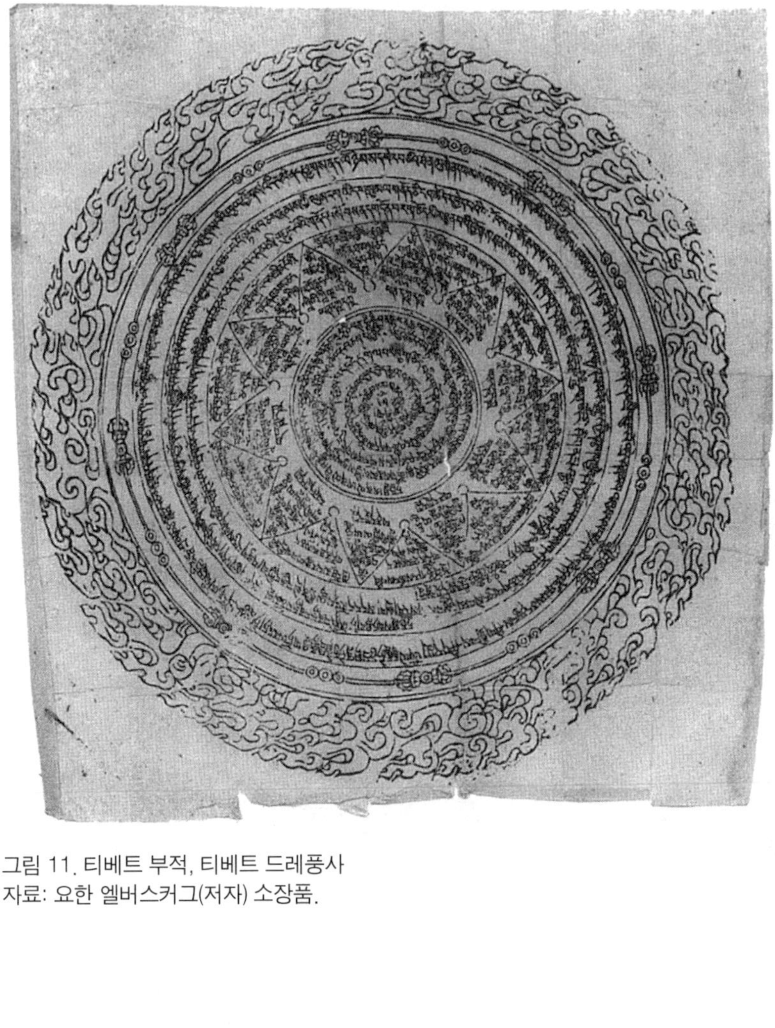

그림 11. 티베트 부적, 티베트 드레풍사
자료: 요한 엘버스커그(저자) 소장품.

그림 12. 아랍 부적, 마디나 이슬람 예술 소장품, 카밀라 챈들러 프로스트 기부(소장번호 M.2002.1.371), 로스앤젤레스 카운티 미술관
자료: 위키미디어.

그림 13. 티베트 부적, 티베트 드레풍사
자료: 요한 엘버스카그(저자) 소장품.

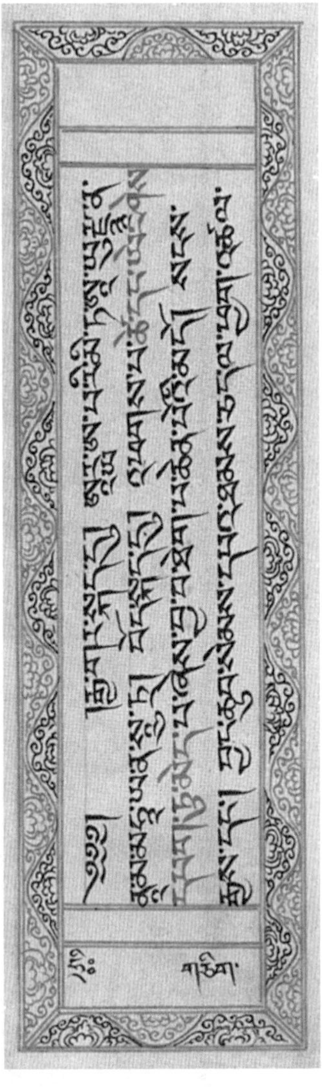

(왼쪽) 그림 14. 아랍 부적, 11~12세기, 종이에 잉크, $6\frac{1}{8}\times1\frac{1}{2}$인치(15.6×3.8cm), 리처드 에팅하우젠 기부, 1975(1975.192.20)
자료: 메트로폴리탄 미술관.

(오늘쪽) 그림 15. 티베트어 문서『무량수경無量壽經, *'phags-pa tshe dang ye shes dpag tu med pa zhes bya ba theg pa chen po'i mdo*』
자료: 요한 엘버스커그(저자) 소장품.

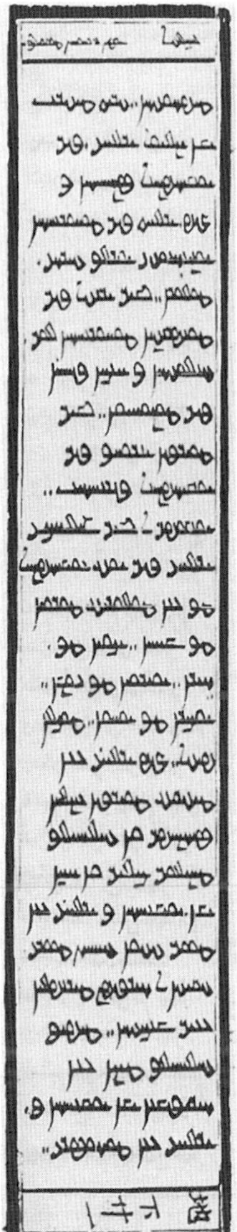

(왼쪽) 그림 16. 몽골 목판 인쇄물, 메르겐 게겐, 『문집 *Sungbum*』
자료: 요한 엘버스커그(저자) 소장품.

(오른쪽) 그림 17. 아랍 부적, 1978(1978.546.32)
자료: 메트로폴리탄 미술관.

띠고 있다는 것이다(그림 14, 그림 15).

아랍 부적의 이러한 외형적 특징만 보면 무슬림이 불교 내륙아시아에서 가장 널리 퍼진 종이 양식인 푸스타카를 채택한 것처럼 보인다. 어떤 면에서는 아랍어 서체를 목판에 새기는 건 말할 것도 없고 푸스타카 양식이 아랍어 글씨를 담기에 그다지 적합한 형식이 아닌 것처럼 보일 수 있지만, 소그디아어나 위구르어처럼 불교 내륙아시아에서 사용되었던 다른 셈 계系의 글씨도 푸스타카 형식으로 인쇄되었음을 기억할 필요가 있다. 물론 중국어의 영향으로 이 글씨는 결국 오른쪽에서 왼쪽으로가 아니라 위에서 아래로 읽게 되었지만, 이러한 차이가 있다고 해서 목판을 새기는 데 어떤 차이가 생기지는 않았으며, 그로써 만들어진 문서는 분명 읽기 쉬운 방향으로 맞추어서 읽혔을 것이다(그림 16, 그림 17).

이 기술의 불교적 기원을 뒷받침하는 또 다른 증거는 인도-티베트 식의 2절판 형식이 무슬림 세계에서 대단한 인기를 얻어서 이후 꾸란 필사본에서 쓰였던 것을 들 수 있는데, 12세기 아프가니스탄에서 볼 수 있다.[155] 그 결과 무슬림은 내륙아시아의 불교도와의 관계를 통해 목판 인쇄 부적 전통을 발전시켰을 수 있다.[156]

불교도와 무슬림이 부적에 관한 아이디어와 기술을 교환했다고 하는 나의 주장이 전통적으로 그러한 관행에 부과했던 가치라든가 앞서 언급한 주장에만 근거하지는 않는다. 불교-무슬림 세계에서 그러한 기술 이전이 일어났을 수 있음을 보여주는 역사적 사건이 있다. 1295년 이란의 몽골 통치자는 불교도였다가 이슬람으로 개종했는데, 부적이 중요한 역할을 했다는 점이 흥미롭다.

그는 내가 보낸 예복을 입었고, 모직 망토를 걸쳤다. 그는 궁전으로 향했고, 그곳에서 우리는 그와 합류했다. 그는 일어서 있었다. 사람들이 사방에서 모여들었는데, 군대와 왕실 여성도 포함되어 있었다. 대단한 사건이었다. 나는 그의 곁에 머물렀고 나우루즈도 나와 함께 있었다. 나는 부적을 가지고 있었는데, 거기에는 샤이크(무슬림 지도자)의 기도와 말, 그리고 축도가 써 있었다. 그(가잔)가 부적을 보자 그에 대해 물었다. 나우루즈가 부적에 대해 설명하면서, 나의 아버지에 대해서도 알려주고, 아버지가 행한 기적과 전통에 대해 말했다. 나는 부적을 꺼내 그에게 전했다. 그는 그것을 한번 보고 나에게 돌려주었다. 나는 부적을 본래 주머니에 넣어 그에게 건네주었다. 그는 그것을 받아 자기 오른편에 걸었다. 내가 그걸 왼쪽에 거는 것이 관례라고 했더니, 그가 그렇게 했다. 그는 부끄러움과 당혹감으로 얼굴이 붉어졌는데, 아직 30세도 되지 않은 청년인 데다가 피부가 고운 편이었다. 그가 세정洗淨을 떠나는데, 심하게 수줍음을 타느라 얼굴이 더욱 붉어졌다.

그러고 나서 나우루즈가 그에게 이슬람에 대해 이야기하자, (가잔) 왕은 이렇게 말했다. "내가 이를 약속했던바, 이제 때가 되었으니, 지금 바로 그 샤이크의 아들이 함께하고 있다." (사드르 알딘이 말했다.) 그리고 그는 나를 쳐다보며 물었다. "어떻게 말해야 하겠는가?" 나는 손가락을 위로 향하면서 그에게 "신 외에는 어떠한 신도 없음을 간증합니다"라고 알려주었고, 그는 그대로 선언했다. 그러고 나서 나는 "무함마드가 신의 메신저임을 간증합니다"라고 말해주었다. 그러자 그는 터키어로 나우루즈와 이야기를 나누며 "다시 더 간증(해야만) 하는가?"라고 말했다. (나우루즈는) 그렇다고 말했고, 그는 (다시) 그것을 선언했다.

그가 마무리하자, 그가 앉아 있는 곳으로 모두 몰려들어서 누구라도 (다가가서) 금과 은과 진주를 그에게 흩뿌리는 걸 말릴 수가 없었다. 사람들은 그에게 다가가 왕의 손과 발에 입 맞추면서 그에게 축복을 구했다. 사람들이 떠들썩해지면서 기쁨은 더욱 커졌다. 누구도 말릴 수 없었고, 어느 누구도 왕에게 다가가는 걸 망설이지 않았다. 그는 왕좌에 앉아 사람들이 그 아래에서 계속 익살을 부리고 환호하는 동안 그들을 바라보면서 웃고 있었다.[157]

가잔 칸의 개종은 불교와 이슬람 전통에서 부적의 중요성을 보여줄 뿐만 아니라, 불교-무슬림 세계에서 목판 인쇄와 같이 귀중한 기술이 동쪽에서 서쪽으로 전이될 수 있었던 가능성을 엿볼 수 있게 해준다.

그러한 기술 이전의 실제 역사와 역학에 대해 정확하게 아는 바가 없지만, 이러한 예술적, 물질적 교류로서 확인하게 되는 것은 당시 불교 세계와 무슬림 세계의 만남이 우리가 『시륜탄트라』나 샤흐라스타니와 같은 이들의 저술을 통해 알게 되듯이 그렇게 적대적이기만 한 것은 아니라는 점이다. 그보다는 오히려 서로 접촉함으로써 두 전통은 새로운 아이디어와 물품을 수용하기도 하고, 나름 가장 적절한 방식으로 거기에 대응하기도 했다. 이렇게 무슬림 작가들은 시간이 지남에 따라 점점 더 불법을 비난하고 무시했다. 반면 불교도는 완전히 새로운 신화와 점성술 체계를 만들어내면서 필사적으로 이슬람에 대응했다.

서로 다른 반응이 생긴 것은 불교 세계와 이슬람 세계 사이의 분열이 점점 커졌기 때문이라고 설명할 수도 있지만, 그뿐만 아니라 두 전통이 각자 기울어진 운동장에 있다고 보았던 탓도 있다. 이슬람 세계의 세력과 번영 때문에 무슬림은 분명 확신에 차 있었고 자신만만했다. 미래는 그들의 것이었다. 그리고 그런 상황에서 흔히 그러하듯이, 타자에 대해 알려고 한다든지 배려하는 것의 가치는 자신의 우월감 앞에서 사라져버린다. 반면 불교도, 특히 접경 지대에 있는 불교도는 "적"을 이해해야 할 뿐만 아니라 그에 대응할 수 있는 적절한 방식을 찾아야만 했다. 그러한 반응을 보이는 두 가지 경우가 바로 호탄인의 쇠퇴 예언과 『시륜탄트라』이다.

갑자기 판이 바뀌면 어떻게 될까? 어찌 되어 이슬람 세계의 경제력이 흔들리고 불교가 다시 떠오른다면 어떻게 될까? 『시륜탄트라』에서 이해하고 있던 불교 접경 지대의 끔찍한 상황과는 반대로, 불법은 번성하고 있었다. 불교 지중해를 따라, 또 내륙아시아의 탄트라 연합권 전역에서 불법은 결코 쇠약해지지 않았다. 실제로 불법은 르네상스를 겪고 있었다. 그렇다면 이 불교 세계가 역사상 유례없던 가장 강력한 군사력과 연결된다면 어떤 일이 벌어지겠는가? 그러한 결과 중 하나가 몽골 통치자이자 불교도로 쿠빌라이 칸의 형제인 훌레구가 1258년에 바그다드를 점령하고 칼리파를 살해한 것이라 할 수 있다.158 더욱이 몽골의 정복으로 이전 중세 시대의 종교적-경제적 삼권三權 구역이 산산조각이 나고 유라시아 대륙이 완전히 재구성되었다. 불교도와 무슬림이 이러한 중대한 사건에 어떻게 대응했는지는 다음 장에서 중점적으로 다룬다.

제3장

우상 숭배

알라의 사도(무함마드)가 여행에서 돌아왔을 때 나[아이샤]는 그림이 그려져 있는 커튼으로 내 방 (문) 위를 덮어두었다. 알라의 사도가 그를 보자, 커텐을 떼어내며 말씀하셨다. "부활의 날이 다가와 가장 가혹한 형벌을 받을 자들은 바로 알라의 창조물과 유사한 것을 만든 자들이다." 그래서 우리는 그 커튼을 가져와 한두 개 방석을 만들었다.
— 『알 부하리, 하디스』, No. 838

불세존佛世尊이 성취하신 지식 상태(분석적 통찰력, 인내, 4가지 완전한 확신, 40가지 길) 총 77가지 속성 모두 이 형상形象에 담으소서. 부처님의 무한한 명상과 해방된 몸을 종교가 살아 있는 5천 년간 이 형상에 담으소서. 모든 인간과 신의 의심을 없앨 수 있도록 성도成道 후 부처님께서 행하신 모든 기적을 영원히 이 형상에 담으소서. 인드라, 브라흐마, 마라와 함께 모든 신과 모든 사람이 이 부처상을 보호하시고, 모든 인간과 신의 안녕安寧을 위해 5천 년간 유물과 종교를 보호하소서.
— 부다 아비세카

10세기 초, 니샤푸르 출신의 한 남자가 이슬람을 비난한 혐의로 체포되어 수감되었다. 당시 유력한 학자가 알라에 대한 그 사람의 유물론적 비판에 관심을 보여, 그 지방 아미르에게 이 이단자와 토론하기 위해 그를 데리고 있게 해달라고 요청했다. 아미르가 이에 동의하자 죄수는 부하라에 있는 학자 집으로 이송되어 감금되었다. 그러다 어느 날 저녁 그는 영리한 계략을 써서 그곳에서 빠져나왔다. 아미르의 군대를 피해 그는 변장을 하고 실크로드를 가로질러 중국까지 도망갔다. 그곳에서 그는 황제를 접견했는데, 황제는 이 사람의 지식에 감명을 받아 그를 관리로 등용했다. 이러한 지위를 얻자 그 도망자는 황제에게 무슬림 세계의 상황에 대해 알려주었다. 그 세계가 나약하고 부서져서 쉽게 정복할 수 있으리라고 말했다. 황제는 사만 왕조의 통치자 나스르 이븐 아흐메드에게 서신을 보내 중국에 조공을 바치고 사대事大하라고 요구했다. 만약 거부한다면, 황제는 군대를 풀겠노라 엄포를 내렸다. "이 군대가 행진하면 선봉대는 [중앙아시아]에 있을 것이고, 후위대는 여전히 중국 영토에 있으리라!"[1]

중국의 "충격과 공포"의 위협이 있은 직후 황제는 무슬림의 동향을 감시하기 위해 4명의 사절을 보냈다. 그들은 939년에 페르가나에 도착했고, 지방 총독은 부하라의 아미르에게 중국 사신들이 도착했다는 서신을 보냈다. 이 소식을 듣자 아미르는 자신의 계획을 실행에 옮겼다. 그는 총독에게 노소老小를 가리지 말고 건강한 남자와 노예로 이루어진 군대를 부하라 외곽에 있는 아슈르판스 마을로 보내라고 했다. 총 4만 명에 달하는 이들이 새 갑옷과 무기, 비단옷으로 갖추고 현수막을 날리며 중국 사절이 여행하는 길을 따라 드넓은 평원에 배치되었다. 사절들이 산등성이를 넘어오자 "그들은 광활한 전 영토에 갑옷과 헬멧의 강철이 태양빛을 받아 번쩍거리며 불타오르는 것을 보았다. 사절들은 정신을 잃은 채 그 엄청난 광경을 바라보았다".[2] 사절들이 부하라의 영토로 다가갈수록 군사력과 재물의 표시가 더욱더 웅대해졌다. 중국 사절들이 특히 감명을 받고 위압감까지 느낀 것은 칼리파의 위력과 웅장함에 비교하면 아미르가 가진 것은 아무것도 아님을 알게 되었을 때였다. "사절들은 외쳤다. '맹세코, 중국에 온 그 악당이 우리를 완전히 속였습니다. 만약 우리 황제가 이슬람 세계 전체에 당신 군대 같은 이런 군대가 단 하나라도 있다는 것 알았다면, 절대로 감히 이슬람이라는 이름조차 언급하지 않았을 것입니다. 하지만 여기에서 도망쳐 우리에게 온 악당이 우리를 속였습니다!'"[3]

아미르가 꾸민 계획의 절정은 부하라에서 달했는데, 그곳에 모든 노력이 다 집중되었다. 중국 사절들이 도착했을 때 도시는 수천 개의 깃발과 현수막으로 장식되어 있을 뿐만 아니라, 아미르 휘하의 장군 40명이 그들을 환영했다. 장군들마다 화려한 무늬의 공단 카프탄을 입고 검은 담비 모자를 쓴 군인 천 명을 이끌고 있을 뿐 아니라 황금 검과 철퇴를 들고 있는 투르크족 노예 10명이 그 수발을 들었다. 그리고 사절들이 아미르의 궁전을 향해 걸어갈 때 길에는 검은색 옷을 입은 군인 수백 명이 반짝이는 흰색 은검銀劍을 들고 있었다. 또한 아미르의 "야수野獸 사령관"이라는 파견대는 각각 훈련된 맹수猛獸를 5마리씩 안고 있었고, 맹수들마다 모두 금박 목걸이와 발걸이를 걸치고 있었다. 중국 사절들은 이렇게 온갖 소리와 광경이 시끄럽게 어우러지는 장엄한 곳을 지나 드디어 궁전에 도착했는데, 그곳에는 아미르가 보석이 박혀 있는 금박 왕좌에 앉아, "꿩 깃털로 만들고, 검은 실크 겉감에 빳빳한 금실로 장식한 누비 덮개로 몸을 감싸고 있었다. 그리고 이 덮개 아래에서 야수 두 마리가 웅크린 채 엿보고 있었다. 중국 사절들이 갑옷으로 무장한 일련의 전사들과 무시무시한 짐승들을 지나는 동안 경외감을 느낄 수 있도록 모든 노력이 집중되었다. 군 사령관들은 마치 그들이 아미르 자신이 된 것처럼 화려하게 꾸몄고, 사절들이 지나갈 때 짐승들이 사절들 뒤에서 포효하고 울부짖었다. 사절들은 극도의 두려움에 휩싸여 거의 정신을 잃을 지경이었다. 이 상태에서 아미르에게 그들의 전언을 전달할 수도 없고 아미르의 회신을 받을 수도 없었기 때문에 사절들은 일단 숙소로 물러났다. 그들은 외교 사절들을 위한 공식 거주지에 머무르면서 40일이 지난 후에야 겨우 아미르를 접견했다."[4]

이렇게 중국 사절들의 기를 꺾은 아미르는 중국 황제의 요구를 조롱할 수 있을 만큼 자신만만해졌다. 아미르는 많은 군대와 무기를 가지고 있었다. 그가 동쪽으로 진군하지 못하는 유일한 이유는 칼리파의 명령을 존중했기 때문일 뿐이다. 이렇게 엄한 질책을 내린 후 아미르는 호화로운 잔치로 중국 사절들을 접대했고, 그 후 얼마 지나지 않아 그들은 떠났다. 중국에 돌아오자마자 사절들은 그들이 본 바를 모두 전달했고, 황제는 깊이 감명을 받아 스스로 무슬림이 되었다.

물론 어떤 중국 황제도 실제로 이슬람으로 개종한 적은 없다.[5] 하룬 알 라시드의 궁정에서 벌어진 불교-무슬림 논쟁 이야기처럼 중국 사절들의 일화 역시 역사적 사실이라고 할 것이 못된다. 그렇다고 이것이 역사적 관점에서 무의미하다는 뜻은 아니다. 오히려 이 이야기는 세 가지 상호 연결된 요인의 증거를 제공하는데, 이 요소들을 살펴보면 역사상 처음으로 무함마드의 초상화를 허용한 것으로 유명한 몽골 시대의 독특한 시각 문화의 발전을 탐구할 수 있는 역사적 상황을 이해하게 된다.

이 요인 중 첫 번째는 후기 아바스 시대에 벌어진 무슬림 세계의 정치적 분열로, 여기에 중요한 문화적 함의가 있음을 알게 될 것이다. 그러나 이러한 발전을 이해하기 위해서는 앞서 이야기에서 포착할 수 있었던 분열된 유라시아 세계뿐만 아니라 이전 장에서 탐구한 동서 분열에 대해서도 기억할 필요가 있는데, 이러한 상태는 13세기 몽골 정복과 더불어 끝장나기 때문이다. 몽골 정복은 많은 변화를 가져왔는데, 우리 주제와 관련된 것으로는 하나의 정권 아래에 불교도와 무슬림을 한데 모았다는 사실을 들 수 있다. 이 발전이 무슬림이 불법을 이해한 것뿐만 아니라 이슬람 예술에도 어떻게 영향을 미쳤는지 다음에 중점적으로 다루고자 한다.

역사적 배경

후세를 위해 부하라에 온 중국 사절의 이야기를 기록한 사람은 카디⊕ 이븐 아즈 주바이르인데, 그에 대해서는 거의 알려진 바가 없다. 그럼에도 불구하고 그의 일생은 몽골 제국이 형성되기 전 수 세기에 걸친 유라시아 역사의 격동기를 탐색할 수 있는 좋은 출발점이다. 이븐 아즈 주바이르는 시아파 무슬림으로, 부이 왕조(934~1055년) 시기 이라크에서 그 경력을 시작했다. 그러다가 1055년 셀주크 투르크족이 바그다드를 정복하고 부이 왕조를 추방하면서 아바스 칼리파의 순니파가 통치권을 되찾자 이집트로 피신했는데, 이집트는 당시 시아파인 파티마 왕조(909~1171년)

⊕ 이슬람의 판사, 법률가.

가 다스리고 있었다. 결국 1071년경 이븐 아즈 주바이르가 그의 역사기를 쓴 것은 파티마 왕조의 강역에 있을 때이다.

이븐 아즈 주바이르의 삶은 이 시기 무슬림 세계의 분열, 즉 영구적으로 고착된 시아파-순니파 간의 분리뿐 아니라, 아프리카, 아랍, 베르베르, 페르시아, 투르크 등의 문화적, 언어적 노선에 따라 나뉘어 있던 상태를 예리하게 포착한다. 여기에 더해, 경제 및 환경 체제에서도 서로 대립하는 체제들이 있었는데, 예를 들면 유목 목축 생활 對 농업 및 도시 생활, 국제 무역 對 지역 제조업의 대립을 들 수 있다. 더욱이 9세기에 아바스 칼리파의 권력이 약화되고 지방 통치자들이 지배권을 행사하기 시작하면서 이러한 긴장이 모두 한꺼번에 터져 나오기 시작했다. 이 새로운 지방 왕조 가운데 가장 중요하면서도 강력한 왕조가 부하라를 중심으로 한 페르시아계의 사만 왕조였다. 10세기 왕조의 절정기에 사만 왕조는 무슬림 세계에서 가장 부유하고 진보된 지역을 다스렸다.

이 세력으로 생긴 한 가지 중요한 사건은 주변 대초원 지역에 사는 투르크인이 사만 왕조의 위력에 영향을 받아서 점차 무슬림이 되기 시작한 것이다. 이렇게 이슬람은 처음으로 중앙아시아의 도시 경계를 넘어서 대초원의 유목민 가운데 그 개종자를 확보하기 시작했다. 그러나 유목민은 항상 군사적 우위를 가지고 있었기 때문에 이러한 개종은 양날의 칼이었는데, 이는 특히 사만 왕조의 군대 구성원이었던 투르크 노예들이 주인에게 도전하기 시작했다는 사실에서 잘 드러난다. 습격이나 내륙아시아의 노예 무역을 통해 투르크 노예들을 얻어 무슬림 군대에 배치하는 관행은 오래되었고, 수 세기 동안 잘 작동했었는데, 투르크인이 무슬림이 되자

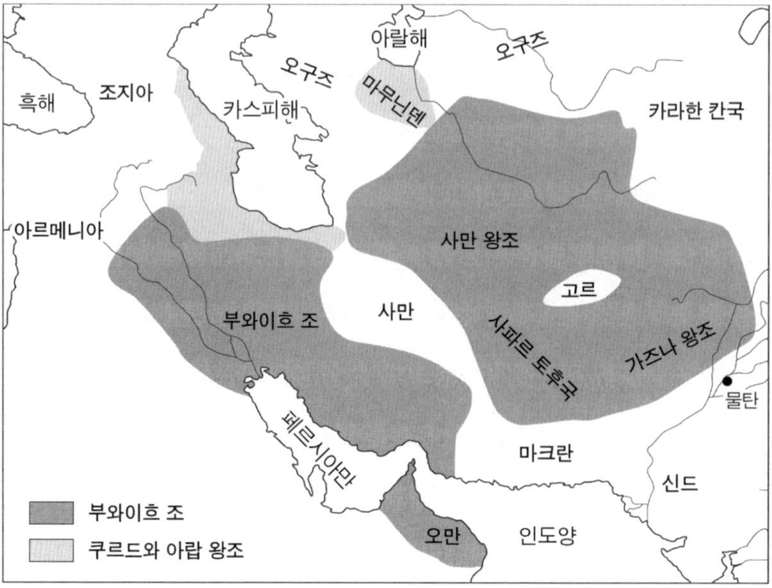

지도 11. 사만 왕조

이 시스템이 무너지기 시작했다. 투르크인은 새로운 개종자의 열렬한 신앙심으로 불타올라, 중앙아시아에서 그들의 예전 페르시아 통치자에게 도전했을 뿐만 아니라 무슬림 세계의 중심부 자체로 진격해 들어갔다.

그런 일을 저지른 최초의 투르크인 집단은 사만 왕조의 노예 군인들로, 현재 아프가니스탄과 파키스탄 지역(지도 11)에 가즈나 왕조(994~1186년)를 세웠다.[6] 그러나 그 직후, 또 다른 투르크 집단으로 타림 분지 동부를 통치했던 카라한 칸국이 사만 왕조의 약화를 틈타 사만 왕조가 다스리던 중앙아시아의 일부 영토를 점령했다. 이렇게 10세기 말이 되자 중앙아시아 전역과 인도 북서부 지역은 순니파 투르크족의 지배를 받게 되었다. 카라한 칸국과 가즈나 왕조는 사이가 좋지 않았다. 둘은 끊임없이 싸웠고,

이들의 불화야말로 어느 정도 셀주크 투르크족이 부상하는 데 기여했다.

셀주크족의 부상을 이해하려면 무슬림권 중앙아시아에서 벌어진 이런 사건들이 홀로 고립되어 생긴 게 아니라는 점을 알아두어야 한다. 그보다는 중세의 강대한 제국들인 중국의 당나라, 티베트 제국, 투르크 제국, 아바스 제국이 종말을 기하면서 9세기의 유라시아 체제 자체가 크게 무너져, 결과적으로 전 세계에 경제 붕괴뿐만 아니라 정치 권력의 공백 상태가 생겼다고 할 수 있다. 예를 들어 당나라가 907년경 무너지자 그 후 50년간 5대 10국 시대로 알려진 무정부 상태가 이어졌다. 남부에서 한족漢族이 다스린 송(960~1279년), 북부에서 거란족이 다스린 요(907~1125년), 몽골리아와 티베트 사이 간쑤 지역에서 탕쿠트족이 다스린 서하(1038~1227년) 등 강력한 3국이 새롭게 부상하고서야 유라시아의 동부 지역이 잠잠해졌다. 마찬가지로 아바스 왕조의 몰락과 함께 중앙아시아에서 사만 왕조의 세력이 무너지자 투르크인이 이 상황을 틈타 침략해 왔다.

그러나 앞서 언급했듯이, 유라시아 전역의 사건들은 서로 얽혀 있었기 때문에, 이 두 사건 역시 별도로 전개되지 않았다. 오히려 두 지역은 무역과 지리 둘 다 서로 연결되어 있었다. 결과적으로 중국에서 벌어진 격변은 유라시아 대륙 전체에 파급효과를 일으켰다. 특히 요나라의 거란족이 중국 북부를 넘어 10세기에 몽골 고원을 정복하고, 탕구트족이 간쑤 지역을 점령하자, 이 지역에 거주하던 투르크족의 엘리트들이 서쪽으로 이동할 수밖에 없었다. 그리고 당구공이 움직이듯 이러한 이동이 차례로 다른 투르크 집단도 이동하게 만들었다.[7] 중국과 내륙아시아에서 벌어진 사건들 때문에 움직이기 시작한 투르크 집단 중 하나가 바로 셀주크 투르크였다. 그들은 원래 아랄해와 카스피해 사이 지역에 거주하는 투르크 오구즈 부족 중 하나였는데, 10세기의 대이주 때문에 결국 남쪽으로 이동했다.[8] 그들 역시 사만 왕조와 접촉하면서 무슬림이 되었다. 셀주크 투르크 역시 그들 이전의 가즈나 왕조나 카라한 칸국이 했던 바와 똑같이 공격적으로 변모했다. 1040년 그들은 메브 근처에서 가즈나 왕조를 격파했다. 그러나 셀주크 투르크는 중앙아시아에 머무르지 않고 서쪽으로 전진하여 1055년 바그다드를 정복했다.[9] 스스로 술탄국이라고 선포한 후, 그들은 서쪽으로 더 진군하여 1071년 비잔틴 제국으로부터 아나톨리아를 빼앗았다.[10] 그러나 셀주크는 비잔티움을 물리칠 수 없다는 것을 깨닫고 다시 중앙아시아로 돌아왔다. 비잔티움 멸망이라는 대업은 그로부터 4세기가 지나 오스만 투르크인이 달성했다.

이 역사를 더 다루기 전에 잠시 여기에서 멈추고 1071년, 즉 카디 이븐 아즈 주바이르가 중국 사절들이 부하라에 왔다고 했던 해에 대해 이야기해보자. 셀주크의 기습을 피해 도망쳤기 때문에, 이븐 아즈 주바이르는 자신을 후원했던 시아파 부위 왕조를 셀주크인이 완전히 몰살시키고 이제 아바스 칼리파 조의 실질적인 권력자가 되었다는 것을 알았다. 그는 가즈나 왕조와 카라한 칸국에 대해서도 알았을 것이다. 이븐 아즈 주바이르는 모든 순니파 투르크 나라를 피해 이집트에 있는 아랍계 시아파 파티마 왕조로 피신했다.

요컨대 이븐 아즈 주바이르는 직접 경험을 통해 무슬림 세계의 상황이 분열되고 불안정하다는 것을 알았는데,[11] 니샤푸르에서 온 무슬림 이단자가 중국 황제에게 말한 것이 바로 이러한 상황이다. 이븐 아즈 주바이르가 이러한 사실을 부인하지 않는다는 점은 흥미롭다. 그보다 사만 왕조의 아미르가 겉치레를 이용해서 국제 외교술을 썼다는 이야기의 요점은 무슬림 세계가 나약하고 쇠락하여, 중국의 공격을 막을 수 있는 유일한 방법이라고는 속임수뿐이라는 사실을 확인시켜준다. 따라서 이븐 아즈 주바이르는 11세기의 교육받은 무슬림이라면 누구나 알고 있었음직한 바를 공개적으로, 즉 칼리파는 벌거숭이라고 말하는 것이다.

그렇다고 해서 이븐 아즈 주바이르가 당대 상황에 대한 논평으로 이 이야기를 완전히 꾸며냈다는 뜻은 아니다. 그 이야기의 핵심은 역사적으로 확인할 수 있는 일화로서, 실제 일화가 벌어지고 난 후 1세기 반이 지나 기록되었는데, 그 무렵에 이르면 그 일화가 엄청나게 왜곡되어 있었다. 즉, 930년대 후반 "중국 왕 칼린 이븐 샤키르"가 사만 왕조와 결혼 동맹을 맺자고 보낸 사절이 부하라에 도착했다. 애석하게도 칼린 이븐 샤키르의 신원에 대해서는 알려진 바가 없지만, 그 당시 둔황의 실력자였던 차오이진曹議金(재위 914~935년)일 가능성이 크다. 앞 장에서 언급했던 호탄 왕과 결혼 동맹을 맺은 이가 그의 가문이었다. 어찌 되었든, 사만 왕조의 나스르 이븐 아흐마드는 딸과 이교도의 결혼을 금했는데, 그럼에도 불구하고 아들과 외국 공주의 결혼은 받아들였다. 그리하여 몇 년 후 외국 공주가 부하라에 도착하면서 결혼식이 거행되었다.

물론 이 결혼 동맹이 어떻게 그리고 왜 이런 이야기로 변모했는지는 완전히 다른 문제로, 그에 대해서는 아마 결코 완벽하게 설명하기 어려울 것이다. 그럼에도 불구하고 10세기 중반에 실제로 거행된 사만 왕조의 왕자와 둔황 공주의 결혼은 당시의 변화된 역학 관계를 보여준다. 특히 이

전에는 분리되어 있었던 칼리파의 정치, 경제 구역과 내륙아시아의 탄트라 연합권이 서로 교류하기 시작했다는 것이다. 더욱이 이 결혼이 그러한 변화를 보여주는 사건으로 유일한 것도 아니다. 1027년에도 거란-위구르 연맹이 가즈나 왕조와 무역 관계를 재확립하려는 시도가 있었다. 그러나 앞서 언급한 바와 같이, 이러한 시도는 가즈나 왕조의 마흐무드가 무역 관계의 개방을 거부했기 때문에 실패했다. 그럼에도 불구하고 이러한 사건들은 단절되어 있었된 독립국들 사이에 상호 작용이 점점 더 커져가는 방향으로 변화하고 있음을 보여준다.

이러한 방향성을 보여주는 또 다른 작품으로 1038년 니샤푸르에서 만들어진 알 타알리비의 『흥미롭고 재미있는 정보(라타이프 알 마아리프 *Laṭā'if al-ma'ārif*)』를 들 수 있는데, 이 책에서 중국은 새롭게 유입된 동방의 신지식을 의미한다고 그려진다. 예를 들어 알 타알리비는 중국의 신기술(석면으로 만들어진 손수건) 개발에 대해 보고하면서, "그것으로 지방이나 기름을 닦아낼 수 있고, 더러워지면 불에 던져서 다시 깨끗하게 만들 수 있으며, 불에도 타지 않는다"[12]고 했다. 더욱이 이때쯤이면 이미 무슬림 세계에서는 중국 화가들의 기술을 칭찬하는 일이 흔했는데, 알 타알리비는 이와 달리 중국 조각에 대해 기록했다. 특히 알 타알리비가 감탄한 바는 중국인의 인물 형상 표현 기술이 "인간의 영혼만 빼고 어떤 것도 빠뜨리지 않는다"는 점이었다. 알 타알리비는 계속 설명하기를, 이 중국 조각가들은 "조롱 투로 웃는 사람의 웃음과 혼란스러워서 웃는 사람의 웃음을 구별할 수 있고, 미소를 띤 사람과 깜짝 놀라 어리둥절한 사람을 구별하고, 순수한 기쁨을 표현하는 웃음과 경멸을 표현하는 웃음을 구별하여 표현

할 수 있다".[13]

알 타알리비의 중국 조각 찬사는 여러 가지 이유에서 주목할 만하다. 첫째, 중국과 무슬림 세계 사이에 새로운 교류가 있었음을 확인해준다. 둘째, 앞서 요소보다 더 흥미로운 바로서, 알 타알리비가 조각을 칭찬한 점인데, 이슬람은 역사적으로 3차원적인 인간 형상의 표현을 장려한 바가 없기 때문이다. 오히려 이번 3장의 서사序詞로 쓰인 유명한 하디스에서 보여주듯, 이슬람의 오랜 전통은 알라 창조의 재현을 금하는 것이다. 결과적으로 이슬람 예술은 수 세기 동안 창의적 에너지를 추상화, 장식화, 서예에 몰입해왔다. 따라서 중국 조각에 대한 알 타알리비의 칭찬은 이러한 미적 감성과는 온전하게 상반되는 것이다.

그러나 재현적 예술에 대한 알 타알리비의 감탄은 새로워진 동서 간의 상호 작용을 확인한 것뿐만 아니라, 오히려 무슬림 세계의 미학적 변화를 반영한 것이었다. 즉, 이때 무슬림 미학에 큰 변화가 일어났고, 재현적 예술이 갑자기 널리 퍼졌다. 이 발전에 대해서는 다음에 더 자세히 살펴보겠고, 여기서는 알 타알리비의 중국 조각 찬사가 이러한 예술 혁명의 한 측면임을 기억해두기로 한다. 이러한 미학적 변화를 확인해주는 또 다른 예는 무슬림이 갑자기 불상을 예술의 대상으로 감상했다는 점이다. 예를 들어 가즈나 왕조의 시인들은 흔히 지하드와 우상의 파괴만 찬양했는데,[14] 그들 시에 불상의 이미지를 사용하기 시작했다.

새 봄이 다가오니, 장미와 자스민이 피는구나.
공원은 티베트 같고, 경사진 언덕은 에덴 동산 같도다.

정원은 사원의 부처처럼 되었을려나 모르겠구나.

작은 새는 수도사 같고, 작은 장미 덤불은 신상神像 같구나.

신상의 발바닥에 수도사는 입을 맞추는데.

신상은 언제 수도사의 발바닥에 입맞춤하려나?[15]

그러고 보면 알 타알리비의 조각 감상은 새로운 이 미적 감수성의 일부를 보여주는 것이었다.

그렇다고 하더라도 알 타알리비가 어떻게 중국 예술 작품에 익숙해졌는지 궁금해진다. 부하라에 일 년에 두 번 열리는 시장이 있는데, 그곳에서 "(우상을 구하자고) 매일 5만 은화가 사용되었다"[16]고 하지만, 이 우상들이 중국에서 수입된 조각상일 가능성은 희박하다. 부하라에서 판매된 조각상은 지역에서 "폐기 처분된" 조각상일 가능성이 더 큰데, 바로 그러한 증거로는 실크로드를 따라 서향西向하면서 거래되다가 결국 스웨덴 해안 외딴 섬에까지 이른 중앙아시아 불상을 들 수 있다.[17] 그러나 동시에 조각에 대한 이슬람의 급증하는 관심에 자극을 받은 무슬림 상인들이 중국에서 조각상을 가져왔을 수도 있다. 확실히 그럴 만한 기회는 많았는데, 송나라와 광범위한 해상 무역이 있었을 뿐만 아니라,[18] 중앙아시아의 카라한 칸국 역시 실크로드를 따라 매년 중국에 두 차례 조공 사절단을 보냈다. 이러한 교역망 가운데 무슬림 시장에 중국 조각상을 제공했을 수도 있다.

이러한 세부 사항과는 무관하게, 알 타알리비의 중국 조각상에 대한 묘사나 사만 왕조와 둔황의 결혼을 보면 유라시아 경제 통합의 새로운 단계를 확인할 수 있는 것 같다. 그러나 우리가 살펴본 바와 같이, 경제 교류가 증가했다고 해서 그 자체가 더 큰 문화적 상호 작용으로 이어지는 것은 아니고, 타자에 대한 의식이 증가하는 것은 더더욱 아니다. 특히 해상 무역의 경우에 무역이 증가함에 따라 종종 지식과 문화적 의식이 감소한다고 알려져 있다. 더욱이 무슬림의 불상 감상이 무슬림의 새로운 불법 인식을 반영한다기보다는 그 반대일 가능성이 높다. 불상이 "우상 숭배"의 상징으로서 위력을 상실한 이유는 불교도와 상호 작용한 적이 없었기 때문이다. 불교도가 사라지고 나면 그들의 조각상은 더 이상 위협적이고 살아 있는 우상 숭배 표현이 아니기 때문에 파괴할 필요도 없었다. 그 대신 남아 있는 것이라고는 그들의 조각상뿐인데 종교적, 제식적 관계로 구체화되지 않는 조각상은 더 이상 두려운 타자의 표상이 아니라 단순히 예술로 감상할 수 있는 대상일 뿐이었다. 따라서 이슬람 세계가 불교 조각에 매료된 일은 불교-무슬림 간의 상호 작용이 증가했음을 보여준다기보다 그 반대를 확인시켜준다. 즉, 이 두 세계는 계속해서 별개였다는 점이다.

불교 세계와 이슬람 세계 사이의 계속된 분열을 가장 뚜렷이 보여주는 사례로 들 수 있는데, 그들은 무슬림이 중국에 무지하다는 점을 이용해서 이슬람이 지배하는 내륙아시아에서 그들의 통치를 가능케 했다. 이렇게 서로 얽혀 있는 발전을 이해하려면 앞서 이야기하다가 중지한 1071년의 역사 이야기로 되돌아가볼 필요가 있다. 그 해에 셀주크 투르크족은 아나톨리아를 정복한 다음 다시 동쪽으로 돌아왔다. 중앙아시아에 도착한 그들은 곧 카라한 칸국을 타파하고 추방시켰다. 이들 투르크 중 한 집단은 더 동쪽에 있는 현재 중국 신장 지방 지역을 계속 통치했다. 그러나 셀주크는 결국 1103년에 그들마저 쳐부수었다. 내륙아시아 유목 제국에서 흔히 일어났던 대로, 위대한 셀주크 술탄 말리크샤가 사망하자 가족 간 불화와 왕권 경쟁이 일어났다.[19] 결국 말리크샤의 아들이 장악했지만, 셀주크는 이 내분으로 약화되었다. 카라한은 이 기회를 틈타 반란을 일으켰다. 술탄 산자르는 이 봉기를 진압했지만 그 대가는 너무 컸고, 이렇게 약화된 상태에서 술탄은 1141년 9월 9일 유명한 카트완 전투에서 서요에 맞섰고 전투에 패배했다.

수 세기에 걸친 길고 긴 정복과 봉기의 역사에서 왜 이 전투가 "유명하다"고 할 만한지 생각해보자. 이 전투가 유명한 까닭은 이로써 중앙아시아에서 서요의 통치가 시작되었다는 사실보다 도무지 설명하기 어려운 또 다른 이야기, 즉 프레스터 존 전설이 퍼지도록 박차를 가했다는 사실이다. 프레스터 존은 동방에서 와서 마침내 모든 무슬림을 몰살시킬 기독교 국왕이다.[20] 당시 서구 기독교 국가들은 이교도 셀주크 투르크로부터 성지를 탈환하기 위해 막 십자군 운동을 시작했다. 1095년 클레르몽 공의회에서 교황 우르반 2세는 모든 기독교인에게 거룩한 전쟁에 동참하라고 촉구하면서, 그 노정 중에 죽은 사람은 즉시 죄 사함을 받으리라 약속했다.[21] 이러한 상황에서 셀주크 술탄이 패배했다는 뉴스가 전해졌으니, 동방에서 온 프레스터 존의 이미지는 서양의 상상력을 자극했다. 물론 서요는 동방에서 온 기독교 구세주가 아니었고, 따라서 카트완 전투의 진정한 중요성은 거란족이 중앙아시아를 지배할 토대를 마련했다는 점이다.

거란족은 몽골 지역의 부족으로, 요나라(907~1125년)를 세워 중국 북부를 통치하는 동안 수많은 중국 관습을 받아들였다. 그러나 그들은 유목 전통도 유지했었기 때문에 중국 북부에서 금나라(1115~1234년)를 세운 여진족에게 패하자 몽골 고원으로 도망쳤다. 그곳에서 거란족은 재정비를 하면서 수많은 투르크계와 몽골계 추종자를 확보하고, 카라 키타이('흑거란' 혹은 '흑중국')라는 새로운 이름을 갖고 동투르키스탄 지역으로 이동했다. 그곳에서부터 서요는 서방으로 세력을 펴기 시작했고, 마침내 셀주크 투르크족으로부터 중앙아시아의 지배권을 빼앗았다. 이로써 역사상 처음으로 무슬림은 중국계 몽골 유목민인 카라 키타이의 통치하에 놓였다.

이러한 상황은 여러 면에서 문제가 될 수 있었다. 그런데도 서요는 그들의 유목적이며 중국적 배경을 둘 다 십분 활용했다. 특히 그들은 이 두 가지 요소를 이용해서 이슬람으로의 개종을 피할 수 있었다.[22] "이것이 가능했던 이유는 중국인이며 유목민이라는 카라 키타이의 이중적 정체성과 함께 그들이 신하들에게 광범위한 종교적 관용을 부여함으로써, 그들이 '부정不淨함'에도 불구하고 무슬림 신하들 사이에서 합법성을 얻을 수 있었기 때문이다. 더욱이 무슬림의 군사력이라고 해봐야 그들에게 굴복했으니 별로 대단할 것도 없었고, 카라 키타이는 중국 문화에 이미 친밀해서 무슬림 물질문화에는 더더욱 흥미가 없었기 때문에 이슬람을 받아들이려고 하지 않았다. 이는 또한 카라 키타이가 중국적 전통에서 공동체의 정체성, 통치 방법, 그리고 앞서 언급했던 정권의 정당화 등을 확립해왔기 때문이기도 한데, 다른 유목 민족은 바로 이 같은 역할을 이슬람 전통에서 구했다."[23] 거란인이 어떻게 그들의 '중국성'을 중앙아시아의 무슬림 사이에서 정권의 정당성으로 변모시켰는지 이해하려면 이슬람 세계가 얼마나 중국에 대해 무지했는지 알아볼 필요가 있다.

앞서 보았듯이, 수 세기 동안 무슬림이 중국과 상호 작용한 일은 극히 미미했던 관계로, 근본적으로 중국에 대한 지식이라고 해봐야 당나라 시대에 멈춰 있었다. 더욱이 무슬림이 직접 겪은 진정한 지식이 부족했기 때문에 중국을 점점 환상의 나라로 여기게 되었다. 무슬림이 상상하기에, 인도는 말할 줄 아는 우상과 마법적 주문呪文의 영적인 나라였던 것과 달리, 중국은 합리적인 물질주의의 낙원이었다. 중국은 관료적 질서, 교육, 화려한 재물, 신비한 기술의 나라였던 것이다.[24] 일반적으로 중국에 대한 견해가 너무나 호의적이어서, 중앙아시아 무슬림은 당나라의 신하였던 시절을 아쉬워하기도 했다.[25] 예를 들어 무슬림은 당나라 당시 중국인이 무슬림에게 종이 제작 기술을 알려주었다고 믿었는데, 이는 중국을 최고의 교양을 가진 강대국이라고 보는 무슬림의 중국관과 딱 맞아떨어졌다. 바로 이러한 관점이 카라 키타이가 그 정권을 정당화하는 프로젝트에 영향을 미쳤다. 그들의 통치자가 "중국인"이라는 사실이야말로 카라 키타이가 무슬림이 아니라고 비난하는 무슬림 신하들을 무력하게 만들기까지 했다.

그러나 여러 면에서 중앙아시아의 무슬림이 카라 키타이에게 감사를 표했던 주된 이유는 카라 키타이가 질서를 되찾았을 뿐만 아니라 내륙아시아 경제를 활성화했기 때문이다. 무슬림 법학자들이 서요는 이교도이기는 하나 그럼에도 불구하고 의로운 정부라고 주장할 수 있었던 바는 카라 키타이가 이러한 일들을 할 수 있었기 때문이다. 그러한 주장의 주요한 이유는 11세기 무슬림 정치 이론이 정의의 원칙에 기반을 두고 있었기 때문이다. 무엇보다 정의가 가장 중요하다는 것은 예언자 무함마드가 설했다고 전해지는 유명한 구절, "정의로운 이교도가 불의한 무슬림 통치자보다 낫다"는 말로 요약된다.[26] 거의 한 세기 동안 무능한 여러 무슬림 통치자들에 의해 정치적, 경제적으로 연이어 격변을 겪었던 사람들에게 의로운 이교도 통치는 틀림없이 축복이었다.

무슬림 학자들은 카라 키타이를 단순한 통치자로 인식했을 뿐만 아니라, 그들을 "동방의 적들로부터 이슬람을 보호하는 강력한 성벽이나 댐"이라고 했다.[27] 물론 중요한 질문은 다음과 같다. 12세기 상황에서 볼 때 누가 이들의 적인가? 중국인인가? 투르크인인가? 여러 면에서 이 이미지는 알렉산더 대왕 설화에서 이 유명한 마케도니아 용사가 고그Gog와 마고그Magog의 사악한 세력을 막아내기 위해 내륙아시아에 세웠다는 성벽에 근거한 것으로, 단순히 비유로 쓰였을 뿐이다. 게다가 서요는 전혀 성벽이 아니었다. 오히려 그들의 통치가 그토록 효과적일 수 있었던 것은 그 국경에 구멍이 나 있어서 동서 간 무역이 내륙아시아 전역에서 다시 한 번 부활할 수 있었기 때문이다. 그리고 무슬림 상인들은 이 회복된 경제에 크게 개입했는데, 특히 몽골 고원의 유목민과 교류가 많았다.[28] 결국 서요가 동방의 이교도 무리에 대항하는 보루라는 주장은 주로 문학적 비유였을 뿐이지만, 그 이미지 덕분에 거란족의 명성이 빛나고 무슬림 세계에서 그 정권의 정당성을 주창할 수 있었다.

이러한 면이 있음에도 놀라운 점은 카라 키타이의 후원하에 동서 간 상호 교류가 재개되었다고 해서 "동방"에 대한 지식이 증가하지는 않았다는 것이다. 이 기간 내내 무슬림 학자들은 계속 당나라와 티베트 제국에 대한 오래된 비유를 끌어들였고, 이 시기가 얼마나 먼 옛날이야기인지 전혀

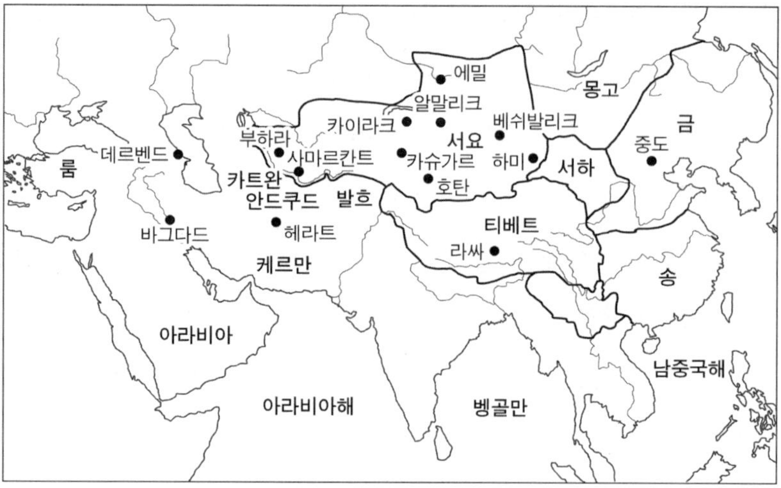

지도 12. 서요 나라

알지 못하는 것 같았다. 이러한 상황은 불법과 관련해서도 똑같았는데, 불법에 대해서는 특히 지식 격차가 심각했다. 이 점이 어느 정도 놀라운 까닭은 중국 북부를 통치할 때 거란족은 표면적으로 불교도였기 때문이다. 이러한 사실에도 불구하고, 사용 가능한 모든 자료를 살펴보면, 중앙아시아를 통치하는 동안 카라 키타이는 치밀할 정도로 불교 진흥을 기피했다.[29] 그로 인해 생긴 한 가지 의도치 않은 결과는 서요가 실제로 불교와 무슬림 세계를 분리하는 성벽 같은 역할을 했다는 것이다(지도 12).

중국적이면서 유목 민족적인 정권의 정당화 정책이라는 점에서 카라 키타이는 무슬림 세계와 탄트라 연합권 사이에 완벽한 완충 역할을 했다. 무슬림 세계와 불교 세계는 서요 시기 동안 대부분 분리되어 있었다. 그러나 몽골의 등장과 함께 이러한 역학이 완전히 바뀌었다. 몽골 정복의 영향에 대해 다루기 전에, 무슬림 세계를 떠나 불교 세계의 발전 상황을 설명할 필요가 있다. 흔히 유라시아 역사의 상호 연결성을 무시하는 실수를 저지르는데, 이를 피하려면 불교 세계의 발전이 이슬람 중앙아시아에서 벌어지는 사건들과 밀접하게 관련되어 있음을 명심해야 한다. 티베트를 영적 중심으로 하는 탄트라 연합권이 생긴 것은 앞서 설명한 사건 과정과 상당히 연관성이 있다.

여기에서 가장 중요한 요소는 티베트에서 일어난 불교의 부흥이다. 9세기에 티베트 제국이 무너진 후 불교 역시 티베트 고원에서 힘을 잃었다. 그런데 무슬림이 불교 접경 지대로 쳐들어오면서, 카슈미르와 호탄과 같은 곳에서 온 불교 승려들이 티베트 서부의 구게 왕국으로 도피하기 시작했다.[30] 그리고 티베트에서 불교 부흥이 일고 있다는 소식이 전해지자 남아시아의 불교 승려들이 점점 더 많이 히말라야를 횡단해 왔다. 이들 스승이 제자를 얻고 티베트 유력 가문의 후원을 받으면서, 불교는 티베트 문화와 정치 구조까지 포함하여 티베트 사회의 모든 측면에 점점 더 관여했다. 이러한 발전은 티베트 역사의 후속 과정뿐 아니라 탄트라 자체의 발전에도 근본적인 영향을 미쳤다. 특히 구리 왕조의 무슬림 군대가 인도 북부를 가로질러 행진해 오자 점점 더 많은 수의 불교 승려가 도피했고 그 결과 불교 세계의 중심이 바뀌었다.

구리 가문은 현재 아프가니스탄 북서부의 산악 중심지에서 온 동부 페르시아인, 혹은 타지크인으로 무함마드 구리(1162~1206년)의 영도하에 가즈나 왕조를 전복했다. 그 후 얼마 지나지 않아, 구리는 인도를 침공했다. 무함마드 구리는 펀잡 지방 너머까지 무슬림 권력을 확장시켰던 최초의 중앙아시아 통치자였다. 1206년에 이르자 그의 군대는 북인도를 가로질러 행진하여, 히말라야를 넘어 브라마푸트라강을 따라 티베트 침공까지 시도했다.[31] 이 원정은 보기 좋게 실패했지만, 13세기 초에 이르기까지 카이버 고개부터 벵골에 이르는 인도 지역은 구리 왕조의 지배 아래 놓여 있었다. 그들의 장악력을 보존하기 위해 구리 왕조는 오래된 이슬람 관행을 따라 사원 파괴를 자행했다. 사원 파괴설은 힌두교와 불교의 역사서뿐만 아니라 무슬림 정복 문헌에서도 엄청나게 부풀려졌다고 하는데, 이 기간 동안 적어도 80개의 사원이 파괴되었다고 알려졌다.[32]

이렇게 파괴된 사원 중 2개가 불교 사원이었다.[33] 이는 별것 아닌 듯 보일지 모르지만 불교 사회에 엄청난 타격을 주었는데, 기본적으로 그 2개가 불교에게 남아 있는 전부였기 때문이다. 지난 수 세기에 걸쳐 불교 사회는 힌두교에게 기세가 밀렸을 뿐 아니라, 많은 불교도가 더욱더 동방과 북방으로 떠나버렸다. 따라서 구리 왕조가 들이닥쳤을 때쯤 인도는 더 이상 불교 국가가 아니었다. 그럼에도 불구하고, 점점 더 쪼그라드는 불교 상인 엘리트 집단의 지원을 받으면서 날란다, 오단타푸리, 비크라마실라에 있는 사원 등 몇 군데 불법 교육기관에서 탄트라 전통이 살아남아 있었다. 구리 왕조가 이 기관들을 약탈했으니, 인도에 남아 있던 불법에 엄청난 타격이었다. 그러나 동시에 이는 티베트에서 급성장하는 불교 운동에 도움이 되었는데, 수많은 탄트라 승려가 티베트로 도피했기 때문이다.

어찌 보면 호탄, 카슈미르, 인도에서 티베트로 도피한 불교도는 마치 중앙아시아의 네스토리아파 기독교인처럼 누구한테도 관심거리가 될 수 없는 역사적 이변으로 끝날 수도 있었다. 그런데 그렇지 않았다. 우리 모두가 알고 있듯이, 티베트와 탄트라는 계속해서 세계 무대에 심오한 영향력을 발휘했다. 어떻게, 그리고 왜 이런 일이 일어났는지는 이 연구의 범위를 넘어선다. 그렇지만 한 가지는 분명히 말할 수 있다. 즉, 인도의 승려들과 그들의 티베트 사도들은 탄트라라는 둔탁한 반율법주의反律法主義를 황금으로 바꾸었다. 인도 탄트라의 연금술적 변형이 내륙아시아와 중국에서 유래한 불교 사상과 융합하면서 "티베트 불교"로 변모하는 데는 길고도 복잡한 과정이 걸렸다. 그러나 그 결과 티베트와 탄트라가 유라시아 대륙이라는 무대에서 주요한 참가자가 되었다.

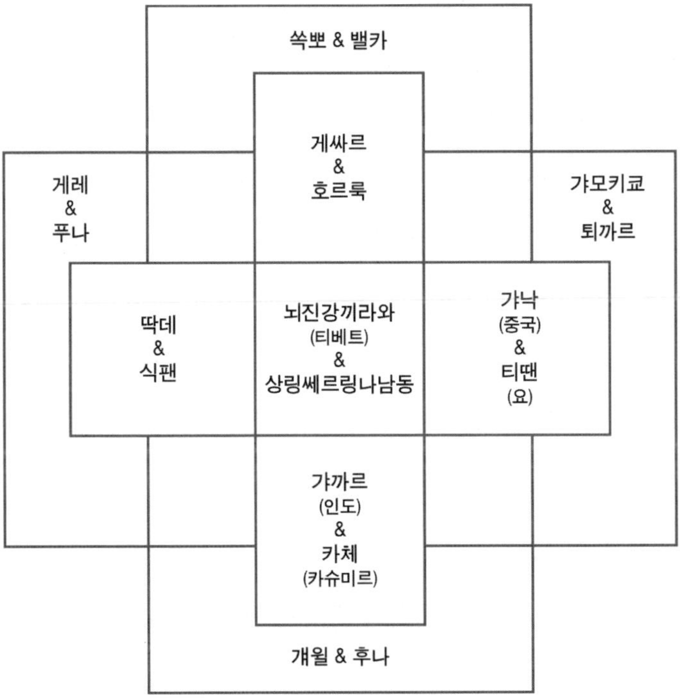

그림 18. 티베트를 우주 중심에 배치한 문서를 기반으로 만든 만다라
주: 서울대학교 동양사학과 이승종(박사과정) 선생이 티베트 문자 음독에 도움을 주셨다.
자료: 댄 마틴(Dan Martin).

그 이유는 여러 가지이지만, 이 발전의 중요한 요소는 기이하게도 무슬림의 인도 침략이었다. 이 사건으로 말미암아 탄트라 승려들의 두뇌 유출이 시작되었고, 그로써 인도 불교는 시들고 그와 동시에 티베트에서 불법이 성장했다. 물론 이러한 성장에 필수적인 요소는 인도의 승려들과 그들의 가르침, 그들의 경전이었지만, 티베트의 종교적 권력의 미래를 구축하는 데 근본적인 역할을 한 또 다른 요인도 있었다. 이와 관련한 핵심적인 요소는 탄트라 승려들이 불교의 성지로 인도를 고집하지 않고 재정복 다짐을 결정했다는 점이다. 오히려 인도와 티베트의 불교 승려들은 티베트를 불교 세계의 새로운 중심지로 재확립하기 위해 탄트라 수행의 중심 요소인 만다라를 사용했다(그림 18).[34]

재정복에 대해서는 말할 필요도 없고, 방문지로서 인도의 중요성이 어떠했는지, 이 시기에 인도를 방문한 티베트인의 숫자가 손꼽아 셀 정도라는 사실로도 알 수 있다.[35] 이렇게 13세기 중반에 이르면, 티베트는 새로운 성지로 불교 우주의 중심이 되었고, 곧이어 많은 사람들의 마음속에 티베트가 불교의 원천으로 자리 잡았다. 그 결과로 티베트의 탄트라 승려들과 더불어 권력이나 권력의 투사에 집중하는 탄트라의 수많은 제례 의식이 아시아 전역의 황실에서 환영을 받았다.

몽골, 불교, 이슬람

이러한 발전으로 인해 무슬림이 13세기에 다시 불교도와 직접 접촉했을 무렵 불교도 대부분이 탄트라도였다. 혹은 적어도 내륙아시아에서는 그러했고, 몽골 엘리트 지배층은 확실히 탄트라도였는데, 몽골 지배층은 잠시 중국 선불교에 빠져본 후, 곧 그를 버리고 티베트 탄트라의 장엄한 의식을 선택했다.[36] 물론 다른 무슬림, 특히 중국과 동남아시아에서 거주하면서 활동했던 무슬림은 다른 불교도와 맞닥뜨렸는데, 유감스럽게도 이러한 만남에 대한 기록은 사라져버렸다.[37] 또한 불교 세계와 무슬림 세계를 재접촉케 했다고 알려진 구츨룩 칸(사망 1218년)의 경우처럼 어떤 유형의 불교를 믿었는지 알 수 없는 경우도 있다.

그러나 후기 무슬림 역사가들의 보고를 보자면, "재접촉"이라는 용어로는 실제 일어난 일을 설명하지 못하는 것 같다. 그들의 주장에 따르면, 구츨룩 칸은 아내의 권유로 기독교에서 불교로 개종하고, 불교도가 주동이 되어 무슬림 인종 학살을 저질렀다. 이러한 무슬림의 주장을 이해하기 위해서는 칭기즈 칸(1160~1227년)의 부상과 더불어 급속히 변화하고 있던 당대 내륙아시아의 상황을 기억할 필요가 있다. 특히 칭기즈 칸이 몽골 고원의 다양한 투르크족과 몽골족 간에 역동적인 권력 통합 과정을 벌이는 바람에 구츨룩 칸은 서요의 강역으로 피신할 수 밖에 없었다. 구츨룩은 칭기즈 칸에 저항하려 했지만 실패하고 카라 키타이로 피신했다. 그러나 이 시기 서요의 약점을 틈타 결국 구츨룩이 통치자로 자리 잡았다(재위 1211~1218년). 그렇게 하면서 그는 또 대단히 공개적으로 불교로 개종했는데,[38] 이는 철저하게 불법과 관계가 있음을 알리지 않으면서 대신 종교적 관용 같은 것을 장려했던 카라 키타이의 정책과는 극적으로 달라진 것이었다.

구츨룩 통치하에서 지정학적, 경제적 상황이 점점 더 악화될 수밖에 없었던 바였으니, 이러한 변화에 대한 무슬림의 대응이 어떠했을지 당연히 짐작할 수 있다. 무슬림은 이교도의 통치가 끝나기를 기도했다. 그리고 기도에 대한 응답은 칭기즈 칸이 최초의 서진 전투를 일으키면서 곧바로 나타났다. 칭기즈 칸은 무슬림을 구하자고 전투를 일으키지 않았다. 칭기즈 칸 자신이 이교도였다. 오히려 칭기즈 칸의 목표는 그보다 협소했는데, 자신이 몽골 고원의 지배권을 주장하는 데 위협이 될 수 있는 구출룩 칸을 근절하는 것이었다. 그럼에도 불구하고, 칭기즈 칸이 노골적으로 불교도이며 이교도인 구출룩 칸의 통치를 종식시켰다는 사실은 몽골을 위해 일했던 후기 무슬림 역사가들에게 완벽한 사료적 가치를 갖게 되었다. 즉, 그를 바탕으로 무슬림 역사가들은 몽골을 무슬림 세계의 해방자로 묘사할 수 있었다.[39]

이란의 몽골 일칸국 궁정에서 일했던 쥬베이니와 라시드 알딘 같은 저술가들도 불교도의 무슬림 박해를 상당히 과장했을 가능성이 크다.[40] 더욱이 몽골에 반대 견해를 가지고, 몽골을 해방자가 아니라 파멸의 도래라고 보았던 무슬림 역사학자들은 불교도의 박해에 대한 조작된 이야기를 전달하면서 이에 더욱 불을 질렀다. 그러한 작가 중 한 사람이 인도에서 활동했던 무슬림 역사가 쥬쟈니로, 그는 기적 덕분에 어떻게 무슬림 세계가 교활한 불교도로부터 살아날 수 있었는지, 다음과 같은 이야기를 들려준다.

> 은둔자들과 진나라(중국)의 이교도들을 따르는 신자들로 이루어진 형제단, 그리고 튜니안[토이인]⊕이라고 자칭했던 틴지트와 탕가즈의 우상 숭배자들

이 구유크◈◈에게 영향을 미쳤다. 이 도당들은 계속해서 무슬림을 박해하려고 궁리했고, 끊임없이 어떻게 이슬람 사람들을 괴롭힐지 애를 썼으니, 아마 그들은 온통 무슬림의 뿌리를 뽑아내고 완전히 박멸하여 그 나라의 어떤 곳에서도 참된 이슬람 신도의 이름이나 표징을 모두 제거하려는 수작이었다.

이런 이들 가운데 중국과 투르키스탄에서 이름이 나고 명성을 얻은 [승려]가 있었는데, 구유크를 알현하고 이렇게 말했다. "무굴의 사직과 왕권을 원하신다면 두 가지 중 하나를 하십시오, 무슬림을 모두 학살하든가 아니면 그들이 자식을 낳아 인구를 늘리는 걸 중단시키십시오." … 중국, 투르키스탄, 팅기트에 있는 무슬림 민족의 수가 많기 때문에 그들을 학살하기는 불가능하니, 그들[승려들]이 도달한 결론인즉슨 구유크가 다음과 같은 명령을 내려야 옳다는 것이다. 즉, 그들 인종이 사라져서 무굴 제국이 그들의 반란과 난동을 겪지 않도록 모든 무슬림 남자를 거세하여 내시로 만들어야 한다.

그러한 [비슷한] 폭정과 야만성이 구유크의 마음에 뿌리를 내리자 이를 위한 결정을 하기에 이르렀는데, 그는 무굴 강역의 모든 지역에 이러한 칙령을 내리도록 지시했다. … 그에 따라 그는 무굴 [승려들] 중 [한 사람]에게 이 칙령을 전달했다. "제국의 모든 곳에 이 칙령을 전하고 최선을 다해 시행하라."

저주받은 천박한 이 승려가 포악한 칙령을 들고 접견실에서 몹시 신이 나

◈ 'toyin'으로 표기되어 있는데, 글의 문맥상 승려를 지칭한 것으로 보인다.

◈◈ 구유크 칸 또는 귀위크 칸은 몽골 제국의 제3대 칸으로, 1246년부터 1248년까지 재위에 있었다. 칭기즈 칸의 손자이자 우구데이 카안의 장남이었다. 휘는 보르지긴 구유크(귀위크), 한자로는 구육貴由으로 쓰고, 『몽골비사蒙古秘史』에서는 고여극古余克으로 기록한다. 묘호는 정종定宗, 시호는 간평황제簡平皇帝이다.

자신만만하게 말을 전하려 할 때, 개 한 마리가 있었는데, 그 개는 계속 거기에 있던 동물로, 왕좌 근처나 양 옆, 혹은 연단 가까이나 군주만이 앉는 자리에 머무르곤 했다. 그 개의 목걸이는 보석으로 장식되어 있었고, 개가 왕실 소유임을 알리는 표식이 새겨져 있었다. 개는 용기나 기세가 대단해서 수천 마리 포효하는 사자나 울부짖는 호랑이를 능가하고 압도했다. 이 개가 구육의 접견실에 있었는데, 마치 양을 덮치는 늑대처럼, 불길이 야생 루타 씨앗 사이에 번지듯, 날쌔게 그 부정한 승려를 붙잡아 땅바닥에 내던진 다음, 이빨로 그 비천한 인간의 생식기를 물어뜯어, 하늘의 권능과 신의 도움을 받아 즉시 그를 죽였으니, 『하디스』에 따르면, 무스타파가 —그에게 평화가 내리소서— "오 하느님! 당신의 개가 그를 처벌케 하소서!"라고 아부 라브의 아들에게 내렸다는 저주가 이 저주받은 비천한 승려에게서 이루어졌다.

이와 같은 기적을 보건대, 지극히 높으신 신의 가호 아래, 이슬람 신앙, 하나피 학파의 지복至福, 아흐마드 신앙의 행복, 정통 무함마드교 추종자들의 명성이 이 저주받은 자들의 사악함으로부터 벗어나 안전하게 지속될 수 있으리라…. 이슬람의 승리와 우상 숭배를 무너뜨린 것에 대해 신께 경배하라![41]

이 이야기는 불교-무슬림 갈등의 여러 가능성을 잘 포착한 멋진 이야기이지만, 내용은 사실이 아니다. 구유크(재위 1246~1248년)는 불교가 아니라 기독교를 선호했다.[42] 그럼에도 불구하고 쥬쟈니의 이야기는 이슬람과 불교 세계가 수 세기에 걸쳐 분리되어 있다가 몽고의 정복으로 해서 처음으로 다시 하나로 모아지면서 생겨난 긴장을 잘 보여준다.

이러한 긴장이 있었음을 재확인할 수 있는 바는 페르시아 역사가 쥬베이니가 언급했던 불교도의 무슬림 학살이라는 이야기에서도 드러난다. 이 사례는 위구르들 사이에서 일어났는데, 위구르는 몽골 고원에 있던 그들의 제국이 무너지자 타림 분지 동단東端의 도시를 점령하면서 그곳에 번성한 국제 불교문화를 이루었다.[43] 처음에 위구르족은 니까야와 대승불교 둘 다를 포함하여 인도와 중국의 전통에 이끌렸다가, 몽골 시대에 이르자 그들 역시 탄트라를 받아들였다.[44] 그 결과로 1209년 위구르족이 칭기즈 칸에 복종하면서, 위구르족을 통해 몽골인이 탄트라와 가까워졌다(또 다른 통로로는 탕구트족의 서하를 들 수 있는데, 그곳에서도 역시 티베트 불교 승들이 활동하고 있었다).[45]

그들의 기원이나 교리적 방향과는 상관없이, 이들 위구르나 티베트, 탕구트 불교도는 몽골 통치자들의 지지를 얻는 데 성공했다. 예를 들어 오고데이 칸은 1235년에 불교 사원을 지으라고 명령을 내렸다.[46] 현대적인 의미에서 이는 몽골인이 불교도임을 의미하지만, 실은 그렇지 않다. 오히려 몽골의 정책은 하나의 전통을 승인하는 것이 아니라, 몽골 제국의 권력에 복종하는 한 모든 종교가 번성하도록 허용한 것이었다.[47] 그러한 공개적 정책은 언제나 종교적 전통 간에 많은 경쟁을 불러일으키기 마련이고, 많은 경우 이러한 불화는 제국의 내부 정치적 투쟁과 더욱더 얽혀들었다.[48] 쥬바이니가 몽케 칸(재위 1251~1259년)의 통치 기간 동안 일어났다고 주장하는 위구르 불교도의 반무슬림 음모의 경우와 마찬가지로, 이는 불교도-무슬림 간 적대감보다는 칸의 등극과 그 권력 행사에 대한 문제였다.

이러한 사정에도 불구하고, 그 이야기를 위구르 영토 내에서 모든 무슬림을 근절하겠다는 불교도의 봉기라는 틀에 넣어 구성함으로써 쥬베이니는 불법을 비난하고 이슬람을 찬양하며 몽케 칸을 칭송할 수 있는 절호의 기회를 얻었다.

> 그들 모두로부터 [고문에 의해] 자백을 받고 지상의 군주의 굳건한 판결에 처해지자, 그는 이디-구트 [위구르 왕]과 그의 공범들을 전령들과 함께 베쉬발리크로 돌려보내야 한다고 명령했다. 그리고 금요일, 그들이 진정한 신도들을 공격하려고 생각했던 그 날, 모든 이들, 유일신론자[이슬람교도]와 우상 숭배자[불교도]가 들판으로 불려 나왔고, 강력한 세계 황제의 명령이 실행에 옮겨졌다. 이디-구트의 형제인 외귄치Ogünch는 자기 손으로 자기 머리를 베었고, 그의 두 공범, 빌게 쿠티Bilge Quti와 이드케치Idkech는 반토막으로 잘렸다. 그리하여 이 나라는 사악한 이교도의 간계와 그들 종교의 불결함의 표식을 모두 씻어버렸다. "**그리고 저 불결한 자들의 끝까지 모두 끊겼노라. 세상의 주主이신 신께 모든 찬양을!**"[꾸란 6:45]. 신도들은 고양되었고, 우상 숭배자들은 전능하신 신의 은총에 굴복했다.[49]

앞서 언급한 세 가지 지표, 즉 불법을 비난하고 이슬람을 찬양하며 몽케 칸을 칭송하는 일은 아마도 쥬베이니만의 역사적 접근 방식은 아닐 것이다. 그보다는 오히려 무슬림이 처음으로 불교 세계와 접했을 때, 특히 많은 무슬림이 몽골의 인구 이동 정책 때문에 강제로 불교 권역으로 이동하면서 가졌던 실제 감정과 긴장을 포착한 것이라 볼 수 있다. 예를 들어 어떤 무슬림 기록에 따르면, 13세기 중반에 이르러 5만 명의 무슬림이 위구르 불교국의 수도인 베쉬발리크로 이주되었다고 한다.[50] 이 무슬림은 어떻게 느꼈겠는가? 더욱이 중앙아시아 무슬림에게 둘러싸인 위구르 불교도의 느낌은 어떠했겠는가?

앞에 제시된 자료에서 알 수 있듯이, 두 집단 간의 긴장은 다소 거친 감이 있다. 쥬베이니는 "동방의 우상 숭배자들보다 더 편협한 사람은 없으며, 이슬람에 이보다 더 적대적인 사람도 없다"고 주장하며, 구츨룩 칸이 호탄에서 어떻게 이맘을 마드라사 문에다 십자형으로 처형했는지, 이를 확인이라도 해주는 양 끔찍한 묘사를 전한다.[51] 이 사건을 확인해줄 만한 확증은 없지만, 불교도와 무슬림 사이의 긴장은 프란체스코 수사, 뤼브릭 윌리엄 역시 지적한 바 있다. 윌리엄은 무슬림이 "그들[불교도]을 피해서 그들에 대해 이야기하는 것조차 꺼린다. 내가 사라센인에게 이 사람들의 종교에 대해 물어볼 때마다 그들은 벌컥 화를 냈다".[52] 그리고 그러한 긴장이 분명히 존재했음에도 불구하고, 쥬베이니가 무슬림으로서 수 세기 만에 처음으로 불교에 대해 박식한 설명을 하는 것으로 보아, 그들 사이에 어떤 교류가 있었던 것이 분명하다고 보아야 한다.

> 토이인[=고귀한 승려들]은 그들의 [거룩한] 경전*nom*에서 법문을 읽는다.[53] 경전에는 그들의 신학적 사변이 담겨 있으며, 경전은 헛된 이야기와 전통으로 구성되어 있다. 그러나 그 안에서 뛰어난 강론들도 찾아볼 수 있는데, 모든 선지자의 율법과 신앙과 마찬가지로 사람들에게 상해나 억압 따위를 행하지 말고, 악을 선으로 갚으며 동물을 해하지 말라고 촉구한다. 그들의 교리와 교설은 여러 형태인데, 그중 가장 전형적인 것은 환생의 교리이다. 그들은 오늘날

사람들이 수천 년 전에 존재했었다고 한다. 선한 일을 행하고 예배에 참여한 사람들의 영혼은 그들 행위에 따라 어느 정도의 수준, 즉 왕이나 왕자, 농민이나 거지와 같은 영혼을 얻는다. 반면 방탕이나 난봉, 살인, 중상 모략을 저지르고 동료 인간에게 해를 끼친 사람의 영혼은 해충이나 맹수, 그 외 동물로 추락한다. 그렇게 그들은 그들의 행위로 해서 처벌을 받는다.[54]

이것이 불법에 대한 정교한 탐구는 아니지만, 그럼에도 불구하고 불교-무슬림 간의 상호 작용이 앞서 인용한 자료에서 보여주는 것만큼 적대적이지 않았음을 알려준다. 그들 사이에 어떤 형태의 교류가 있었던 것은 가능성만이 아니라 현실이기도 했다.

몽골인은 불법을 지지했지만, 확장되는 몽골의 강역을 운영하는 데 무슬림 학자, 군인, 과학자, 기술자 및 상인들이 많은 도움을 줄 수 있음을 처음부터 알았다. 예를 들어 칭기즈 칸은 그의 중앙아시아 원정에서 무슬림을 고문으로 고용했고, 궁극적으로 마흐무드 얄라바치를 그의 대리인으로 임명해서 중앙아시아를 다스리게 했다.[55] 칭기즈 칸의 후계자인 오고데이(재위 1229~1241년)는 이와 같은 전철을 밟아, 자신의 무슬림 고문들의 권고에 따라 중국 북부에 조세징수 도급을 도입했다.[56] 그러한 활동 덕분에 오고데이는 후대 이슬람 사료에서 이슬람의 충실한 옹호자로 등장한다.

예를 들어 어떤 이야기에서 오고데이는 중국 극단劇團이 이슬람을 공개적으로 조롱하기 시작하자 화가 나서 공연을 중단한 것으로 등장한다. 그런 다음 그는 한족이 당나귀보다 나을 게 없다고 주장하면서 무슬림이 중국인보다 얼마나 우월한지 보여준다.[57] 또 다른 이야기에서 오고데이는 위구르 불교 통치자에게 빌린 돈을 갚을 수 없는 무슬림 남자를 도와준다. 오고데이가 도와주기 전까지, 그 불교 통치자는 무슬림에게 불교로 개종할 뿐만 아니라 마을 광장에서 발바닥에 100대 채찍질을 당해야 한다고 우겼다. 이 사건의 탄원을 듣고 오고데이 칸은 격분했다. 그는 무슬림 남자에게 돈과 위구르 아내, 그리고 집을 하사했을 뿐만 아니라 위구르 통치자에게 100대 채찍질을 하라고 명령했다.[58] 오고데이에 대한 마지막 이야기는 쥬베이니와 쥬쟈니 둘 다 기록한 것으로, 그 이야기에 따르면 어떤 아랍인 배교자가 꿈에 칭기즈 칸이 나타나 그에게 모든 무슬림을 죽이라고 했다고 오고데이에게 알렸다. 이에 대한 응답으로 오고데이는 그에게 몽골어를 알고 있느냐고 물었다. 그 남자가 "아닙니다"라고 대답했다. 칸은 "나 역시 그에 대해 의심의 여지가 없다. 그런데 칭기즈 칸은 몽골어를 제외하면 어떤 다른 언어도 몰랐다. 그러므로 네가 하는 말은 거짓임이 분명하다"고 말한 후 그 자를 죽이라고 명령했다.[59]

물론 이 사건이 실제로 일어났는지는 전적으로 다른 문제이다. 무슬림이 그린 오고데이의 이러한 모습이 현실과 조금이라도 일치하는지 모르겠다. 오고데이는 진정 이슬람의 수호자였을까? 아마 그랬을 수도 있다. 그러나 그가 동시에 불교를 후원했던 것도 사실이다. 몽골인은 단순히 모든 종교를 받아들이고 어떤 종교도 독점적으로 지지하지 않았는 데도 불구하고, 시간이 지날수록 수많은 종교 전통에서 몽골이 자신의 후원자라고 주장했다. 그러한 태도 때문에 뤼브릭 윌리엄과 같은 기독교인들은 늘 혼란스러워했다. 모든 종교적 전통의 관행을 인정하고 허용하는 일은 몽골이 국가를 운영하는 데 있어 중요한 측면이었다.[60] 이런 정책이 바뀌고 몽골 통치자들이 한 특정 전통, 즉 서쪽에서는 이슬람, 동쪽에서는 불교를 지지하면서부터 문제가 생기기 시작했다.[61]

13세기 동안 몽골 통치자들은 개방된 종교 정책을 따랐고, 따라서 불교와 이슬람 둘 다 몽골의 후원을 받았다. 예를 들어 몽케 칸은 티베트 라마 카르마 팍시를 모셔왔을 뿐 아니라 이슬람 관습도 존중했다.[62] 쿠빌라이 칸(재위 1260~1294년)은 그의 개인 스승인 팍파 라마로부터 탄트라 입문을 받았으며,[63] 중국에 무슬림 행정가들을 육성했을 뿐 아니라 이슬람 세계로부터 적극적으로 인재와 사상의 유입을 지원했다.[64] 이를 위해 그는 중국 원나라(1272~1368년)에 이슬람 지식층을 위한 수많은 기관을 설립했는데, 예를 들면 무슬림 광혜사廣惠司(설립 1270년)와 회회사천감回回司天監(1271년)[65], 그리고 페르시아어를 가르쳤던 회회국자감回回國子監(1289년)이 있었다. 이는 무슬림 세계에서도 마찬가지였는데, 이란 일칸국의 창시자, 훌레구의 경우에서도 잘 알 수 있다.

그의 형제 쿠빌라이와 마찬가지로 훌레구는 티베트 라마의 신봉자이자 무슬림 과학의 열렬한 지지자였다. 훌레구와 나시르 알 딘 투시와의 관계나 훌레구가 현재 타브리즈 지역 근교에 최첨단 천문대를 세웠다는 것은 잘 알려져 있지만,[66] 훌레구의 불교 입문은 경시되어왔다. 그러나 아르메니아 기독교인 키라코스 간자케치(1203~1271년)의 동시대 기록에서 확실하게 알 수 있듯이, 훌레구는 분명 불법을 진지하게 받아들였다.

그는 또한 거대한 우상을 위해 엄청난 주거 건물을 건설하면서, 그 일에 석조,

목공, 그림 등 모든 종류의 숙련된 노동자들을 소집했다. 그들 가운데 소위 토이인이라는 혈통이 있다. 이들 [토이인]은 마술사와 마법사로, 그들 마법으로 말, 낙타, 시체, 펠트로 만든 형상이 말하도록 했다. 그들은 모두 성직자로, 머리카락과 수염을 깎고, 가슴 위로 노란 예복을 걸치고 모든 것을 숭배했는데, 그 대부분이 사카모니(석가모니)와 마드린(미륵불)이다.

그들은 그(=훌레구)를 속여서, 그에게 불멸을 약속했고, 그는 그들이 하라는 대로 살고, 움직이고, 말을 탔으며, 전적으로 그들의 뜻에 맞추었다. 그는 하루에도 여러 번 절을 하고 그들 지도자 앞에서 땅에 입을 맞추고, 그들 이교 사원에 봉헌된 [음식]을 먹었고, 어느 누구보다도 그 지도자를 숭앙했다. 그러므로, 그는 그들 우상의 사원을 특히 웅장하게 지을 생각이었다.[67]

실제로 훌레구는 불교 사원 3개를 세웠다. 아르메니아의 산맥에 위치한 여름 목초지에 1개, 이란의 호이와 마라가에 2개의 사원을 말한다. 그의 후계자 3명, 아바가(재위 1265~1282년), 아르군(재위 1284~1291년), 가이하투(재위 1291~1295년)도 불법을 후원했다.[68] 예를 들어 가이하투의 즉위식에서는 탄트라 의식이 있었다. 아르군은 그의 궁정에서 인도, 티베트, 위구르 불교도를 모아 알라아드 다우라 아스 시마니와 같은 그 지방 무슬림 학자들에 맞서 논쟁을 벌이도록 했다.[69] 또한 아르군은 그의 아들인 가잔 칸이 불교 교육을 받기를 원했다.

이슬람의 대왕께서 어렸을 때, 그의 할아버지 아바카 칸이 그를 곁에 두면서 키웠다는 사실을 세상 사람들에게 감추지 마시오. 그는 수행원과 교사보다

> 우상 숭배의 바크시⊕들을 높이 두었는데, 특히 그의 조상들이 그 종파를 믿고 그렇게 수행했던 고로, 그렇게 함으로써 그 관습이 그 영혼에 확고하게 뿌리를 내렸다. 이슬람 초기부터 그 지역 전역에서 완전히 사라졌던 우상 숭배 관행이 그들 시대에 다시 등장했고, 그 집단이 강력해졌다. 온갖 바크시가 인도, 카슈미르, 캐세이, 위구르 등에서 와서 명예와 존경을 모두 얻었다. 모든 곳마다 불교 사찰이 지어졌고, 거기에 엄청난 금액이 쓰였다. 모두 알다시피, 이 종파는 권력의 정점까지 다다랐다. 이슬람의 대왕께서는 계속 바크시와 함께 사찰에서 재齋를 올린다. 날이 갈수록 그는 점점 더 그 종파에 경도되었고, 더욱더 믿음이 확고해졌다. 아바가 칸이 사망하고 [가잔의] 아버지 아르군 칸이 그를 총독 겸 군사령관으로 호라산으로 보내자, 그는 하부샨에 주요 사찰들을 세웠고, 그 사찰들에서 바크시과 대화하고 먹고 마시며 대부분의 시간을 보냈다. 그 종파에 대한 그의 믿음과 그가 행한 우상 숭배는 이루 말할 수 없다.[70]

이렇게 목가적인 듯한 가잔의 불교도 청년기는 마침내 끝이 났다. 앞서 제2장에서 보았듯이 가잔 칸은 1295년 6월 이슬람으로 개종했다.

일반적으로 학자들의 의견에 따르면 그의 개종의 이유는 정치다.[71] 경제는 엉망이었고, 지방의 강력한 무슬림 통치자들이 반란을 일으켰으며, 중요한 몽골계, 투르크계 장군들 대부분이 이미 개종했었다. 그러므로 그도 무슬림이 되어야만 했다. 가잔은 또한 그의 열성을 증명해야 했기에

⊕ *bakshi* 로 표기되어 있는데, 불교 승려를 의미한다.

모든 불교 사원과 사당을 파괴하고, 전 불교도에게 이슬람으로 개종하라고 명령을 내렸다.[72] 실제로 이 조치가 이루어졌는지에 대해서는 논쟁이 있다. 그러한 명령을 내리고 불교를 믿는 이교도를 죽였다고 주장하는 일은 이슬람 개종 이야기의 표준 구성요소이기 때문에 그 일이 실제로 일어났다고 볼 수는 없다.[73] 더욱이 역사에서 이러한 반反불교적 조처가 있었다고 알려주면서, 한편으로는 소위 숙청이라고 하는 사건 이후에도 불교도가 이란에서 수년간 계속 활동하고 있었다고도 한다. 결과적으로 가잔이 불법을 섬멸하려는 초토화 작전을 썼는지는 알 수 없다. 가잔의 불교 공격은 종교적이라기보다는 재정적 고려에 기인한 바가 더 컸을 것이다. 다시 말해, 일칸 왕조는 가이하투의 방탕한 시절을 지나면서 심각한 위기에 처했기 때문에 어떤 조치를 취해야만 했다.[74] 역사에서 반복되었듯이, 불교 사찰에는 경제를 바로잡을 수 있는 재물이 있었기 때문에 사찰 약탈이 일어났다.[75] 중국과 버마에서 일어났던 것처럼, 불교도에게 자산을 빼앗은 후 신앙 생활을 해도 된다는 허락을 받았는데, 같은 일이 분명 일칸조의 이란에서도 일어났던 것이다.

살아남은 불교도 중 일부가 가잔의 후계자인 얼제이투 칸(재위 1305~1316년)을 다시 불법으로 개종시키려 했다고 알려져 있다.[76] 그 시도는 실패했지만, 이는 불교도가 50년 넘게 일칸국의 강역에서 활동했음을 보여준다. 게다가 거의 40년 동안 불교도는 단순히 이 지역에서만 활동적이었던 것이 아니라 몽골 궁정의 지지와 후원을 받았다. 지금까지 살펴보았듯이 그러한 정책은 이슬람 역사에서 전례가 없었기 때문에, 무슬림이 몽골뿐만 아니라 불법에 어떻게 대응했는지 살펴볼 필요가 있다.

바그다드 몰락 후 훌레구가 그곳에서 저질렀던 엄청난 폭력은 오늘날까지도 여전히 무슬림의 기억에 반향을 불러일으키고 있다.[77] 지금은 그때를 이슬람의 가장 암울한 시기 중 하나라고 주장하지만, 당시 몽골 통치의 확립에 대해서는 찬반이 있었다. 우선 이교도 통치는 새롭지 않아고, 훌레구와 그의 무슬림 고문들은 정의로운 이교도가 부당한 무슬림 통치자보다 낫다는 생각을 재빨리 홍보해나갔다. 쥬베이니는 새로 임명된 바그다드의 총독으로, 이러한 주장에 성원을 보냈던 사람이다.[78]

몽골의 야사*yasa*와 관습에 의하면, 그들에게 항복하고 복종하는 사람은 누구나 안전하고, 가혹한 공포와 치욕에서 벗어날 수 있다. 더욱이 그들은 [즉, 몽골인]은 어떠한 신앙이나 종교도 격려했을망정 반대—어찌 반대라고 말할 수 있겠는가?—하지 않았으니, 그 주장의 증거는 무함마드(평화가 있으시길!)가 "진실로 신은 우리와 행운을 함께하지 않은 사람들을 통해 이 종교를 알리시리라"고 하신 말씀이다. 그들은 모든 종교의 학자들이 온갖 특별세(아바리자트*'avārizāt*)와 기부금(무안*mu'an*)의 고통으로부터 벗어나도록 면제해주었다. 공공 용도로 쓰이는 종교의 경건한 기금과 유산, 또 그들의 농사꾼과 쟁기꾼들에게는 면세를 인정해주었다. 그리고 누구도, 특히 무함마드 신앙의 이맘들이 그에 대해 불평하지 않으니, 특히 지금 멘구 카안 황제의 통치 아래, 칭기즈 칸 가문(우루그*urugh*)의 여러 왕자들과 그의 자손들이 있는데, 그들로 해서 이슬람의 존엄성이 세속 권력과 함께하고 있다. … 앞서 말한 관점에서, 그들이 시대의 얼룩말[즉, 세상]을 잡아 두 다리로 말에 올라타서 명령하고 있으니, 사람들은 "그들이 평화를 향하면 그대 역시 그를 향하라"[꾸란 6:63]는 주님의 계명을 준수하여, 항복하고 복종해야 한다. 그리고 "투르크인이 너를 건드리지 않는 한 투르크인은 그대로 내버려둬라, 그들은 엄청난 기량을 가지고 있으니"라고 한 샤리아의 주님의 말씀에 따라 반란과 공격을 그만두어야 한다. 그리고 면세의 보호막과 안전에 귀의하여 사람들의 생명과 재산을 지켜야 한다. "신은 그가 아끼는 자를 바른 길로 인도하시기 때문이다"[꾸란 2: 209].[79]

이 논쟁이 대중 사이에서 어떻게 작용했는지 가늠하기는 어렵다. 그러나 몽골인에게 이롭게 작용했던 것은 이슬람 내의 오래된 적대감으로, 충성심의 분열을 조장했기 때문이다. 그리하여 순니파는 칼리파의 죽음을 탄식하면서 동시에 훌레구가 시아의 아사신파를 멸망시켰다고 환호했다.[80] 반면에 시아파, 특히 이라크 남부에 있는 시아파는 순니파 칼리파를 파괴했다는 점 때문에 몽골을 호의적으로 받아들였다.[81]

이런 상호 적대감보다 훨씬 더 중요한 점은, 이슬람 학자들이 정의의 개념을 이슬람과 분리함으로써 비무슬림 국가가 정의롭다고 규정할 수 있게 된 것이다.[82] 물론 몽골이 이슬람으로 개종하면서 이러한 의견은 재평가되었고, 정의와 무슬림 통치 사이의 연관성은 재확인되었다. 그럼에도 불구하고 무슬림이 모두 가잔 칸의 이슬람 개종에 만족하지는 않았으며, 더군다나 몽골 통치가 정의롭다고 보지도 않았다. 예를 들어 열두 이맘파 학자는 가잔 칸이 이맘을 인정하지 않았다고 몽골 통치론을 거부했다. 그들은 가잔의 후계자 얼제이투가 열두 이맘파가 되었을 때 비로소 몽골의 통치를 지지했다.[83] 그런데 몽골의 이슬람 수용에 의문을 제기한 것은 시아파만이 아니었다.

시리아 출신의 개혁주의 순니파 신학자인 이븐 타이미야는 몽골에 대해 가장 유명한 비판을 가했다.[84] 그는 몽골이 계속 비이슬람적 의식뿐 아니라,[85] 샤리아와 모순되는 몽골 법을 고수하는 것이야말로 몽골의 부정不淨의 증거라고 보았다.[86] 이븐 타이미야는 몽골이 진정한 무슬림 신자보다 중요하지 않으니, 몽골인을 죽여도 된다고 주장했다. 유명하면서도 더욱 논쟁적인 주장으로, 그는 몽골인과 거래하는 사람은 이슬람교도라도 죽임을 당할 수 있다고 했다.[87] 물론 무슬림이 모두 이븐 타이미야에 동의하지는 않았으며, 그의 주장이 무고한 살해를 정당화하기 때문만도 아니었다.[88] 음악이나 춤, 유물 숭배를 거부하는 등 이븐 타이미야의 또 다른 강경파 이슬람 해석에 대해서도 많은 이들이 반대했다.[89] 1304년에 이븐 타이미야가 다마스쿠스에서 무함마드의 발자국 숭배를 중단하려 하자, 격노한 폭도들이 불경하다고 비난하면서 그를 쫓아냈다.[90]

몽골에 대한 무슬림의 반응은 애증이 교차할 뿐만 아니라, 종교적, 경제적, 정치적 문제와 같이 여러 요인에 따라 다양했다. 그리고 몽골 정복에 대한 페르시아 엘리트의 반응을 보면 이러한 현실을 뚜렷이 알 수 있다.[91] 그들이 새로운 통치자와 함께하겠다고 결정하게 된 유일한 이유는 종교만이 아니었다. 그들 중 일부는 이슬람을 고수하는 일보다 권력을 유지하고, 자신의 금전적 복리를 높이는 데 더 관심이 있었다. 그러기 위해서 몽골어를 배워야 하고 이교도와 함께 일해야 한다면, 그쯤은 할 수 있었다.[92] 따라서 페르시아 엘리트는 몽골 통치 기간 동안 이슬람을 강조하지 않음으로써 권력을 유지했다. 그러나 이렇기 때문에 그들이 완전히 이슬람을 포기했다는 것은 아니다. 그들은 또한 아흐마드 칸의 2년 통치 기간(1282~1284년) 때처럼, 할 수만 있다면 이슬람 원칙으로의 복귀를 장려했다. 그러나 그의 후계자인 반反무슬림의 아르군이 이러한 정책을 뒤집자, 엘리트는 다시 또 그에 맞추었다.93 멀리서 보면 페르시아 엘리트의 그러한 행동을 기회주의로 여길 수도 있고, 혹은 그들의 정치적, 종교적 의도를 퍼뜨리려는 세련된 방식이라고 생각하기 쉽다. 그러나 어느 쪽이든 간에 요점은, 원주민 엘리트와 새로운 제국 세력 사이의 관계를 둘러싼 지나치게 복잡한 문제를 되살리는 것이 아니라, 몽골의 도래에 대한 무슬림의 대응이 복잡했다는 것이다. 실제로 명심해야 할 점은 이슬람은 결코 단일체가 아니며, 균일한 하나의 "무슬림" 반응은 거의 없다는 것이다. 따라서 일부 페르시아 엘리트가 특정 기간에 종교의 역할을 최소화했던 반면, 이븐 타이미야와 같은 이들은 분명히 그렇지 않았다.

흥미롭게도 이슬람을 동원하여 몽골에 대항했던 사람들이 몽골의 불교 고수固守를 특별히 부각시키지는 않았다. 오히려 이븐 타이미야나 열두 이맘파와 같은 사상가들이 몽골에 가했던 비난은 주로 몽골이 제대로 된 무슬림이 아니라든가 혹은 몽골이 그릇된 종류의 무슬림이라는 것이었다. 앞서 다루었던 정의와 몽골 통치에 관한 이슬람 토론에서조차 이 문제가 특별히 불교에 초점을 맞춘 적은 없고, 대신 이교도 통치라는 일반적인 문제, 좀 더 구체적으로는 통치를 유지하는 데 필요한 안정과 강압력의 사용이라는 문제를 중심으로 전개되었다. 대체로 이와 같은 노선에서 쥬베이니는 몽골을 옹호했고, 당연히 쥬베이니 역시 몽골의 불법 지지에 대해 떠들지 않았다. 대신 그는 종교적 자유에 대한 몽골의 태도와 몽

그림 19. 부라크를 타고 천사들의 호위를 받으며 카바 위를 지나는 무함마드, 1494~1495년 아프가니스탄 헤라트에서 만들어진 니자미의 『함사*Khamsa*』, 영국 도서관(소장번호 Or. 6810, f.5v)
자료: 위키미디어.

그림 20. 무함마드의 승천, 1539~1543년 이란 타브리즈에서 만들어진 니자미의 『함사』, 영국 도서관(소장번호 Or. MS 2265, f.195)
자료: 위키미디어.

골이 어떤 류의 "광신주의"도 갖고 있지 않다는 점을 강조했다.

이들 작품에서 불법이 언급되지 않았다고 하더라도, 흔히 생각하듯 일칸국의 불교가 무슬림 세계에 아무 흔적도 남기지 않았다고 봐서는 안 된다. 오히려 우리는 거의 반세기 동안 일칸국 강역에서 불교도와 무슬림이 함께함으로써 두 전통 사이에 새로운 지적 교류가 있었을 뿐만 아니라, 완전히 새로운 시각 문화가 만들어져서 심지어 무함마드를 재현할 수 있기까지 되었다는 점을 인정할 필요가 있다(그림 19).

무함마드를 그리는 일은 일칸 시대 이전 무슬림 세계에서 일어난 적이 없다. 게다가 이런 일이 몽골 통치가 끝나고 오래 이어진 것도 아니었다. 나중에 무함마드를 그리면 그를 베일로 가리곤 했다(그림 20).

무함마드 그림의 출현에 함축되어 있는 예술적 혁명에서 불교가 어떤 역할을 했는지 탐구하기 전에, 지적 교류의 문제와 그러한 교류가 이 같은 예술 작품이 창조되는 토대를 마련하는 데 담당했던 역할을 살펴보자.

라시드 알딘과 불법

라시드 알딘은 유대인 약사의 아들로, 1247년 하마단에서 태어났다. 그는 서른 살에 이슬람으로 개종하고, 아바가 칸의 궁정에서 의사로 일했다. 경제 위기로 일칸국이 이란에 중국 지폐를 도입하려 할 때,[94] 라시드 알딘은 새 재상 사드 알딘 사바지의 일원으로 일칸국 행정부에 개입했다. 이 자리에서 라시드 알딘은 뛰어난 성과를 거두면서, 가잔 칸과 함께 맘루크족에 맞서 군사 작전에 나서고 시리아에서 평화 협상을 처리했을 뿐만 아니라 오래된 재정 문제도 해결했다. 그러나 라시드 알딘의 놀라운 권력 상승은 곧 도전을 받았다.

동료 사드 알딘 사바지가 사망하자 그는 가잔 칸을 독살하려 했다는 혐의로 기소되었다. 라시드 알딘은 결백을 증명할 수 있었지만 새로운 동료인 재상 타즈 알딘 알리샤와 계속 충돌했다. 이 불화를 해결하기 위해 얼제이투 칸은 일칸국 영토의 통치를 두 사람 사이에 분배했지만, 그들 사이의 긴장은 계속되었고 얼제이투가 라시드 알딘의 치료를 받다가 사망하자 결국 정면으로 부딪혔다. 알리샤는 이 사건을 이용해서 얼제이투의 후계자인 아부 사이드에게 라시드 알딘이 그의 아버지 얼제이투를 독살했다고 했다. 젊은 칸은 이에 동의했고, 결국 그의 아버지와 할아버지를 충실히 섬겼던 라시드 알딘은 1318년에 처형되었다. 타브리즈에서 참수된 그의 머리를 며칠 동안 들고 다니면서 이렇게 외쳤다. "이는 신의 이름을 더럽힌 유대인의 머리다. 그에게 신의 저주가 내리기를!" 분노한 폭도들은 그의 집을 약탈하고, 그의 이름을 담고 있었던 전설적인 작업장, 라비 라시디를 부서버렸다.[95] 엎친 데 덮친 격으로 탬벌레인의 '미친' 아들인 미란 샤는 영묘에서 라시드 알딘의 시신을 파내어 유대인 공동 묘지에 재매장했다.[96]

라시드 알딘이 이렇듯 급격하게 신임을 잃기 전에, 그는 세심한 주의를 요하는 극히 중요한 임무를 맡았다. 가잔 칸이 그에게 몽골과 그들 권세에 대한 역사를 쓰라고 했던 것이다. 가잔이 이 작업을 시작한 이유는 최근 개종한 몽골인이 이슬람 이전의 영광스러운 과거를 잊지 않도록 하기 위해서였다. 그러나 이 작업의 배후에는 분명히 다른 동기도 있었다.[97]

몽골의 역사가 페르시아어로 쓰여진 다음 아랍어로 번역된 것으로 보아, 훨씬 더 광범위한 독자를 대상으로 했음이 분명하다. 더욱이 그 서술의 목표는 기억 활동이라기보다 몽고 통치를 정당화하려는 과업이었다. 어찌 되었든, 그 역사를 서술하기 위해 가잔 칸은 라시드 알딘이 몽골 자료에 유례없을 정도로 자유롭게 접근할 수 있도록 했다. 라시드 알딘은 중요한 몽골 엘리트를 직접 면담할 수 있을 뿐만 아니라 몽골 관청에 보관된 비밀 사료에 접근할 수 있는 권한도 얻었다. 그 결과 라시드 알딘은 놀라울 정도로 풍부한 세부 묘사와 비교할 수 없이 광대한 범위를 가진 몽골의 초기 역사를 만들어낼 수 있었다.

이러한 성공에 힘입어 가잔 칸의 형제이자 후계자인 얼제이투는 라시드 알딘에게 그 역사를 몽골 너머까지 확장하라고 했다. 얼제이투는 라시드 알딘이 초기 헤브라이, 페르시아, 이슬람 왕조를 다룰 뿐 아니라 인도, 중국, 유럽의 역사까지도 기록하기를 원했다. 이를 위해 라시드 알딘은 외국 전문가 팀을 만들어 최초의 세계사라고 할 수 있는 『자미알타와리크 *Jami' al-tawarikh*』, 즉 『집사集史』를 작성했다. 이는 기념비적인 작업이었으며 엄청난 성공을 이루기도 했다. 작품을 완성하면서 라시드 알딘은 보상으로 백만 금화를 받았다고 한다. 더욱이 일칸국 궁정에서는 이 과제를 매우 중요하게 다루어, 매년 페르시아어와 아랍어 판의 삽화를 넣은 책자를 만들어 제국 전역에 배포하라고 명령했다.

이 명령을 이행하기 위해 라시드 알딘은 이란과 중국에서 최고의 서예가와 화가를 고용하여 라비 라시디에서 작업하도록 했다.[98] 그러나 이후 그가 실권失權하면서 이 역사서 가운데 단지 4편만이 오늘날까지 살아남았다. 이렇게 간신히 남은 단편적 책자들만 보더라도 라시드 알딘이 『집사』를 제작했던 당시의 국제적인 문화를 엿볼 수 있다. 예를 들어 역사서의 그림들은 중앙아시아의 불교와 중국의 영향을 보일 뿐만 아니라, 당대 이탈리아(특히 시에나 화풍)의 회화와 비잔틴 성화에서도 영향을 받았다.[99] 이 독특한 몽골 시각 문화의 본질에 대해서는 다음에 자세히 살펴볼 것이다.

그 대신 라시드 알딘이 불법을 어떻게 제시했는지 다루겠다. 그는 불교를 20개 장에서 다루는데, 이는 무슬림 출처 가운데 불교에 대해 가장 광범위하면서 풍부하다.[100] 라시드 알딘이 불법을 그토록 풍부하게 탐색하여 제시할 수 있었던 것은 그가 자신보다 앞섰던 무슬림 전임자들 모두와 달리 실제로 불교도에게 접근할 수 있었기 때문이다. 앞서 보았듯이 일칸국 궁정은 거의 반세기 동안 불법을 적극적으로 지원해 왔으므로, 이란은 아시아 전역에서 온 수많은 불교도로 가득 차 있었다. 그러므로 불법은 멀리 떨어져서 거의 이해할 수 없는 것이 아니었다. 그것은 살아 있는 현실이었다. 그의 생애 동안 라시드 알딘은 쉽게 불교 사원을 방문했고, 불상을 보고, 불교 의식을 목격했으며, 아스 심나니as-Simnani처럼 실제로 불교도와 이야기를 나눌 수 있었다. 이전의 무슬림 학자들에게 이러한 일은 도무지 가능하지 않아서, 알 비루니 같은 학자는 불법에 대해 논의할 수 있는 불교도를 단 한 사람도 찾을 수 없다고 한탄했었다.

반면 라시드 알딘은 불교에 대해 알려주는 사람이 세 사람 있다고 기꺼이 인정했다. 카슈미르 승려인 카말라스리, 그리고 리타지와 캄순이라는 중국 협력자 2명이 그들이었다.[101] 그러나 카슈미르와 중국에서 행해진 불교는 매우 달랐기 때문에, 이렇게 서로 다른 정보망이 어떤 식으로 라시드 알딘의 표현으로 나타났는지, 이 질문을 먼저 고려해야 한다. 이 질문은 실제로 어떤 종류의 불교가 일칸국 이란에서 행해지고 있었느냐는 더 큰 문제와도 연결된다. 물론 어떻게 보면, 이 질문에 대한 답은 이미 알려져 있다. 즉, 이란의 몽골인은 쿠빌라이 칸을 따라 티베트 라마승이 신봉하는 탄트라를 채택했다는 것이다. 그러나 쿠빌라이가 중부 티베트의 사캬파와 결연되었던 것[102]과는 달리, 훌레구는 드리궁파와 팍모 드룩파라는 카규파 교단과 연결을 맺었다. 1250년대 중반부터 훌레구는 서부 티베트에 있는 이 두 교단의 사원을 재정적으로 지원하기 시작했고,[103] 13세기 내내 일칸국 궁정은 티베트 서부에 관리를 주둔시킴으로써 이 관계를 유지해왔다.[104] 따라서 가이하투 칸이 1291년 탄트라 입문식에서 링첸 도제라는 티베트어 이름을 받았을 때 이 의식을 수행한 자들은 아마도 드리궁파와 팍모 드룩파 교단의 승려들이었을 것이다.

일칸들에게 미친 티베트의 영향 역시 『집사』에 드러나는데, 학설지學說誌에서는 탄트라를 불법의 최고 형태라고 제시한다.

> 석가모니의 추종자는 다음 세 그룹으로 나뉜다. 첫 번째는 스라바카[즉, 니까야]라고 알려져 있으며 가장 낮은 계급의 신도들로 이루어져 있다. 그들은 석가모니가 보여준 도道의 엄중함을 따라 자기 수행만을 추구한다. 두 번째 그룹은 프라티에카부다[즉, 대승불교]로 중간 그룹인데, 사람들을 악에서 구하고 그들을 돕는다고 말한다. 삼약삼불이라고 알려진 세 번째 그룹은 최고의 완성에 이르게 된다고 주장한다. 그들은 모든 생명체를 올바로 인도하고 불

완전한 영혼을 완전케 한다. 그들은 사람들을 동물과 악마의 수준에서 천사와 성령의 수준으로 끌어올린다. 그들은 석가모니의 비밀, 말씀, 지혜, 논증, 계시에 대해 알고, 이해하고 있다.[105]

같은 문서의 또 다른 부분에서도 탄트라의 우월성을 분명하게 보이고 있다. "어떤 의사와 어떤 약이 사람들을 모든 고통과 고뇌에서 벗어나도록 합니까?"라는 질문에 부처는 "모든 질병을 치료하는 의사이자 약품은 완벽한 인간, 즉 인도의 현자들이 삼약삼불이라 부르는 자이다"라고 대답했다.[106] 이 경우 앞의 구절에서와 마찬가지로 삼약삼불은 탄트라 수행자들을 뜻한다. 더욱이 라시드 알딘이 본문의 다른 부분에서 설명했듯이, 이들 탄트라승들은 티베트에서 왔는데, 그들 중에는 위구르인과 탕쿠트인도 있었다.[107]

앞서 언급했듯이, 이들 세 그룹을 통해 몽골인이 처음 탄트라와 접했기 때문에 이란에 탄트라가 있었다고 볼 수도 있다. 그러나 안타깝게도 탕쿠트 불교도에 대한 증거는 없는 반면, 일칸 궁정에 위구르가 관여했다는 증거는 많다. 기록에 따르면 위구르인은 몽골 제국 전역에서 다양한 행정적, 종교적 자리에 있었다. 예를 들어 남부 러시아의 골든 호드(킵차크 칸국)의 토크토하 칸(재위 1290~1312년)은 위구르 불교도를 지원했고, 내륙아시아의 차가타이 칸국 강역에서는 위구르인이 14세기에 이르기까지 불법을 키웠는데, 이는 한어와 위구르어로 쓰여진 1326년 비문에서 어떤 미륵 사찰의 복원을 기록한 것에서도 잘 드러난다.[108] 위구르인이 몽골에서 널리 영향력을 미쳤다는 것은 알려졌으나, 그들이 몽골인 사이에서 행해졌던 불교에 어떤 충격을 주었는지, 혹은 어떤 영향을 미쳤는지에 대해서는 거의 알려진 바가 없다. 위구르가 불교 경전들의 초기 번역[109]과 불교 규범 개발에 관여했다는 것[110]은 잘 알려져 있지만, 그들이 어떻게 일칸국 궁정의 불교를 형성하고 규정했는지에 대해서는 거의 알지 못한다. 시간이 지남에 따라 티베트인과 그들의 탄트라가 몽골인이 행하는 불교를 지배하고, 그만큼 탕쿠트인은 말할 것도 없고 위구르인과 중국인이 초기에 맡았던 역할은 거의 잊혀졌다.

그런데 라시드 알딘은 이와 다른 모습을 보여준다. 그의 작품에 의하면 수많은 흐름이 일칸국의 불교를 형성한다. 따라서 『집사』에서 탄트라를 최상의 가르침이라고 칭송하지만, 그 작품에서 특별히 '탄트라'라고 식별할 만한 것은 없고, '티베트'에 대한 것은 더더욱 없다. 오히려 불법을 설명하면서 라시드 알딘과 그의 조언자들은 거의 범어梵語 니까야 경전과 중국 불교 경전만 다룬다. 이런 선택의 의미를 탐색해보기 전에 『집사』에서 제시하는 불법의 일반적 개요, 즉 부처의 일생, 생명의 윤회, 미륵 숭배라는 세 가지 주요 초점을 정리해두어야 한다.

몽골의 미륵 숭배는 앞서 일칸국의 종교 생활에 대한 아르메니아 기독교인 키라코스 간자케치의 설명에서 언급했으므로, 『집사』에서 이를 발견한다고 해서 놀랍지는 않다. 미륵에 대한 장章은 불법에 관련된 것 중 가장 분량이 길다. 그럼에도 불구하고 그것은 전적으로 범어 니까야 경전인 『미륵하생경彌勒下生經, *Maitreyavya-karana*』에 기반을 두고 있기 때문에[111] 불교의 미륵 숭배 측면에서 특이하다고 할 만한 것을 전혀 담고 있지 않다. 부처의 생애와 생명의 윤회에 대한 라시드 알딘의 설명도 마찬가지이

그림 21. 생명의 윤회, 심토하 쫑, 부탄
자료: 요한 엘버스커그.

다. 즉, 둘 다 불교 교리를 충실하게 재현한다.[112] 유일한 예외는 부처의 죽음에 대한 라시드 알딘의 비정통적인 표현인데, 특히 부처가 수정 묘지에 매장되었다는 주장을 들 수 있다.[113] 이 이야기의 기원은 알 길이 없지만, 라시드 알딘 작품에 포함되면서 그 이후 무슬림의 불법 이해의 일부가 되었다. 예를 들어 1425년 티무르 통치자 샤루크 칸에게 헌정된 하피즈 이 아브루의 『연대기 모음(마즈마 알 타와리크 *Majma' al-tawarikh*)』 삽화에서 그 필사본의 삽화가는 부처가 수정 영묘에 있는 것으로 표현했다.[114]

이런 기이함을 빼면, 라시드 알딘이 제시한 부처의 생애는 비교적 복잡하지 않다. 그의 이야기가 관습적인 서술에서 벗어날 때라고는 생명의 윤회에서 나타난 환생과 도덕성에 대한 기본 가르침을 강조하고자 부처의 전생담을 끼어 넣을 때뿐이다(그림 21).[115]

생명의 윤회는 거의 처음부터 불교 전통의 일부였다.[116] 부처는 열반을 경험하면서, 육도를 방문하여 까르마에 대해 배우고 어떻게 까르마 때문에 이 육도 가운데 환생하게 되는지 알았을 뿐 아니라, 이 모든 영역, 심지어 천상까지도 어느 정도의 고통을 수반한다는 것을 깨달았다. 결국 궁극적인 추구는 이 순환에서 완전히 벗어나는 것, 애초 태어나지 않는 것으로, 바로 해탈이어야 한다. 그러나 좀 더 속세의 수준에서 보면, 생명의 윤회는 불교 윤리 교육 체계의 기본 요소이다. 이는 어떻게 자신의 행동이 까르마의 결과가 되어 특정한 환생으로 나타나는지 설명해주는데, 바로 이 측면이 라시드 알딘의 불법 탐구의 대부분을 차지한다. 예를 들어 8장과 15장은 수많은 불교 천상天上의 점점 더 아름다운 속성에 대해 탐색한다. 반면 11장은 지옥의 8단계에서 겪는 점점 더 악화되는 처벌에 대해 설명하며, 12장은 결국 '아귀'로 환생하게 만드는 행동들을 길게 나열한다. 예를 들어 아이들을 착취하는 사람들은 생리혈만 먹는 귀신으로 환생한다. 13장은 동물로 환생하는 행동들을 간략하게 나열하는데, 아내를 지나치게 사랑하고 아내와 떨어질 수 없는 남자들이 그러한 예이다. 그들은 젖소 젖꼭지에 붙어 사는 진드기로 환생한다. 마지막으로 14장에서는 가장 높은 수준의 출생, 즉 인간으로 태어날 수 있는 여러 가능성에 대해 설명하는데, 인간으로 태어났을 때만 업장을 바꾸고 불법을 행할 수 있다. 이를 위해 라시드 알딘이 알려주는 바는 관대하고 친절한 사람들은 저명하고 부유한 가정에 다시 태어날 것이며, 남에게 베풀었던 사람들은 고귀하고 부유하게 환생할 뿐만 아니라 장수하고 모든 이의 사랑을 받는다고 한다. 사찰을 세운 자들은 아름답고 건강한 몸으로 태어나고 부자가 될 것이다. 남을 조롱하고 비방하는 사람은 눈먼 사람, 약한 사람, 절름발이, 작은 사람, 온갖 불구를 갖고 태어난다.[117] 성별에 관해서 말하자면, 헌신적인 남편이었던 남자는 항상 남자로 환생하고, 바람둥이는 여자로 천 번 환생한다.

라시드 알딘이 불교의 상벌賞罰 개념에 관한 자료를 이렇게 포함시킨 것이 무슬림의 천벌天罰 개념과 연관이 있기 때문인지에 대해서는 답을 알지 못한다. 마찬가지로, 천국과 지옥에 크게 집중한 것이 이슬람 전통과 깔끔하게 일치했기 때문인지도 분명하지 않다.[118] 이런 면 때문에 이 이야기가 무함마드의 예루살렘 야간 비행 중에 행했던 유명한 여정과 어떤 상관성이 있는지 궁금해진다. 이 여행은 이후 이슬람 회화에서 애호하는 주제가 되었는데, 아프가니스탄의 헤라트에서 만들어진 1436년판 『미라지

그림 22. 무함마드와 70면 천사(부분), 1436년 아프가니스탄 헤라트에서 만들어진 『미라지나메(승천전설*昇天傳說*)』, 프랑스 국립도서관(소장번호 Manuscrit Supplément Turc 190, f.19v)
자료: 한일송 드로잉.

나메(승천전설**昇天傳說**)』(그림 22)에서도 볼 수 있다.

이 이미지를 보면 무슬림과 불교의 천국관과 지옥관에 유사성이 있는 게 아닌가 생각할 수밖에 없다. 더욱이 이 그림의 경우, 신화적 유사성뿐만 아니라 불교의 영향이 너무나 뚜렷하다는 것도 깨닫게 된다. 이 다면**多面**

천사상이 탄트라의 다면 불상의 선례를 바탕으로 했을 가능성이 아주 높기는 하지만, 실제로 그들 간의 연결 고리를 알아내기는 어렵다.[119] 라시드 알딘이 천국과 지옥에 관심을 가졌다는 것도 마찬가지이다. 그것은 불법과 이슬람을 연결하려는 시도였을까? 아니면 근대 서구에서 흔히 놓치고 있는 불교의 어떤 근본 측면을 보여주는 것일까?[120]

어느 쪽이든 간에, 라시드 알딘이 불법을 설명할 때 전체적으로 분명한 것은 그가 무슬림 청중이 불법을 이해할 수 있도록, 심지어 그들 마음에 들도록 진지하게 노력했다는 점이다. 이러한 증거로는 저자(들)가 어떻게 범어 경전을 번역했느냐는 것을 들 수 있다. 일반적으로 다소 직접적이고 단순한 번역을 사용하지만, 어려운 불교 용어가 있으면 그 의미를 충분히 설명한다.[121] 또한 공통된 점들을 나타내기 위해 불교 용어와 연결될 만한 이슬람 용어를 자주 사용한다.[122] 따라서 불교의 마왕 마라는 '이블리스'라고 한다. 마찬가지로, 마라/이블리스가 부처를 유혹하기 위해 그의 딸들을 보낸다고 할 때, 그 딸들은 이슬람 설화의 아름다운 처녀인 후리스라고 불린다. 또한 불교 세계를 설명할 때 저자(들)는 흔한 이슬람적 요소를 끼워 넣는데, 예를 들면 지옥계는 마드라사나 라바트를 파괴하는 사람들이 가는 곳으로 묘사된다. 또는 불교 설화에 등장하는 유명한 기원정사祇園精舍 숲에는 "마드라사, 카나카(수피 사원), 사우마아sauma'a와 병원"이 있을 뿐 아니라 모든 "수피, 바크시, 데르비시"에게 개방되어 있다고 한다.[123] 라시드 알딘은 또한 에덴 동산으로 불교의 천국을 설명하는데, 이러한 류의 비교를 사용한 가장 좋은 예가 열반의 경험을 수피의 개념으로 설명하는 것이다.[124]

이렇게 라시드 알딘과 그의 조력자들은 이 두 가지 전통을 병렬시키기 위해 무단히 애를 썼다. 그리고 이러한 노력 가운데 가장 주목할 만한 사례가 바로 제1장에서 다루었던 대로, 무함마드와 꾸란처럼 부처를 경전을 가진 선지자로 나타내는 것이다.[125] 어떤 종교 집단이 선지자, 혹은 성서를 가지고 있느냐는 질문이야말로 초기 무슬림이 인도의 종교를 분류하는 한 가지 요소였는데, 이 점에서 불교는 항상 부족한 것으로 나타났다. 그런데 라시드 알딘과 그의 조력자들은 인도 종교사의 완전히 새로운 이야기를 제시한다. 이 관점에서 보면, 불교에도 이슬람과 같이 발전하는 선지자적 진보가 있으며, 단지 석가모니가 여섯 번째이자 마지막 선지자일 뿐이다. 초기 선지자는 시바, 비슈누, 브라마로, 각각 자신의 이름을 딴 종교를 만들었다. 네 번째 선지자는 '아르한타'라고 불리지만 분명히 아지바카를 가리키고, 다섯 번째 선지자는 나스티카의 유물론파이다. 그러나 이들은 모두 거짓 선지자였다. "석가모니는 이 신들의 오만함, 자만심, 이기심을 들어 이들을 악마라고 불렀다."[126] 인도 전통에서 최종 선지자는 부처이며, 그는 아비달마(논장論藏)라 불리는 성서를 보유한 자이다.

아비달마는 성서가 아니다. 부처의 가르침도 아니다. 전통 불교의 계율을 이루는 세 부분, 즉 부처의 가르침(경장經藏), 교단의 규칙(율장律藏), 교법 연구(논장論藏, 아비달마) 가운데 아비달마만이 부처의 말씀이 아니라고 분명하게 확인된 부분이다. 그 대신 아비달마는 부처의 가르침을 이해하려고 노력한 불교 주석가들의 작품을 모은 것이다. 따라서 아비달마를 선지자 석가모니의 '성서'라고 표현한 일은 분명 이상하다. 경장을 부처의 계시 경전이라고 말하는 편이 훨씬 더 합리적이었을 것이다. 어찌 되었건, 아비달마냐 경장이냐는 문제는 분명 부차적이었다. 이보다 중요한 일은 불교와 이슬람 사이의 유사성과 연관성을 이끌어내려는 시도였는데, 이는 라시드 알딘이 인도 종교사를 이슬람의 틀로 재해석한 데서 가장 독창적으로 나타났다.

그러나 라시드 알딘은 이렇게 새로운 역사적 체계로 불교를 표현한 것만이 아니었다. 그는 또한 불교 수행을 정확하게 묘사하려고 했다. 따라서 어떤 신학적 의도를 주창하는 하나의 도구로 불법을 사용한다든가, 아니면 이전의 논평들을 백과사전적 방식으로 단순히 반복하기보다, 라시드 알딘은 이븐 할리드의 8세기 저술 이래 무슬림의 기록에서 찾아볼 수 없었던 불법관佛法觀을 제시한다. 이러한 객관적 혹은 '민족지적' 접근 방식의 놀라운 사례로 그가 불상 봉헌이나 불상 숭배를 설명하는 것을 들 수 있다. "석가모니가 말씀하기를 고귀한 창조주께서 사찰을 세우고 그 안에 석가모니상을 두라고 명했다. 기도할 때는 (그 상 앞에) 촛불을 켜고, 향을 태우며 사람들은 사찰에 (와서) 기도해야 한다. '진실로 말하노니, 내가 그곳에 있을 것이다. 자선 기관에 기부하고 기꺼이 베풀어주어라. 내가 그 모두 받을 것이기 때문이다! 그리고 마땅히 그곳에는 (세상과) 연결을 끊은 사람들이 행한 순수한 기증만 받을 것이다. 그리해야만 내가 그곳에 나타나 그들의 소망을 들어주고, 그들의 기도에 응답할 수 있으리라. 그리고 나는 이 사찰에서 기도하는 사람 하나하나마다 그가 여기에 얼마나 공덕을 쌓았는지 알고 있다. 진실로 말하노니 공덕은 계산할 수도 없고, 측정할 수도 없다.'"[127] 알 타알리비나 이전의 불상 유행과 달리 이 구절은 불교 수행에 대한 인정과 이해의 새로운 수준을 보여준다. 이전

시대에 불상을 제식상의 맥락과 분리하여 오로지 예술 작품으로만 대했던 것과 달리, 이 경우 라시드 알딘은 불교 제례에 대해 정확하면서 공감어린 지식을 보여준다.[128]

이러한 점을 고려하면서 앞에서 제기했던 질문, 즉 라시드 알딘의 작업이 일칸국의 불교 전체에 대해 알려주는 바가 무엇인지 다시 살펴보자. 불법에 대한 그의 설명과 그가 사용한 사료들을 바탕으로, 이란에서 행해졌던 불교의 본질에 대해 무엇을 알 수 있을까? 라시드 알딘과 티베트 불교도의 연관성이나 그가 범어 니까야 경전을 사용했다는 점은 이미 주목한 바 있는데, 그만큼 중요한 것으로 『집사』에서 가장 두드러진 요소가 중국 불교라는 점을 들 수 있다. 실제로 라시드 알딘은 세 가지 독특한 중국 불교 관습에 대해 논의할 뿐 아니라, 경전상의 전통도 확인한다. 그중 하나는 아미타불을 숭배하는 것으로,[129] 중국 정토교의 주요 경전인 『관무량수경觀無量壽經』으로 설명한다.[130] "그리고 매일 『아미타경阿彌陀經』을 암송하고, 하얀 무명의 깨끗한 옷을 입고서 날마다 재계齋戒를 행하는 사람들은 모두 장수할 것이며, 죽으면 서방정토의 아미타불에게 갈 것이다. 그리고 이 경經의 독경을 듣는 사람도 누구나 죽으면 극락에 갈 것이다."[131]

『집사』에서 발견되는 두 번째 중국적 요소는 자비의 보살인 관음 숭배[132]로, 이는 "1000년에 천식재天息災가 번역하고 관세음보살 찬양의 절정을 보여주는 『불설대승장엄보왕경佛說大乘莊嚴寶王經, *Kāraṇḍavyūha Sūtra*』을 기반으로 한다.[133] "이 경전에 이르기를, 석가모니가 선지자가 되고 [관음보살]을 지옥에 보내 그곳에 있던 사람들을 모두 지옥에서 건지라고 했다. 그리하여 관음보살이 지옥에서 사람들을 건지셨다. 가는 길마다 그의 발에 닿은 지옥 불길은 모두 장미와 여러 꽃으로 변했다. 지옥 사람들이 그의 얼굴을 보자 모두 지옥의 고통에서 해방되어 극락에 들었다. 그리고 지옥 파수꾼들이 지옥 수문장에게 가서 지옥을 해방하고 그들을 극락으로 데려갈 수 있는 자가 왔다고 알렸다. 지옥 수문장이 지옥에 들어가 관음보살을 보자, 그들 모두 그 앞에 엎드려서 기꺼이 그의 명령을 따랐다."[134] 이러한 것보다 중국의 영향이 나타나는 가장 놀라운 증거는 불교-도교적인 북두칠성 숭배를 상세히 설명한 것이다. "이 경전을 암송하며 등불과 촛불을 들어 간절히 경배하는 별들에게 도움을 간청하는 사람의 소원은, 사람에 관한 것이든 사물에 관한 것이든, 빨리 이루어질 것이고, 미래의 시련과 불행도 존귀한 알라의 선함 덕분에 그를 피해 가리라."[135] 북두칠성 숭배가 원나라의 종교 생활에서 중요한 부분이 되었지만,[136] 어떻게, 그리고, 왜 그 숭배가 이란에 존재하는지는 별도로 살펴볼 문제이다. 더욱이 앞서 제기한 질문으로 되돌아가서, 중국의 이러한 영향이 일칸국의 불교에 대해 무엇을 알려줄까?

첫 번째 질문부터 시작해보자. 그 질문에 대해, 일칸국과 원나라 사이의 유대가 특히 강했고, 둘 사이에 많은 상호 작용이 있었으며,[137] 앞에서 언급했듯이, 라시드 알딘은 중국인 조력자 두 사람이 있었다는 점을 지적할 수 있다.[138] 그러나 라시드 알딘 역시 중국 전통에 매우 관심이 많았으며,[139] 중국 의학서를 페르시아어로 『탄수크나메 *Tansuq Name*』라고 번역도 했다(그림 23, 그림 24). 라시드 알딘은 또한 수많은 중국 예술가를 고용하여 라비 라시디에서 일하게 했다. 그러므로 라시드 알딘이 이란의 중국 불교에 익숙해질 수 있는 방법은 많았다.

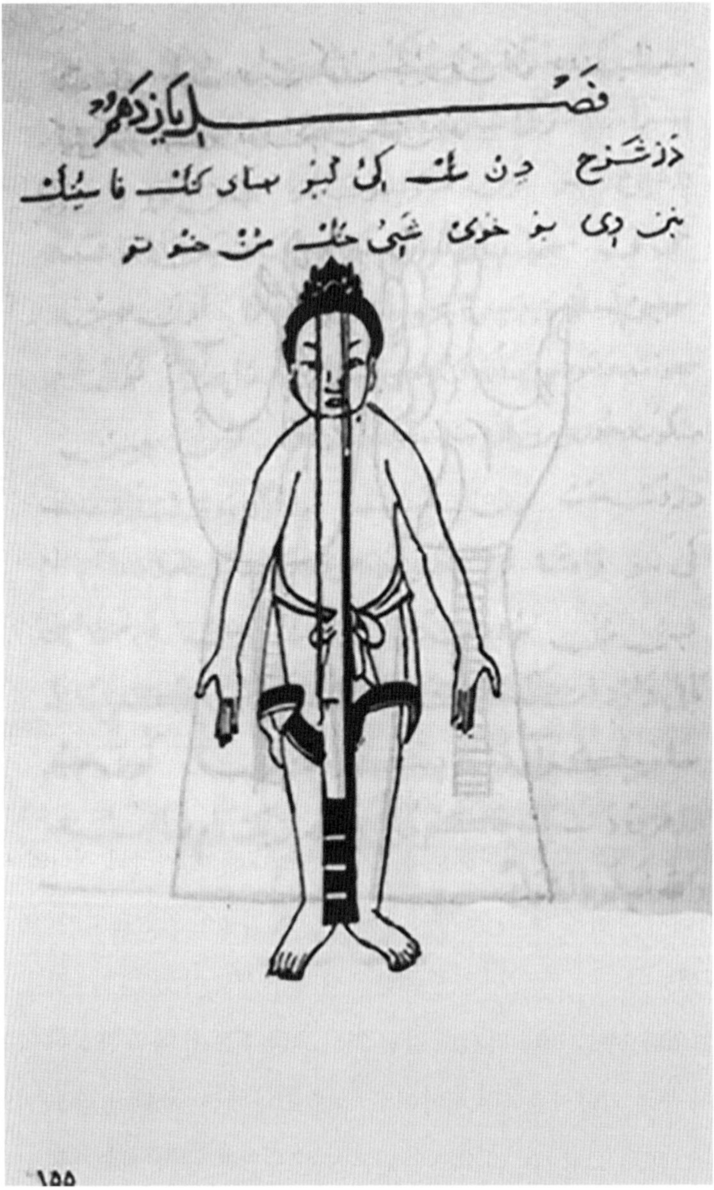

그림 23. 라시드 알딘의 『탄수크나메 *Tansuq Name*』에 나타난 신체 경락
자료: 무즈타바 미누비의 『탄수크나마 야 티비하나 *Tanksūqnāmah yā Ṭibb-i Khatā*』(테헤란, 1971).

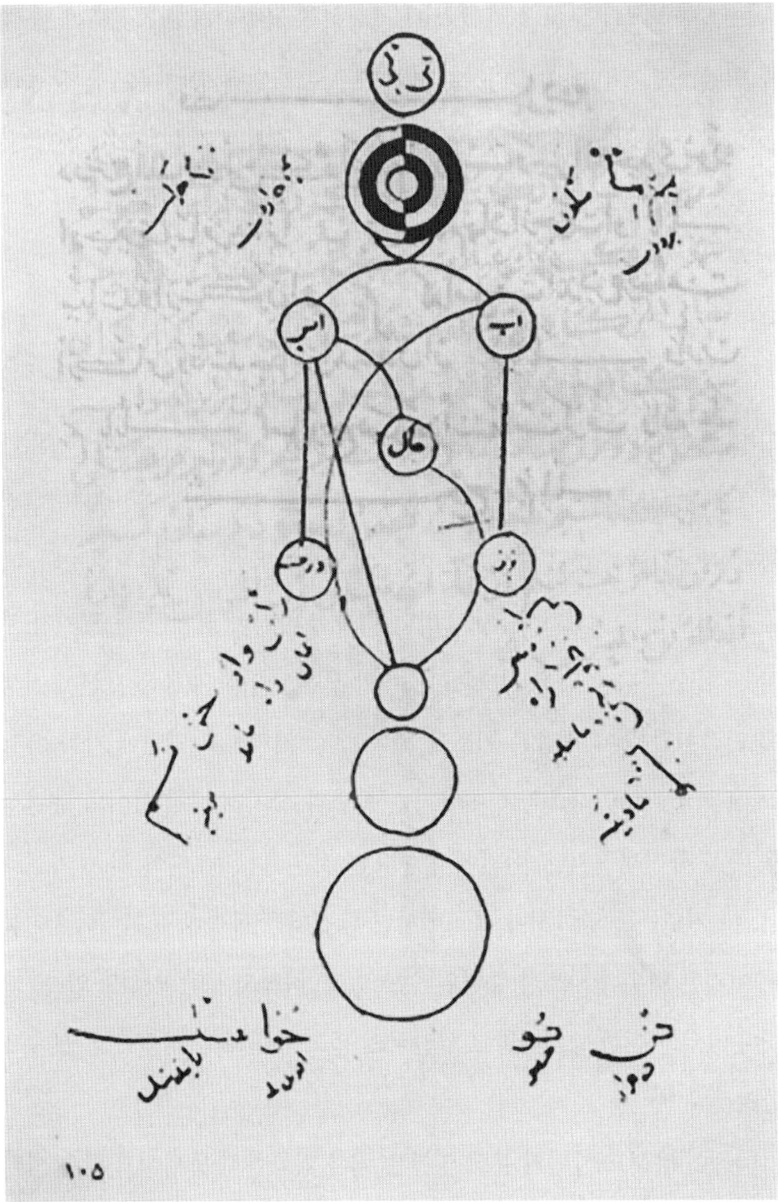

그림 24. 라시드 알딘의 『탄수크나메』에 나타난 주돈이*周敦頤*의 "태극도설*太極圖說*"
자료: 무즈타바 미누비의 『탄수크나마 야 티비하나』(테헤란, 1971).

그렇지만 이와 동시에 이런 특정 관행이 중국적이라고 전제해야 할 필요가 있는지 질문할 수 있다. 오늘날 정토 불교, 관음 숭배, 북두칠성 숭배를 중국과 동일시하지만, 몽골 시대와 관련해서도 그렇게 보아야 할까? 예를 들어 위구르인은 이런 관례에 모두 관여했을 뿐만 아니라 관련 경전을 투르크어로 번역하기도 했다.[140] 14세기 중반에 이르면, 티베트인조차도 도교 제례의 북두칠성 숭배 위경僞經을 번역했다.[141]

결과적으로, 이러한 "중국적" 관행은 중국인 외의 사람들, 그리고 중국어 이외의 언어로 된 경전을 바탕으로 행해졌을 가능성이 크다. 이러한 생각을 뒷받침할 만한 자그마한 증거를 라시드 알딘이 설명한 부처의 전생담 이야기에서 찾을 수 있다. 어떤 전생에서 부처는 상인이었는데, 배를 타고 여행 중이었다. 갑자기 바다 괴물이 나타나 선체船體를 덮치자 부처는 "나모 부다야"라고 기도했다. 이 말을 듣고 바다 괴물은 자신이 전생에 인간이었을 때 똑같은 기도를 했다는 걸 기억하고 연민에 가득 차서 그 배를 놓아주었다.[142] 이 이야기는 불법과 상거래 세계 사이의 연결성을 다시 확인해주지만, 여기에서 중요한 것은 "나모 부다야"라는 기도로서, 이 기도는 중앙아시아 불교에서만 발견되는 독특한 표현이다.[143] 물론 이것은 너무나 사소한 증거일 수도 있고, 하찮고 무관할 수도 있다. 그러나 바로 이러한 증거야말로 일칸국의 불교에 대해 좀 더 분명한 모습을 알려준다.[144]

더욱이 라시드 알딘의 불교 영향은 역사 기록학적 문제에서 깊은 생각 없이 불법을 근대의 민족 단위와 연결지어 구분하는 것과도 이어진다.[145] 실제로 불교의 학설이나 수행은 결코 하나의 '민족'이나 '국가'에만 결속되었던 적이 없기 때문에 이렇게 구분하면 본질적인 문제가 일어난다는 점을 명심해야 한다. 예를 들어 일칸국 불교의 경우, 탄트라가 있었다고 해서 당연히 티베트인이 존재했다는 뜻은 아니다. 라시드 알딘이 분명히 말했듯이, 이는 탕쿠트인이나 위구르인, 혹은 카쉬미르인이 있었다는 뜻일 수도 있다. 관음과 북두칠성 숭배라는 '중국적' 관습에 대해서도 마찬가지이다. 이미 보았듯이, 당시 이런 관행들은 몽골인은 말할 것도 없고 위구르인과 티베트인도 똑같이 행할 수 있었다.

이러한 점들을 고려한다고 하더라도 『집사』에는 특정 불교 집단에만 속할 수 있는 두 가지 요소가 있다. 첫 번째는 채식 장려이다. "허용되는 것과 금지된 것에 관하여, 그 [부처]는 더 나아가 다음과 같이 말씀하셨다. '술 마시지 마라, 먹기 위해 동물을 죽이지 마라, 네 위장을 생명체들의 무덤으로 만들지 마라; 해로운 동물들이나 곤충, 파충류도 죽이지 마라. 그들이 전생에 해를 입히지 않았다면 현생에서 그리 되지는 않았으리라.'"[146] 현대인이 생각하기에 채식주의는 흔히 불교와 연결되어 있지만, 부처는 채식주의를 주장했던 적이 없다.[147] 육식 금지는 후기 대승불교 경전에서 나타났을 뿐이고, 그 생각이 완전히 자리 잡고 실제로 행해진 것은 중국, 한국, 일본처럼 중국적인 불교문화권에서다.[148] 다른 곳에서는 채식주의가 불교문화의 일부가 아니다. 그러므로 『집사』에 이렇게 채식 친화적인 지시 사항이 포함된 것은 일칸국 이란에 중국 불교도가 있었음을 확인시켜준다.

『집사』의 두 번째 특징을 보면 이란에 특별히 티베트인이 존재했음을 확인할 수 있다. 즉, 라시드 알딘은 불교에 대한 설명을 마무리하면서 부처의 가르침이 『칸규르Kanjur』라고 불리는 경전집에 수록되어 있다고 했는데[149], 이 용어는 부처의 '말씀(브카bka)'과 '모음(규르 gyur)'이라는 뜻의 티베트어 '브카 규르bka' 'gyur'에서 유래했다. 라시드 알딘이 불교 정경에 대해 이 용어를 사용한 것으로 보아 용어의 출처가 티베트 사료이고, 위구르나 몽골의 중개자를 거쳤으리라고 볼 수 있다. 동시에 라시드 알딘의 용어 사용이 그렇게 간단하지 않다고 볼 수도 있는데, '브카 규르'라는 단어가 그 당시에서야 만들어졌기 때문이다. 티베트 불교 정경을 만들어야겠다는 생각은 13세기 후반 중국의 몽골 궁정에 티베트인이 많이 관여하면서 온전하게 실현되었다.[150]

14세기 초 페르시아 역사에서 '칸규르'라는 용어가 나타난 것은 놀라운 일이다. 이제 겨우 베이징北京과 라싸에서 싹트기 시작한 생각이 이미 타브리즈에 알려진 사실을 보면 이 기간 동안 유라시아 대륙의 동쪽 부분이 얼마나 상호 연결되어 있었는지 실감한다. 티베트 불교 정경에 대한 라시드 알딘의 인식은 팍스 몽골리카(몽골 제국의 평화)로 도래한 불교-무슬림 간 교류의 세계를 압축적으로 보여준다. 몽골 제국은 불교와 무슬림 세계만 하나로 모은 것이 아니었다. 몽골 제국은 또한 처음으로 다양한 문화적 배경과 종교적 지파의 불교도를 하나로 모았다. 따라서 이론상으로는 티베트 라마가 위구르 아미타불 신봉자와도 중국 선승과도 대화를 나눌 수 있었는데, 이런 일은 이전에 결코 일어난 적이 없었다. 결국 일칸국 불교의 본질에 대해 앞서 제기한 질문에 답하려면, 그러한 대화에 대답이 있는 것 같다. 그리고 『집사』는 일칸국 이란의 풍부하고도 다양한 불교를 포착했다. 불행히도 현대 학자들이 교파나 근대의 민족 정체성이라는 협소한 정의에 따라 구분하려고 들면 이 복잡성을 놓치고 만다. 교파라든가 민족성이라는 생각은 일칸국 이란의 불교도와는 아무런 상관이 없다. 『집사』는 몽골이 지배하는 이란 불교 공동체의 다면적 복잡성에 대해 귀중한 관점을 제공해주며, 그런 점에서 라시드 알딘의 저작은 팍스 몽골리카 때문에 가능했던 불교도와 무슬림 간의 상호 작용도 보여준다.

몽골의 시각 문화

이제 일칸국 시대 페르시아 세밀화의 발전에 대해서는 제법 잘 알려졌고, 그에 대한 자료도 많다.[151] 그런데 그만큼 잘 알려지지 않은 사실은 이슬람 예술사에서 차지하는 전설적인 중요성에도 불구하고 이 시대의 자료가 현재는 거의 남아 있지 않다는 점이다. 일칸국의 채색彩色 필사본은 단지 4종류만 남아 있을 뿐이다.[152] 첫 번째 부류에는 약 1290년에 만들어진 『동물의 유용성에 관하여(마나피 알하야완 *Manafi' al-Hayawan*)』의 초기 채색 사본과 알 비루니의 『고대 국가 연대기(아타르 알바키야 *Athar al-Baqiya*)』의 1307/1308년 판이 있다.[153] 두 번째 부류는 라시드 알딘의 『집사』로, 이 작품은 현재 전 세계 다양한 소장처에 보관되어 있다.[154] 세 번째 부류는 소小『샤흐나마』라고 알려진 피르다우시의 『샤흐나마(제왕기 諸王記)』 필사본 4개로, 1300년경 바그다드에서 제작되었다.[155] 네 번째이자 마지막 부류에는 무함마드의 천국과 지옥 여정인 『미라즈 나메』와 피르다우시의 『샤흐나마』 후기판이 속하는데, 이 후기판은 더모트 『샤흐나마』, 혹은 대大『샤흐나마』로 더 잘 알려져 있다.[156]◈ 물론 이 채색 필사본 외에도 훨씬 더 많은 예술 작품이 일칸국 시대에 제작되었다.[157] 그러나 이 작품들이 이 시대 이슬람 예술이 경험했던 변화의 본질을 잘 드러내기 때문에 다음에는 이들을 중심으로 다룰 것이다.

이러한 변화가 무엇인지, 그리고 불교가 이런 변화에 어떤 역할을 행할 수 있었는지 밝히려면 출발점이 있어야 하는데, 이런 면에서 중요한 시작점으로 일칸국의 회화가 전혀 새로운 바탕에서 만들어지지 않았다는 점을 지적하겠다. 앞에서 보았듯이, 몽골이 왔을 때 이란에는 이미 꽤 발달된 이슬람 회화 전통이 있었다. 더욱이 살아 있는 존재의 재현를 금하는 이슬람의 유명한 금기는 한 세기가 넘도록 신학 이론의 검토 대상이었다. 예를 들어 학자들은 꾸란이 '우상'만을 금지한다는 사실을 알아내고, 우상은 3차원적 형상이라고 보아야 하므로 그림자를 드리우지 않은 재현再現은 허용할 수 있지 않냐고 의문을 제기해왔다.[158] 무슬림 학자들은 이 점에 관해 의견이 서로 달랐지만, 그러한 사변이 있었기 때문에 12세기에 이슬람의 2차원적 재현 예술이 발전할 수 있었다.

유대교나 비잔틴의 우상 파괴와 관련하여 8세기 중반 처음으로 그와

⊕ 이 작품은 280 폴리오folio 판형에 달하는 방대한 판본으로, 안에 담긴 채색 삽화도 190여 점에 이르기 때문에 대大『샤흐나마』 혹은 대大몽골 『샤흐나마』라고 불리며, 더 이상 더모트 『샤흐나마』라고 하지 않는다. 대『샤흐나마』는 20세기 초반 벨지움의 미술품 상인인 조르주 더모트Georges Demotte가 작품을 매도하기 위해 서구의 박물관들과 접촉하면서 처음 유럽 시장에 소개되었는데, 더모트는 원하는 가격에 매수자를 구하지 못하자 작품을 해체하여 낱장으로 판매했다. 이 과정에서 그는 적절한 기록도 남기지 않았고, 가격을 올리기 위해 여러 가지 개입까지 해서 작품에 막대한 훼손을 입혔다.

같은 예술에 대한 이슬람의 금기가 이루어진 이래 대대로 지지를 받아왔다는 사실을 생각하면 이는 엄청난 발전이었다.[159] 이러한 사건들 때문에 많은 이슬람 예술이 살아 있는 세계를 재현하기보다는 서예나 추상적인 장식화에 초점을 맞추었다. 중요한 질문은 왜 이런 급진적인 변화가 당시에 일어났느냐이다. 12세기 후반 이슬람 세계의 동쪽에서는 왜 "급진적인 취향 혁명이 일어나, 서적에서 건물에 이르기까지 모든 예술 제작품에 영향을 미쳤는가"?[160] 이에 대한 해명으로 앞서 설명한 이슬람 세계의 불화를 들 수 있는데, 이 불화는 마셜 호지슨이 "순니파 국제주의의 승리"라고 불렀던 '균형 관계'를 만들어냈다.[161] 다시 말해 "아나톨리아와 인도라는 새로운 영토를 정복했고, 십자군을 거의 완벽하게 격퇴했으며, 이단 집단은 약화되든가 혹은 새로운 정치적, 지적 합성으로 통합되었고, 신비주의와 정통파는 공생 관계를 이루었으며, 다양한 왕조 간의 큰 다툼과 싸움이 있었음에도 불구하고 아유비 왕조, 럼이나 키르만의 셀주크 왕조, 구리 왕조, 호레즘샤 왕조, 카라키타이 왕조를 비롯하여 여러 지역에 기반을 둔 봉건 왕국들은 일종의 균형 관계를 유지했다. 10세기 후반 이후 유일하게 창의적이며 강력한 아바스 칼리파 조의 통치자, 칼리파 알 나시르의 오랜 통치(1180~1225년)는 여러모로 무슬림 정치 통일체에서 합리적이면서 만족스러운 상태라고 할 만했다."[162]

따라서 무슬림 역사상 몽골 정복 직전에 벌어진 이 특별한 순간에 문화적 폭발이 일어났다.[163] 그러므로 재현 예술이 제작만이 아니라 갑자기 유행하여 도시 유산계층이 자신들의 취향과 지위를 공고히 하기 위해 그러한 작품들을 후원하고 구입했다.[164] 앞서 언급했던 불상에 대한 이슬람 세계의 관심은 이러한 현상의 일부였다.

무슬림은 이때 '우상'을 감상하고 수집하기 시작했던 것만이 아니다. 이슬람 문화 예술은 추상에서 재현으로 더 큰 전환을 이루었다. 그리하여 갑자기 재현 예술이 무슬림 세계 전역으로 퍼져 나갔다. 모스크, 태피스트리, 실크, 도자기, 유리 공예, 금속 세공에 재현 예술이 등장했다. 재현 예술은 『칼릴라와 딤나』의 동물 우화 삽화판165이나 와라크Waraq와 굴샤Gulshah의 페르시아 연애담166과 같은 책에도 사용되었다. 또한 회화와 재현 예술은 디오스코리데스의 『약초학』이나 갈렌 류의 『해독서解毒書』 등과 같이 과학 작품의 이해성을 높이기 위해서도 사용되었다.167 그러나 13세기 몽골 이전 시기의 가장 유명한 도감圖鑑이라면 하리리의 『마까마트*Maqamat*』라고 해야 할 텐데, 이는 형식과 스타일 모두 당대와 그 이전의 비잔틴 미술에서 예술적 영감을 얻은 작품이다.168 이렇게 이슬람 재현 예술의 폭발이 이미 있었다는 점을 고려해보면, 몽골이 이 결과에 무엇을 더 첨가했는지 탐구해볼 만하다. 몽골이 페르시아 세밀화를 처음으로 만들기 시작했다고 인정할 수 없다면 몽골 이전에 세밀화의 긴 전통이 있었기 때문이다. 그럼에도 불구하고 몽골과 팍스 몽골리카가 제공한 한 가지는 이웃한 비잔티움을 훨씬 넘어서는 새로운 영향이었다. 몽골 제국의 거대한 영역과 그로 인한 여행의 가능성 때문에 일칸국 예술은 중국과 이탈리아처럼 머나먼 곳의 영향까지 받아들였다. 이러한 유라시아 대륙적 혼합성이야말로 일칸국 예술의 독특성을 이루며, 같은 이유로 이를 특징적인 몽골 시각 문화라고 정당하게 명명할 수 있다.

그럼에도 불구하고 일칸국 이란의 국제 교류 가운데 영향력이 가장 컸

그림 25. 부처가 깨달음을 얻었던 기원정사 숲, 라시드 알딘의 『집사』(소장번호 MSS 727, folio 36b), 타브리즈, 이슬람력 714년(1314~1315년), 잉크, 반투명/불투명 수채화, 종이에 금, 은, 10.5×25.5cm
자료: 나세르 할릴리 이슬람 예술 소장품.

던 나라는 중국이었을 것이다.[169] 그렇지만 '중국' 불교의 경우와 마찬가지로, 이슬람 예술에서 중국의 영향을 알아보려 할 때는 주의해야 하는데, 타브리즈와 같은 도시에 있었던 중국인은 소수였기 때문이다. 중국의 영향은 중국 화가들에게서 왔다기보다, 실크 태피스트리와 같은 수입품을 통해 중국 원나라에서 발전한 새로운 유행에 친숙해지고 그를 이용했던 이란 예술 장인들의 결과였다.[170] 이러한 문화적, 미학적 전용이나 모방의 역학을 통해 배운 가장 큰 교훈은 풍경을 표현하는 방법이었다. 그라바Grabar가 지적했듯이, "예를 들어 거대한 인공 암석들이 다양한 색조를 띤 공간을 이루고, 모호한 자취가 희미하게 지형의 굴곡을 나타내며 공간에서 별도의 평면이나 작은 흰 구름, 구불구불 자라 옹이가 가득한 나무 줄기를 암시한다. 어떤 동물을 나타낼 때 펜으로 그린 엄정한 도안이라든가, 신체를 표현할 때 다양한 색조를 쓴 것과 우아한 움직임을 들 수 있다"(그림 25).[171] 그러나 무슬림 예술가는 이 시기 동안 중국 정원 그림을 모방했을 뿐만 아니라, 새로운 중국 기법인 연속 공간 구성법을 채택하기도 했다.[172]

물론 이렇게 대략적인 '중국적' 영향이라는 틀 안에서 불교가 어떤 역할을 했을지 궁금하지 않을 수 없다. 이 질문에 답하기 위해 식별 가능한 예술의 흔적을 찾는 일로 시작할 수 있다. 그러나 그렇게 하면 미미한 불교의 영향이 금방 분명해진다. 더욱이 앞서 설명한 유명한 일칸국의 회화 가운데 어떤 것도 실제로 1295년 가잔 칸이 개종하기 전, 소위 "불교 시대"의 산물은 아니다. 1295년 이전의 그림 가운데 단 한 편만이 불교적인 것을 표현하는데, 승려가 즉위식에 참석하는 그림이다.[173] 그런데 더욱

문젯거리가 되는 것은 직접적인 불교 미술의 영향에 대한 증거라고는 빛을 발하는 후광이라든가 무슬림 천사와 불교의 압사라(천녀 天女) 표현 간의 유사성뿐, 그 외에는 별로 없다는 점이다.[174]

그런 유사성이 자체만으로도 중요하고 이슬람 예술에 대한 불교의 영향을 분명히 확인해주지만, 그렇다고 하더라도 그것뿐인가라는 의구심이 생긴다.[175] 그것이 전부라면 불교의 영향이라고 할 만한 것이 별로 없는 듯하다. 설혹 이것이 사실일 수도 있지만 이는 잘못된 각도에서 문제에 접근하는듯 보이기도 한다. 문제는 단순히 얼마나 많은 양식적 요소가 동쪽에서 서쪽으로 또는 그 반대로 갔느냐가 아닐 수 있다. 오히려 그러한 새로운 예술 형식이 발전할 수 있도록 몽골이 조성했던 특정 환경에 대해 알아보아야 할 것이다. 이러한 점에서 불교의 역할을 무시할 수 없는데, 이는 특히 불교가 지극히 시각적인 전통이기 때문이다.[176] 이슬람 전통이 이미 재현 예술의 방향으로 변화하고 있었다지만, 몽골이 오면서 이러한 경향이 급격하게 강화되었다. 의심할 여지 없이 이러한 면에서 가장 심오한 발전은 선지자 무함마드의 재현으로 나타났는데, 이러한 일은 이슬람 세계에서 한 번도 일어났던 적이 없다.[177] 더욱이 일칸들과 그들의 후계자 티무르인의 전성기가 지나고 나자, 다시는 이런 일이 일어나지 않았다. 그 후의 무슬림은 경건한 분노심에 북받쳐 선조들이 만든 재현 예술을 훼손하기조차 했다.[178]

따라서 무함마드의 표현은 몽골 시각 문화의 독특한 요소라고 보아야 하며, "어떻게 이런 문화가 발전했는가?"라는 근본적인 질문을 던져야 한다. 이 질문에 답하기 위해 저명한 이슬람 미술사학자 로버트 힐렌브랜드

Robert Hillenbrand가 몽골의 불교적 배경을 지적한 바 있는데, 그의 말에 따르면 그러한 배경으로 해서 "몽골은 종교적 이미지에 익숙해 있었고, 이런 점에서 그들은 무슬림의 전통적인 금기 같은 것이 전혀 없었다. 실제로 그들은 선지자를 공경하고, 특별히 그를 이런 식으로 표현함으로써 그들의 최근 개종을 축하하고 실제로 널리 알리고 싶었을 것이다".[179] 그가 보기에는 불교적 상황 덕분에 무함마드의 재현이 발달할 수 있었는데, 불교도는 다양한 형태로 부처를 재현하는 데 일절 혐오감이 없었기 때문이다. 힐렌브랜드의 견해에 따르면, 일칸국 이란의 불교도가 만들어낸 시각미술의 풍토로 인해 이슬람 장인들은 무함마드 재현이라는 궁극적인 금기를 깨트릴 수 있었다. 그의 해석이 분명 사실이기는 하지만 불교가 이러한 발달에 미친 영향을 충분히 이해하기 위해서는 여기서 한 걸음 더 나아갈 필요가 있다.

그렇게 해야 하는 까닭은 무함마드의 초상화가 일칸국 이란의 불교적 맥락에서 비롯된 일반적 형상일 뿐만 아니라, 어떤 특정한 목적에 부합하기 때문이다. 특히 초기 무함마드 초상화는 모두 이슬람 역사에 대한 순니파나 시아파의 해석을 대변한다.[180] 이슬람 세계에서는 그 이전에 한 번도 자신의 신학을 홍보하기 위해 표현 예술을 사용한 적이 없는데, 바로 이러한 일이 일칸국 이란에서 일어났다. 경쟁적이던 순니파와 시아파 집단이 각자의 신앙을 몽골인에게 퍼트리기 위해 시각 매체를 사용했다.

따라서 핵심 질문은 이렇다: 그들은 이 아이디어를 어디에서 얻었는가, 혹은 그들은 무엇을 모델로 사용했는가? 이 질문에 답하기 위해서는 불교 전통이 신앙을 전파하는 수단으로 오랫동안 시각 문화를 사용했음을 상

기할 필요가 있다. 특히 부처는 불법을 가르치기 위해 윤회도輪廻圖를 매체로 사용하라고 권했다.[181]

> "모든 승려에게 사찰 입구 전각 아래에 환생과 죽음의 윤회도를 그려두라고 말하노라."
>
> 그 당시 여러 승려가 어떻게 윤회도를 그리는지 몰랐다. 불세존께서는 그들에게 이렇게 말씀하셨다. "비율에 주의하면서 원의 이미지를 그려라. 중심을 중앙에 배치한 다음 5개의 바퀴살로 5도五道를 그려라. 중심 아래에는 지옥을 그리고, 그 양쪽에 동물과 아귀를 그려라… 중심에 흰색으로 원을 그리고, 가장 중앙에 부처상을 그려라. 부처상 앞에 세 가지 상징을 그려라. 먼저 욕심을 상징하는 비둘기를, 다음으로 증오를 상징하는 뱀을, 마지막으로 망상을 상징하는 돼지를 만들라… 이 모든 주변에 십이연기十二緣起와 생멸生滅의 표시인 무지無知, 성향 등등부터 노년과 죽음에 이르기까지 그려두라. 그 바퀴 위에 머리카락이 흐트러지고 입을 벌리고 있는 무상無常의 대마왕大魔王을 두라. 그가 쭉 뻗은 팔로 생사의 바퀴를 쥐고 있다… 다음, 완전하고 순수한 열반을 상징하기 위해 그 대마왕 위에 흰색의 원형 제단을 만들어야 한다. [그러므로] 내가 지시한 대로, 사찰 입구 전각 아래에 생사의 바퀴를 두라… [또한] 사찰 입구 전각 아래에 승려가 상주하여 모든 방문객과 브라만에게 생사의 바퀴를 돌리는 이유를 알리도록 하라. [따라서] 내가 지시한 대로, 설명하도록 명해야 한다."

이러한 지시로 인해 불교의 가르침과 전파는 시각 문화와 밀접한 관계를 맺었고, 특히 윤회를 설명할 때 그러했다. 실제로 그 기법이 이란에서 사용되었을 가능성이 매우 높으며, 바로 그 교육적 기법 때문에 라시드 알딘이 불법을 표현할 때 윤회를 사용했을 수도 있다. 안타깝게도 라시드 알딘이 윤회의 시각적 이미지를 통해 불법을 배웠는지는 알려지지 않았지만, 이란의 불교도가 몽골 시대에 시각 문화와 신학적 해명 사이의 연결성을 부각시켜준 것은 분명하다. 그리고 경쟁적인 시아파와 순니파 집단이 일칸국 이란에서 이 불교 기법을 접촉하고 모방했다. 무함마드 초상화가 등장한 것은 일반적으로 불법에서 시각 표현을 수용한 결과이기도 하지만, 그뿐만 아니라 무슬림이 이슬람을 널리 알리기 위해 불교의 시각적 특성을 채택한 결과이기도 하다.

무함마드 형상의 발전은 단순히 A 지점에서 B 지점까지 지나가는 화살표를 추적하는 차용의 경우가 아니었다. 흔히 문화적 만남의 경우에서 그러하듯, 이보다 훨씬 더 복잡하다. 이란에서 무함마드의 초상화가 발전한 시기와 거의 같은 때에 티베트 불화에 초상화의 전통이 생겼다.183 이것은 티베트에서 완전히 새로운 사건으로, 왜 그런 일이 일어났는지에 대해서는 여전히 알 길이 없다. 한 가지 가능한 설명은 티베트에서 서로 경쟁적인 불교 계파들이 갑자기 폭발적으로 늘어남과 동시에 초상화가 생기기 시작했다는 것이다. 즉, 초상화는 계보도系譜圖를 통해 다양한 탄트라 전통을 시각적으로 구별해주는 효과적인 수단이었다. 따라서 초기 가계도家系圖에서 라마들이 성상聖像처럼 하나의 유형으로 표현되었다가 점차 신도들 사이에서 쉽사리 인정받을 수 있도록 승려의 실제 초상화로 바뀌어갔다. 물론 이러한 발전은 일칸국 이란에서 벌어지던 일과 매우 유사했는데, 이란에서는 순니파와 시아파 모두 그들의 신학을 경쟁적으로 시각화하고 홍보하기 위해 독특한 무함마드 재현을 사용했다.

이 두 가지 전통의 동시적 발전을 보면, 어쩔 수 없이 어떤 영향 관계가 있었는지 궁금해진다. 특히 무슬림 세계와 좀 더 가까운 서西티베트에서 초상화의 전통이 전개된 이래, 이 두 전통이 어떠한 방향으로 진행되었을까?[184] 또한 이 경계 지역에서 불교가 발전한 이유가 불교도가 이슬람을 피해서 도피했기 때문이라는 점도 상기할 필요가 있다. 그러나 이전 장에서 보았듯이, 도망쳤다고 해서 모든 관계가 끊어지지는 않았다. 결국 이 시기 불교국 티베트와 무슬림 세계 사이에서 예술적 교류가 일어나고 있었는지에 대해서는 어느 정도 추측할 수 있다. 실제로 순니파 르네상스라고 하는 12세기에 일어난 예술의 폭발적 증가가 티베트 예술에도 영향을 미쳤는지 궁금해할 수 있다. 아니면 예술적 영향은 그 반대로 일어났을까? 그 당시 무슬림 예술이 티베트와 인도 예술의 영향을 받았을까?

이들 모두 중요한 질문이지만 현재로서는 그에 대한 답을 알지 못한다. 실제로 이러한 연관성을 추적하는 일이 종종 문젯거리인데, 다음의 두 그림(그림 26, 그림 27)이 이를 입증한다. 언뜻 이 두 그림은 비슷해 보여서, 분명 영향이나 차용이 있을 수 있다고 여겨진다. 그러나 어떤 방향에서, 어떻게, 언제 있었단 말인가? 첫 번째는 16세기 중반 『점술서(팔나메 *Falname*)』에서 가져온 것으로, 알리의 발자취에 봉헌된 시아파 성소를 그렸다.[185] 두 번째는 14세기의 것으로 3차 카르마파 랑중 도제(사망 1339년)의 발을 그렸다.[186]

그것들이 서로 영향을 미쳤는지를 여기에서 다루고자 하는 것이 아니

그림 26. 알리의 발자취에 봉헌된 성소, 아카 미라크Aqa Mirak, 『점술서』에서 발췌, 1550~1560년(소장번호 1971-107/35a), 제네바 미술 역사 박물관
자료: 한일송 드로잉.

그림 27. 랑중 도제의 불적 탱화
자료: 도리스 위너Doris Wiener 소장품.

다.[187] 오히려 이들을 소개하는 일은 미술사적으로 기원과 차용借用에 집착하면서 생기는 문제를 부각시키자는 것이다. 그렇다고 그러한 전승 과정이 중요하지 않다고 일축하는 것은 아니다. 『집사』에 나오는 무함마드의 출생 장면이 분명 기독교 원전에 기반한다는 사실을 깨달으면, 몽골 시각 문화에 대한 이해가 달라진다.[188] 그러나 좀 더 탐구해야 할 것은 어떤 역사적, 문화적 맥락에서 그러한 차용이 일어났는가이다. 왜 갑자기 일칸국 이란에서 무슬림 장인이 기독교의 예수 탄생 장면을 이용해서 무함마드의 탄생을 그렸을까?

수많은 학자들과 미술사학자들이 흔히 대답하기로는 단순히 몽골 때문이라든가 팍스 몽골리카 때문에 놀랄 만한 문화 간 교류가 가능해졌다는 것이다. 그러나 이러한 발전에서 불교의 역할에 대해서는 거의 관심을 기울이지 않는다. 이렇게 간과하게 된 이유는 이슬람 사료에서 불교도에 대한 언급이 거의 없기 때문인데, 이로써 한 세대의 학자들은 일반적으로 불교가 일칸국 이란에서 어떤 영향을 미쳤으리라는 가능성을 무시하게 되었다. 그러나 한 학자가 예리하게 지적했듯이, 무슬림 학자들은 무슬림의 심장부에 너무나 많은 불교도가 있었기 때문에 실제로 "치욕감을 느껴서 침묵으로" 일관했다.[189] 실제로 그러한 증거는 너무나 미미하지만, 이란에 존재했던 불교가 상당했던 것은 사실이다. 예를 들어 미술사학자들은 일칸국 미술에서 불교보다는 시모네 마티니와 로렌제티의 영향을 더 많이 받았다고 보는 것과 같다.[190] 그러나 어떤 의미에서 이러한 이탈리아 미술의 흔적만 찾는 것은 망원경을 거꾸로 해서 몽고의 시각 문화를 보는 것과 같다. 망원경을 돌려 보면, 일칸국 미술의 저 유명한 풍요로움이 주로 몽골 통치 초기의 불교문화의 결과였음을 깨닫는다. 또한 몽골과 다른 모든 이들이 이슬람으로 개종하자마자 잊고 싶어 했던 것은 바로 이 사실이었다.

몽골 시각 문화를 진정으로 이해하고자 한다면, 초기 일칸국 이란의 불교적 상황을 고려해야 한다. 이때는 몽골 칸과 페르시아나 투르크의 엘리트들이 티베트 라마와 수피 시크sheik(지도자)들과 함께했던 세계로, 이 세계에서 알라아드 다왈라 아스 심나니'Ala' ad-Dawla as-Simnani와 같은 수피 지도자들은 불법이 이슬람과 동일하다고 선언할 수 있었다.191 바라크 바바(사망 1307~1308년)와 같이 카리스마 넘치는 수피가 새로운 티베트 불교의 환생 사상에 의거하여 얼제이투 칸을 알리의 현현顯顯이라고 선포할 수 있던 세계였다.192 사실 이러한 불교-무슬림 상호 작용의 세계에서 라시드 알딘은 불교 연구를 저술할 수 있었고, 이는 유럽이 근대 제국 시대에 불법을 발견하기 전까지는 타의 추종을 불허한 연구였다. 요컨대 일칸국 이란의 국제적인 불교 세계 안에서 독특한 몽골 시각 문화가 처음으로 선지자 무함마드를 표현할 수 있도록 만들었다.

이 모든 것이 불법의 공로만은 아니다. 어떠한 복잡한 문화적 만남에서도 그렇듯이 수많은 요인이 관련되어 있으며, 단 하나의 요인으로 모두를 설명하는 일은 잘못이다. 오히려 목표는 일칸국 미술을 그토록 독특하게 만든 이유를 더 잘 이해하기 위해 그러한 이해의 방정식에 불법을 대입해 보자는 것이었다. 그리고 이런 점에서 이슬람 시각 문화의 발전에 있어 불교의 역할을 최소화했다고 현대 학자들만 비난할 수는 없다. 뒤늦게 개종한 몽골인과 그들의 무슬림 신하들이 이를 재빨리 잊고 싶어 했던 것이 사실이다. 그리고 어느 정도까지는 이것이 좋은 일이었는데, 왜냐하면 그로 해서 이후에 이 예술적 전통이 지속되었다. 불교에서 완전히 분리되었을 때만 이 새로운 재현 예술이 일칸국의 수많은 후계자들인 티무리 조, 사파비 조, 무굴, 오스만 조에서 살아남을 수 있었다.[193] 물론 그때쯤 되면 불법과 불법 전통의 뿌리는 오래전에 잊혀졌고,[194] 그 대신 새로운 세계가 생겨났는데, 그 세계에서는 종종 지하드의 요구가 불교-무슬림 교류를 잠식했다. 이제 몽골 이후 세계를 다루어보자.

제4장

/

지하드

> 알라도 믿지 않고 최후의 심판일도 믿지 아니하며, 알라가 그의 선지자를 통해 금기한 것을 금하지 아니하고, 진리의 종교를 따르지 아니한 자들, 그러한 자들과는 비록 그들이 성서의 백성이라 하더라도 끝까지 싸우라, 그들이 몰락하여 합당한 공물을 바칠 때까지.
> — 꾸란 제9장 29절

> 살아 있는 존재命者(사트바*sattva*)가 존재하지 않기 때문에 살인의 죄도 존재하지 않는다. 살인죄가 없기 때문에 이를 금지할 규정도 없다. … 우리가 오온五蘊을 죽였다고 해서 잘못을 범한 것이 없으니, 오온은 공空하여 꿈 같은 영상, 거울의 반사와 비슷하도다.
> — 『대지도론大智度論, *Mahāprajñāpāramitopadeśa*』

그의 몽골 조상처럼 술탄 사이드 칸도 음주 문제가 있었지만,[1] 그럼에도 불구하고 그는 지하드를 굳건히 믿었다. 그는 "거룩한 전쟁에 참전하기 위해 호시탐탐 노리고 있었으며, 천국의 포상을 얻기 위해 매년 군사 원정대를 파견했지만, 그것으로도 그의 갈증과 굶주림이 해소되지는 않았다."[2] 이리하여 1532년 그는 술이 깨자 티베트의 이교도에 맞서서 무슬림의 성전을 시작했다. 무슬림이 세계의 지붕인 티베트를 침공한 것은 이것이 처음은 아니었지만, 술탄 사이드 칸만큼 웅대한 침공을 구상한 사람은 없었으니, 그는 라싸로 진격하여 그곳에 있는 고귀한 사찰을 파괴하고자 했는데, 그것이야말로 중국과 티베트에 있는 모든 불교도에게 키블라, 즉 기도의 방향⊕이 된다고 믿었기 때문이다.[4] 그의 생각으로는 라싸와 전투를 벌이면 이슬람의 대의大意를 크게 진척시킬 수 있었다.

술탄은 늦여름에 군대를 모으기 시작했다. 티베트 고원으로 전투를 감행하기에 시기상 최선은 아니었지만, 그의 지휘관과 군대는 기꺼이 싸울 준비가 되어 있었다. 그들에게 어떤 것도 이보다 더 위대한 일은 없었다. 지하드의 이데올로기로 키워진 노련한 군인들은 이교도의 메카를 공격한다는 아이디어를 귀하게 여겼는데, 인도의 무굴 통치자 바부어(1483~1530년)의 사촌으로 라싸 공격 지하드를 이끌었던 사령관인 미르자 하이다르의 감동적인 말이 이를 잘 표현한다.

> 이슬람의 기둥과 교훈 가운데, 주된 기둥이자 확고한 기반은 거룩한 전쟁이다. 꾸란은 거룩한 전쟁의 가치와 필요성을 웅변하며, 선지자의 말씀이 이를 확인한다. 어떠한 경배 행위도 자신을 훈련한다는 좋은 점이 있는데, 그 가운데 죽음에 맞서는 것이야말로 어떠한 것과도 비교할 수 없다. 또한 종교를 보존하고 공동체를 늘려가는 것, 거기에 성전이 포함되는데, 이는 어떠한 다른

⊕ 무슬림이 기도할 때의 방향. 메카를 향해 있다.

경배 행위와도 비교할 수 없다. 또 다른 좋은 점은 거룩한 전쟁은 [무슬림] 국가에만 고유한 것으로, 과거의 국가나 공동체에 이런 것이 있었다고 하더라도, 이런 류의 것은 아니었다. 간혹 다른 이들에게 거룩한 전쟁의 명령을 내린다면, 이들 이교도에게 유일하게 합당한 것이 그들의 피를 흘리는 것이었다. 영원의 궁정을 사랑하는 자기 희생자, 절대자의 궁정에 명예롭게 가까이 있는 사람들은 항상 거룩한 전쟁에서 순교의 지복을 얻기를 원한다.

영혼이라는 현금으로 사랑하는 이와의 합일을 살 수 있다면, 영혼을 가진 사람이라면 누구나 당신과의 합일을 구할 것이다.[5]

이렇게 북돋는 연설 때문이었는지, 침략은 잘 시작되었다. 미르자 하이다르와 3천 명의 군대가 티베트 서쪽의 라다크로 이동하는 동안 그들은 거의 저항을 만나지 않았다. 1532년 9월 2일, 그들은 모든 사람에게 개종하라고 전면적인 요구를 했다: "누구나 무함마드의 종교로 초대받았다. 그 종교에 들어간 이들은 복되도다." 추정컨대, 일부 지역 주민은 이에 따랐던 것 같고, 다른 '나쁜 놈들'은 저항을 시도했다. 그들은 모두 칼로 살해되었다. 그러나 이 초기의 성공은 겨울이 시작되면서 중단되었다. 게다가 호탄에서 티베트로 2천 명의 군대를 이끌고 오던 술탄 사이드 칸이 심각한 고산병高山病을 앓고 있다는 말이 돌았다. 그는 며칠 동안 의식을 잃었으면서도 여전히 싸움을 포기하지 않고 이렇게 선포했다. "내게 아직 생명이 남아 있는 동안 나를 전쟁터로 데려가라. 그리하면 거룩한 전쟁을 수행하겠다는 내 뜻대로 승리할 수 있으리라."

이 소식을 들으면서, 미르자 하이다르는 다가오는 겨울, 특히 그의 군대와 말을 위한 식량과 사료가 부족해질 일을 미리 염려했다. 그리하여 칸의 결의가 고무적이었음에도 불구하고 결국 후퇴 결정을 내렸다. 티베트를 떠나 더 낮은 지역으로 이동하면서 술탄이 회복하자, 그는 군대를 장악하고 발티스탄을 침공했다. 한편 미르자 하이다르는 군대를 카슈미르로 이끌고 가서 겨울 내내-진압했다. 그러나 봄이 오고 산길이 열리자 미르자 하이다르와 그의 군대는 다시 티베트로 향했다. 이전과 마찬가지로 그들이 진격하면서 얻은 것은 동정심과 경멸이었다. 어떤 마을에서는 무슬림 군인들에게 선물을 주었다. 다른 지역, 특히 가파른 계곡이 있는 지역에서는 공격을 받았다.

여러 번 그들은 위에서 돌을 던져 이슬람 군대를 무너뜨렸지만, 무슬림은 그들 무용武勇의 갑옷을 전투의 벨트에 단단히 조여매고 거룩한 전쟁의 산 위에 단단한 거점을 잡았다. 결국 이슬람의 바람이 이교도의 토대를 날려버리자, 산 같았던 이교도의 토대는 지푸라기처럼 바람에 날아갔다. 그들 대부분이 죽임을 당했고, 나머지는 달아났다. 그들이 소유했던 것은 살아 있든 아니든 모두 무슬림에게 돌아갔다.

그러고 나자 무한한 두려움과 떨림이 티베트 이교도의 마음속에 일어났고, 그들은 자신과 자녀의 목숨을 구하기 위해 모든 것을 바쳤다. 티베트의 주요 지방인 푸릭에서 온 공물을 모두 모아서 병사들끼리 나누어 가졌다. 칸을 위해 몇 가지 귀중품을 선별하고, 마리율 [라다크] 요새로 향했다.[6]

요새로 향하던 중 미르자 하이다르와 그의 군대는 술탄 사이드 칸과 다시 만났는데, 칸은 성공적으로 발티스탄을 정복했지만 높은 고도에 오자 다시 약해지고 있었다. 그는 라싸까지 갈 수 없다는 것을 알고, 미르자 하이다르에게 그를 빼고 지하드를 계속하라고 했다.

> 그대는 알 것이요, 내가 거룩한 전쟁을 벌이고, 이슬람 사람 모두에게 내려진 의무인 이 일을 명예롭게 수행하여, 모든 캐세이인의 기도 방향인 위창[위Ü와 창Tsang은 중부 티베트의 두 주요 지방]의 우상 사원을 부수겠노라고 항상 진실하며 순수한 마음으로 말했던 것을. 어떤 무슬림 통치자도 이 일을 할 수 없었고, 어떤 무슬림도 그곳에 이른 적이 없소. 더욱이 이제 내 상태가 그를 허용하지 않을 것이오. 비록 내가 계속해서 큰 질병을 앓고 있지만, 티베트에서 행했던 거룩한 전쟁은 크나큰 영향을 미쳤소. 이제 나를 대신해서, 그대는 전투의 갑옷을 거룩한 전쟁의 벨트로 조여매고 전진하여 부숴버리시오. 나는 고향으로 돌아가리니, 국사國事의 전권을 그대에게 위임하겠소. 나와 그대의 삼촌, 우리 모두 나이 들어 우리가 편안히 쉴 수 있는 예배소 한 구석에 있을 터이니, 영광은 그대가 가지시오. 우리는 그대 안녕을 위해 기도하는 것으로 그대를 도울 것이니, 그대는 공덕을 쌓는 것으로 나를 도와주시오.[7]

1533년 7월 4일, 제사를 지낸 후 미르자 하이다르는 말을 타고 라싸로 향했다.

20일 동안 그와 그의 군대는 티베트인이라고는 보질 못했다. 그는 티베트인이 지나간 요새에 숨어 있다고 추측했다. 그러나 미르자 하이다르는 언덕과 절벽에 위치한 요새가 난공불락으로 보였기 때문에 그들을 공격하지 않는 것이 최선이라고 생각했다. 대신 그는 지형을 확인하기 위해 소규모 파견대와 함께 앞서 가보기로 했다. 8월 말이 되자 미르자 하이다르는 대규모 유목민 캠프가 있는 푸랑에 도착했다. 미르자 하이다르와 그의 군대는 그들을 공격하여 30만 마리의 양, 말, 야크를 비롯하여 기타 귀중품을 챙겼다. 그런 다음 그들은 자리를 잡고 나머지 군대가 따라 잡을 때까지 기다렸다. 그런데 군대는 결코 오지 않았다. 미르자 하이다르의 다른 군대들은 요새 중 하나를 공격하려고 했다. 이에 반응하여 티베트인은 인도 라자에게 도움을 요청했고, 라자는 즉각 3천 명의 힌두 보병을 파견했다. 그 결과 무슬림 군대가 수적으로 압도되었다. 그런데도 지하드의 이상으로 충천되어 있던 무슬림은 담대하게 전투에 뛰어들었다. 미르자 하이다르의 사랑하는 형제인 압불라 미르자를 포함하여, 그들 모두 한 사람도 남김없이 학살되었다.

순교의 꿀술이 그의 목을 타고 흘렀다.
그 술이 합당하기를, 그가 이미 그것을 벌컥 마셔버렸구나.
이 세상에 내가 함께한 이는 나의 사랑하는 형제,
목걸이에 달린 비할 데 없는 진주8

미르자 하이다르는 형제의 죽음을 전해 듣자 이 시구를 썼다. 그러나 그는 슬픔에 잠겨 있는 대신 라싸에 거룩한 전쟁을 저지르기로 결심했다.

그런데 그렇게 되지 않았다. 얼마 지나지 않아 거의 모든 말이 고산병으로 죽었다. 더욱이 10월이라 겨울이 다가오고 있었고, 미르자 하이다르는 티베트 중부에서 멀리 떠나 있었다. 그는 후퇴하기로 결정했다. 1월이 되면서 그의 군대는 구게에 도착했고, 지역 주민들의 도움을 받아 무슬림은 간신히 앞으로 나아갔다. 그럼에도 불구하고 그들이 라다크에 도착했을 때쯤 모두 심한 동상에 시달렸다. 다시 한 번 현지인들이 그들을 도왔고, 심지어 얼마 동안 가까운 요새에 그들의 숙박을 마련해주기도 했다. 그러나 다른 라다크인이 그다지 환영하지 않았기 때문에, 미르자 하이다르는 그의 부하 중 일부가 죽자 인도 북부의 잔스카르로 이동하기로 결정했고, 마침내 그곳에서 술탄 사이드 칸이 사망했다는 소식과 후계자인 라시드 칸이 티베트 원정을 끝내고 싶어 한다는 소식을 들었다.

그리하여 위대한 라싸 지하드는 선포했던 목표를 하나도 달성하지 못한 채 끝났다.[9] 그렇지만 이 전체 사건은 시대의 분위기를 잘 포착하고 있으며, 러시아 남부의 대초원부터 중국에 이르기까지 불교도와 무슬림이 다소 적대적이지 않은 방식으로 교류했던 몽골 제국 시대가 지나면서 얼마나 많이 변했는지 잘 보여준다. 실제로 몽골 제국의 붕괴와 함께, 몽골이 창조했던 코즈모폴리턴 세계와 근세형近世形의 세계화는 끝이 났다. 그 자리에 매우 다른 세계가 들어섰는데, 이는 새로운 종교 공동체 및 재편된 경제 네트워크뿐 아니라 일련의 새로운 정치가 국가, 사회집단으로 규정되는 세계였다.[10] 이러한 엄청난 변화들 중에서 지금 주제와 가장 관련이 있는 것은 내륙아시아의 불교 세계와 무슬림 세계 사이에 새로운 분열이 생겼다는 것으로, 이 세계 절반에는 투르크어를 사용하는 무슬림이, 나머지 절반에는 티베트-몽골의 불교도로 나뉜 채, 서로 이해할 수 없다는 느낌이 점점 더 커져서 자주 적대감을 가지고 서로를 바라보곤 했다.

이러한 세상에서 라싸 지하드가 일어났다. 중요한 질문은 이것이 왜 일어났느냐이다. 특히, 왜 16세기에 갑자기 지하드 이론이 동원되었는가? 우선 이것이 새로운 일이라는 점을 인지해야 한다. 500년이 넘는 기간 동안 불교도와 무슬림은 서로 교류를 해왔지만 거룩한 전쟁이라는 아이디어가 그렇게 활발하게 전개된 적은 한 번도 없었다. 오히려 우리가 앞에서 보았듯이, 무슬림은 수 세기 동안 다양한 방식으로 불교도에게 접근했지만, 지하드로 접근한 적은 극히 드물었다. 따라서 근본적인 질문은 왜 이런 변화가 생겼느냐이다. 다음에는 이 질문에 답하려는 시도가 이어지는데, 몽골 이후 내륙아시아에서 지하드의 종교 이데올로기를 만들고 동원했던 좀 더 큰 정치적, 경제적, 사회적 세력들을 살펴본다.

수수께끼를 푸는 여섯 조각

거의 모든 종교가 어느 정도는 폭력을 정당화한다. 대부분의 종교적 전통은 자기 방어나 신앙을 전파하기 위한 합법적 수단으로, 일종의 "정의로운 전쟁 이론"을 가지고 있다. 그러나 어떠한 종교라고 하더라도 항상 전쟁 상태에 있지는 않다. 오히려 어느 시점에 이르면 반드시 어느 정도의 균형 상태에 이르러서 다른 종교의 존재를 인정할 뿐만 아니라 신학적으로 받아들이게 된다. 앞에서 살펴본 바와 같이 이슬람의 경우, 아랍 제국의 확장이 끝날 때가 되자 지하드 이론은 이교도를 향한 외면의 전투가 내면의 투쟁으로 변모했을 뿐만 아니라, 이슬람의 최종 승리는 역사의 순간에서 신화적 종말 시기로 연기되었다. 이러한 변모의 주된 이유는 이슬람이 활동했던 역사적 상황의 변화이다. 특히 무슬림 세력 확장의 종말은 지하드 이론의 재정립을 요구했다.

몽골 이후 시대 지하드의 재등장을 설명하자면 이 시기를 형성했던 여섯 가지 주요 세력이 어떻게 몽골 이후 내륙아시아의 역사를 결정짓게 되었는지 알릴 필요가 있는데, 이 여섯 가지 세력이란, 지하드 수사법修辭法의 등장, 칭기즈 칸 가문의 원칙, 정치적 분열, 이슬람화, 도시화, 낙쉬반디 교단의 부흥을 말한다. 이 시기를 형성한 여섯 가지 요소를 규명하는 것 외에도 그 시작점을 결정할 필요도 있다.[11] 이런 면을 감안해서 우선 어떤 장소에서부터 시작해보자. 그 장소, 투르판시는 유라시아 한가운데에 있는 오아시스였을 뿐만 아니라, 불교-무슬림 상호 작용의 최전방에 위치한 곳이기도 했다.

투르판시와 그 주변 지역은 9세기에 위구르에게 점령되었다.[12] 위구르인이 도달했을 때, 투르판에는 토하리인, 카를루크 투르크인, 중국인 등이 섞여 살면서 다양한 종교를 믿었지만, 특히 불교와 네스토리안 기독교가 많았다.[13] 위구르인은 기본적으로 마니교도였지만, 시간이 지나 지역에 정착하면서 그들 역시 현지 종교에 이거저거 손을 대다가 결국 불교를 선호하게 되었다.[14] 이러한 종교적 변모와 더불어 위구르인은 정치 구조도 변경했다. 그들은 그들의 지도자를 '칸'이라고 하던 생각을 버리고 대신에 '이디쿠트Idiqut', 즉 신성한 자라는 명칭으로 새롭게 표현했다. 더욱이 카라 키타이가 중앙아시아에 자리를 잡자 이디쿠트는 서요西遼에 복속되었다.

13세기 초 서요 세력이 몰락해가자 위구르인은 다른 곳에 충성하게 되었다. 그들은 칭기즈 칸이라는 젊은 지도자에게서 유망한 미래를 보았고, 1209년 그에게 복종했다. 위구르인은 기꺼이 몽골에게 충성을 바친 최초의 사람들로, 이렇게 몽골 제국의 "대초원의 지식층"이라는 오랜 경력을 시작하게 되었다.[15] 위구르인과 몽골인 사이의 이러한 강력한 관계를 보면, 위구르인의 고향 투르판이 서로 경쟁하던 몽골 통치자들 사이에서 중요한 세력 다툼의 장이 되었던 것도 당연했다. 이 경쟁으로 인해 이 지역의 경제 붕괴를 비롯하여 많은 영향이 있었지만, 그럼에도 불구하고 투르판은 여전히 전략적 자산으로 남아 있었다.[16] 결국 중국의 몽골 궁정이 결정한 것은 이 도시를 이른바 서령군西寧君이라고 하는 둔황의 통치자 관할 내에 두어야 한다는 것이었는데, 이곳은 제국의 핵심 자리로 항상 몽골 왕실 가족이 차지했었다.

1330년 이 지위가 술레이만에게 주어졌는데, 그는 나중에 1339년에서 1343년 사이 이란을 통치한다. 그 전에 그는 서령군이었다. 그 자격으로 그는 항상 불교도 위구르인과 밀접한 관계를 갖고 있었고, 다음 시에서 알 수 있듯이 그들도 그를 찬양했다.

> 존경스럽고, 현명하며, 공덕이 크나큰 술레이만 왕자에 대해,
> 다른 사람들에게서는 찾아볼 수 없는 그의 특별한 성명聲明에 대해
> 그리고 어떤 말보다 평화로이 만드는 그의 뛰어난 업적에 대해
> 어느 정도, 그것도 조금씩 조금씩 말해보겠소.
>
> 조상의 규범을 지극히 능력 있게 지키면서

다른 나라들의 규범을 상세히 이해하면서

모든 국가를 계속 존중하는 사람

이 왕자처럼 특별하고 거룩한 사람은 이전에 존재하지 않았노라.

과음(과음을 생각하는 것조차)을 독약처럼 싫어하여

남을 위해 조금만 마시면서

항상 유익한 행위를 소홀히 하지 않는 사람

이 왕자처럼 특별하고 거룩한 사람은 결코 존재한 적이 없노라.[17]

이 시는 단편적이지만 이전 장에서 설명했던 팍스 몽골리카의 본질을 잘 포착하고 있다. 여러 면에서 이 시는 그 시대의 본질을 담고 있는데, 그 때는 불교도와 무슬림이 서로 공개적으로 만났고, 상호 작용하고, 또한 서로에게서 배웠었다.

물론 이렇게 보는 것은 이 시에 너무 많은 의미를 부여하는 것일 수도 있다. 그럼에도 불구하고 이 시기의 불교-무슬림 상호 작용의 본질은 또 다른 위구르 시에도 반영되어 있는데, 그 시에서는 부처를 찬양하면 무슬림조차도 좋은 까르마를 만들 수 있다고 한다:

(불법은) 공덕의 힘에,

이전 스승들의 말씀에,

이전의 선행에 대한 보상에 있노니,

비록 그것들이 타지크 무슬림이 한 과업이라 하더라도.[18]

불교도 위구르인은 이슬람에 대해 잘 알고 있었다. 그러나 당시에는 잘 알고 있다고 해서 당연히 대결을 의미하지는 않았다.[19] 실제로 팍스 몽골리카 동안 불교-무슬림 상호 작용의 가능성이 잘 나타나는 것은 술레이만의 후대 가족사이다. 즉, 그의 후손인 아수다그 왕자는 티베트 불교의 『사자死者의 서書』의 위구르어 번역을 후원했다.[20] 무슬림 왕자가 티베트 탄트라 경전을 투르크어로 번역하라고 한 것이야말로 몽골 제국 동안 불교-무슬림 관계의 가능성을 가장 잘 보여주는 것이라 할 수 있다.

이러한 상호 작용의 또 다른 예로는 반대 방향이긴 하지만, 사마르칸트의 화자 가지 알 산주피니Khwaja Ghazi al-Sanjufini가 1366년 라드나 왕자를 위해 준비한 아랍어 지즈*zij*(천문 편람)를 들 수 있다. 당시 라드나 왕자는 몽골의 티베트 총독으로, 간쑤성甘肅省 허저우賀州에 거주했다. 그는 불교도였지만 이전의 쿠빌라이나 훌레구처럼 이슬람 과학에도 관심이 있었다. 알 산주피니의 작업을 더 잘 이해하기 위해, 그는 그 일부를 몽골어로 번역하고 심지어 중국어와 티베트어로 다듬기까지 했다.[21] 이러한 언어적 재간은 종종 간과되는 팍스 몽골리카의 또 다른 구성 요소인 번역 기술에 대해 잘 알려준다. 사람들이 서로 소통할 수 없다면, 이 기간 동안 물품과 아이디어의 엄청난 전달은 일어날 수 없었을 것이다. 의사 소통을 용이하게 하기 위해, 몽골 제국 시대에 수많은 사전을 준비했다고 해서 놀랄 일도 아니다.[22] 가장 주목할 만한 것이 1360년 예멘 라술 왕조의 통치자인 술탄 알-아프달 알-아바스의 명에 따라 만들어진 6개 국어(아랍어, 페르시아어, 투르크어, 몽골어, 그리스어, 아르메니아어) 사전이다. 당시 예멘은 유라시아 해양 무역 네트워크의 핵심 허브였기 때문에 1,200단어로 된 『라술 왕조 6개국 사전Rasulid Hexaglot』은 탄트라 불교 텍스트를 아랍어로 옮기거나 이슬람 과학서를 몽골어로 번역하기 위해서라기보다는 언어적 혼란을 완화하여 국제 상거래를 도모하자는 뜻이 컸을 듯하다. 그럼에도 불구하고 이러한 일들이 모두 전체의 일부임을 알아두어야 한다. 즉, 타인과 유의미한 방식으로 관계를 맺는다는 가능성뿐 아니라, 타인의 언어와 아이디어에 관심을 갖는 일은 팍스 몽골리카로 통합된 유라시아에서 가능해진 경제 번영의 필수 요소였다.

물론 이렇다고 하여 정치적 통합과 경제적 번영이 지적이며 문화적 개방성과 순수하게 연관성이 있다고 주장하는 것은 아니다. 혹은 단순히 그다음 논리적 단계를 따라 모든 사람들이 몽골인을 사랑하고 그들 덕분에 가능해진 일에 대해 감사했으리라고 보자는 것도 아니다. 여느 제국과 마찬가지로 많은 사람들이 "몽골의 멍에" 아래에서 짜증을 내고 있었는데, 이는 당시에 그들이 혜택을 입었을 수도 있었더라도 그러했고,[23] 지금 과거를 돌아보며 생각해보니 그들에게 유익했을 수도 있더라도 마찬가지였다. 여기에서 내가 말하고자 하는 바는 제국의 역학을 옹호하거나 비판하자는 것이 아니다. 나의 목표는 그보다 좀 더 협소하다. 일칸국 이란이나 14세기 중반 투르판 주변 지역에서 본 것과 같은 상호 작용은 모두 몽골 제국 세계의 일부였다는 사실을 강조하는 것이며, 좀 더 중요하게는 이러한 세상이 재빠르게 끝나고 있다는 것이다.

몽골 제국의 붕괴와 그로 인한 수많은 영향, 정치적 분열에서부터 경제 위축, 종교적 마찰의 증가에 이르기까지 그 영향에 대해서는 꽤 오랫동안 이야기가 되어왔다.[24] 그럼에도 불구하고 몽골 이후의 불교-무슬림 관계

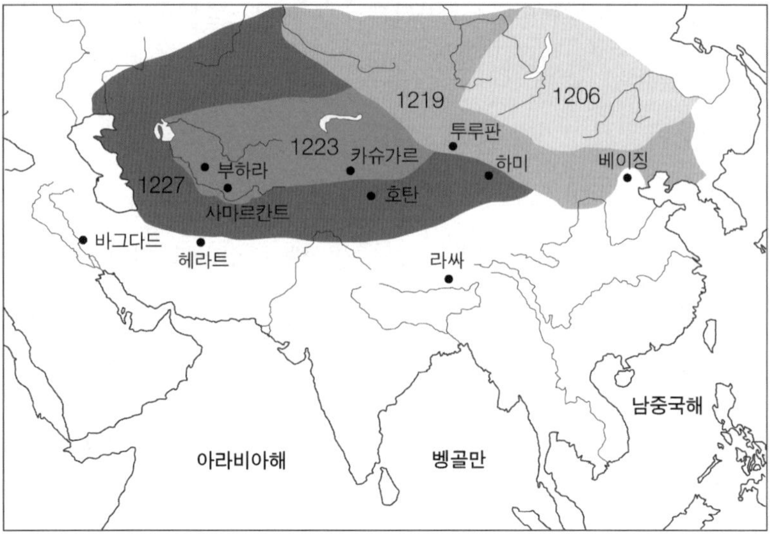

지도 13. 칭기즈 칸의 정복

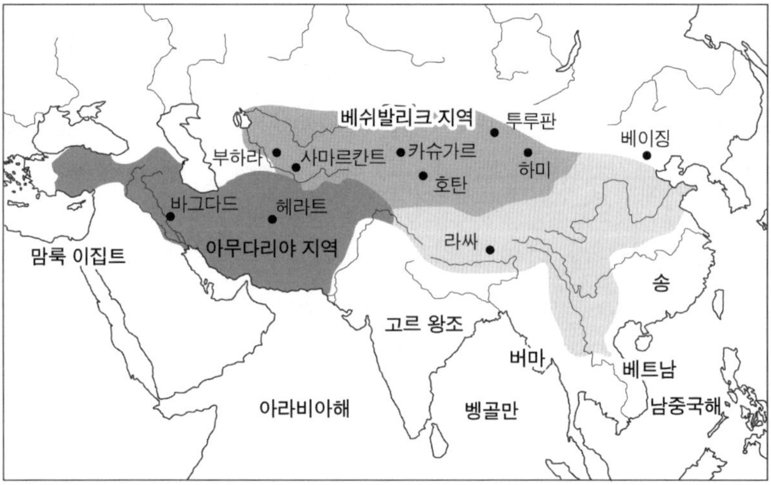

지도 14. 1250년 몽골 제국

의 발전을 이해하려면 이 이야기는 대단히 중요하다. 이를 위해 1295년 가잔 칸의 이슬람 개종으로 되돌아가 보는데, 이 사건은 명백한 종교적 의미를 뛰어넘어 중대한 정치적 영향도 끼쳤다. 특히 그가 파디샤-이 이슬람, 즉 이슬람의 세계 통치자라고 선포하자, 부하 칸인 "일칸"은 몽골과 중국을 다스리는 "대칸"을 섬겨야 한다는 합의에 당연히 의문이 제기되었다. 이 합의에 따르면 몇몇 하급 칸들이 유라시아 전역의 지역들을 통치하면서 동시에 동양의 "대칸"에 복종한다는 것으로, 이는 몽골 제국이 기능하는 방식이었다. 다른 모든 몽골 체제와 마찬가지로, 이 시스템의 기원도 변함없이 칭기즈 칸까지 거슬러 올라가는데, 칭기즈 칸은 세계를 4개의 울루스Ulus로 나누어 그의 네 아들에게 주면서 가족 기반 체계를 도입했다고 알려져 있다. 장남인 주치는 러시아 남부를 받았고, 오고데이는 중국을 물려받았으며, 차가타이는 중앙아시아를, 막내 툴루이는 몽골의 유산 관습에 따라 '난롯가', 즉 몽골을 받았다.[25] 그러나 칭기즈 칸이 자신의 상속자들에게 세계를 나누어 주었다는 주장은 거창한 허구인데, 그가 사망할 때까지 이 모든 영토를 정복하지 않았기 때문이다(지도 13).

일반적으로 알고 있는 "몽골 제국"은 칭기즈 칸의 후손들, 특히 오고데이와 몽케가 행했던 정복 전쟁 동안 형성되었다(지도 14). 더욱이 이러한 정복의 여파로 인해 4울루스라는 개념이 사용되면서, 그와 동시에 모든 '하위' 울루스의 세 통치자는 중국의 '대몽고' 통치자에게 종속된다는 개념도 함께 쓰였다. 그러나 여러 면에서 이 체제는 칭기즈 칸이 세계를 분할하여 그의 상속인들에게 물려주었다는 이야기만큼이나 허황된다. 몽골 제국이 "역사상 세계 최대의 영토를 가진 제국"이고, 세계 지도에서 한국에서 폴란드까지 이어지는 연속적 실체로 그려낼 수 있다는 상식은 잘못된 개념화라고 할 수 있는데, 그 '제국'은 그러한 비전으로 그려낼 만큼 통일된 적이 한 번도 없었기 때문이다.

예를 들어 러시아 남부에 있는 주치 울루스인 킵차크 칸국(골든 호드)은 역사 내내 "대칸"과 관계가 없었다. 이 두 강역 간의 분위기는 주치 가문의 통치자, 바투 칸(1205~1255년경)이 1229년 몽골에서 벌어지는 쿠릴타이에 참석하지 않겠다고 했을 때 정해졌는데, 그 쿠릴타이에서 오고데이를 대칸으로 선출했다. 또한 주치 가문은 최초로 이슬람으로 개종한 몽골인이었다.[26] 시간이 지나 주치 가문은 점점 더 이슬람 세계권과 연결되면서 동양의 몽골인과 멀어졌는데, 이러한 변화가 크게 일어난 시점은 킵차크 칸국이 이집트 맘루크 조에 군사를 공급하는 노예 무역에 참여하면서부터였다. 그 결과로 주치 울루스와 '동쪽 '사이의 연결은 더욱더 미약해졌다.

더 시급해진 것은 킵차크 칸국이 맘루크와 광범위한 재정 거래를 하면서 점점 더 일칸과 갈등하게 되었다는 사실인데, 일칸들은 수십 년 동안 시리아와 예루살렘聖地를 장악하기 위해 맘루크와 싸우고 있었다.[28] 결국 일칸과 주치 가문 사이에 싸움이 일어났고, 이것이 몽고 제국이 궁극적으로 완전히 분리된 독립체들로 해체되는 개시 사격이었다. 이 사건이 다가올 정치적 균열의 예고라는 것 외에, 특별히 중요한 이유는 지하드 담론에서 어떻게 그 사건을 구성하고 있는지 볼 수 있기 때문이다.

이전 장에서 지하드의 가장 유명한 주창자인 이븐 타이미야를 다루었는데, 그가 이슬람의 거룩한 전쟁이라는 이름으로 무슬림도 무고한 사람도 죽일 수 있다고 파트와*fatwa*⊕를 주창한 것은 일칸국이 시리아를 침입한 데에 대한 반응이었다는 점을 기억해야 한다. 그러나 이븐 타이미야가 레반트⊕⊕에서 발생한 이 대환란에 처해 지하드를 옹호한 최초의 인물은 아니다. 그보다 훨씬 이전에 맘룩 통치자, 바이바르스 알 분두크다리(1260~1270년)는 불교도 일칸에 맞서 거룩한 전쟁을 벌이자고 하면서, 그의 강역에서 몽골의 진격에 대항하는 무슬림 저항군을 동원하려고 했다. 더욱이 주치 가문의 통치자 베르케 칸이 이슬람으로 개종한 후, 맘루크는 킵차크 칸국에게 지하드에 합류하여 이교도 훌레구에 대항하자고 했는데, 무슬림은 훌레구를 기독교인이라고 잘못 생각했었다.[29] 이러한 혼란이 생긴 것은 일칸이 교황과 교섭을 시작하고, 기독교도가 일칸과 함께 밉상스러운 맘루크에 대항하는 '십자군'이 되어주리라는 일칸국의 희망 때문인지는 알 수 없다.[30] 그럼에도 불구하고 베르케 칸은 훌레구의 불교 성향에 대해 더 잘 알고 있었을 테지만, 맘루크 궁정에 보낸 서한에서 밝히기를, 종교 문제는 실제로 그의 관심사가 아니라고 했다. 그에게 더 시급한 문제는 그나 훌레구나 모두 몽골인이라는 사실이었다. 그들은 둘 다 칭기즈 칸의 직계 후손이었으며, 여전히 몽골 통일체라는 생각이 크게 작용했다. 그는 시리아에서 일칸이 패배한 후 그 대학살을 보고, "몽골인이 몽골의 검에 죽임을 당하고 있다. 우리가 단합했더라면, 전 세계를 정복했을 텐데"라고 한탄했다.[31]

⊕ 이슬람 법에 따른 결정이나 명령.

⊕⊕ 동부 지중해 및 그 섬과 연안 제국.

2년 후 킵차크 칸국은 몽골 통일체라는 개념을 포기하고, 대신 지하드의 수사학을 채용했다. 이 결정이 얼마나 종교적인 동기에서 이루어졌는지는 토론의 여지가 있다. 킵차크 칸국의 지도자에게 더욱 시급해 보이는 일은 재정적 문제였다. 즉, 일칸국은 주치 가문이 이집트와의 노예 무역을 중단하기를 원했는데, 투르크 노예들이야말로 맘루크의 군사력을 직접 지탱했기 때문이다. 그러나 이러한 일칸국의 요청에 응하면 킵차크 칸국의 주요 경제성장 동력이 중단될 수 있었기 때문에 그들은 이를 거절했다. 설상가상으로 주치 가문은 일칸국이 북부 이란 영토와 그 경제 자원 기반의 소유를 주장한 것 때문에 분노했다. 이러한 두 가지 요인으로 인해 일찍이 주치 가문이 가지고 있던 몽고 형제라는 관점이 결국 내팽개쳐지고, 무슬림 대對 비무슬림의 분열이 그 자리를 대신했다.

이 전쟁에서 무슬림 정체성이 몽골 정체성을 능가하게 되었는데, 특히 지하드 수사학과 관련된 것이 첫 번째 퍼즐 조각으로, 몽골 이후 내륙아시아를 결정짓는 괴팍한 종교 정치적 풍경에 대해 설명해준다. 두 번째 조각은 첫 번째 조각과 관련이 있지만, 완전히 다르다고 할 수도 있는, 소위 '칭기즈 칸의 통치 원리'이다. 이 개념에 따르면 통치자, 특히 칸이라는 칭호를 갖는 사람은 반드시 칭기즈 칸의 직계 후손이어야 한다. 이 원칙은 몽골 제국의 여파로 생겨난 몽골과 투르크 지도자들에게 특히 민감한 논점이었지만, 칭기즈 칸 이후 직계 몽골 세대에게 더 시급한 우려는 누가 정당하게 '대칸'이라는 칭호를 받아 최고의 권력을 쥐느냐였다. 잘 알려진 것처럼 칭기즈 칸은 셋째 아들 오고데이가 그를 계승하기를 원했다. 장남이 후계자가 되는 일은 말도 되지 않았는데, 장남은 자신의 아이가 아니었기 때문이다. 칭기즈가 권력을 잡아가는 동안 그의 아내는 납치되어 강간을 당했는데, 주치는 그 결과 얻은 아이로서 몽골어로 '손님'이라는 뜻이다. 칭기즈 칸의 둘째는 그의 아들이었지만 엉뚱한 데다가 술주정꾼이기까지 했다. 툴루이는 너무 어렸고, 따라서 오고데이가 선택받은 자가 되었다. 여러 면에서 그것은 잘한 선택이었다. 그러나 오고데이의 재위 기간은 짧았고 그가 분명한 후계자 없이 사망하자 가족 간 불화가 터졌다. 수년 간의 불화 끝에 강력한 몽골 여성들이 그들의 자녀나 남편을 최고 위치로 끌어올리기 위해 배후에서 움직이다가 마침내 몽케가 칸이 되었다. 그는 툴루이의 장남이었다. 즉, 툴루이의 혈통이 오고데이의 혈통을 능가하면서 "칭기즈 칸의 통치 원리"가 뒤뚱거렸다.

몽케가 죽은 후 툴루이 가문이 대칸이라는 칭호를 주장하는 데 도전이

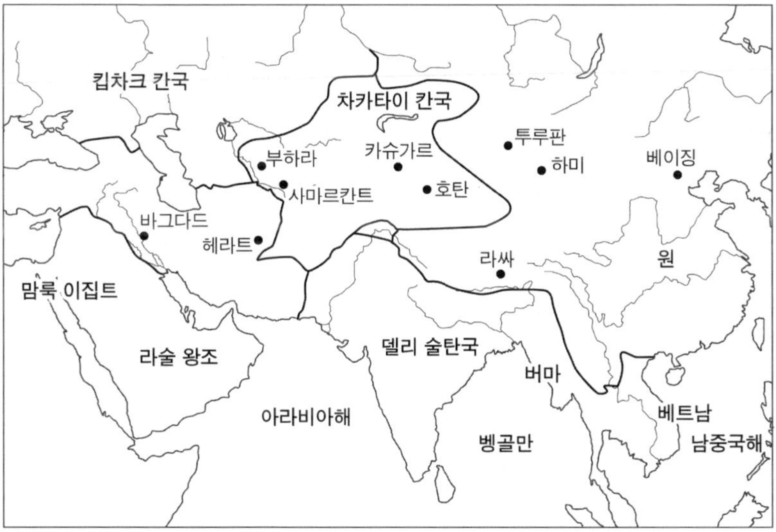

지도 15. 4개의 울루스

없지 않았다. 특히 오고데이의 손자인 카이두(1230~1301년)는 오고데이와 차가타이의 가계를 복권하기 위해 툴루이 가문과 30년 동안 전쟁을 벌였다.[32] 안타깝게도 그는 툴루이 가문의 두 아들, 쿠빌라이와 훌레구라는 강력한 적을 만났는데, 이들은 각각 중국의 원나라와 이란의 일칸국의 창시자가 되었다. 따라서 카이두는 전쟁에서 패배했다고 하지만 그의 후손을 위해 중앙아시아의 영토를 확보할 수 있었는데, 이것이 차가타이 울루스라고 알려진 것이다. 그리고 다른 3개의 울루스, 즉 원나라, 일칸국, 킵차크 칸국과 함께 이 네 집단이 현재 우리가 아는 몽고 제국(지도 15)을 이루게 되었다.

이렇게 짧은 역사적 개략에서 분명히 알 수 있듯이, 이런 4개의 울루스가 생겨남으로써 제국의 통일을 이루지 못했다.[33] 그보다는 오히려 몽골 제국의 창설이 갈등과 분리 그 자체였다. 어떠한 시점에서도, 위의 지도에서 보듯 혹은 후기 역사에서 말하듯, 거대한 통일 제국이 존재한 다음 그것을 칭기즈 칸의 후손끼리 편리하게 분배했던 적은 결코 없었다. 대신 몽골 제국의 형성은 항상 갈등과 붕괴 세력을 만들어냈다. 결과적으로 보면, 종종 몽고 제국이라고 생각하는 것이 거의 가상적이라고까지 말할 수 있다. 그렇지만 이런 말을 한다고 해서 몽골 정복이 없었다거나, 팍스 몽골리카가 없었다는 뜻이 아니다.[34] 또는 마치 제국이 통일된 것처럼 울루스 사이에서 외교 사절들과 세금이 이동하지 않았다고 말하는 것도 아니다.[35] 혹은 몽골인은 몽골 권력 아래 통일된 강역에 대한 이론을 가지고 있지 않았다는 뜻도 아니다.[36] 분명 이러한 일들은 실제로 일어났으며, 몽골인이 제국 이론을 가지고 있었던 것도 사실이다. 그러나 이론은 실제와 다르고, 4개의 울루스로 표현된 몽골 제국의 창조 자체가 대립과 불일치의 창조라는 점을 명심해야 한다. 이를 강조하는 까닭은 이 점이 바로 퍼즐의 세 번째 조각이기 때문이다. 즉, 13세기 후반에 이미 비무슬림 몽골인에 대항하자는 지하드 이론이 동원되었을 뿐만 아니라, 곧 닥칠 몽골 제국 이후 세계의 정치적 균열, 그리고 그 균열과 칭기즈 칸의 통치 원리와의 관계도 몽골 제국 자체의 구조에 내재되어 있었다.

이를 염두에 두고 퍼즐의 네 번째 조각인 이슬람화를 살펴보자. 특히 차가타이 울루스의 개종에 유념해야 하는데, 이 울루스가 킵차크 칸국과 일칸국이라는 이슬람 서쪽과 원元 왕조라는 비이슬람 동쪽 사이에 끼어 있는 지역이기 때문이다. 물론 오늘날 차가타이 울루스 지역 대부분이 이슬람 지역이지만, 14세기에는 그렇지 않았다. 차가타이 울루스의 통치자들은 1295년 가잔 칸이 개종한 후에도 수십 년 동안 계속 불법을 따라 했다. 예를 들어 1339년 차가타이 통치자 이순 테무르는 유식학파唯識學派 불교 사원을 보호하기 위한 법령을 발표했다.[37] 그렇지만 차가타이 가문이 왜 계속 불법을 지지했는지에 대한 이해는 많지 않다. 그러나 분명 그리할 만한 타당한 이유가 몇 가지 있었다. 그중 하나는 차가타이 가문이 자신들을 서쪽의 몽골 무슬림과 다르다고 보고 싶어 했다는 것이다. 이러한 전략이 카이두의 30년 전쟁 이후 원 왕조와 그들 사이의 약해진 관계를 회복하는 데 도움이 되었을 수도 있다. 원 왕조가 유라시아에서 가장 강력한 실력자가 되면서 마땅히 원나라와 잘 지내야 했을 수도 있다.

즉각적인 정치적, 경제적 문제 이외에 차가타이 가문 통치자들은 그들 자신의 혈통이라는 유산도 해결해야 했다. 특히 그들은 차가타이 가문,

즉 차가타이의 후손이라는 것이 무엇을 의미하는지 그 질문에 답을 구해야 했다. 그들을 어떻게 정의할 수 있으며, 다른 칭기즈 칸 혈통이나 그 각각의 강역과 비교하여 그들을 구별하는 것이 무엇인가?[38] 차가타이 가문이 생각해낸 대답은 그들이 마지막 몽골인, 진정한 몽골인이라는 것이었다. 그들은 킵차크 칸국이나 일칸국처럼 무슬림이 되지도 않았고, 원나라의 몽골인처럼 중국화되지도 않았다. 대신 그들은 계속해서 칭기즈 칸의 법규인 자사크*jasaq*⊕를 따랐지, 샤리아*shari'a*나 중국 법을 따르지 않았다. 이러한 결정은 분명 여러 가지를 의미하겠지만, 여기서 특별히 언급할 필요가 있는 바는, 칭기즈 칸이 "펠트 벽의 텐트 사람들"[39]을 다스렸다고 했던 선언에 초점을 맞추었다는 것으로, 이로써 차가다이 가문은 중국과 이란의 몽골 형제들이 유목 양식을 포기하고 도시 생활을 택했던 바를 거부했다.

요컨대 그들이 마지막 진정한 유목 몽골인이라는 주장이야말로 차가타이 가문을 규정하게 되었다. 더욱이 예상할 수 있듯이, 그들은 이러한 속성이 모두 그들의 조상 차가타이의 삶에 나타난다고 보았는데, 차가카이는 칭기즈 칸의 법규를 가장 강력하게 옹호한 것으로 유명하며, 칭기즈 칸의 법규는 마치 샤리아가 무슬림이라는 의미를 규정하는 것과 마찬가지로 많은 점에서 '몽골다움'을 규정했다. 이런 점에서 차가타이는 자사크를 옹호했을 뿐만 아니라, 그 과정에서 샤리아가 몽골 법에 위배된다고

⊕ 자사크*Jasaq*는 칭기즈 칸이 제정한 성문법으로, '야사, 야삭, 자삭*Yasa*, *Yasaq*, *Jazag*, *Zasag*' 등으로 불리기도 한다.

계속해서 무슬림을 박해했다.[40] 그 결과, 몽골의 역사적 상상력에서 차가타이에 대해 알려진 바는 그가 반무슬림적이라는 것이다.[41] 차가타이가 '몽골다움'과 이슬람의 거부를 상징하게 되자 차가타이 가문통치자들이 이슬람 신앙을 받아들이기는 어려워졌다.

이러한 이데올로기적 문제에 더하여 차가타이 가문의 칸은 두 가지 문제를 더 감당해야 했다. 첫 번째이자 가장 시급한 문제는, 아주 단순히 말해, 자신들의 약점이었다. 카이두 칸의 죽음 이후 일련의 약하고 무능한 통치자들이 차가타이 울루스를 이끌었다. 이로써 차가타이 울루스는 다음 여러 세기에 걸쳐 어려움을 겪었다. 지방 통치자들은 계속해서 중앙 권위에 도전했고, 칸이 사망하면 반드시 형제 간 전쟁이 발발했다. 14세기 처음 수십 년 동안 상황은 특히 심각했다. 초기 차가타이 칸 가운데 한 명이 이슬람으로 개종하기를 원했다고 하더라도 그는 우선 앞서 언급했던 문제들을 다루어야 했을 뿐만 아니라, 지방에서 확고하게 자리 잡고 있는 불교 교단도 처리해야만 했을 것이다. 예를 들어 투르판의 위구르 불교도는 지역에서뿐만 아니라 원 왕조와 일칸 사이에서도 최고의 권력층에 있었다.

이러한 요인을 모두 고려하여 차가타이 칸들은 14세기까지 계속 불법을 지원했다. 그러나 1331년 근래 이슬람으로 개종한 다르마슈리가 차가타이 가문의 왕좌를 차지했다.[42] 왜 그가 개종했는지는 알려지지 않았지만 정치적, 경제적 이유가 어떤 역할을 했을 가능성이 매우 높다. 예를 들어 다르마슈리는 이슬람을 택하면 자신의 강역에 있는 중앙아시아 무슬림 사이에서 그 지지를 키워 칸으로서 자신의 권력을 강화할 수 있음을 알았다. 또한 무슬림이 되면 이슬람 세계와의 무역 관계도 개방될 것이고 그로써 경제가 개선되면 그의 정치적 지위도 강화될 것이었다. 시리아, 이집트, 델리 술탄국의 무슬림 상인들에게는 사실, 다르마슈리가 칸이 되자 차가타이 울루스를 방문했다고 한다.

그럼에도 불구하고 다르마슈리의 통치는 완전한 실패였다. 3년 후 그는 인도로 도망치는 중에 살해당했다. 무엇이 잘못되었을까? 다르마슈리가 저지른 가장 큰 실수는 칭기즈 칸의 법규보다 샤리아를 공개적으로 선호했다는 것이다. 이 두 법령 체계를 조화시키는 문제는 항상 몽골 개종자들에게 어려웠으며, 대부분의 경우 해결책은 이 둘 사이에 어떻게든 균형이나 타협을 이루는 것이었다.[43] 물론 모든 이들이 다 그러한 타협에 동의하지는 않았다. 예를 들어 이븐 타이미야가 몽골인을 거짓 무슬림이라고 비난했던 이유는 바로 그러한 타협 때문이었다. 반면 다르마슈리는 신성한 칭기즈 칸 법령을 저버렸기 때문에 차가타이 가문으로부터 비난을 당했다.

다르마슈리가 쫓겨난 것은 차가타이 가문의 질서를 위배했기 때문만은 아니었다. 또 다른 문제는 그의 이슬람 영합이 모든 구성원과 잘 어울리지 않았다는 것이다. 차가타이 울루스의 중앙아시아 서반부, 즉 부하라와 사마르칸트에서는 이것이 잘 먹혀들었을지 모르지만, 그의 열렬한 이슬람 홍보는 그의 강역이던 비무슬림 동반부에서는 저항에 부딪혔는데, 그 지역은 14세기 후반까지 확고한 불교도로 남아 있었다.[44] 그리고 그들이 다르마슈리를 폐위시킨 사람들이었다. 더욱이 그가 죽고 나서 그 강역의 동반부에 있는 차가타이 가문에서는 그들 중 한 사람인 쟌케쉬(재위

1335~1338년)를 왕좌에 올렸다. 이슬람 사료에 따르면 잔케쉬는 독실한 불교도로서 여러 사찰을 지었을 뿐 아니라 모스크에 불상을 두기도 했다.[45] 달리 말하자면 그는 모스크를 불교 사원으로 바꾸었다.

잔케쉬 칸의 사례는 동부 투르키스탄에서 불법의 끈질긴 생명력을 보여줄 뿐만 아니라, 차가타이 울루스의 두 부분 간의 균열이 증가하고 있음을 보여준다. 불교-무슬림 분열로는 이러한 절단에 대해 부분적으로만 설명할 수 있을 뿐이다. 이 지역의 지형이 그러한 분단이 일어나기에 적합했기 때문에 이 지형에 맞추어서 정치, 경제, 종교 네트워크가 발달했다고 놀라울 일도 아니었다. 차가타이 울루스가 결국 중앙아시아의 티무르 왕조와 동투르키스탄의 모굴리스탄 칸국으로 분리되는 경우에서[46] 환경 관련 요소를 한 가지 더 고려해야만 한다. '몽골다움'의 특징으로 유목목축주의를 정함으로써 차가타이 가문은 반드시 적절한 지형을 가진 지역에 있어야만 했을 뿐 아니라 도시화에 저항할 수밖에 없었다. 제1장에서 보았듯이 도시화 과정은 엄청난 사회적 변화를 가져오며, 차가타이 가문은 바로 이러한 변화에 저항했다. 반면에 티무르는 이슬람 중앙아시아의 도시 문화를 전력으로 받아들였으며, 이러한 결정은 반드시 어떤 영향력을 발휘하게 되었다.[47] 바로 이러한 이유 때문에 도시화가 퍼즐의 다섯 번째 조각이 된다.

도시화에 대해 이렇게 상이하게 접근하면서 생긴 결과로, 첫 번째, 차가타이 울루스의 두 부분이 점점 더 멀어질 수밖에 없었다. 이는 정치적으로뿐만 아니라 문화적으로나 종교적으로도 그러했다. 특히 티무르 왕조가 중앙아시아의 국제 이슬람 세계의 일부가 되고 역사상 가장 위대한 건축물들을 세우는 동안, 모굴인은 도시의 유혹에 완고히 저항함으로써 도시 문화 세계뿐만 아니라 그 종교 세계까지도 기피했다. 1354년 모굴칸, 투글룩 테무르(사망 1363년경)가 마침내 이슬람을 받아들였을 때, 그가 후원한 사람은 중앙아시아 도시 세계의 유명한 수피 시크가 아니라 잘랄 알딘과 그의 아들 아르샤드 알딘이었는데, 이들은 롭 카타크 마을의 지방 수피 지도자들이었다.[48] 왜 투글룩 테무르가 그리했는지 알 수 없지만, 확실히 이 결정을 한 요인 중에는 카타키 교단이 저명한 중앙아시아 수피가 아니었기 때문에 어떤 도시화 요구도 하지 않은 것이 포함된다. 카타키는 부하라 출신의 저명한 하나피 법학자 가문으로서, 이 가문은 칭기즈칸이 카라코룸으로 강제 이주를 명한 후 롭 카탁에 정착했고, 수 세기가 지나면서 중앙아시아와의 관계나 도시 이슬람 문화와 맺은 깊은 뿌리를 잃어버렸기 때문에 교리적으로 도시화의 세력과 관련된 요구는 전혀 없었다.[49] 실제로 그들은 마드라사라든가 도시화된 이슬람의 다른 많은 제도적 측면을 필요로 하지 않았는데, 이것이 모굴인과 잘 맞았다. 그들 유목민으로 그런 것들이 필요하지 않았다. 그들은 것들을 '몽골다움'의 퇴보라고 보았다. 그 결과 카타키는 모굴인이 일종의 "유목적 이슬람"을 행하도록 했는데, 이는 차가타이의 후손들과 완벽하게 어울렸다.

물론 카타키와 그러한 동맹을 맺고 그들의 유목 전통을 유지하면서, 복잡하게 얽힌 수많은 정치적, 경제적, 종교적 결과가 생겼다. 이로써 모굴인은 티무르 왕조와 그들의 특별한 도시적 수피 전통에서 더욱 멀어졌다. 또한 모굴리스탄 칸국의 관습이 "유목적 이슬람"이 되면서 예기치 않은 결과도 초래되었는데, 모굴의 통치 아래 불교가 계속 번성할 수 있었다.

이렇게 된 이유는 불교와 이슬람이 근본적으로 도시 종교이고, 역사적으로 이 두 종교가 서로 상호 교류를 하거나 갈등을 일으키는 곳도 도시에서였기 때문이다. 그런데 모굴인의 "유목적 이슬람"이 이러한 공통 역학을 변모시켰다. 모굴인은 도시에 관심이 없었기 때문에, 실크로드의 불교 도시가 모굴리스탄 칸국 왕조에 세금을 지불하는 한 그 도시 대부분을 그대로 내버려두었다.

모굴인이 이슬람으로 개종하고 난 이후 두 세대 동안 동투르키스탄에서는 비교적 무슬림과 불교도 사이에 평화가 유지되었다. 예를 들어 이 지역을 지나갔던 어떤 무슬림 여행자가 기록한 바에 따르면, 불교 사원과 모스크가 나란히 서 있었다고 한다: "라자브Rajab 달⊕ 21일(8월 2일)에 그들은 카물[하미]이라는 마을에 도착했다. 이 마을에 아미르 파크루드 딘이 웅장한 모스크를 세웠었는데, 그곳 사람들이 모스크 맞은 편에 거대한 불교 사원을 지었고, 그 안에 큰 우상을 세워두었다. 그 왼쪽과 오른쪽에는 수많은 작은 우상들이 있었다. 큰 우상 바로 앞에는 뛰어난 예술미와 탁월함을 보이는 열 살짜리 아이 동상銅像이 서 있었다. 건물 벽에는 전문적인 솜씨로 만든 프레스코화와 절묘한 채색화들이 있었다. 사원 정문에 있는 두 마신상魔神像은 막 서로 싸울 듯해 보였다."[50] 같은 상황이 나왈경羅日褧의 『함빈록咸賓錄』에도 기록되어 있는데, "뤼크츈[동투르키스탄]에서는…. 두 종류의 사람들이 사는데, 무슬림과 불교도이다"라고 했다.[51] 그러나 이 평화로운 상황이 끝난다.

⊕ 이슬람력歷의 제7월.

그 이유는 낙쉬반디 수피 교단의 출현으로, 이 교단이 궁극적으로 모굴인 가운데에서 카타키 교단을 대체했다. 내륙아시아에서 새로운 이 수피 교단의 영향이 그토록 깊어진 이유는 낙쉬반디 교단이 중앙아시아 출신이어서 도시적 분위기의 종교적 관습을 만들었기 때문이다. 그 결과 한 세기에 걸친 저항 끝에 모굴인은 도시화의 영향을 받고 15세기 동안 타림 분지의 여러 도시에 정착했다. 낙쉬반디 교단이 내륙아시아에 불러온 혁신은 도시화 촉진만이 아니었다. 그들은 이후에 이어지는 이 지역의 역사에 깊은 영향을 미쳤으므로, 이들이 퍼즐의 여섯 번째이자 마지막 조각이 된다.

폭풍 전의 고요

이러한 발전을 모두 연결해서 하나의 일관성 있는 전체로 만들기 위해, 한 발짝 물러서서 좀 더 큰 그림을 살펴보자. 특히 14세기 후반에서 15세기 초의 불교-무슬림 데탕트가 차가타이 울루스 강역 안에서 펼쳐진 사건이라고만 설명할 수 없음을 알아야 한다. 내륙아시아에서 이러한 상황을 만든 두 가지 요인은 중국 원 왕조의 붕괴, 그리고 그와 동시에 중앙아시아에서 티무르 왕조(1405~1507년)의 창시자인 타메를란Tamberlane⊕(1336~1405년)이 부상한 일이다.[52]

⊕ 타메를란은 티무르 왕조의 시조로, 흔히 '티무르'라고만 알려져 있다. 저자는 티무르 왕조와 구별하기 위해 그의 이름 '타메를란'을 사용했다.

1368년 중국에서 몽골인이 몰락한 일은 전혀 놀랍지 않다. 원 왕조는 1294년 쿠빌라이 칸이 사망한 이래로 정치적 마비와 경제적 부정행위에 시달려 사실상 난파 상태였다. 이러한 문제들의 근원에는 차가타이 가문의 칸들이 직면했던 바로 그 질문(원나라 통치자들은 몽골의 방식을 유지해야 하는가, 아니면 중국의 제국적, 문화적 관습을 채택해야 하는가?)이 놓여 있었다. 이 논쟁의 한쪽에는 강력한 투르크족과 몽골의 군사 엘리트가, 다른 쪽에는 견고한 중국 관료 체제가 자리 잡고 있었으며, 이 두 세력 모두 계속 이어지는 어리고, 무능하고, 정치적으로 남의 눈치를 봐야 하는 황제들을 통해 자신들의 뜻을 펴려고 무대 뒤에서 활동했다.[53] 이러한 역학 관계가 드러난 가장 터무니없는 사례가 여섯 살의 린친발(원 영종寧宗)인데, 1332년에 투르크계 장군 엘 테무르와 부다시리 태후가 타협하여 그를 대칸으로 받아들였다. 그는 왕위에 오르고 53일 후에 세상을 떠났다.[54]

린친발의 불명예스러운 재위 이전에도 몽골의 통치는 끔찍할 정도로 불안정했다. 린친발 이전 25년 동안 6명의 황제가 원 왕위를 장식했으며, 이들 모두 강력한 정치 후원자들의 입장을 대변했다.[55] 1333년 린친발의 후계자이며 중국의 마지막 몽골 통치자인 토곤 테무르(원 혜종惠宗)가 왕위에 오르자 빠르게 이러한 전통이 이어졌다. 그는 카이샨 칸(재위 1307~1311년)의 손자로, 카이샨은 대초원 중심의 정책을 도모했었다. 카이샨 칸은 심지어 몽골 고원의 장자커우(장가구張家口) 북쪽 대초원에 새로운 수도 중도中都를 건설하라고 명했다. 그러나 그가 세상을 뜨자 그가 지명한 후계자인 부얀투(원 인종仁宗)는 이러한 정책을 완전히 뒤집어버리고 대신 중국 의제를 장려했다. 특히 1313년 부얀투가 성리학 중심의 과거제도를 복원한 일은 주목할 만하다. 더욱이 그는 중국의 선례를 바탕으로 원나라의 법전을 편찬하라고 명하기도 했는데, 이것이 1324년 2,400건의 법률 문서로 완성된 『대원통제大元通制』이다.[56]

서로 경쟁하던 투르크-몽골 세력과 중국 세력의 핵심에서는 토곤 테무르를 하나의 위협으로 받아들였다. 그런 연고로 그는 열 살 때 한반도 북서 해안에 위치한 섬으로 유배되었다. 그러고 나서 중국 최남단의 광시(광서)로 옮겨졌다. 린친발이 사망하자 토곤 테무르의 지지자들이 엘 테무르를 앞질러 그를 왕좌로 복귀시켰다. 그러나 그가 겨우 열세 살이었기 때문에 진정한 권력은 다른 사람들 손에 있었고, 그들이 '친親중화' 정책을 추진하면서 또다시 '친몽골'의 도전을 받았다. 토곤 테무르의 재위 동안 이러한 정치적, 이데올로기적 불화만 있던 것이 아니다. 왕조 전체가 엄청난 환경 문제로 어려움을 겪었으니, 여기에는 황하의 홍수로 인한 기근과 1350년대에 수많은 사람들을 죽게 한 질병의 발발이 포함된다. 이러한 재난들이 경제 전체에 심각한 영향을 미쳤고, 이에 대응하여 정부는 돈을 인쇄하여 문제를 해결하려고 했으나, 항상 그렇듯 인플레이션을 유발하고 상황을 악화시키기만 했다. 정치적 마비, 환경 재앙, 경제 붕괴라는 더할 수 없는 악화 일로에서 일어날 수밖에 없는 반응은 혁명이었고, 중국에서 종종 그랬듯이 혁명은 종말론적 종교 용어로 그 틀을 잡고 나타났다. 불교적인 구세주의 비전으로 열렬하게 불타오르며, 홍건적과 같은 집단이 나타나 원나라에 항거했다. 궁극적으로 다양한 이 집단들이 주원장朱元璋의 유능한 지도 아래 다른 반군 운동과 합세했는데, 주원장은 이전에 불교 승려이자 미륵보살 신봉자로 이들 혁명단을 이끌고 북쪽으로 행진하여 몽골 통치자들을 추방했다. 1368년 9월 10일 혁명은 승리했고, 주원장(재위 1368~1398년)이 명나라(1368~1644년)의 황제로 선포되었다.

한편 토곤 테무르와 그의 몽골 추종자들은 북쪽으로 도망쳤다. 그들로서는 너무나 놀랍게도, 몽골의 옛 수도인 카라코룸이 이미 점령당해 있었다. 몽골 고원 전체, 즉 그들 조상의 '고향'은 오이라트가 장악하고 있었다. 최근에 패배를 겪었던 몽골 군대가 오이라트로부터 통제권을 빼앗아올 수 없다고 생각하자, 토곤 테무르와 몽골인들은 이도 저도 아닌 상태에 갇혀버렸다. 결국 그들은 남하하여 만리장성과 고비 사막 사이에 있는 무인 지대에 자리를 잡았고, 지금 이 땅이 오늘날 중화인민공화국의 내몽골 지방이다.[57] 환경적으로나 정치적으로 변방에 속한 완충지대에 난민으로 도착한 지 2년이 지나 토곤 테무르는 이질로 사망했다.

그의 불명예스러운 죽음은 원나라 이후 몽골의 운이 쇠퇴하고 있음을 잘 상징했지만, 중국에서는 그렇게 보지 않았다.[58] 대신 명나라 궁정에서는 계속해서 몽골인을 명의 존재에 대한 치명적인 위협이라고 간주하여 여러 번 몽골 침략을 시도했다. 분노한 명나라 궁정으로서는 당황스러워할 정도로 몽골인은 계속 용케도 패배를 피해 갔다.[59] 몽고와 명의 투쟁이 계속되면서 의도하지 않았던 일들이 벌어졌는데, 그중 하나가 오이라트인이 더욱 강성해졌다는 것이다. 앞서 언급했듯이, 오이라트인이 원 왕조 후기에 몽골 고원을 점령했지만, 그들이 누구인지 어디에서 왔는지뿐 아니라 어떻게 이런 일이 일어났는지도 설명하기 어렵다.[60] 그럼에도 불구하고 몽골인이 원 왕조 동안 점점 중국 문제에 휘말리자, 14세기가 되면서 오이라트라는 용어는 몽골 고원을 장악했던 4부족, 즉 오이라트, 나이만, 케레이트, 바르구드 가운데 가장 중요한 명칭이 되었다.

오이라트가 몽골 고원의 '중심지'를 장악했지만, 그들이 원나라 붕괴 직후 시기의 주요 세력은 아니었다. 서쪽에는 강력한 모굴 통치자 투글룩 테무르 칸이 있었고 남쪽에는 약화되었지만 여전히 힘을 잃지 않은 몽골인이 있었다. 그리고 몽골인과 모굴인 둘 다 군사력뿐만 아니라 경제적 지위에서도 권력을 쥐고 있었다. 특히 그들은 동서 무역을 다스렸는데, 중앙아시아 말 무역을 통제한 일이 그중에서 각별히 중요했다. 말은 명나라 군대와 그 나라의 경제에 필수였다. 중국 땅에는 강한 말을 기르는 데 필수 광물인 셀레늄이 부족하기 때문에, 말이 없으면 명나라는 문자 그대로 멈추어 설 수도 있었다.[61] 매년 명나라가 몽골인에게 거의 200만 마리의 말을 구입했다는 사실에서 이 교역의 중대성을 짐작할 수 있다.[62] 원나라 이후 몽골인이 심하게 공격을 받고 패배를 당했음에도 불구하고, 그들은 여전히 명나라를 좌지우지했다.

중국의 국가 안보가 야만적인 적들의 변덕스러운 손에 달려 있다고 보았던 명나라 궁정으로서는 이러한 상황을 참을 수 없었다. 중요한 이 문제를 어떻게든 해결해야 했고, 그에 대한 가장 빠른 선택은 침략과 정복이었다. 그러나 홍무제와 영락제(재위 1402~1424년)의 원정은 모두 엄청난 실패였다. 몽골인은 일단 대초원으로 후퇴했을 뿐, 거리가 멀어져서 공급선이 제대로 작동하지 못해 오도 가도 못 하게 된 명나라 군대를 처단했다. 이러한 실패에 대응하여 명나라 궁정에서는 두 갈래 전략을 택했다. 첫 번째는 또 다른 말 공급원을 찾는 일이었는데, 그들은 티베트와 차마교역茶馬交易을 재구축함으로써 이를 해냈다.[63] 예를 들어 1435년에 단 한 번의 거래로 1만 3천 마리의 말에 109만 7천 파운드 무게의 차가 나가는 등 거래가 엄청나게 확장되었는데, 그럼에도 불구하고,[64] 명 궁정에서는 몽골인이나 모굴인과 무역을 계속 유지하기를 원했다. 이를 위해 명나라는 무역 관계를 정상화하기로 했는데, 단 내세우는 조건이 있었다. 명나라의 계획은 서역과의 무역품 모두를 하미라는 독립된 작은 도시 국가를 통해 들여오는 것이었는데, 1406년 하미는 명나라의 국경 수비 체제에 편입되었다.[65]

몽골의 칸 굴리치(구리키鬼力赤)(1402~1408년)는 이 조건에 동의하지 않았고, 중국과 무역을 했던 하미 왕가의 엔케티무르安克帖木兒를 독살했다. 이 사건으로 명나라 궁정은 당황했지만 그래도 무역 협상을 해낼 수 있으리라 기대했다. 그러나 그들의 사절이 새로운 몽골 통치자 분야시리本雅失里의 명령으로 처형되자, 명나라 궁정은 마침내 몽골과의 협상을 완전히 단절하기로 결정하고 몽골의 대적인 오이라트와 접촉했다. 그런 다음 명나라는 오이라트 통치자에게 칭호와 특권을 부여했을 뿐만 아니라 직접 무역 관계를 열었다. 그 호의에 보답하기 위해 오이라트의 통치자 마흐무드(사망 1416년)는 1412년에 몽골을 공격했다. 분야시리를 죽이고, 마흐무드는 자신의 아들 델베그答力巴(재위 1412~1414년)⊕를 몽골 왕좌에 즉위시켰다. 이렇게 명나라의 도움으로 오이라트 시대가 도래했다.

오이라트 통치자의 이름인 마흐무드는 물론 아랍어 이름으로, 당시 많은 오이라트 엘리트가 무슬림이었을 것이다. 몽골인과 명나라 둘 사이에

⊕ 1412~1415년 혹은 1415년.

서 꼼짝할 수 없게 된 오이라트는 필연적으로 서쪽의 모굴리스탄 칸국과 티무리 왕조에게 관심을 돌렸다.[66] 그리고 경제적 이유에서 서방으로 관심을 전환했을지 모르지만, 종교적 의미도 갖게 되었다. 오이라트는 서쪽과 관계를 맺음으로써 이슬람의 영향권 안으로 들어갔는데, 이는 같은 시기 동남아시아에서 일어났던 일이기도 하다. 즉, 원나라 멸망 이후 중국과의 무역이 쇠약해지자 오이라트와 동남아 왕국들이 이슬람 무역 네트워크와 연결되었고, 그와 함께 필연적으로 이슬람화가 도래했다.[67] 그러나 동남아시아와는 달리 오이라트의 이슬람 개종은 오래가지 못했다. 불과 수십 년이 지나자 오이라트는 사실상 불교도가 되었다.

이런 점에서 오이라트는 이슬람 역사상 신앙을 포기한 드문 민족 중 하나가 되었다. 더욱이 스페인이나 발칸 반도에서 이슬람을 몰아내기 위해 잔혹한 무력을 동원했던 일과는 다르게 무슬림 오이라트의 불교 개종은 무혈 사건이라 할 수 있다. 물론 이렇게 된 데는 대다수 오이라트인이 처음부터 이슬람에 그다지 헌신하지 않았기 때문일 수도 있다. 또한 중국과의 무역이 개방되자 오이라트는 더 이상 이슬람 무역 네트워크에 의존하지 않아도 되었으므로 더 이상 무슬림이라는 게 별 가치가 없기도 했을뿐더러, 아마 당시 중국과 거래하는 데 방해가 되었을 것이다. 이유야 어찌 되었든 간에, 오이라트 통치자가 그들이 초기 모굴리스탄 칸국과 티무리 조와 맺었던 동맹의 수피 지도자들을 버리고 티베트 라마와 조율하기로 한 결정은 중대한 결과를 초래했다. 여러 면에서 이는 다가오는 불교-무슬림 분열의 역사적 분기점이었다.

15세기 중반 오이라트 통치자가 불법으로 전환한 일을 탐구하기 전에

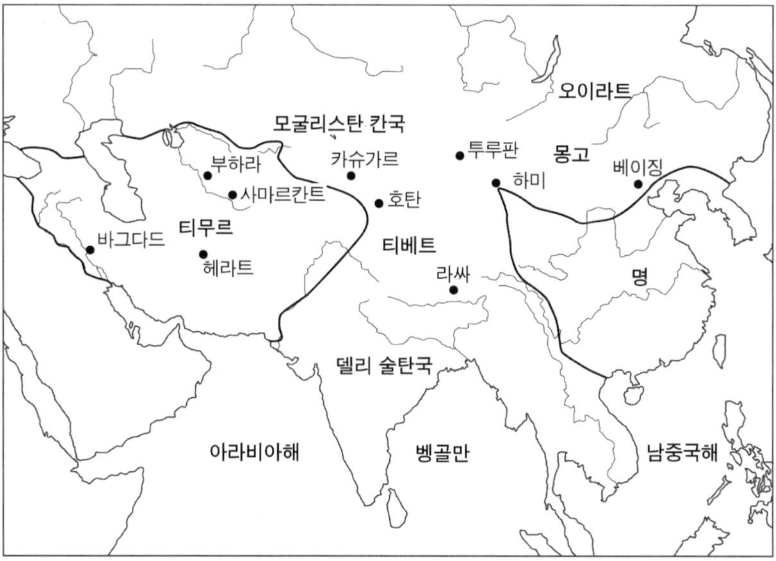

지도 16. 15세기 내륙아시아

폭풍 전야의 고요함, 특히 15세기 전반의 몇 십 년간 모굴인과 오이라트인 가운데 낙쉬반디 수피 교단과 티베트 라마들이 나타나기 전으로 되돌아가보자. 이 짧은 평화 시기 동안 티무르 조와 명나라 사이 실크로드를 통한 교역과 소통이 마지막으로 폭발적으로 일어났다.[68] 어떤 의미에서 보면 이 교역과 문화 교류는 팍스 몽골리카의 마지막 순간이었다. 당시 이 지역을 하나로 묶어주는 통합된 제국이 없었기 때문에 교역과 문화적 개방을 포함하여 이 특정 순간을 또 다른 세력균형의 시대, 예를 들면 몽고 정복 직전의 "순니파 국제주의" 시대와 같은 것으로 이해해야 더 정확하다. 약 1370년부터 1430년까지 티무르 조, 모굴인, 오이라트인, 몽골, 명나라 왕조는 중앙 유라시아 전역에서 비슷하게 힘의 균형을 이루었다(지도 16).

이 시대를 잘 보여주는 당대 유명 기념물에 대해서는 이미 다루었다. 즉, 앞에서 하미에 있는 불교 사찰의 맞은 편에 모스크가 세워져 있었다는 구절을 언급한 바 있다.

이 재미있는 일화의 저자는 화가 기야스 알딘 나까쉬로, 1419년 샤 루흐 칸이 중국으로 파견한 티무르 조 사절단의 공식 서기관이다. 당시 불교와 무슬림의 공존에 대한 그의 보고보다 그가 불교 미술과 조각에 매료되었다는 점이 더 흥미롭다. 이전 장에서 언급했듯이, 불법과 이란 세밀화 전통 간에 있던 연관성은 거의 잊혀졌다. 그러나 기야스 알딘의 경우에서 당시 불교 미술이 무슬림 예술가들에게 보여주었던 매력과 영감을 엿볼 수 있다. 예를 들어 기야스 알딘은 와불臥佛상이 있는 사원의 벽화를 보고 "세상 모든 화가들이 경이로워할 정도의 특성"이 있다고 한다. 더욱이 훨씬 이전 알 타알리비가 남긴 중국 예술의 기교에 대한 묘사를 반영이라도 하듯이 기야스 알딘은 16 나한상이 "너무나 생생하게 만들어져서 이들 이교도가 정말로 살아 있다고 생각할 정도였다"고 주장한다.69 거대한 천수천안관음상千手天眼觀音像을 직면하고서도 불교 예술에 대한 그의 열렬한 감정은 약해지지 않았다.

> 다른 것 중에 그러한 특성을 가진 큰 우상 사원이 있었는데, 그 가운데에는 청동으로 주조하고 순금으로 만든 것처럼 보이도록 금박을 입힌, 높이가 50척에 달하는 우상이 세워져 있었다. 우상의 팔다리는 모두 대칭으로 만들어져 있었다. 이 우상의 팔마다 모두 손바닥이 달려 있었고, 모든 손바닥에는 눈 모양이 그려져 있었다. 이것은 천수상千手像이라고 부르는 것으로, 중국 전역에

서 널리 알려져 있다. 먼저 잘게 잘린 돌들을 이용해서 지은 크고 견고한 받침대가 있어, 그 받침대 위에 이 우상과 건물 전체가 놓여 있으며, 우상 주변으로는 수많은 벽감壁龕, 베란다, 회랑이 있고, 마찬가지로 여러 계단이 놓여 있는데, 첫 번째 계단이 우상의 발목을 약간 넘어가고, 두 번째 계단이 그 무릎에 못 미칠 정도 높이이고, 세 번째 계단은 그 무릎 위를 지나가고, 네 번째 계단은 우상 가슴에 닿으면서, 그렇게 머리까지 이어지는 식이었는데, 전체 구조는 능수능란한 솜씨로 만들어졌다. 그 너머 건물의 꼭대기는 원뿔 모양의 돔으로 덮여 있는데, 아주 장식이 잘 되어 경이의 마음을 불러일으켰다. 전체 층이 8층으로 구성되어 있으며, 그 층을 따라 건물의 안팎을 걸어볼 수 있었다. 이 우상은 입상으로 만들어졌으며, 발의 길이는 약 10척으로 각각 주조 금속 받침대 위에 놓여 있다. 그 작업을 하자면 적어도 10만 마리의 당나귀가 놋쇠를 날랐어야 했을 것이다. 게다가 그 큰 우상 주변에는 회반죽에 금칠을 한 작은 우상들이 있었다. 언덕이나 봉우리, 동굴의 그림이 있었고, 거기에 불교 승려, 성직자, 고행자들이 작은 자리에 앉아 고행하는 모습이 있었다. 숫양, 산양, 사자, 표범, 용, 나무도 모두 회벽에 그려져 있었다. 나머지 벽은 프레스코화로 칠해져 있었는데, 그걸 보면 숙련된 예술가조차도 경이로워할 정도였다. 주변 건물도 마찬가지였다.[70]

중국 예술에 대한 이러한 찬사를 통해 기야스 알딘은 페르시아 세밀화가 불교 미술과 중국 미술의 영향을 받은 관계뿐만 아니라 불교와 무슬림이 함께 살았던 15세기 초의 고요함까지도 잘 포착하고 있다. 이 시기 동안 무슬림 모굴인 통치자는 모스크 옆에 불교 사원을 지을 수 있게 했을 뿐만 아니라 불교도에게 세금을 면제해주었다.[71] 그러나 이 상황은 폭풍 전야의 고요함이었다.

에센 칸과 불교로 전환

기야스 알딘이 투르판을 방문하고 위그르 불교도에 대해 호의적으로 글을 쓴 지 10년이 지나면,[72] 이 불교도는 이슬람의 박해를 피해 명나라 중국으로 피난처를 찾을 것이었다. 분명 시대가 바뀌었다. 중요한 질문은 왜 그렇게 되었느냐이다. 위에 언급한 여섯 가지의 퍼즐 조각이 모두 그 나름의 역할을 했다. 그렇지만 이 급진적인 변화를 만든 가장 큰 요인은 15세기 모굴리스탄 칸국에 나타난 낙쉬반디 수피 교단에 기인한다고 볼 수 있다. 그리고 그들이 모굴인의 도시화를 촉진했을 뿐만 아니라 샤리아 법의 시행과 집행을 요구했다는 것이 특히 중요하다.

낙쉬반디 교단에서 신비주의 이슬람과("이슬람 율법의 엄격한 준수를 무엇보다 강조하는")[73] 정치화된 샤리아주의를 융합한 것은 다소 독특한 일이었다.[74] 동시에 이는 여러 면에서 몽골 정복의 여파로 생겨난 이슬람의 주요한 두 가지 흐름의 완벽한 통합으로, 이 두 가지 모두 몽골 침략의 심각한 충격을 다루었다.[75] 칼리파 제국의 멸망부터 페스트의 도입에 이르기까지, 많은 무슬림은 다음 질문을 던졌을 것이다. 무엇이 잘못 되었을까? 이슬람 세계는 왜 그렇게 쉽게 무너졌을까? 더 나아가, 이것이 이슬람 자체의 잘못일까, 혹은 무슬림이 타락했는가? 몽골인과 흑사병에 대한 기독교인의 과열된 반응을 보면 쉽사리 입증되듯이, 그러한 질문은 무슬림 세계에만 해당되는 것도 아니고 그들 반응이 유별난 것도 아니었다.[76] 많은 종교 신자들은 몽골의 정복을 신의 보복이나 바른 길을 버렸다는 증거로 보았다. 어느 쪽이든, 적절한 응답은 언제나 참된 믿음, 설혹 그 믿음이 가상적이라고 하더라도 그 믿음의 기원으로 돌아가야 한다는 요구가 핵심이었다.

앞서 언급했듯이, 무슬림 세계에는 신비주의와 샤리아주의라는 두 가지 공통된 반응이 있었다. 후자의 대표는 이븐 타이미야로, 몽골 정복에 대한 그의 대응은 샤리아의 중요성에 확고한 근거를 두고 있었다. 특히 무슬림 율법이 제정되고 진정한 무슬림 국가가 만들어지면 진리와 정의가 퍼지겠지만, 다른 사상가들은 샤리아에 의지하는 것이 잘못이라고 생각했다. 그들이 보기에 대답은 새로운 교리적 요구를 강제하는 외부 제도에 있지 않았다. 그 대신 그들이 생각한 대답은 각자의 개별적인 영적 발전이었다.[77] 실제로 알고 있던 모든 제도가 산산조각이 난 세계에서 외부 세계는 단순히 환상일 뿐 아니라 신의 참된 영광의 그림자라는 수피 신앙은 분명 반향을 불러일으켰다. 더욱이 그 제도가 많은 사람들에게 현재의 재난을 초래했다. 수피 형제단이 약속한 개인 구원의 가능성은 혼란스럽고 길 잃은 세상에 희망을 주었다. 실제로 샤리아 운동이 무너지면서 수피 형제단이 꽃을 피웠다.

이렇게 보면 수피는 몽골 정복의 큰 수혜자였다. 특히 아부 하미드 알-가잘리(1058~1111년)의 설명에 따르면, 수피즘이 몽골 도래 전에 이슬람 세계에서 어느 정도 널리 퍼졌다고 하지만, 몽골 정복의 여파로 수피 노선이 훨씬 더 광범위하게 채택되었고, 오늘날 중앙아시아와 남아시아에서 수피즘이 두드러진 것은 바로 이 시기까지 추적해갈 수 있다. 그리고 수피교도마저도 이를 알았고, 심지어 수피 역사서는 수피의 영적 지도자들이 칭기즈 칸을 초대하여 이슬람 세계를 침략하고 멸망시키라고 했다고까지 주장했다.[78] 그들의 견해로는 낡고 부패한 무슬림 질서를 제거해야만 참되고 의로운 형태의 수피 이슬람이 번성할 수 있었다.

중앙아시아에서 종교적 전망의 이러한 변화로부터 처음으로 가장 많은 혜택을 받은 수피 교단은 쿠브라비 교단Kubraviyya으로, 나즘 알딘 쿠브라가 창시했다. 예상대로 쿠브라비 교단의 세력은 몽골 이후 시대가 되어 새로운 수피 지도자들과 그들의 추종자들, 예를 들면 아마드 야사비(사망 1166년경)까지 전통이 거슬러 올라가는 야사비 교단Yasaviyya과 같은 이들이 종교 시장에 들어오면서 빠르게 도전을 받았다. 그다음 야사비 교단 세력은 바하 알딘 낙쉬반드(사망 1389년)에 의해 도전을 받았는데, 낙쉬반드는 다소 독창적으로 야사비 교단의 영적 정당성에 도전하면서 자신이 아마드 야사비의 스승인 아부 유수프 알-하마다니(사망 1140년)의 진짜 비밀 혈통으로 화자간Khwajagan의 신비 노선을 복원하고 있다고 주장했다.[79] 이 주장의 핵심은 사제師弟 전승 계보系譜(실실라 *silsila*) 관습과 병행하여 비밀 입문 계보라는 독특한 전통에 따라 수피즘의 모든 학파가 규정된다는 것으로, 낙쉬반디 교단이 이후에 이 주장을 좀 더 정교하게 다듬었다. 이러한 신학적 혁신이 낙쉬반디 교단에서 일어났지만 그 이후의 성공까지 이로써 설명할 수는 없다. 낙쉬반디 교단의 성공의 열쇠는 몽골 이후 이슬람 사상의 두 가지 주요 흐름을 융합한 것이었다. 즉, 낙쉬반디 교단은 낙쉬반드의 독창적인 신비 교의를 샤리아 재건의 필요성과 결합함으로써, 권력을 장악했을 뿐만 아니라 중앙아시아 전역에 엄청난 결과를 초래할 강력한 칵테일을 만들어냈다.

물론 샤리아주의의 수사법을 채택하기로 한 낙쉬반디 교단의 결정과 그에 따른 영향을 이해하기 위해서는 종교적, 정치적 상황, 특히 티무르 왕조의 야사비 교단 지원을 기억할 필요가 있다. 예를 들어 타메를란은 유명한 아마드 야사비 영묘 건축을 명했다.[80] 그러나 그것이 유일한 요소로 작용하지는 않았다. 앞에서 보았듯이, 몽골의 유산, 칭기즈 칸의 통치 원리, 칭기즈 칸의 법규도 있었다. 티무르 왕조에게 이것은 매우 민감한 문제였는데, 그들은 실제로 몽골인이 아니었기 때문이다. 타메를란은 바를라스 부족 출신의 투르크인이었다. 그 결과 그는 당시 세계에서 가장 강력한 통치자였음에도 불구하고 자신을 '칸'이라고 선언할 수 없었다. 그런 행위는 신성한 칭기즈 칸 가문의 원칙을 크게 위반하는 것이었다. 따라서 이 혈통 문제를 회피하기 위해 타메를란은 차가타이 가문의 여러 공주와 결혼하여 자신을 "황실 사위"라고 선언했다.

또한 타메를란은 자신을 이슬람의 위대한 수호자라고 널리 알렸다. 따라서 티무르의 정당성은 몽골의 유산과 이슬람이라는 두 기둥에 의지했다.[81] 예를 들어 티무르 왕조의 통치자 샤 루흐는 1420년에 타메를란의 매장지에 기념비를 세웠는데, 여기에 전설적인 몽골 조상 알랑고아가 성모 마리아와 아브라함계 종교의 성령과 관련이 있을 뿐 아니라, 타메를란이 선지자 무함마드의 사위이자 최초의 시아파 이맘인 알리의 후손이기도 하다고 주장했다.[82] 샤 루흐는 대담하게 이러한 이중 가계도, 즉 칭기즈 칸 가문의 가계도와 이슬람의 가계에 기초하여 티무르 왕조의 합법성을 주장했다. 물론 그와 동시에 둘 다 모두 순전히 가상적인 계보를 주장하는 것은 티무르 왕조가 자신들의 통치를 몽골 유산의 그늘 아래에서 정당화함으로써 직면하게 된 긴급한 문제점을 잘 드러낸다. 이는 또한 티무르 왕조가 주장하는 정권 정당성의 소심함을 보여주는데, 낙쉬반디 교단은 주로 이러한 약점을 잡아 티무르 왕조를 비판했고, 그 비판이 너무나 치명적이어서 전체 건물을 지탱하는 기둥 둘 다를 부셔버릴 정도였다.

특히 티무르 왕조와 그들이 후원하는 야사비 교단의 활동가들이 무슬림으로 적절하지 않다고 주장함으로써, 낙쉬반디 교단은 이슬람의 옹호자라는 이들의 주장을 약화시켰다. 더욱이 샤리아주의의 논리에는 몽골 유산 전체와 그 이단적 관습에 대한 거부가 내재해 있었으며, 순수한 이슬람 국가를 만들자는 과업에서는 이 모든 것들을 버려야 했다. 이렇게 외부 세계에서 이슬람 율법을 복원하는 역할을 맡았으므로, 더 이상 신비로운 성찰의 조용하고 내면적인 길을 갈 수는 없었다. 대신 불경한 티무르 왕조에 대항하는 지하드가 다음 순서였다. 이를 위해 낙쉬반디 교단은 동쪽의 유목민들 사이에서 정치적, 군사적 지원을 찾았으며, 모굴리스탄 칸국 통치자 우웨이스 칸(재위 1417~1429년)을 열렬한 지지자로 판단했다.

우웨이스 칸이 낙쉬반디 교단에 동조하겠다고 결정한 바를 이해하기 위해서는 타메를란이 차가타이 울루스의 절반 이상을 차지했고, 그 이후 모굴인과 티무르 왕조가 계속 싸우고 있었음을 알아야 한다. 어떤 면에서 티무르 왕조에 대항하는 낙쉬반디 교단이 지하드에 합류하는 일은 당연했다. 또 다른 중요한 문제로, 이들 수피와 모굴인 모두는 몽골의 유산, 특히 모굴인은 티무르 왕조와 달리 칭기즈 칸의 실제 후손이라는 사실을 염두에 두고 있었다. 따라서 모굴인이 투글룩 테무르 이래 계속 지지해왔던 그 지역의 카타키 수피 교단을 거부하고 대신 전설적인 혈통을 가진 유명한 중앙아시아의 수피 교단 낙쉬반디를 선택한다면, 그들은 몽골 유산의 상속자이며 또한 이슬람의 진정한 통치자가 될 것이었다. 모굴리스탄 칸국과 낙쉬반디 교단의 동맹은 양측 모두에게 승산 있는 제안이었다. 그렇지만 모든 사람이 이 동맹으로 이득을 얻지는 않았다.

첫 번째 피해자 가운데 불교도가 있었다. 그들은 이교도이기 때문에 낙쉬반디 교단의 샤리아주의의 영도 아래 모굴인 영토에서 이루어지고 있는 새로운 이슬람 유토피아에서 추방되어야 했는데, 낙쉬반디 교단은 특별히 "이방인의 사악한 관습을 제거"하자고 주장했다.[83] 앞에서 살펴본 바와 같이, 1430년대에 이르면 투르판시에서 불교 주민들이 모두 제거되었다.[84] 그 후 수십 년에 걸쳐 같은 운명이 하미에도 닥친다. 1480년대에 이르면 한때 모스크와 사원이 나란히 서 있던 도시에서 불교 인구가 사라진다. 그러나 모굴인이 낙쉬반디 수피주의를 택하면서 그러한 박해만 생긴 것은 아니다.[85] 오히려 이전에 인도에서처럼, 이 일로 우연히 오이라트인 사이에서 불법이 재탄생하는 일이 생기기도 했다. 따라서 오이라트 통치자 에센 칸이 불법에 귀의하고, 그 일이 내륙아시아에서 이후 불교-무슬림 역사를 형성하는 데 미치는 의의를 파악하자면 앞에서 중단했던 오이라트인의 이야기로 되돌아갈 필요가 있다.

1412년 마흐무드는 몽골 칸을 죽이고 자신의 아들을 왕좌에 올렸다. 그러나 이 일은 오이라트-몽골만의 문제가 아니었다. 이렇게 전개되는 사건에서 명나라 궁정이 중심적인 역할을 했는데, 명나라가 보기에 난폭한 몽골인이 계속 불공정 교역 관행을 행하고 있어 이를 약화시키기 위해 오이라트에 접근했다. 명나라는 오이라트가 몽골보다 더 기꺼이 교역하겠다고 나서기를 바랐고, 오이라트 역시 그러했다. 명나라는 몽골과 관계를 끊고, 오이라트와 직접 경제 관계를 구축했다. 이 즉각적인 결과로 몽골인이 명나라에 대해 쥐고 있던 위력이 모두 사라졌고, 몽골의 부와 권력이 급속히 무너지면서 오이라트가 상승했다. 점점 커가는 오이라트의 위력은 몽골인의 운에만 영향을 미쳤던 것이 아니다. 이는 모굴인에게도 영향을 미쳤다. 예를 들어 우웨이스 칸은 오이라트와 스물한 번 싸웠는데, 한 번만 빼고 모든 전투에서 패했다. 우웨이스 칸은 세 번 인질로 잡혔고, 그를 석방시키기 위해 누이를 오이라트 통치자에게 아내로 주어야 했다.[86] 모굴인들 간의 상황은 1429년에 우웨이스 칸이 죽은 후 더 악화되기만 했다. 그의 사후에 이어진 난관은 그의 두 아들인 유누스와 에센 부카 사이에서 터져 나온 계승전과 관련이 있었지만, 위기의 근원에는 무너진 모굴리스탄 칸국의 경제가 있었다.

1424년 명나라 황제는 중앙아시아와 말 무역을 폐지했다. 그렇지만 그러한 무역은 하미시를 통해 은밀하게 계속되었다.[87] 모굴리스탄 칸국 경제의 생명선이 끝난 것은 오이라트 통치자 토칸(사망 1440년)이 하미의 지배 가문과 결혼하여 중국과 무슬림 교역의 이 마지막 중개 무역지를 통제하면서부터다. 에센이 말 무역을 하미에서 베이징 근처 다퉁大同으로 완전히 옮기면서 모굴인 교역에 최종적으로 타격이 생겼다. 상황이 이렇게 되자 경제 상황이 너무 심각해져서, 무슬림이 모굴리스탄 칸국 영토를 떠나 중국으로 가서 난민이 되었다.[88] 모굴인 사이에 낙쉬반디 교단이 부흥하게 된 것뿐 아니라 오리라트의 부상도 이렇게 변화하는 경제 상황에서 바라볼 필요가 있다. 더욱이 이러한 경제적 변화를 근거로 오리라트가 이슬람 세계의 궤도권에서 점차 멀어지면서 불법으로 회귀하게 된 일을 이해해야 한다. 복귀라는 말은 올바른 단어가 아닐 수 있는데, 오리라트가 에센 이전에 불교도였던 적이 없기 때문이다. 이러한 이유 때문에 1450년대 에센이 티베트 라마와 관계를 이은 것이 아주 중요해지는데, 앞으로 수 세기 동안 몽골이 몽골 자신과 그들의 통치자, 그리고 그들 국가를 규정할 수 있는 개념을 복구했기 때문이다. 어쩌면 그러한 아이디어를 새롭게 만들어주었다고까지 할 수 있다.[89]

특히 이 시기야말로 몽골의 통치가 전적으로 불교적으로 보인다. 이것이 역사적으로 맞지는 않지만, 그러한 아이디어를 홍보하는 일이 오이라트의 정당성을 위해 중요했다. 티무르인과 마찬가지로 그들도 비몽골인으로서 몽골의 유산이라는 문제로 고심해야 했다. 티무르인이 자신들을 이슬람과 동일시했듯이, 오이라트인은 불교, 특히 쿠빌라이 칸과 티베트의 파스파 라마의 관계에 초점을 맞추었다. 이렇게 이슬람 세계에서처럼, 불법이 몽골 유산과 칭기즈 칸의 통치 원리라는 전통적인 조직 위에 놓였다. 불교의 경우 명확하게 알려진 이론은 그 기본이 파스파 라마의 저술과 그의 "두 영역", 즉 신성과 세속이라는 관점을 따랐다.[90] 엄격한 의미에서 몽골의 불교 통치는 세속의 일을 통제하는 칸과 영적인 일을 통제하는 티베트 라마 사이의 공생 관계에 기반을 두고 있었다.

> 세속적, 영적 구원은 모든 생명체가 얻으려고 하는 것이다. 영적 구원은 고난

에서 완전히 해방되는 일이며, 세상의 복지는 세속적 구원이다. 이 둘 다 이중 질서, 종교 질서와 세상의 통치인 국가 질서에 의존한다. 종교 질서가 불경과 주문(다라니)에 기본을 두는 것처럼, 세속 질서는 평화와 고요에 달려 있다. 종교의 질서는 라마가, 나라는 통치자가 주관한다. 승려는 종교를 설하고, 통치자는 모든 사람이 평화롭게 살 수 있는 규칙을 보장해주어야 한다. 따라서 종교와 국가는 상호 의존적이다. 종교와 국가의 수장은 평등하고, 다만 각기 다른 기능을 가지고 있다. 라마가 부처에 해당한다면 통치자는 전륜성왕轉輪聖王에 해당한다.[91]

이 이상이야말로 에센이 몽골의 유산과 씨름하면서 부활시킨 것이다. 그런데 왜 그가 특히 불법을 선택했는지는 전적으로 또 다른 질문이다. 어떤 오이라트 통치자도 그렇게 한 적이 없고, 몽골의 통치자는 더더욱 그런 적이 없었다. 실제로 원 왕조가 몰락한 이후, 탄트라 불교에 대한 몽골 엘리트의 관심은 약해졌다. 티베트 라마는 여전히 몽골인들 사이에서 활동했으며,[92] 명나라 엘리트에도 속했으나,[93] 불교는 몽골 유산이나 칭기즈 칸의 통치 원리의 일부가 된 적이 없기 때문에, 불법은 원나라 이후 어떠한 몽골 통치자에게도 중요하다고 여겨지지 않았다. 그러나 이 모든 것이 에센 칸과 함께 크게 바뀌었다. 왜 이런 일이 일어났을까?

당시 에센은 동부 유라시아에서 가장 강력한 통치자 중 하나였다. 1449년에는 베이징에서 북서쪽으로 50마일 떨어진 토목보土木堡에서 명나라 영종英宗을 체포하기도 했다.[94] 그 이전의 타메를란처럼 에센은 칭기즈 칸 가문의 혈통을 주장할 수 없었으므로 결코 칸이라고 공포하지 못했다.

그러나 타메를란과 매우 유사하게 그는 종교라는 성스러운 옷으로 자신을 감싸서 계보상의 결핍을 메꾸었다. 타메를란의 발자취를 따라, 아니면 모굴리스탄 칸국의 칸과 낙쉬반디 수피 교단의 관계를 모방했는지, 에센은 티베트 라마와 관계를 맺었다. 그렇게 함으로써 그는 이 새로운 종교정치적 관계가 쿠빌라이 칸의 위대한 불교 통치를 복원했다고 보았다.

에센은 불법을 포기하면서 버림받았던 의로운 몽골 통치를 회복하고 있다고 주장했다. 쿠빌라이 칸의 모형模型에 따라 그의 불교적 진실성을 확보한 다음, 1453년 에센은 자신을 칸과 모든 몽골인의 정당한 통치자라고 선포했다. 명나라 궁정은 마지못해 이러한 움직임을 승인했고, 그러는 동안 몽골인은 이 행동을 칭기즈 칸의 통치 원리를 위배하고 몽골 왕좌를 대담하게 탈취한 일로 보았다. 그들은 격렬하게 저항했고, 1455년 에센이 죽자 오이라트 세력이 붕괴했다. 에센의 불교 전환은 몽골인 사이에서 칸이 되는 한 가지 방법이었는데, 특히 튜메드(토묵특부土默特部)의 통치자 알탄 칸과 같이 순수한 칭기즈 칸 혈통이 아닌 사람들에게는 그러했다. 알탄 칸은 1578년 소남 갸초를 만나 달라이 라마라는 칭호를 수여했다.[95]

최전선에서의 상호 작용

알탄 칸과 소남 갸초의 만남은 티베트 고원 북쪽에 있는 쾨케누르 호수(청해호/칭하이호青海湖) 주변에서 열렸는데, 이 만남은 유라시아 역사상 하나의 상징적 순간이 된다. 몽골인, 티베트인, 특히 만주인에게는 이 새로운 불교도 칭기즈 칸 가문의 통치관에 따라 너무나 많은 것이 달라질 수 있었기 때문에, 이후 동아시아 역사의 상당 부분이 이 사건에서부터 유래하게 된다. 그러나 튜메드의 통치자와 겔룩파 교단의 젊은 수행자 사이의 모호하면서도 당시로서는 다소 사소했을 이 만남의 엄청난 파급효과를 이해하자면, 다시 한 걸음 물러서서 바라볼 필요가 있다.

특히 에센 칸이 불교로 전향한 일과 알탄 칸과 소남 갸초의 만남 사이에 1세기 이상이 지났다는 사실을 기억할 필요가 있다. 그동안 오이라트와 티무르 제국이 모두 무너졌고, 몽골이 권력을 장악했으며 명나라가 허우적거리는 와중에, 중국과 몽골 전체가 만주 청나라(1644~1911년)에 점령당했다. 따라서 몽골인이 불교로 개종하는 동안 내륙아시아의 세계가 변하고 있었다고 말한다면 이는 아마도 아주 절제된 발언이라 해야 할 것이다. 그러나 유감스럽게도 알탄 칸과 달라이 라마의 만남에 대한 이야기가 반복되어 나타날 때마다 종종 이렇게 더 크고 복잡한 현실을 무시하고 있다. 사실 이 만남은 이후에 몽골, 티베트, 청나라에서 그들 자신과 그들의 종교, 국가를 그려볼 때 너무나 우상처럼 작용했기 때문에, 역사적으로 일어난 사건이라기보다 하나의 강력한 상징이 되었다. 그랬던 만큼 이 사건에 의문을 가져본 적도 없고, 그 일이 일어난 상황을 살펴본 적도 없으며, 그 대신 그야말로 관습적인 역사의 경계를 벗어나서 발생한 일인 것처럼 제시되었다. 따라서 이 사건은 유라시아 역사라는 좀 더 넓은 맥락에서 일어난 단순히 하나의 에피소드가 아니라 몽골 불교 역사의 불가피한 최고선最高善으로 여겨졌다. 그러나 분명히 알탄 칸과 달라이 라마의 만남은 불가피한 일도 아니었고, 진공 상태에서 일어나지도 않았다.

이야기는 에센이 칭기즈 칸 가문의 혈통을 주장하는 데 실패한 후, 몽골인이 멸종 위기에서 다시 살아오는 것으로 시작한다. 몽골인이 실제로 어떻게 이 특정 시점에 집결할 수 있었는지에 대해서는 거의 알려진 바가 없다. 한 가지 그들에게 유리하게 작용한 요인은 환경이다. 즉, 중국 사료에 따르면 열악한 기후 조건으로 인해 중국 북부가 1450년대와 1460년대에 심각한 기근을 겪었다고 한다.[96] 분명 같은 상황이 몽골인과 오이라트인 모두에게도 벌어졌겠지만, 오이라트가 "내몽골"보다 훨씬 더 극심한 날씨를 보이는 몽골 고원에 있었기 때문에, 이 기간 동안 그들이 몽골인보다 훨씬 더 나쁜 상황에 놓였을 수 있다. 더욱이 몽골인은 중국에 더 가까워서 중국과 교역할 수 있었을 뿐만 아니라 필요하다면 국경을 습격할 수도 있었다.

몽골인의 부상, 혹은 최소한 오이라트의 약화를 촉진한 또 다른 요인으로는 모굴리스탄 칸국에서 벌어진 상황 변화를 들 수 있다. 오이라트가 명성을 얻는 동안, 모굴리스탄 칸국은 우웨이스 칸의 아들들 간의 계승 투쟁과 경제 약화의 결과로 혼란에 빠져 있었다. 그러나 1468년 우웨이스 칸의 아들 유누스가 결국 칸이 되자 이러한 문제들이 대부분 사라졌다. 카리스마 있는 아흐라 호자(사망 1490년)의 지도 아래 낙쉬반디 교단은 모굴리스탄 칸국에서 확고히 자리를 잡으면서 초기의 종교적 다툼을 종식시켰다.[97] 그러나 낙쉬반디 수피 교단의 통합력이나 도시화 세력은 모굴리스탄 칸국의 경계를 넘어섰다.[98] 아흐라 호자가 매우 존경을 받았기 때문에 대부분의 중앙아시아 통치자들은 자신들 궁정에 그의 종교적 대변자를 두었고, 이 수피 네트워크를 통해 모든 괴팍한 집단 사이에 대화가 일어났다.[99] 오랫동안 서로 소원했던 티무르 조와 모굴리스탄 칸국 통치자들조차도 아흐라 호자의 중재로 다시 한 번 접촉했다. 이후 이 둘은 정치 및 무역 관계까지 발전시켰다. 이로써 중앙아시아에서 낙쉬반디 교단의 지위가 좋아졌고 모굴리스탄 칸국의 경제 상황 역시 개선되었다. 동서로부터 고립되어버린 오이라트에게는 재앙이었지만 아직 결정적 타격까지는 아니었다.

1500년 티무르 왕조는 정복되어 둘로 분열되었다. 우즈벡인은 그 기원이 킵차크 칸국까지 거슬러 올라가는 사람들로, 그들이 중앙아시아를 점령했다. 그리고 현지 페르시아 왕조인 사파비 왕조가 페르시아와 이라크를 점령했다. 이 사건으로 생긴 한 가지 결과는 낙쉬반디 교단 덕분에 그즈음 티무르와 모굴리스탄 칸국 사이에 이루어졌던 이전의 정치적, 경제적, 종교적 동맹이 끝났다는 것이다. 결과적으로, 이 모든 관계를 사파비 왕조와 우즈벡과 새롭게 협상을 해야 했다. 그러나 사파비 왕조가 열두 시아파를 국교로 선포하면서 그러한 가능성이 힘들어졌다. 투르크-몽골 순니파 통치와 급진적으로 단절하고 시아가 됨으로써 독립을 표하겠다는 그들의 결정은 우즈벡인이나 모굴인에게 호감을 주지 못했고, 낙쉬반디 교단에게는 더더욱 호감을 얻지 못했다. 또한 사파비 왕조가 중앙아시아를 침공하면서 이런 상황이 개선되지도 않았다. 더욱이 이러한 정치적 긴장이 더해지면서 이전에 이 지역을 하나로 묶어주었던 경제 네트워크가 사라지기 시작했는데,[100] 16세기에 동서 무역이 감소함에 따라 금융위기가 심화되어 점점 악화되는 종교 정치적 상황에 기름을 부었기 때문이다.

이 불에 기름을 더 부은 세력이 낙쉬반디 교단이었다. 그들은 샤리아 수사학으로만 경험을 쌓아 중앙아시아 정치에서 권력을 잡았다. 그들은 사파비 왕조가 시아 이슬람으로 개종하자 격분했을 뿐만 아니라, 종교 개혁과 정치 개혁의 주체로서 노력을 배가했다. 그러나 사파비 왕조가 이제 서쪽 지역에 대한 완충 역할을 했기 때문에 낙쉬반디 교단은 더 동쪽으로 나아가야만 했다. 예를 들어 아흐라 호자의 제자인 타즈 아드딘 호자(사망 1533년경)는 낙쉬반디의 메시지를 중국 간쑤성까지 전달했으며, 그곳에서 그는 유목민뿐만 아니라 도시에서도 지지자들을 만났다.[101] 그러나 활동 영역을 동쪽으로 옮겨야만 했던 것은 낙쉬반디 교단만이 아니었다. 사파비 왕조와 우즈벡으로 인해 서쪽에서 정치적, 경제적 선택이 약화됨에 따라 모굴 칸도 동쪽으로 밀려나기 시작했다. 모굴 울루스의 동쪽 절반을 다스리던 만수르 칸(1485~1545년)은 명나라의 재물에 접근하기 위해 중국의 북서쪽 국경을 공격했다. 한편 모굴 울루스의 서쪽 절반을 다스렸던 술탄 사이드 칸은 낙쉬반디 교단의 지하드 미사여구에 더 감명을 받은 것으로 보이는데, 그가 바로 티베트 침공을 시작했기 때문이다.

수피의 부흥과 경제 붕괴, 그리고 이에 동반하여 일어난 모굴인의 동진東進을 고려해야만 오이라트의 최종적인 붕괴를 설명할 수 있다. 또한 이러한 사건과 연관지어서 보아야만 몽골인의 발흥을 설명할 수 있다. 앞서 언급했듯이, 15세기 중반에 일어난 몽골의 실질적 발흥은 수수께끼로 덮여 있다.[102] 그럼에도 불구하고 일반적인 주장에 따르면, 1466년 멀런 칸이 죽은 후 몽골의 왕좌는 10년 동안 비어 있었다가 만도르(혹은 만다굴)가 칸이 되어 1470년대 후반 잠깐 통치했다고 한다. 그가 죽자 바얀 몽케가 칸이 되었고 1484년 바얀 몽케가 죽자 그의 일곱 살 된 아들은 만도르 칸의 과부와 결혼하여 (칭기즈 칸 혈통이라기에는 다소 의심스러운) 몽골의 정당한 통치자로 인정받을 수 있었다. 그런데 몽골인의 운명이 이 어린 통치자의 지시 아래 바뀌자, 그를 칭기즈 칸 가문의 진정한 유업 계승자로 여기게 되었다.[103]

다얀 칸의 급격한 권력 상승은 "내몽골"의 동부 지역에 거주하는 몽골인을 통합하고 그들을 3개의 동부 투멘⊕(차하르, 칼카, 우리양칸)으로 재편성하면서 시작되었다. 다음으로 그의 가장 위대한 군사적 업적은 오르도스의 몽골인을 정복한 일이었는데, 이들은 토목의 변 사건을 이용하여 황하의 큰 굴곡 지역을 점령했었다.[104] 최근에야 이 영토로 이동하여 그곳을 점령한 오르도스 몽골인은 처음에는 다얀 칸과 동맹을 맺고 싶지 않았다. 대신 그들은 다얀 칸의 통일 프로젝트에 폭력으로 저항했다.[105] 결국 다얀이 승리했고 오르도스 몽골인은은 3개의 서부 투멘(오르도스, 투메드, 융시예부)으로 조직되었다. 칭기즈 칸 가문의 통치자 다얀 칸의 권위 아래 여섯 투멘으로 조직을 개혁하면서 몽골인은 오이라트에 대항하여 다시 세력을 주장할 수 있었다. 분명 군사적 기량, 결혼 동맹, 빈틈없는 정치가 함께 모여 이 새로운 사회 정치적 구조를 이루었지만, 이는 또한 이념적으로 제대로 된 칭기즈 칸 가문 통치로의 복귀와 몽골 유산의 재확인이라는 개념을 통해 강화되었다.

안타깝게도 다얀 칸이 사망한 후 이러한 것이 몽골인을 하나로 묶어주지 못했다. 그의 자녀들 중 어느 누구도 괴팍한 몽골인을 하나로 묶을 만

⊕ 만호제.

한 철권鐵券도 정치적 요령도 없었기 때문에 정치적 상황은 사실상 내전으로 이어졌다. 이 내전에서 한 지도자가 정상에 올라섰으니, 그가 알탄 칸(1508~1582년)이다. 그는 다얀 칸의 셋째 아들의 장남이었기에 칭기즈 칸 가문의 왕좌를 합법적으로 주장할 수 없었다. 그는 오르도스의 튜메드의 지방 통치자였을 뿐이다. 그러나 그 이전의 칭기즈 칸과 다얀 칸처럼 그는 야심에 차고 정치적으로 기민하며 전투의 천재였으므로 수십 년 동안 몽골 고원의 확실한 통치자로 확고히 자리 잡을 수 있었다.

그럼에도 불구하고 이러한 일을 해나가는 데 있어 그가 할 수 있는 일은 지상의 현실에 국한되어 있었다. 특히 그는 영광스러운 조상들과는 달리 서쪽으로 밀고 갈 수가 없었는데, 그 지역을 점령한 모굴인은 낙쉬반디 교단 부흥의 기치 아래 '이단'의 시아 사파비 왕조부터 동쪽으로 밀려 중국의 재물을 쫓아가고 있었다. 모굴인과 마찬가지로 알탄 칸은 미래의 성공의 핵심이 중국과의 관계와 중국 시장에 대한 접근에 달려 있음을 잘 알았다. 이를 위해 그는 모든 군사적 에너지를 "내몽골" 통합에 투입했는데, 내몽골은 명나라의 북쪽 국경을 따라 있는 지역이었다. 그렇게 그는 "동부 투멘"의 몽골인을 전통적인 목초지에서 밀어내면서 중요한 인구 이동의 시동을 걸었다. 특히 할하부 몽골족은 약화된 오이라트가 이전에 점령했었던 영토로 이주했는데, 이곳이 현재 "외몽고"이다. 오이라트는 다시 서쪽으로 더 나아가 톈산 산맥 북쪽의 목초지로 밀려나면서 모굴인과 다른 유목민 무리와 만났는데, 그들은 유목민이면서 비무슬림이었다. 기억을 떠올려보면, 낙쉬반디 교단의 부흥은 성소聖所와 다른 종교 기관에 집중하면서 이전에는 유목적이었던 모굴인의 도시화를 촉진했는데, 나머지 무리는 이슬람화와 도시화 과정에서 제외된 집단이었다. 점차 이 비무슬림 유목민과 함께 오이라트가 결국 준가르라는 강력한 유목 불교 제국을 구축하게 된 것이다. 그런데 준가르가 티베트 라마에게로 돌아선 일 자체가 알탄 칸에게 받은 영감이었지만, 알탄은 자신이 권력을 잡아가는 동안에는 티베트에 전혀 관심이 없었다.[106]

그는 중국, 특히 중국과의 무역 관계 정상화에 관심이 있었으며, 중국-몽골 국경을 따라 시장이 열려서 상품을 사고팔 수 있기를 원했다. 그러나 그러한 자유 시장 체제는 잠재적으로 중국의 한결 같은 초강경 통제를 벗어나는 일일 뿐만 아니라, 중국의 전통적인 조공 제도와 정반대이기도 했다. 조공 제도에 따르면 외국과의 무역은 단순한 경제 거래라기보다 중국이 우주의 중심이라는 환상을 뒷받침하는 정교한 제국 이데올로기의 일부였다. 모든 무역은 먼 곳에서 신하들이 와서 중국 황제에게 바치는 공물이었고, 그 대가로 판매되는 중국 상품은 중국 군주의 관대한 선물이었다. 중국 시장이 너무나 귀했기 때문에 역사상 대부분의 외국 상인들은 기꺼이 이렇게 뻔한 행동을 참아왔다. 그러나 유럽 제국의 강대국이 도착했을 때 유럽인은 이런 게임을 할 의향이 없었고, 결국 문제가 일어났다.[107] 알탄 칸도 이 게임을 하고 싶지 않았다. 그는 자유 시장을 원했으나 중국인은 거절했다. 그들은 무역을 통제하기 원했고 그럼으로써 몽골의 '조공' 사절이 명나라 황도皇都에 올 수 있는 기회를 몇 년에 한 번으로 제한했다. 이에 알탄 칸은 명나라 영토를 지속적으로 습격했으며, 이는 변함없이 중국의 결의를 더욱 강화시킬 뿐이었다. 이런 상황에서 명나라 왕조는 본격적으로 만리장성을 건설하기 시작했는데, 만리장성은 아마도

세계에서 가장 큰 외국인 혐오증 및 무역 보호주의의 기념비일 것이다.[108]

1550년 알탄 칸의 상황은 특히 심각했다. 155일 동안 비가 내리지 않았고 몽골인은 극심한 기근을 겪고 있었다. 명나라 궁정은 여전히 대화를 거부했고 몽골 무역 대표단을 살해했다. 알탄 칸은 대담한 중국 침공을 일으켰고 9월에 이르러 베이징을 포위하면서 명나라 궁정에 그의 요구에 굴복하라고 요구했다. 명나라 황제는 관계 정상화에 동의하고 은 10만 량을 할당하여 다퉁과 쉬안후宣府의 국경 시장에서 물건을 구매할 수 있도록 했다. 그러나 보안과 비용 초과 등 다양한 문제가 발생하자 2년 후 시장은 폐쇄되었다. 이 결정으로 20년 동안 기근, 질병, 폭력의 또 다른 순환이 이어지다가 1571년 명나라 궁정과 알탄 칸이 평화 조약을 비준하면서 끝이 났다.

알탄 칸이 공개적으로 불법을 받아들인 일은 이 중대한 사건의 여파에 불과했다. 후대 역사에서 알탄 칸과 달라이 라마의 만남을 제시하는 바와 달리 이 사건은 운명적인 것이 아니다. 후대 몽골과 티베트 역사가들이 보는 바와는 대조적으로, 그 일은 역사의 불가피한 결정판이 아니었다. 물론 이 역사가들에게는 그 사건을 이런 방식으로 제시해야 말이 되는데, 그래야만 알탄 칸이 달라이 라마를 만났던 것으로 그들의 현재, 즉 몽골인 대다수가 겔루파 불교도인 현 세계를 정당화할 수 있기 때문이다. 알탄 칸과 그의 후계자들이 통치하는 동안 달라이 라마와 그의 겔룩파 교단만이 몽골인의 감성과 지성에 영향을 미치지는 않았다. 그들은 단순히 몽골 궁정에서 서비스를 제공했던 뒤범벅의 종교 전문가들 중 하나였을 뿐이다. 이후 겔룩파가 부상하면서 이 산만한 종교성은 곧 잊히고, 대신 알탄 칸이 3대 달라이 라마를 만났고 그로써 몽골인이 겔룩파 교단을 지지했다는 기억만 남았다. 그러나 현실은 좀 달랐다. 예를 들어 알탄 칸이 쾨케누르 호수 기슭에서 소남 갸초를 만나기 한 달 전에 그는 타클룽 교단의 수장을 만났다. 그들은 수년 동안 연락을 해왔고, 심지어 알탄이 달라이 라마와 만난 후에도 계속 관계를 유지했다.

알탄 칸은 다양한 티베트 전통에만 관심을 보인 것이 아니었다. 그는 또한 중국 백련 교단의 큰 후원자였는데, 이 교단은 알탄 칸에게 "비밀 무기"를 제공해서 유명해졌다. 그들은 중국 도시의 벽을 무너뜨릴 수 있을 정도로 강력한 주문을 소유하고 있다고 주장했다. 그러나 명나라 궁정과의 끝없는 불화에서 이 몽고 지도자에게 기술적 우세를 제공했던 종교 단체가 백련교만은 아니었다. 카리스마 넘치는 설교자이자 능숙한 점쟁이였던 루허呂鶴는 스스로 여산조사廬山祖師라 칭하면서, 대규모 몽골 침략으로 중국 인구의 70퍼센트가 사망한다는 구세주적 메시지를 전파함으로써 많은 추종자를 얻었을 뿐 아니라, 곡물 없이도 생존할 수 있는 비약秘藥을 갖고 있다고 주장했다. 알탄 칸은 그러한 비약에 큰 관심을 보였고, 명나라 궁정도 그러했다. 명나라 궁정은 곡물이 중국-몽골 무역 관계의 핵심 상품임을 알고 있었다. 이 비약이 효과가 있다면 더 이상 알탄 칸과 관계에서 자신들이 어떤 이점도 갖지 못하리라는 걸 알았기에 1564년 베이징에서 루허를 사로잡자 즉석에서 그를 처형했다.[109]

백련교의 비밀 무기도 그다지 나을 바가 없었다. 알탄 칸이 중국 불교도를 출정에 데려가보니 그들의 주문은 아무 효과를 발휘하지 못했다. 이틀 동안 주문을 외친 후에도 중국 요새가 그대로 서 있자 알탄 칸은 백련교를 포기했음이 분명하다. 그렇게 몽골인들 사이에서 백련교의 미래는 끝장이 났다. 같은 종류의 실패 때문에 알탄 칸은 몽골 주술사들과도 멀어졌다. 주술사들은 알탄 칸에게 충고하기를 1547년이 명나라와의 무역 관계를 시작하는 길년吉年이라고 했다. 알탄은 머리가 검은 백마 1마리, 낙타 7마리, 그리고 거세마去勢馬 3천 마리를 선물하려고 했으며, 또 다른 몽골 지도자가 랴오둥遼東 지역을 공격할 것이라는 정보를 명나라 궁정에 알려주기도 했다. 그러나 주술사들은 틀렸다. 명나라 궁정은 여전히 무역 관계 개방을 거부했다.110

이렇게 되어서 알탄이 백련교에 관심을 가졌던 것이다. 그러나 그들 역시 실패했고, 알탄 칸은 또 다른 위기에 직면했다. 1571년 평화 협정으로 중국과 몽골의 상호 교류는 점점 증가했는데, 이는 양날의 검이었다. 그로 해서 무역 관계가 정상화되었고 몽골의 경제 상황이 개선되었지만, 중국의 도시 질병, 특히 천연두가 대초원을 가로지르며 파괴력을 발휘했다.111 이 전염병이야말로 당시 몽골인의 발흥을 멈추게 하고, 만주족이 몽골인을 대신해서 상승할 수 있도록 했을 뿐 아니라, 몽골인 사이에서 티베트 라마와 그들이 가진 방대한 의학 지식 목록과 탄트라 의식에 대한 관심이 다시 일어나도록 문을 열어주었다.112

알탄 칸과 달라이 라마의 만남은 불가피한 것이 아니었다. 결정적이지도 않았다. 예를 들어 1582년 알탄 칸의 장례식은 '샤머니즘' 관행에 따라 어떤 산의 남쪽 변에서 열렸으며 불교 점성가와 중국 풍수 대가가 그의 매장지를 가늠했다. 그러한 사건을 이해하기 위해서는 종교에 대한 알탄 칸의 접근 방식과 그가 구축한 제국이 몽골 제국 자체와 매우 밀접한 관련이 있음을 깨달아야 한다. 그렇지만 너무나 자주 이러한 현실을 망각하는데, 이는 다양한 민족적, 종교적 배타주의 관점을 장려하기 위해 알탄 칸과 달라이 라마의 역사를 억지로 구겨 넣었기 때문이다. 예를 들어 알탄 칸은 순수 몽골인이고, 달라이 라마만 만났다고 제시된다. 소남 갸초의 경우에서 보았듯이, 이는 결코 사실이 아니다. 알탄 칸의 몽골 순수성 역시 마찬가지로 사실이 아니다. 5만 명의 중국인 정착민이 명나라를 떠나 알탄 칸의 강역 안에서 도시를 이루고 농장을 세웠다. 알탄 칸의 한 중국인 고문은 "2급 대학원 학자 중 야만족胡中에 합류하는 이들은 모두 융숭한 대우를 받을 것"이라는 간판을 달아 중국인 교육층 모집 운동을 하기도 했다. 이 광고에 대한 반응이 너무 대단했기 때문에 모든 지원자를 심사해야만 했다고 알려진다. 이 "두뇌 유출"은 명나라의 악화 상태와 그로 인한 과도한 교육에 비해 저급한 취업에 시달리는 문인이 점점 증가하고 있음을 보여주는 증상이라고 할 수도 있지만, 또한 알탄 칸의 통치의 복잡한 양상, 즉, 몽골인, 티베트인, 중국인, "주술사", 다양한 계통의 불교도, 도교, 유학자, 농부, 유목민, 귀족 등이 모두 어울렸음을 잘 보여준다. 이 다원적 세계에서 모굴인은 어떠했을까? 이슬람은 또 어떠했을까?

흔한 이야기대로라면 언제나 상호 작용은 없었다. 알탄 칸이 탄트라 불교로 개종한 일은 여러 면에서 불교 세계와 무슬림 세계가 분리되는 순간이라고 받아들여진다. 그와 달라이 라마의 만남으로 인해 한쪽에 티베트-몽골 불교 세계가, 다른 한쪽에 투르크어를 사용하는 이슬람 세계가 확고히 확립되었다. 그러나 알탄 칸에 대한 다른 모든 이야기들과 마찬가지로 이것 역시 정확히 사실이 아니다. 그는 무슬림 모굴인과 계속 관계를 유지했을 뿐만 아니라 모굴인 역시 그와 관계를 유지했다.

> 백두건白頭巾 열두 도시의 주군, 압드 알-카림 칸[113]이,
>
> 그의 형님이신 알탄 칸과 그의 사절에게 큰 경배를 드립니다.
>
> 그는 크게 기뻐하고 "나라를 통일하자!"고 하면서, 귀한 조공물을 보냈습니다.
>
> 그중에는 다이아몬드와 여러 보석, 크고 건강한 서양 말, 순종 거세마, 혹이
>
> 주저앉은 낙타가 있습니다.[114]

몽골의 초기 역사에 기록된 바와 같이 이 사건은 1578년 알탄 칸이 달라이 라마를 만난 직후에 일어났다. 즉, 라싸 지하드를 이끌었던 통치자, 술탄 사이드 칸의 손자, 압드 알 카림 칸이 "불교도"인 알탄 칸에게 신하의 예를 갖추고 있다.

물론 위의 구절에서 알 수 있듯이 압드 알 카림 칸에게 중요한 문제는 종교가 아니라 혈통과 몽골의 유산이었다. 따라서 그 자신이 무슬림이고 알탄이 불교도였을지 모르지만 알탄 칸이 그의 '형님*aq-a*'이라는 점이 더 중요하다. 여기서 '형'은 유서 깊은 용어이다.[115] 특히 이 말은 제국 시대에 4울루스 사이의 관계를 정의하기 위해 사용된 용어였다. 앞서 언급했듯이 몽골 제국은 가족 행사였고, 대칸은 다른 사람들이 모두 따라야 하는 '형님'이었다. 실제로 그렇게 작동했는지는 물론 완전히 다른 질문이다. 그럼에도 불구하고 이 가족 모델은 몽골 제국을 규정하는 개념적 틀이었다. 그리고 다음 구절에서 입증되듯이 같은 개념이 16세기까지 계속 쓰였다.

우이정卫徵 재상宰相은 옛 이야기, 관습, 전설에 대해 헤아릴 수 없을 정도로 지식이 풍부한 분으로,

[알탄 칸이] 백두건白頭巾의 샤 칸에게 사절로 파견했습니다.

우이정 재상이 카가타이부터 현재까지 족보를 설명하자

[샤 칸]은 매우 기뻐하며 건강한 서양 말과 다이아몬드를 공물로 바쳤습니다.[116]

샤 칸의 공물과 압드 알-카림 칸이 알탄 칸에 복종한 일은 이 시기에 불교-무슬림 관계가 흔한 상상과는 달랐음을 알려준다. 특히 이는 몽골의 유산 덕분에 어떻게 불교와 무슬림의 상호 작용이 여전히 가능했는지에 대해서도 알려준다.

이러한 가능성은 곧 끝나게 되어 있었다. 이 변동이 압드 알-카림 칸이 불신도의 통치를 깨닫고 생긴 결과였는지는 확실히 알려진 바가 없다. 그러나 낙쉬반디 교단이 선동적인 설교자 이샤크 왈리(사망 1599년)의 지도 아래 결국 그를 폐위시킨 바는 분명하다. 그러고 나서 이샤크 왈리는 무함마드 칸(사망 1609년)을 왕좌에 올렸다. 이샤크 왈리는 여기에서 한 단계 더 나아갔다.

무함마드 칸에 대한 이샤크의 영향력이 너무 강해서 이샤키 수피단은 무역 길드와 야르칸드에 있는 궁정 두 군데에 모두 뿌리를 내리고, 회부回部(알티샤르)의 여러 오아시스들을 연결하는 지배적인 네트워크가 되었다. 이샤키 수피단의 절묘한 솜씨 덕분에 무함마드 칸은 생을 마감하기 전에 이샤키의 최고 대표로 지명되면서 이샤크의 후계자일 뿐만 아니라 쿠투브("신비로운 축" 혹

은 "우주의 극")이면서 그와스("시대의 신령한 보조자")라고 확인이 되었는데, 이로써 낙쉬반디 교단은 그 이래 회부의 가장 주요한 신비 종교가 되었다. 통치자가 낙쉬반디 교단일 뿐만 아니라 그 자신이 최고 대표라는 사실이야말로 그 교단이 알티샤르에서 특별한 지위를 차지할 수 있도록 했고, 이로써 다른 어떤 신비 체제도 그를 대체한 적이 없었다. 차가다이 가문의 왕족과 낙쉬반디 교단의 장엄한 지배력의 결합이야말로 수십 년 후 마흐둠자다 호자들이 대담하게 무굴리스탄 왕좌를 점령하는 데 기여했을 것이다.[117]

한 사람에게 종교적, 정치적 권력을 통합함으로써 이샤크 왈리는 신권정치의 길을 열었다.

이러한 종교 정치적 구조는 이전에 내륙아시아에 존재했던 적이 없었다. 불교의 통치 모델의 경우에서 보았듯이 영적 영역과 세속 영역 사이에는 항상 권력 분리가 있었다. 라마와 칸이 각자 이를 대표했고 그들은 각자 분야를 전담했다. 무슬림 세계에서도 동일한 구조가 수백 년 동안 작동하여 칼리파와 무슬림 성직자 들 사이의 균형이 유지되었다. 이 두 개체를 하나로 융합함으로써 이샤크 왈리의 비전은 이러한 권력 분리를 없애버렸다. 이것은 동시에 몽골의 혈통이나 유산이 종교 분열의 가능성을 넘어설 수 있다는 가능성도 없애버렸는데, 이제 어떤 사람의 신앙은 그의 혈통, 집단, 종족, 인종, 국적과 떼려야 뗄 수 없을 정도로 묶였기 때문이다. 당연히 상상할 수 있듯이 무함마드 칸이 낙쉬반디 교단의 최고 대표로 승격함으로써 내륙아시아의 불교도와 무슬림 사이에 급격한 분열을 일으키는 데 많은 역할을 했다. 이것만이 아니었다. 티베트에서 '위대한 5대'가 종교적 권위와 정치적 권위를 달라이 라마라는 제도로 융합함으로써 낙쉬반디 교단과 비슷한 신권 통치의 모델을 조장했다. 이렇게 17세기 내륙아시아에서는 2개의 신권 통치가 발전했으니, 하나는 불교도이고 다른 하나는 무슬림이었다.

종교, 정치 그리고 불관용不寬容

달라이 라마의 겔룩파 교단은 티베트에서 연조가 가장 어린 불교 계통이었다. 닝마파가 가장 오래되었고 그들의 기원은 7, 8세기의 티베트 제국 시대로까지 거슬러 올라간다. 반면 까규파는 그 기원을 11, 12세기의 불교 부흥에서 찾을 수 있는데, 당시 인도 고승들이 무슬림 진군을 피해 티베트로 넘어왔다. 사캬파 역시 이 시대의 소산이라고 자처하지만 그들의 전성기는 원나라 시대로, 그들이 몽골 제국 세력의 대표자로서 티베트를 다스렸다. 겔룩파의 창시자인 쫑가빠(1357~1419년)는 이 덕망 높은 세 교단이 모두 잘못되었다고 보았다. 그의 관점에서는 순수한 근본으로 복귀해야만 상황을 시정할 수 있었고, 이런 의미에서 쫑가빠는 몽골 정복의 여파로 유라시아 전역을 휩쓸었던 개혁 운동의 일부였다. 무슬림 세계와는 달리 티베트는 몽골의 맹공격으로 전폭적인 피해를 입지 않았기 때문에 처음에 쫑가빠의 부흥회적 메시지는 회의론에 부딪혔다. 또한 초기 겔룩파 운동은 티베트의 집권 가문과 다른 세 교단과 오랫동안 이어져왔던 유대 관계를 극복해야 한다는 문제에 직면했다.

역사를 통틀어 다른 많은 종교 학파들의 운명이 그러했듯이 이러한 이유로 겔룩파 교단도 사라질 뻔했다. 그러나 겔룩파에게는 겐둔 둡(1391~1475년)이라는 행운이 있었으니, 그는 사후에 제1대 달라이 라마로 추존된 사람이다. 그는 쫑가빠의 친척이자 후계자였다. 또한 정치적으로도 수완이 있었으며 특히 훌륭한 선교사이기도 했다. 그런 연유로 그는 중부 티베트의 지주地主 귀족들과 좋은 관계를 맺고 그들의 지원을 받아 1447년에 타쉬룬포 사원을 세웠다. 그가 세상을 떠난 후 시가체 시의 북쪽에서 태어난 남아男兒, 겐둔 가쵸(1475~1542년)가 그의 환생자로 인정되어 라싸 외곽에 있는 드레풍의 겔룩파 사원으로 와서 종교 교육을 받았다. 그는 1498년 학업을 마친 후 도피해야만 했는데, 티베트 중부의 지배자이면서, 까규파의 지도자인 까르마파를 선호했던 린풍의 왕자가 라싸를 정복했기 때문이다. 결국 달라이 라마는 20년 후 팍모 드룩파 교단의 세속 통치자인 공마 첸모가 라싸에서 린풍을 추방하고 나서야 돌아올 수 있었다. 그의 귀환의 상징으로 겐둔 가쵸는 간덴 포당 궁전을 지었는데, 이 궁전이 이후 달라이 라마의 성이 되었다.

소남 갸초(1543~1588년)가 탄생한 때는 강력한 티베트 가문들이 다양한 불교 교단의 지원을 받으면서 서로 싸우던 갈등의 시기였다. 두 살 때 그는 겐둔 가쵸의 화신으로 인정받고 드레풍으로 옮겨 와서 대수도원장으로 임명되어 공부를 시작했다. 1565년 린풍 통치자들이 시가체를 점령하고 남중부 티베트를 장악하자 소남 갸초는 겔룩파를 구하기 위해 라싸를 떠나 동맹을 찾아야 했다. 그는 인도 국경을 따라 일부 동맹을 찾았지만 그들과 팍모 드룩파는 린풍의 상대가 되지 못했다. 운이 좋게도 린풍이 막 라싸를 점령하려 할 때 몽골 사절이 도착하여 소남 갸초에게 1578년 6

월 19일 쾨케누르 호수에서 알탄 칸을 만나기를 청했다. 그는 곧 이를 받아들이고 전진하는 린풍 군대를 앞서서 북쪽으로 향했다. 둘이 만났을 때 그들은 에센 칸이 정립해두었던 불교 통치 모범 규약을 따랐다. 그렇게 알탄은 소남 갸초에게 달라이 라마라는 칭호를 부여했다(이전 두 번의 활불活佛에 소급 적용되어 그는 제3대 달라이 라마가 되었다). 소남 갸초는 그에 대한 응답으로 알탄에게 '브라마, 불법의 위대한 평화의 전륜성왕'이라는 칭호를 부여했다. 영광스러운 칭호였지만 달라이 라마는 알탄 칸으로 만족하지 않았다. 강력한 동맹을 찾는 과정에서 소남 갸초는 자신을 명나라 황제에게 소개하는 편지를 보냈다.

당시 명나라 궁정은 불교가 몽골인의 호전적 성격을 진정시킬 것이라고 보았기 때문에 불교를 널리 증진시켜야 한다고 생각했다.[118] 그 결과로 달라이 라마는 명나라 궁정의 불교를 통한 평화 계획에서 완벽한 장기말로 여겨졌다. 달라이 라마의 편지를 받자마자 만력제萬曆帝(재위 1572~1620년)는 그에게 선물을 보내고 황실 칭호를 내렸다. 그 후 달라이 라마가 1586년 알탄 칸의 장례식을 집행하기 위해 몽골에 왔을 때 만력제는 그를 베이징으로 초대하여 더 웅장한 칭호인 국사國師를 하사했다. 이 칭호는 쿠빌라이 칸이 파스파 라마에게 수여했던 것이다. 겔룩파가 명나라의 도움으로 원나라 시대의 사캬파만큼 강력해질 수 있다는 가능성을 상상하면서 달라이 라마는 애타게 베이징으로 향했다. 그러나 가는 도중에 그가 사망하면서 이 꿈의 가능성은 무너졌다. 몽골인이 알탄 칸의 증손자를 제3대 달라이 라마의 화신이라고 선언하면서 명나라와 겔룩파의 종교 정치적인 계략에 또 다른 어깃장을 놓았다. 티베트인은 변함없이 회의적이었지만 용텐 갸초를 4대 달라이 라마(1589~1617년)로 인정했다. 몽골인은 그를 티베트로 데려가지 못하게 했지만 결국은 이 소년이 티베트에서만 제공할 수 있는 불교 훈련과 탄트라 입문을 모두 받아야 한다는 주장에 흔들렸다. 그러나 그의 전임자들과 마찬가지로 그도 정치의 희생양이 되었는데, 그가 라싸에 있음으로써 25년 전에 제3대 달라이 라마가 달아난 이래 계속 잠자고 있었던 불씨가 살아났기 때문이다.

1605년에 팍모 드룩파는 라싸를 공격했고 이에 대응하여 몽골인은 달라이 라마를 돕기 위해 중앙 티베트를 공격했다. 린풍 가문이 그들을 쫓아내면서 동시에 그들의 숙적인 팍모 드룩파를 분쇄했지만 이러한 혼전 가운데 달라이 라마는 라싸에서 달아났다. 그러나 린풍 가문의 통치자 푼초그 남걀이 다시 달라이 라마를 초대했고, 그는 달라이 라마가 특별한 탄트라 입문을 베풀어주기를 원했다. 대신들의 조언에 따라 달라이 라마가 이를 거절하면서 결국 폭력이 발생했다. 라싸를 탈출한 직후 제4대 달라이 라마는 28세로 사망했다. 1607년 몽골의 라싸 침공에서 알 수 있듯이 티베트의 종교적, 정치적 위기는 빠르게 국제 문제로 비화되었다.

몽골인은 겔룩파만 옹호하지는 않았다. 알탄 칸의 사망 이후 그의 중앙 집중화 프로젝트는 끝장이 났다. 대신 여러 지역 몽골 족장이 알탄 칸의 선례를 따라 일인-人 몽골 통치자라는 칭기즈 칸의 통치 원리를 버리고 티베트 라마와 연합하여 자신들 각자를 칸이라고 선언했다. 이로써 몽골인 사이에 내전이 일어났을 뿐만 아니라, 서로 경쟁하는 칸들이 서로 다른 불교 교단과 동맹을 맺었기 때문에 그들 역시 티베트 내전으로 끌려들어갔다.[119] 예를 들어 칼카⊕의 초그투 타이지는 까르마파와 동맹을 맺고, 겔룩파와 겔룩파의 튜메드 동맹국을 상대로 티베트를 침공했다. 이렇게 경쟁적인 종교적, 정치적 동맹으로 내륙아시아의 상황은 빠르게 통제 불능 상태로 향했다. 그러나 이번에도 위기는 이 지역에만 생긴 것이 아니었다. 16세기 중반 명나라의 경제적, 정치적 약점이 이 모든 위기를 일으키는 데 중요한 역할을 했듯이,[120] 명나라야말로 티베트-몽골 불교 전쟁의 궁극적인 종말을 겪었다. 즉, 1644년 명나라는 만주족에 의해 멸망했는데, 만주족은 명나라 침공 전에 공교롭게도 만다라로 설계된 거대한 사원 단지를 건설하여 쿠빌라이 칸이 '파스파 라마'에게 준 동상을 세워두었다.[121] 분명 역사는 원점으로 되돌아온 것이다.

이 불교 부흥의 희생자는 명나라뿐만이 아니었다. 모굴인도 마찬가지였다. 서쪽에는 모굴인의 최대 적인 시아 사파비 왕조가 있었고, 동쪽에는 불교 종파주의 때문에 내전이 점점 더 가속화되어 그들은 갈 곳이 없었다. 더욱이 모굴인은 낙쉬반디 교단이 부추기는 대로 도시 생활을 채택하고 정착했기 때문에 이제 쉽게 이동할 수도 없었다. 게다가 이전에 도시 경제를 유지해주던 무역이 정지되면서 모굴인 세력은 빠르게 사라지고 있었다. 모굴인을 대신해서 오이라트가 부상했는데, 오이라트는 알타이 산맥과 톈산 산맥 사이에 근거지를 두고 충실하게 그들의 유목적 기원을 지키고 있었다. 이 시기에는 이동 가능하다는 것이 큰 이점이었고, 그들이 격렬한 대재앙 가운데 어디에 소속되지 않은 것도 이점이었다.

⊕ 고비 사막 북쪽에 있는 지역. 만주어와 몽고어로는 칼카, 중국어로는 할하喀尔로 불린다. 막북몽고漠北蒙古라고도 한다.

지도 17. 17세기 내륙아시아

이 두 가지 요인 덕분에 오이라트는 몽골인과 티베트인이 전쟁 중이던 틈을 타서 그들의 통제 지역을 확장할 수 있었다. 17세기 초에 오이라트는 2개의 강력한 집단으로 발전했다. 타림 분지 북쪽 그들의 '고향' 땅에 있는 준가르와 현재 칭하이青海 지방의 쾨케누르 호수 주변 지역에서 코슈트和碩特가 이끄는 상上몽골⊕(지도 17)이다.122

오이라트 세력이 빠르게 내륙아시아에서 증가했지만, 그들은 자신이 지배자라고 주장하지 않았다. 오이라트는 에센이 자신을 칸이라고 선언하면서 겪었던 운명을 누구보다 더 잘 기억하고 있었기 때문에 스스로를 평민 왕조라고 내세웠다. 그들은 중국의 '황타이지皇太子'라는 표현을 따라 자신들의 지도자를 홍타이지渾台吉라고 불렀다.123 이러한 상황과 내륙아

⊕ 영어로는 Upper Mongols이나, 쾨케누르 몽골, 청해青海 몽골로도 알려져 있다.

시아의 세력균형은 달라이 라마의 다음 화신化神이 무대에 등장하면서 빠르게 바뀌었다.

5대 달라이 라마, 아왕 로쌍 갸초(1617~1682년)는 흔히 '위대한 5대代'라고 알려져 있는데, 그럴 만도 하다. 그는 의심할 여지 없이 17세기 역사의 거물이었다. 그는 티베트-몽골 전쟁에서 승리하면서 달라이 라마를 티베트 최고의 정교합일政敎合一 지도자로 만들었을 뿐만 아니라, 정치적 동맹을 통해 유라시아 정치 지도와 그 본질을 모두 새롭게 설정했다.[124] 아왕 로쌍 갸초의 위상이 너무나 컸기 때문에 티베트 엘리트들은 정치적 휴유증을 염려해서 그의 사망을 비밀에 부치기로 결정했다. 그들은 아왕 로쌍 갸초가 명상 안거 중이라고 주장했고, 족히 14년 동안 그의 이름으로 법령을 내렸다. 물론 결국 진실이 밝혀지면서, 이를 좋다고 할 사람은 아무도 없었지만 누구보다도 만주 황제들이 짜증을 냈다. 엘리트들은 이후 티베트의 정치 문제에 점점 더 관여했고, 1790년대 초 구르카 전쟁⊕의 여파로 만주인은 티베트를 청나라의 불가분의 일부로 만들었다.[125] 그러나 만주족의 티베트 정복은 위대한 5대가 권세를 얻기 시작한 때로부터 150년이 넘어서야 달성되었다.

이 목표를 달성하기 위해 아왕 로쌍 갸초가 맞붙었던 첫 번째 문제는 겔룩파의 정치적, 군사적 약점이다. 그는 강력한 후원자 없이는 겔룩파가

⊕ 1814년 11월부터 1816년 3월까지, 네팔 왕국(오늘날의 네팔)의 구르카군과 영국 동인도 회사의 영국군 간에 인도 대륙 북부 지역의 점령을 두고 벌어진 전쟁으로 '영국-네팔 전쟁'으로 알려져 있다.

까르마파와 린풍의 동맹 세력에 결코 도전할 수 없음을 알고 있었기 때문에 당대의 정치적, 군사적 초강대국인 준가르와 만주족과 동맹을 맺었다.[126] 특히 그는 불교의 통치 모델을 활용하여, 몽골의 혈통이 없지만 칭기즈 칸 가문인 양 허세를 부리는 이 왕조들에 칸이라는 칭호를 부여했다. 축복과 승인의 봉인을 받자 이 통치자들은 기세가 올라, 에센 칸이 만든 몽골 불교 유산의 틀 안에서 권위를 주장할 수 있었다. 이렇게 달라이 라마의 탄트라 입문식은 본질적으로 그들의 비몽골적 과거를 덮어주었다. 달라이 라마의 축복은 준가르와 만주족 모두에게 불교적 정통성뿐 아니라 몽골 후예라는 중요한 정통성도 부여했다. 따라서 여러 가지 방식으로 5대 달라이 라마는 내륙아시아의 궁극적인 "칸 해결사"가 되었으며, 이렇게 함으로써 확실히 그의 이미지를 쇄신하고 달라이 라마라는 제도에 이전에는 없었던 위상을 부여했다. 그러나 티베트에서 위대한 5대가 세력을 합병하려면 존경과 찬사 그 이상이 필요했다. 즉, 아왕 로쌍 갸초는 무기가 필요했다. 또한 달라이 라마의 이름으로 기꺼이 사람들을 죽이고 불구로 만들 수 있는 군사가 필요했다.

그는 자신이 찾던 것을 상몽골인에게서 발견했고, 그들은 여러 면에서 그의 근본주의 겔룩파의 암살단이 되었다. 이 기습 부대를 이끌었던 이가 코슈드족의 지도자 구시 타이지로, 그는 1630년에 권좌를 차지했던 자이다. 그로부터 4년 후, 5대 달라이 라마는 구시 타이지에게 칼카 왕자 초그투 타이지뿐 아니라 카르마파와 그의 지지자인 린풍 가문를 물리쳐달라고 도움을 청했다.[127] 1637년에 이르면 코슈드족은 초그투 타이지를 물리치고 달라이 라마의 이름으로 티베트 북부와 동부를 점령했다. 그리고 나서 구시 타이지는 체계적으로 5대 달라이 라마의 적을 모두 무너뜨렸고 1642년 4월 13일 위대한 5대는 그를 티베트의 칸이라고 선언했다. 구시 칸은 13년 동안 이 자리에 있다가 사망했고 그의 사후 아들 다얀이 그를 계승했다. 코슈드 칸과 달라이 라마의 관계가 불교 통치의 고전적 모델대로 각자 자신의 개별 영역을 다스린다고 생각하지만, 현실에서는 위대한 5대가 티베트 사회에서 그의 종교적, 정치적 지위를 확보하기 위해 몽골인을 이용했을 뿐이다.[128]

다른 많은 강력한 통치자들과 마찬가지로, 위대한 5대도 자신의 지위를 공고히 하기 위해 공포와 폭력을 사용했다. 아래의 인용은 5대 달라이 라마가 그의 기습 부대에게 어떻게 적을 대할지 알려주었던 것이다.

> 그들에게 주어진 임무를 망쳐버리는 적의 무리 [가운데에서]:
>
> 남계男系를 뿌리 잘린 나무처럼 만들어라.
>
> 여계女系를 겨울에 말라버린 개울처럼 만들어라.
>
> 자녀들과 손주들을 돌에 박살난 달걀처럼 만들어라.
>
> 종들과 추종자들을 불에 타버린 풀더미처럼 만들어라.
>
> 그들 나라를 기름이 고갈된 등불처럼 만들어라.
>
> 요컨대 그들의 흔적도, 그 이름조차도 싹 없애버려라.[129]

이러한 전술로 위대한 5대는 달라이 라마가 이끄는 티베트 신권神權 국가를 창설하는데, 반항적인 티베트 귀족들의 처형이 그 사례 중 하나이다.[130] 위대한 5대가 겔룩파 신권 통치를 창설한 이래, 그의 분노에 희생

된 것은 귀족뿐 아니라 다른 불교 계통도 마찬가지였다. 예를 들어 조낭파 학파는 위대한 5대가 특히 싫어했기 때문에 잔인하게 억압당했다.[131]

위대한 5대가 문젯거리라고 생각했던 또 다른 불교 계통은 까규파의 하위 교단인 드룩파였다. 달라이 라마가 보기에 가장 짜증스러운 일은 라다크 왕이 드룩파를 지지하고 자신의 겔룩파 교단을 지지하지 않는다는 사실이었다. 위대한 5대를 또 거슬리게 했던 일은 라다크인이 서방과의 교역을 통제했을 뿐 아니라 풍부한 금광이 있어서 부유하다는 사실로, 결국 그는 1680년에 라다크 침공을 일으켰다.[132] 라다크인은 모굴인에게 도움을 청했으나 그들은 달라이 라마의 군대나 그의 전쟁 마법에 적수가 되지 못했다.

> 주군과 그의 대신들은 용맹무쌍하고, 극렬히 분노한 채 적군의 한가운데로 대담무쌍하게 전진했고, 그곳을 채우고 있던 적은 제대로 자리를 잡을 기회도 없었다. 적들은 무기를 버린 채, 그중 일부는 살해당했고, 또 다른 일부는 도망쳤다. 그리고 [터키어로] 토브카크*tobcaq*라고 불리는 강력한 돌격대조차 전리품이 되었다. 그러고 나자, 승리자(부처님과 그분의 화신)는 아주 명료하게 삼세三世(과거, 현재, 미래) 모든 때를 볼 수 있기 때문에, 전지全知한 달라이 라마가 말을 탄 사신을 통해 이런 편지를 보내왔는데, "카슈미르 군대가 도착하면 알려주시오"라는 내용을 담고 있었으니, [그리하여] 그는 [티베트 장군이] 나와브/총독의 머리 위에 [그 발을] 올려놓을 수 있는 선행의 문을 열어주었다. 노력을 아끼지 않고 공덕의 양을 늘리려고 하는 사람들의 희망은 반드시 쉽게 이루어진다. [전투의] 밤이 있고 그다음 날 밤, 강력한 지지 수호자들

이 마법의 술책을 썼고, 그 후 카슈미르 군대는 이유 없이 겁에 질려 공포의 통곡을 외치면서 도망쳤다. [그리고 이로써] 세계 정상에 하얀 깃발을 게양하게 했으니, 이 깃발은 그 나라 전사들과 그들의 추종자들에 대한 완벽한 승리의 영웅적 표시였다.[133]

달라이 라마의 전쟁 마법이란 알고 보면 평범했다. 즉, 티베트인은 모굴인을 매수하여 퇴각하라고 했고, 그것이 통했다. 여기서는 위대한 라싸 지하드가 있은 지 150년이 지난 후 또 다른 무슬림 군대가 라다크로 진군했다는 점이 중요하다. 그러나 지하드의 이름으로 그렇게 하지는 않았다. 그들이 그렇게 한 것은 어떤 불교 왕국을 다른 불교 왕국의 약탈로부터 구하기 위해서였다.

위대한 5대의 라다크 침공과 더불어 이 사건을 이해하기 위해서는 이 장의 시작 부분에서 제기했던 핵심적인 문제를 기억할 필요가 있다. 모든 종교 전통이 폭력을 승인하지만, 그러한 수사는 어떤 특정 역사적 맥락에서만 동원된다. "성전聖戰"에 대한 요구와 그에 수반되는 종교적 폭력의 분출을 이해하려면 그러한 수사법修辭法이 생겨난 좀 더 큰 정치적, 경제적, 사회적 맥락을 탐구해볼 필요가 있다. 예를 들어 위대한 5대의 라다크 침공을 이해하려면 불교 논쟁술의 수사학에 초점을 두어야 할 뿐만 아니라, 티베트인과 모굴인 모두에게 라다크가 경제적으로 아주 중요했다는 점을 깨달아야 한다. 따라서 양측이 이 전쟁을 종교적 용어로 만들어서 표현했을 수 있지만, 유라시아 역사의 이 특별한 시점에서 그러한 수사를 이끌어낼 수 있도록 기여한 상황이 분명 존재했다.

이와 관련하여 앞에서 언급했던 요소들, 즉 정치적 분열이나 경제적 위축을 들 수 있는데, 이 둘 다 17세기의 불교 신정神政 통치와 무슬림 신정 통치의 부상을 촉진시켰다. 그런데 신정 통치가 생겼다고 해서 반드시 더 큰 대립으로 이어지지는 않았다는 점은 흥미롭다. 몽골 이후 내륙아시아의 역사에서 가장 놀라운 점은 대부분의 종교적 폭력이 외부로 향하지 않고, 즉 무슬림이 불교도에 대항한다든가 불교도가 무슬림에 대항한다든가 하지 않고, 같은 신앙의 내부 적을 향했다는 것이다. 이 시기에 불교도와 무슬림 사이에 분명한 긴장이 있었음에도 불구하고 대부분의 경우 그들은 계속해서 상호 작용했는데, 그러한 수사법을 제외하면 종교는 정치적, 경제적, 이념적인 다른 관심사에 부차적이었기 때문이다. 물론 이러한 현상을 설명할 때 알아두어야 할 중요한 점은 유라시아 체제의 붕괴를 주도하여 이러한 신정 통치의 발전을 촉진했던 바로 그 세력 때문에 이렇게 새로 형성된 정교일치 체제가 분리되었다는 것이다. 몽골 이후 시대가 무슬림 세계와 불교 세계 모두에서 "지하드의 시대"가 되었지만, 대부분의 종교적 폭력의 희생자는 '타자'가 아니라 자신과 같은 신앙인이었다.

위대한 5대가 다스리던 티베트에서뿐만 아니라 모굴리스탄 칸국에서도 마찬가지였는데, 모굴리스탄 칸국에서 지하드 요구는 다른 무슬림을 향해서였다. 예를 들어 17세기에 낙쉬반디 교단은 서로 경쟁하던 2개의 계열로 나뉘어지면서 동투르키스탄을 장악하기 위해 싸웠다.[134] 이 두 계열은 그 기원이 모두 마흐두미 아잠('지고의 스승'), 아흐마드 카사니(1461~1542년)로 거슬러 올라가지만, 그의 두 아들과의 관계에 따라 갈라졌다. 이샤크 왈리는 작은 아들의 혈통으로 모굴인 사이에서 성공을 거두었다.

반면에 큰 아들의 혈통은 중앙아시아에 남아 우즈벡인의 지지를 얻었다. 그러나 곧 우즈벡 궁정에서 주이바리 수피가 강해지면서 결과적으로 아흐마드 카사니의 손자, 무함마드 유수프 호자(사망 1653년)는 부하라를 떠나 동쪽 모굴인의 영토로 향했다. 그는 동투르키스탄의 오아시스 도시를 여행하면서 빠르게 경건한 추종자 무리를 얻었는데, 모굴인이 이샤크 왈리 계보인 이샤키 교단과 그들의 개입에 점점 더 분노했기 때문이다. 그러나 이샤키 교단은 유수프 지지자가 증가하는 현상의 의미를 재빨리 파악하고 음식에 독을 넣어 그를 살해했다.

두 계보 사이의 불화로 이렇게 공격이 시작되고 나서 곧 모굴 칸국의 통치자 이스마일 칸이 유수프의 아들이자 후계자인 아팍 호자(사망 1694년)를 카슈가르의 활동 무대에서 추방했다. 살기 위해 도망친 아팍 호자는 카슈미르로 갔다. 그런 다음 그는 라싸로 가서 위대한 5대를 만났고 누구의 마법이 더 강력한지 알아보기 위한 친선 경기를 벌였다고 한다. 무슬림 사료에 따르면, 아팍 호자의 마법이 더 강력해서 달라이 라마는 이슬람으로 개종했다![135] 그러하든 아니든, 역사적으로 좀 더 정확한 사실은 이샤키 교단과의 불화로 아팍 호자가 결국 준가르의 통치자, 갈단(1644~1697년)의 지원을 확보했다는 것이다. 갈단은 위대한 5대의 제자였을 뿐 아니라 1671년 위대한 5대에 의해 칸으로 지명되었던 자였다.

천산 북쪽에 사는 준가르는 1615년에 처음 불교도가 되었다. 불법이 그들 가운데 널리 전파된 것은 유명한 오이라트 승려인 자야 판디타 덕분이었는데 자야 판디타는 겔룩파 신봉자였다.[136] 준가르는 티베트 불교도와 몽골 불교도 간의 내전, 그리고 위대한 5대의 신정 통치 프로젝트 상황에서 철저하게 불교도가 되었지만, 17세기 내내 타림 분지의 무슬림과 우호적인 관계를 유지했다. 이는 대부분 오아시스 도시의 무슬림이 티베트, 중국 모두와 무역을 했다는 사실과도 관련이 있다.[137] 그러나 이샤키 교단과 아파크 교단 사이의 갈등이 커지면서 그러한 무역에 장애가 생겼다. 이 두 낙쉬반디 계보 간의 불화가 준가르의 재정 상황에 영향을 미치기 시작하자, 계보에 따른 신학적 투쟁이 더 이상 내부 문제로만 남아 있을 수 없었다. 이를 끝장내기 위해 준가르의 통치자 갈단은 타림 분지를 정복하고 아팍 호자와 그의 아들을 현지 통치자로 임명했다. 분명 이로써 경제 상황이 안정되리라고 희망했다.

하지만 이도 잠깐, 갈단이 세상을 떠난 후 준가르의 왕위 계승 투쟁이 터졌고 무슬림이 기회를 잡아 그들의 권위를 다시 주장하면서 준가르의 멍에에서 벗어났다. 야르칸트의 이샤키 교단은 독립을 선언하고 폐위된 모굴 왕실에서 모셔온 꼭두각시 통치자를 세웠다. 몇 년 후 체왕 랍탄(재위 1694~1727년)이 마침내 준가르인들 사이에서 세력을 확보하자 그는 타림 분지에 있는 무슬림에 대한 통제권을 다시 주장했고, 그들의 응종應從을 확보하기 위해 이샤키 교단과 아파크 교단 양쪽의 지도자들을 인질로 잡았다. 이로써 어느 정도 동투르키스탄을 통제하는 효과를 보았지만, 준가르는 훨씬 더 큰 문제에 부딪혔다. 만주족과의 전쟁이 점점 더 커진 것이다.

만주족과 준가르족의 전쟁은 몽골 유산의 영향하에 벌어진 마지막 기념비적 투쟁이었다.[138] 이 전쟁은 유라시아에서 가장 강력한 두 제국이 서로 맞붙은 것이고, 두 제국의 통치자 모두 5대 달라이 라마의 은사恩賜이며 칭기즈 칸 가문의 틀에 따라 칸으로 인정받았다. 따라서 1757년 만주족이 마침내 이 투쟁에서 승리했을 때 그들은 준가르를 물리쳤을 뿐만 아니라 몽골의 유산도 종식시켰다. 그 이전의 300년 세월을 만들어왔던 추진 요인 가운데 많은 것들이 이로써 더 이상 존재하지 않게 되었다. 그 대신 만주족은 그 자체 논리와 정치적, 경제적 구조를 가진 완전히 새로운 세계, 즉 청나라를 창조했다. 더욱이 이 용감한 신세계에서 내륙아시아의 불교도와 무슬림은 다시 한 번 하나의 정권 아래에 모였다. 그 결과 무슨 일이 일어났는지가 다음 장의 주제이다.

제5장

할랄

너희에게 금지하노니, 죽은 고기와 피와 돼지고기, 알라의 이름으로 도살하지 않은 것, 목 졸라 죽인 것, 때려잡은 것, 떨어뜨려 죽인 것, (서로 싸우다) 뿔에 받혀서 죽은 것, 너희가 도살하지 않고 다른 야생 동물들이 먹다 남긴 것, (우상의) 돌 제단에 제물로 바쳤던 것, 화살로 점을 치기 위해 잡은 것들을 금지하노니, 이것은 (금지를 어기면) 죄가 된다.
— 꾸란 제5장 3절

[지원至元(1264~1294년) 16년 12번째 달(1280년 1월 27일)]에 바르구 사람들이 큰 사냥매를 선물했다. 무슬림이 오고 음식을 차려두었지만 그들은 먹기를 거부했다. 사람들은 어찌할 바를 몰랐다. 황제는 "그들은 내 노예다. 음식에 있어 어떻게 감히 그들이 우리 왕조의 관습을 따르지 않는다 하겠느냐?"
— 『원사元史』

1280년 초반에 한 무리의 무슬림 상인들이 얼어붙은 대초원을 가로질러, 몽골의 수도인 대도大都로 향했다. 그들의 목표지는 쿠빌라이 칸의 궁정이고, 목적은 쿠빌라이가 사냥하는 동안 사용할 수 있는 사냥매를 여러 마리 그에게 바치는 것이었다. 그 여정은 고생스러웠지만, 그들은 칸의 도시, 즉 칸발리크의 전설적인 웅장함을 보고 싶다는 꿈 하나만으로 계속 나아갈 수 있었다. 그곳에 도착하니, 현재 베이징으로 불리는 그 도시는 아름답고, 전 세계에서 온 물건과 사람으로 가득 차서 그들을 실망시키지 않았다.[1] 시장을 거닐면서 여행 경험이 풍부한 이 상인들은 생전 들어본 적 없는 낯선 언어들을 들었고 도저히 꿈에도 그려보지 못할 물건들을 보았다. 그들은 너무나 흥분한 채로 칸의 궁전으로 가서 흰 독수리와 흰 발의 붉은 부리를 가진 큰 매 몇 마리를 바쳤다.

그들은 걱정할 필요가 없었다. 칸은 새를 받고 매우 기뻐했으며 새들에 대해 수많은 질문을 했다. 새로운 사냥 기술에 대한 대화가 더욱 무르익자 칸은 그들을 저녁 식사에 함께하자고 초대했다. 그들 모두 다른 텐트로 물러나 활발한 토론을 계속했다. 텐트 밖에서 음식을 준비하는 사람들이 들을 수 있었던 소리는 생생한 담화와 함께 간간히 들리는 칸의 호탕한 웃음이었다. 그들은 모든 일이 잘 되어간다고 생각했고, 계속 음료를 들였기 때문에 메인 코스를 늦추었다. 대화가 잠깐 잠잠해지자 소규모 군대라 할 정도의 요리 접대자들이 텐트로 돌진하여 많은 접시를 정렬했다. 그런 다음 재빨리 물러났다. 되돌아온 요리사들과 접대자들은 놀랍게도 아까 그 시점에서 향연이 더 이상 이어지지 않을 것 같다는 말을 들었다. 토론은 잠잠해지고 발 끄는 소리만 약간 들렸다. 그러고 나서 그들이 대경실색할 정도로 칸이 고함을 질렀다. 칸은 격노했고, 곧바로 손님들이 천막 밖으로 종종걸음으로 뛰쳐나왔다. 요리사들은 충격을 받았고 겁에 질렸다. 어찌할 바를 몰랐는데, 무슨 일이 일어났는지 알 수 없으니 더 놀랍기만 했다. 얼마 지나지 않아 그들뿐만 아니라 모두가 알게 되었다. 이

사건은 장안의 화젯거리였다. 당시 그 도시에 있던 마르코 폴로도 이 사건에 대해 썼다.[2]

정확한 세부 사항에 대해서는 그 후 많은 논의가 있었지만, 그 무슬림 상인들이 쿠빌라이 칸의 연회에 마련된 고기를 먹지 않겠다고 하면서 이 모든 사단이 시작되었다는 데는 모두 동의한다. 그들은 고기가 할랄(이슬람 계율로 허용된 음식)이 아니기 때문에 거절했고, 바로 이 때문에 칸이 그렇게 진노했던 것이다. 그로 해서, 칸은 다음과 같은 칙령을 내렸다.

> 지원至元 16년 12월 24일 [1280년 1월 27일]:
>
> 칭기즈 칸 탄신 후, 해가 뜨는 곳에서부터 지는 곳까지 여러 나라를 모아 [몽골] 관습을 따르도록 만드셨다. 이 많은 민족 중 오직 무슬림만이 [이에 반대하면서] "몽고 [식으로 마련된] 음식을 먹지 않는다"고 했다. [칭기즈 칸이 그리하여] 묻기를, "하늘의 보호를 받아 우리가 너희를 정복했다. 너희는 우리의 노예인데 우리 음식을 먹지 않겠다니, 이것이 어찌 옳은 일인가?"하고 법령을 내리셨다. "무슬림이 이 음식을 먹게 하라. 그들이 목을 베어 양을 잡는다면 그에 대해 처벌을 받을 것이다!"
>
> 이 법령은 그때부터 오고데이 칸 시대까지 유효했다. 그러나 구육 칸 시대부터 우리가 우리 조상만큼 강하지 않았기 때문에, 이를 태만하게 두었다. [예를 들어] 부하라 지역에서는 그리했는데, 타라비, 바바 라술, 시크 아디는 사악한 의도를 가졌기 때문에 사형에 처해졌을 뿐만 아니라 그들로 인해 다른 많은 사람들까지 재난을 당했다.
>
> 그 후 재상 사이프 알 딘, 점성가 후삼 알 딘, 마즈드 알 딘 역시 사악한 의도

를 품었기 때문에, 홀레구 왕이 그들을 처단했다. 그는 많은 무슬림이 우리 왕조의 음식을 먹도록 만들었을 뿐만 아니라, 무슬림이 읽을 수 있도록 [그의 명령을] 무슬림 글로 옮기게 했다.

그때, 그들이 당연히 이를 이해했더라면 매사 편했을 것이다. 그들이 이를 이해하지 못해 또 사악한 의도를 품은 파르와나 [무인 알딘 술라이만]이 나타났다. 그는 아부가 왕王에게 처형당했다. 그 당시에도 그들은 깨닫지 못했다.

이제, 북쪽의 바르구 지방에서 사냥매를 가져온 무슬림이 "우리는 다른 사람들이 도살한 것을 먹지 않는다"고 [했으니] , 보통 사람을 교란시켰기 때문에, 다음과 같이 선포하노라: 무슬림과 유대인은 누가 [어떻게] 도살하는지 상관하지 않고 고기를 먹어야 한다. 그들이 목을 갈라서 양을 죽이는 것을 금한다. 그들이 할례를 하는 것도 금한다. 그리고 그들이 하루에 다섯 번 기도하기로 되어 있기 때문에, 그렇게 두 번 하고 [하루에 열 번] 기도하면, 그들이 깨달을 것이다.

만약 양의 목을 베거나 할례를 행함으로써 이 명령을 어기거나, 사촌과 혼인하거나, 강제로 노예를 잡아 할례를 하게 하거나, 노예가 [이런 일로] 주인을 고발한다면, 노예는 풀려나서 자유인이 될 것이다. 노예 주인의 재산과 금전과 그 외 모든 것은 다 그에게 주어질 것이다. 어떤 이라도 [그]를 비난한다면, 이 규정에 따라 [재산과 금전과 기타 모든 것을] 내놓아야 할 것이다.

이를 따르라.[3]

원나라 당국이 얼마나 열성적으로 이 법령을 따랐는지에 대해서는 논란의 여지가 있다. 그러나 처음에는 매우 열정적으로 이를 집행한 것처럼 보인다. 그리하여 많은 무슬림이 그들 종교의 자유를 찾아 원나라 영토를 떠났다. 그렇게 함으로써 그들과 함께 그들의 사업도 떠났고, 이것이 몽골 경제에 큰 타격을 입혔다. 예상치 않았던 이러한 부작용을 원나라 궁정에서 분명히 알게 되자, 무슬림이 계속 머무르고, 떠난 이들이 다시 돌아올 수 있기를 기대하면서 반反할랄 법령을 철회했다. 그러나 이미 손상이 생겨서, 여러 면에서 이 법령이 원 왕조의 이후 분위기를 만들었다.

쿠빌라이 칸의 법령은 본질적으로 앞 장에서 살펴보았던 많은 문제를 담고 있다. 특히 칭기즈 칸의 법과 샤리아 법 간에 생긴 핵심적인 긴장을 보여준다. 실제로 이 두 가지를 어떻게 화해시킬지에 대해 논쟁이 계속되었다. 특히 이번 경우에 쿠빌라이 칸은 이슬람 법보다 몽골 법을 내세우기로 결정했지만, 그 결정의 경제적 여파가 좋지 않다는 사실이 명백해지자 마음을 바꾸었다. 그런 갈등 조정 행위야말로 이후 수 세기 동안 이 두 가지 율법 전통 사이에서 일어나는 '조정' 양상이었다. 즉, 몽골의 유산을 이슬람과 합일시키려 했던 사람들에게 자사크와 샤리아 논쟁은 다양한 정치 쟁점화의 여지를 담고 있었으며, 지속적인 협상거리였다. 그렇지만 동시에 이 논쟁은 몽골-무슬림 공동체 밖의 사람들한테는 아무 상관이 없었다. 실제로 이전 장에서 보았듯이, 이러한 내면화內面化가 몽골 시대 이후의 기본 특징이었다. 이러한 이유로 해서 종교적 폭력의 대상을 다른 종교인들이 아니라 같은 신앙을 가진 사람들로 삼는 경우가 많았다. 그리고 여러 면에서 할랄 문제 역시 이와 같았는데, 몽골 제국 이후에 투르크계 몽고인만이 칭기즈 칸 가문의 유산과 이슬람 간에 균형을 이룰 필요가 있었고, 이 문제와 씨름해야만 했다. 그들이 어떻게 그것을 해결했는지 불교도는 전혀 관심이 없었다.

청 왕조(1644~1911년) 동안 만주족이 몽골 시대 이후 대체로 불교도와 무슬림을 분리해왔던 종교적, 문화적 구조를 해체하고 재편하면서 이러한 것들이 바뀌었다. 즉, 청나라는 불교도와 무슬림이 각자의 제정일치祭政一致 국가에서 활동하도록 하지 않고, 제국을 건설하여 이 둘을 하나의 정권 아래에 모았다. 그 결과 불교도와 무슬림은 이 새로운 현실을 해결하기 위해 씨름해야 했고, 그들이 최근에 만들었던 신정新政 통치를 새롭게 다듬으면서 또한 청나라의 일부가 되는 일이 어떤 의미인지 다시 생각해야 했다. 따라서 두 집단은 만주족이 다스리는 중국 국가에서 불교도라는 것, 혹은 무슬림이라는 것이 무엇을 의미하는지 파악해야만 했다. 더욱이 그들은 이제 둘 다 청나라의 일부였으니, 불교-무슬림 상호 작용의 본질을 재평가해야만 했다.

이것은 분명 거대하고 복잡한 질문으로, 그에 대해 서로 다른 수많은 답변이 가능했다. 그럼에도 불구하고, 이 과정에서 몽골 불교도에게 결정적인 역할을 한 문제가 할랄이었다. 이 문제는 앞서 제기했던 질문에 답변을 구할 때 하나의 축이었다. 할랄이 불교-무슬림 분열을 규정하는 중심점이었던 것이다. 따라서 할랄 문제 탐구가 근대성이 밀어닥치기 전 내륙아시아에서 불교-무슬림 상호 작용을 다루는 마지막 장의 내용이며, 그로써 생긴 새로운 많은 질문들을 관찰할 수 있다.

역사적, 법적 전례

청 왕조 동안 다시 일어난 할랄 문제를 설명하려면, 1280년의 원래 사건으로 돌아가야 한다. 그렇게 하기 위해 라시드 알딘이 『집사』에서 이 사건을 어떻게 설명했는지 살펴보자.[4] 그가 보기에, 이 전체 사건은 심하게 과장되었고, 쿠빌라이 칸의 기독교 조언자들이 그들의 반反무슬림 의도를 펼치기 위해서 조작한 일이다. 따라서 라시드 알딘에 따르면, 이 초기 법령이 발표되고 나서 쿠빌라이의 기독교 조언자들은 칸이 더 강력하게 나서야 한다고 주장했다. 그들은 조금이라도 약점의 징후를 보이면 무슬림을 대담하게 만들 뿐이라고 주장했다. 그들 주장으로는 무슬림의 재산을 박탈하는 일만으로는 충분하지 않았다. 대신 그들은 칸을 설득하여 "집에서 양을 도살하는 사람은 누구든" 사형에 처한다고 규정한 새로운 칙령을 발표하도록 했다.[5]

사형의 위협 때문에 많은 무슬림이 원나라를 포기했다. 그렇지만 무슬림이 모두 다 희망을 포기하지는 않았다. 일부 무슬림 엘리트는 쿠빌라이 칸에게 마음을 바꾸어달라고 청했다. "그로부터 지역의 무슬림 대표들, 즉 바하 알딘 쿤두지, 샤디 조챙, 우마르 키르키지, 나스르 알딘 말릭 카쉬가리, 힌두 조챙 및 기타 유명 인사들이 공동으로 재상에게 많은 선물을 보냈고, 재상은 다음과 같이 [칸에게] 대변했다. '모든 무슬림 상인들이 여기에서 떠났고 무슬림 국가로부터 아무 상인도 오지 않았습니다. 교역세(탐가*tamghas*)는 부적절하여 귀중품*tangsuqs*이 들어오지 않고 있습니다. 이 모든 것이 지난 7년 동안 그들이 양을 도살하지 못했기 때문입니다. 도살

해도 좋다고 명령을 내리시면 상인들이 오가고 교역세를 전액 징수하게 될 것입니다.' 이러한 취지에 맞추어 칸은 성지聖旨 반포를 허락했다."[6]

상황이 이렇게 바뀌자, 최소한 라시드 알딘의 말을 따르자면, 기독교인은 무슬림 공동체의 권리를 박탈하기 위해 또 다른 전략을 시도했다. 그들은 쿠빌라이 칸에게 꾸란에는 "다신론자를 모두 죽여라"는 구절이 있다고 하면서,[7] 이에 따라 모든 무슬림은 본질적으로 광신적인 지하드 투사라는 논리를 폈다.

> 칸은 역성을 내면서 물었다. "어디에서 이것을 알았는가?" 그가 듣기로 이 주제에 대한 편지가 [일칸 왕조] 아바가 칸으로부터 도착했다. 그는 편지를 가지고 오라 하면서 무슬림 학자들을 불러 그중 연장자인 바하 알딘 바하이에게 물었다: "너희들의 꾸란에 그런 구절이 있는가?"
>
> "예" 그가 답했다.
>
> "너희는 꾸란을 하나님의 말씀이라고 여기는가?" 칸이 물었다.
>
> "그렇습니다." 그가 말했다.
>
> "그렇다면 너희는 이교도를 죽이라는 하나님의 명령을 받았는데, 왜 그들을 죽이지 않는가?" 칸이 계속 물었다.
>
> "아직 때가 오지 않았고, 우리에게는 수단이 없습니다"라고 그가 답했다.
>
> 칸은 격노하여 말했다: "적어도 나는 수단이 있다." 그리고 그는 그를 죽이라고 명령을 내렸다. 그러나 재상인 에미르 아흐마드와 재상의 지위도 겸비한 카디(이슬람 법률가) 바하 알 딘, 그리고 에미르 대쉬만은 다른 사람들에게도 물어보겠다는 구실을 내어 이것을 막았다. 그들이 사마르칸트 출신의

마울라나 하미드 알딘을 모셔와서 그에게 같은 질문을 했다. 그는 그런 구절이 있다고 말했다.

칸이 말했다. "그럼 왜 [이 사람들을 죽이지] 아니 하는가?

"전능하신 하나님께서 '다신론자를 죽여라' 하고 하셨지만 칸께서 저에게 그렇게 지시하신다면 저는 우선 다신론자가 무엇인지 알려드리겠습니다"라고 그가 답했다.

"말해보라"고 칸이 말했다.

하미드 알딘은 "칸께서는 다신론자가 아니니, 칸의 성지의 서두에 위대한 신의 이름을 쓰시기 때문입니다. 하나님을 인정하지 않고, 동반자들을 하나님이라고 하고, 위대한 하나님을 거부하는 그러한 사람이 다신론자입니다." 칸은 매우 흡족해하면서 이 말을 그의 마음에 깊이 담아두었다. 그는 하미드 알딘을 기리고 그에게 호의를 베풀었다. 그의 제안에 따라 다른 사람들을 석방했다.[8]

이렇게 하미드 알딘은 아브라함 종교의 신과 몽골의 위대한 신을 교묘하게 병치함으로써, 쿠빌라이 칸의 기독교 조언자들의 반무슬림 정책을 중지시킬 수 있었다.[9] 그럼에도 불구하고 몽골 궁정과 중국의 무슬림 공동체 사이의 긴장은 계속되었다.

그러나 우리가 본 것처럼 항상 그렇지는 않았다. 특히 쿠빌라이 칸은 칭기즈 칸, 오고데이, 몽케의 뒤를 따라 흔쾌히 무슬림 공동체를 지원했다. 그는 몽골 궁정에 와서 일할 수 있도록 무슬림을 적극적으로 모집했다. 앞서 볼 수 있듯이, 중국의 무슬림은 과학 분야에서뿐만 아니라 상인이자 세리稅吏로서 원나라 경제의 핵심 인물들이기도 했다.[10] 항상 그렇듯 변함없이, 이러한 성공 때문에 무슬림이 다른 사람들, 특히 중국인으로부터 종종 비방을 받았으며, 상황이 악화되었을 때 희생양이 되기 쉬웠다. 이러한 긴장과 모순이야말로 몽골 궁정이 지속적으로 해결하려고 노력했던 일이었다.

무슬림의 상황은 항상 긴장 상태였다. 사실 어떤 결정을 하더라도, 결정에는 필연적으로 긍정적 결과와 부정적 결과가 따랐다. 그럼에도 불구하고, 이러한 문제를 다룰 때 쿠빌라이 칸은 지나치다 싶을 정도로 무슬림 공동체의 편을 드는 듯 보였다. 그는 원나라 궁정에서 그들이 담당하는 중요성을 깨달았고, 그의 후계자들 역시 그러했다. 그러나 무슬림 가정에서 자란 쿠빌라이 칸의 손자 아난다가 군대 15만 명을 이슬람으로 개종시키면서 상황이 악화되었다. 1307년 왕위를 차지하려는 아난다의 시도는 좌절되었지만, 무슬림 공동체에 대한 결정적인 신호로 그의 가족 속령屬領이 폐지되었다. 그러한 사건이 생긴 이후에도 중국에서 무슬림의 영향력은 이어졌다.

원나라 중국에서 무슬림 영향력이 정점에 다다른 시기는 이쑨 테무르(태정제泰定帝)(1323~1328년) 때였는데, 무슬림 다우라트 샤(사망 1328년)가 좌승상으로, 우바이둘라(사망 1328년)가 평장정사平章政事로 하여 행정부를 지배했다. 다우라트 샤는 기독교인과 우호적인 관계를 유지하여, 기독교인과 이슬람교도 모두 부역에서 면제를 받았다. 아난다의 아들 오뤄그 테무르는 중국 북서부에서 복원되었고, 진주를 판매하는 무슬림 오르톡*ortog* 상인들에게 지불해야 하는 액수는 엄청난 수준에 도달했다. 1328년 이쑨 테무르의 아들을 전복시켰던 모의 가담자들이 다우라트 샤와 우바이둘라를 둘 다 처형했고, 수도인 대도大都(현재 베이징)에서 카디(이슬람 판사) 직을 폐지했으며, 처음에는 모든 종교에 균등한 세금을 부여하다가 나중에는 불교와 도교 사원만 상업세 특별 면제를 부여했다. 1332년 아난다의 아들 오뤄그 테무르는 반역죄로 기소되어 처형당했다. 이후 무슬림은 다시 원나라에서 고위직을 얻지 못했다.[11]

이렇게 칸의 은총에서 벗어난 이유는 여러 가지였다. 그중에는 몽골 궁정에서 불교의 영향력이 점차 커졌다는 것부터 앞에서 설명했던 "친중화/친몽골 논쟁"에 이르기까지 다양해서, 이 논쟁은 종종 무슬림을 배제함으로써 이슬람 공동체를 불리하게 만들었다.

그렇지만 무슬림이 통제할 수 없는 사건들로만 좌우되지도 않았다. 이미 보았듯이, 많은 사람들이 자력으로 문제를 해결하고자 원나라를 떠나버렸다. 그러한 결정을 내리는 과정에서, 무슬림이 날로 악화되는 정치적, 경제적 상황만 고려한 것은 아니다. 점점 더 많아지는 반무슬림 입법도 그들을 부추겼는데, 그러한 증거로 1340년의 다음과 같은 법적 판정을 들 수 있다.

사촌 간 혼인 금지

지원至元 6년[1340년] 11월 5일에 중서성中書省은 다음과 같이 건의했다: '어사대御史臺가 강남제도행어사대江南諸道行御史臺에서 발송한 첨부 문서와 함께 이렇게 보고했습니다.' 부얀투 황제元 仁宗 시대[1312~1320년], 무슬림 학자, 무슬림, 유대인 간의 혼인을 중단하라는 명령을 내렸습니다. 최근 무슬림 학자, 무슬림, 유태인들이 여전히 사촌과 혼인하고 있으니, 이를 금하는 것이 옳습니다. '이러한 내용이 담긴 문서를 어사대에서 보냈기 때문에, 형조刑曹와 예조禮曹는 토의를 거쳐 이렇게 결정했습니다:' 남편과 아내가 인륜의 근본이고, 형제는 실제로 혈족입니다. 성姓씨가 같은 사람들이 혼인할 수 없는데, 어찌 사촌이 혼인할 수 있단 말입니까? 이제부터 이런 식으로 혼인하는 사람이 있다면, 같은 성씨 간의 혼인으로 간주할 뿐만 아니라, [벌을 내릴 때] 2등급 더 올려야 할 것입니다. 그러므로 각각 태형笞刑으로 67대를 때리고 서로 별거하도록 명을 내려야 합니다. 그들을 중매한 자는 태형으로 47대를 쳐야 합니다. 당국에 고발한 사람은 누구나 지참금에서 중원통보中元統寶 10냥을 보상으로 받도록 해주십시오. 그리고 이 규정을 널리 알려서 잘 지키도록 해주십시오.' [두 곳] 부처에서 논의한 대로 하는 것이 어떻겠는가."

그리하여 정중히 칙령을 받으며, '분부대로 하겠습니다'라고 했다.[12]

이렇게 배타적인 법률이 다시 생기면서 무슬림이 원나라를 더 많이 떠났지만, 도대체 왜 그런 법률을 시행했느냐는 또 다른 문제이다.

중국에서 이후 불교도와 무슬림 간의 상호 작용의 역사나 할랄 문제를 잘 이해하려면 몽골인이 왜 그렇게 이 관행을 싫어했는지 알아볼 필요가 있다. 보통 대답은 칭기즈 칸에 있다. 몽골 도살 기법은 모든 피가 사체 내부에 남아 있도록 하는데, 알려진 바로는 이 도살법을 의무화한 사람이 바로 칭기즈 칸이다. 이 방법에 따르면 동물의 배를 가른 다음 대동맥을 압박하여 사망하게 한다(그림 28). 반면에 할랄의 규칙에 따르면 목을 갈

그림 28. 몽골의 양 도살 장면
자료: 신시아 빌Cynthia Beall과 멜빈 골드스타인Melvyn Goldstein.

라서 동물을 도살해야 하므로 모든 피가 다 빠져나간다. 두 가지 관행은 분명 양립할 수가 없었다. 그러한 법을 시행함으로써 칭기즈 칸은 자신과 몽골인이 무슬림 세계와 충돌하도록 만들었다. 그런데 칭기즈 칸은 일찍부터 무슬림과 동맹을 맺어왔는데, 왜 그러한 정책을 수립했는지 당연히 궁금해할 수 있다. '몽골다움'을 유지하기 위해서라면 사회적, 종교적, 문화적으로 가능한 모든 관습 중에서 왜 하필 이것인가? 더욱이 몽골 지배 엘리트를 다른 사람들과 구별하기 위해서 다른 많은 법률과 제도가 고안되었는데, 왜 그는 제국의 모든 사람이 이 하나의 몽골 관습에 따라야 한다고 했을까? 더 중요한 질문은, 아무리 권력이 절정에 달했더라도, 몽골인이 이러한 관행을 강요할 수 있었을까? 더 나아가 무슬림의 도살 관행을 불법이라고 할 수 있었을까?

마지막 질문에 대해서는 '아니오'라고 쉽게 대답할 수 있지만, 다른 질문에 대한 대답은 그렇게 쉽지 않다. 이와 동시에 이상의 질문들은 어쩌면 올바른 질문이 아닐 수도 있다. 첫 번째 질문을 제대로 하자면, 실제로 칭기즈 칸이 그러한 법령을 내렸는가이다. 이 질문에 답하기 위해서는 칭기즈 칸에 대한 당대 사료가 애석할 정도로 희소하다는 점을 먼저 지적해야 한다. 지금 우리가 그에 대해 아는 사실 대부분이 그가 사망한 이후에 기록된 자료에 근거한다.[13] 따라서 이러한 사료들을 사용할 때 저자들이 특정한 칭기즈 칸의 이미지를 전달하려고 했다는 점에 주의해야 한다. 예를 들어 가는 곳마다 피라미드처럼 우뚝 솟은 해골 더미를 남겼다는 칭기즈 칸의 상징적 이미지는 사실을 반영한다기보다 후대 이슬람 역사가들이 몽골 정복의 부정적인 이미지를 전달하려고 했던 것이다. 칭기즈 칸에 대해 쓰인 자료는 거의 모두 어디에서, 누구에 의해, 왜 쓰였는지 그 관계를 잘 살펴보아야 한다.[14]

이러한 의심을 가져야 할 필요는 유일한 몽골의 칭기즈 칸 역사인 『몽골비사』를 사용할 때도 마찬가지이다. 『비사秘史』가 1250년대 초에 편찬되었으므로 서술을 이끄는 핵심 요소는 몽케 칸의 톨루이 가문을 정통화하는 것이기 때문이다.[15] 앞에서 톨루이 가문이 오고데이와 차가타이 가문을 압도했음을 지적했다. 그렇지만 톨루이 가문이 권력을 가졌음에도 불구하고, 다른 두 가문은 여전히 이를 찬탈이라고 보았고, 이 때문에 『비사』는 톨루이 가문의 적통성을 홍보하는 수단으로 사용되었다. 그리고 이 정통화 작업의 한 요소는 몽케 칸이 칭기즈 칸의 '친親무슬림' 전통을 지지했기 때문에 그의 정당한 계승자라고 보여주는 것이었다. 차가타이는 물론 반反무슬림 입장으로 유명했고, 그런 점에서 암묵적으로 그의 후계자들, 특히 카이두 칸은 몽골 제국의 적절한 통치자가 아니었다. 따라서 툴루이 가문 계열 역사가들의 손에 의해 몽케 칸의 통치는 역시 친무슬림이었던 오고데이 칸의 통치를 적통으로 이어간다고 그려졌다.[16] 이러한 어법을 따르기 때문에 『비사』는 당연히 전반적으로 어느 정도는 친무슬림적이지만, 칭기즈 칸이 할랄을 금지한 일에 대해서 전혀 언급하지 않았다는 점은 좀 더 중요하다.

실제로 이 규정은 페르시아 역사가 쥬베이니의 저작에서 최초로 언급되었다.[17] 쥬베이니는 자신이 바그다드 총독으로 있던 1260년경에 그의 역사서를 끝냈으므로, 그 저서는 몽골인에게 바치는 아첨 섞인 찬가라고 보는 이들이 많다. 특히 그는 몽골인이 비무슬림임에도 불구하고 이슬람 공동체가 왜 그들을 지지해야 하는지 그 이유를 설명하는 데 상당한 시간을 할애한다. 그는 이러한 주장을 하기 위해 몽골의 "종교 자유" 정책을 찬양하고, 모든 형태의 '광신주의'의 기피를 강조했다. 그의 주장은 본질적으로 몽골인이 무슬림은 아니지만 이슬람을 박해하지 않으리라는 것이다. 그럼에도 불구하고, 도살 관행에 관한 칭기즈 칸의 법령이 기록되어 있는데, 이 법령은 이슬람에 대한 노골적인 모욕이라고밖에 볼 수 없다. 그러나 쥬베이니는 그렇게 제시하지 않았다. 오히려 그는 이 법령을 이용하여 몽골의 관대함의 이미지와 이슬람 세계에서 비무슬림 통치의 가능성을 강조했다.

이렇게 주장하기 위해, 쥬베이니는 『비사』의 모범을 따라 오고데이와 차가타이의 통치를 병치해서 보여준다. 오고데이는 훌륭한 몽골 통치자로 종교 자유 정책을 따르고, 이에 따라 차가타이 칸의 반反할랄 법령의 시행을 거부한다.[18] 반면 차가타이는 광신적인 강경파로 그려진다. 그는 무자비하게 법을 시행하여 "무슬림은 썩은 고기를 먹어야만 했다"는 정도였다.[19] 실제로 이런 일이 일어났는지는 중요하지 않다. 쥬베이니는 몽골 통치가 분명 반이슬람이 아님을 말하고자 했다. 오히려 이슬람 율법과 마찬가지로, 몽골인은 실제로 자신이 적합하다고 생각하는 대로 법을 변경할 수 있었다. 오고데이와 같은 개별 몽골 통치자들은 심지어 칭기즈 칸의 신성한 법적 결정을 거부하고, 자신의 법적 선례를 설정할 수도 있었다.[20]

물론 몽골 법학의 실제 역학을 알리는 일은 쥬베이니의 목표가 아니었다. 그럼에도 불구하고 그의 표현은 앞서 인용했던 쿠빌라이 칸의 칙령에 나타난 역사 서술과 일치하며, 이는 또한 도살법이 수 세대 동안 대부분 무시되어 왔음을 알려준다. 그 칙령의 논리에 따르자면, 바로 이러한 느슨함 때문에 몽골 통치가 무슬림의 저항에 부딪혔다. 칭기즈 칸의 초기 칙령이 유지되었더라면 이러한 문제는 모두 피할 수 있었음이 분명하다. 따라서 쿠빌라이 칸의 법적 해결책은 이 법을 재개하고, 그뿐만 아니라 샤리아를 몽골 관습에 맞추어 혼인법도 새로 정하는 일이었다.

그러나 쿠빌라이 칸의 법적 논리는 여러 면에서 수상쩍었다. 그가 인용한 불온한 무슬림 사건 모두 원 왕조의 경우에서 보면 허울만 그럴듯하고, 어느 것도 중국과 관련이 없다. 예를 들어 쿠빌라이가 많은 문제를 일으킨다고 지목하여 처형시켰던 타라비는 부하라의 새로운 종교 운동의 지도자로, 자신이 신령계와 소통하고 마법의 힘을 가졌다고 주장했다.[21] 쿠빌라이가 "사악한 의도를 품고 있다"고 비난했던 후삼 알 딘은 몽케 칸이 훌레구의 궁정 천문학자로 임명했었다. 그는 훌레구의 바그다드 약탈을 막으려 했기 때문에 어려움에 처했다. 즉, 그의 주장으로는 칼리파가 난폭한 종말을 당하면 여섯 번의 천재지변이 생길 것이었다. 그러나 후삼 알 딘의 주장은 훌레구의 다른 궁정 천문학자로 시아파인 나시르 알 딘 투시에 의해 무시당했고, 순니파 칼리파에 대한 습격과 살해로까지 이어졌다.[22] 물론 이러한 사례들이 중국에서 펼쳐진 사건들과 어떤 관련이 있는지에 대해 한마디로 답하기는 어렵다. 정녕 이 모든 반무슬림 히스테리가 기독교인 때문에 일어났다고 했던 라시드 알딘이 옳았을까? 아니면 기독교 간섭이라는 라시드 알딘의 표현은 기독교-무슬림 긴장이 고조된 일칸 시대 이란의 상황에서 비롯되었을까? 확인할 수는 없지만, 이러한 저서들이 쓰인 역사적 맥락을 고려해야 한다는 점은 분명하다.

문제는 단순히 역사 기술적인 데만 있지 않았는데, 쿠빌라이 칸이 거의 알려진 바도 없고 먼 곳에서 벌어진 불온한 무슬림 사건들을 인용해서 이슬람을 파괴적이고 위험하게 묘사한 데는 분명 많은 영향 요인이 있었기 때문이다. 특히 쿠빌라이 칸이 이 칙령을 발표한 시기는 무슬림이 관료와 세리로서 원나라 경제를 통제하고 있다고 생각하는 데다가 무슬림의 강력한 상인 조합 때문에 무슬림을 향한 중국인의 분노가 점점 커지고 있던 때였음을 기억해야 한다. 쿠빌라이는 무슬림 관리들과 조세 징수 도급 같은 그들의 정책을 지속적으로 지원했는데, 바로 그 때문에 많은 중국인의 마음속에 무슬림이라면 최악의 재정적 학대와 노골적인 경제 착취가 연상되었다. 이 대중적 분노가 한꺼번에 불타올라, 1278년 한 중국 관리가 쿠빌라이의 최고 재상宰相인 아흐마드를 부패 혐의로 고발했다. 그러나 칸은 이러한 비난을 믿지 않았기 때문에 아흐메드가 그 지위를 유지할 수 있었다. 그리고 이 결정이야말로 많은 사람들을 격분시켜서 결국 일단의 중국인들이 일어나 1282년 아흐마드를 살해하기에 이르렀다.[23]

쿠빌라이의 1280년 반反칙령을 이해하려면, 부패한 무슬림 관리들과 상인들을 향한 중국인의 적대감이 점점 커지고 있는 가운데 이 칙령이 나왔다는 사실을 기억해야 한다. 그런데 이것만이 아니다. 원나라가 남송 왕조를 정복한 지 불과 몇 달 안에 이 칙령을 발표했다는 사실도 기억해야 한다. 이 특별한 시기에 몽골 궁정은 점점 더 불만에 차는 북부의 중국인들을 달래야 할 뿐만 아니라, 남부의 중국 문명의 심장부 전체를 달래야 했다.[24] 새롭고 거대한 이 중국 영토를 몽골 제국에 통합하는 방법과 더불어, 어떻게 중국인의 분노를 진정시킬지 계획을 세우는 일이야말로 무슬림 상인 몇명이 칸의 식탁에 나온 음식을 먹었느냐 말았느냐보다 당시 원나라 궁정에서는 훨씬 더 중요했다.

원나라 궁정은 모색 중에 이 두 문제가 어떤 의미에서는 서로 얽혀 있음을 깨달은 듯하다. 무슬림이 몽골 음식을 먹지 않는 일은 몽골 정부의 널리 알려진 관대함과 권위에 직접적으로 도전하는 바였다. 따라서 그러한 불복종을 제대로 처리하지 않으면, 중국 북부뿐만 아니라 최근 정복한 남송의 새로운 신하들에게도 잘못된 메시지를 전달할 수 있었다.[25] 더욱이 원나라는 그러한 법령을 내림으로써 무슬림 세력이 아무런 견제를 받지 않는 자기 멋대로의 존재가 아님을 중국인에게도 분명히 보여주었다.

원나라 궁정에게는 이것이 가장 시급한 관심사였을 텐데, 왜냐하면 송宋을 어떻게 다룰지를 심의하면서 나온 그 핵심 질문이 한족 중국의 정치, 문화, 지식의 중심지에서 계속 무슬림 고문과 세리를 사용할 수 있겠느냐였기 때문이다. 따라서 1280년 초 쿠빌라이 칸의 반무슬림 칙령은 원나라 궁정이 어떤 불만자도 참지 않는다는 메시지를 보내고, 또 중국인에게 무슬림의 영향력이 몽골 국가를 이끌고 있지 않다는 것을 알려줌으로써, 갑자기 압도적으로 중국화된 국가의 요구에 따라 균형을 맞추려는 의도적인 전략의 일부였을 가능성이 크다.

이 결정의 의도된 혹은 의도하지 않은 결과는 원나라 궁정에서 무슬림 세력과 영향력이 계속 감소하기 시작했다는 점이다. 송이 점차 원나라에 편입됨에 따라 무슬림 엘리트의 권력은 점차 중국 정치 엘리트에게 넘어갔다. 더욱이 이 시점부터 원나라 궁정의 정치 논쟁은 주로 중국-유교와 투르크-몽골 엘리트의 지적, 정치적 투쟁으로 규정되었다. 새로운 이 상황에서 중국에서 무슬림 권세의 시대가 막을 내리기 시작했다. 그렇지만 한동안 무슬림은 계속 과학 및 비즈니스 분야에서 활동했다. 예를 들어 이 시기야말로 무슬림 상인들이 유명한 청화백자를 최초의 "글로벌 브랜드"로 만들던 때였다.[26] 그러나 시간이 지남에 따라 그들의 권력과 영향력은 계속 소멸되었고, 원 왕조가 붕괴된 후 명나라라는 토착 한족 왕조로 대체되면서 무슬림이 중국 역사에 참여하는 시대는 결정적으로 종말을 맞이한다.

그러나 이슬람은 중국에서 사라지지 않았다. 이 시대를 대표하는 많은 사람들, 즉 아랍인, 페르시아인, 투르크인이 그들의 고향으로 돌아갔지만 여전히 많은 중국 무슬림 집단이 남아 있었다. 이들의 기원은 수수께끼에 싸여 있다. 어떤 이들의 주장에 따르면, 이들은 당나라 시대에 중국에 도착한 원조 아랍 및 페르시아 상인의 후손이다. 다른 이들의 주장에 따르면, 이들의 기원은 원나라 시대의 무슬림 엘리트이다.[27] 그러나 일부는 13세기에 몽골 궁정이 중국으로 이주시켰던 수많은 무슬림 가운데 일부였을 것이다.[28] 어떻든 간에 몽골 이후의 정치적 분열과 종교적 재편이 진행되는 동안, 대규모 중국 무슬림 공동체가 중국 서쪽, 동서 무역의 전통적인 통로인 간쑤성 경계 지역에 자리 잡았다. 이로써 서쪽에는 무슬림 모굴인, 동쪽에는 중국, 북쪽에는 몽골인과 오이라트인, 남쪽에는 티베트인이 자리 잡아, 중국 무슬림은 이 지역마다 중요한 연결 고리 역할을 할 수 있는 완벽한 위치에 있었다. 중국 무슬림은 하이픈이 붙은 중국-이슬람 정체성을 최대한 활용하면서 중국, 몽골, 티베트 전역에 퍼져 다양한 틈새시장에 진출했다.[29] 예를 들어 많은 사람들이 성공적인 무역 운영을 구축하기 위해 그들의 국제적 연결성을 이용했다. 또 어떤 이들은 현지인이 원하지 않는 특정 직업에서 시장을 장악하기 위해 그들의 국외자 지위를 이용했다. 그러한 직업 중 하나가 도살업이었다. 예를 들어 중국에서는 쇠고기 금기 때문에 중국 무슬림이 황소와 물소의 도살을 처리했다.[30] 마찬가지로 티베트에서는 불교의 까르마 설이 어떠한 살해도 허용하지 않았기 때문에 중국 무슬림이 티베트인이 먹는 동물을 도살했다.[31] 이러한 방식으로 '후이'라고도 알려진 중국 무슬림은 그들의 국외자局外者 지위를 두 문화 양쪽에 융합하는 수단으로 이용했다. 티베트인과 중국인이 무슬림과 그들의 도살 관습을 혐오했음에도 불구하고 기록에서는 그에 대해 거의 다루지 않았다. 이들 사이에 긴장감과 실제 폭력이 심해진 위기의 시기에도 학살 관행은 무슬림에게 오명을 씌우는 수단으로 쓰였던 적이 없다.

그러나 몽골인은 그렇지 않았다. 물론 그들은 할랄 문제에 관해 오래된 역사적, 법적 전통을 가지고 있었다. 몽골 시대 이후에 이 문제에 대한 몽골의 견해는 그 법규에 간결하게 요약된다. "동물을 먹으려면, 발을 묶고, 배를 갈라서 동물이 죽을 때까지 손으로 그 심장을 움켜쥐고 있어야 한다. 그 고기는 먹을 수 있지만, 만약 누구라도 무슬림 식으로 동물을 도살하면, 그 자도 도살을 당할 것이다."[32]

당신이 무엇을 먹었는가가 당신을 결정한다

지난 수십 년 사이 음식과 문화의 상관성을 조사하는 학문적 문헌이 산더미처럼 쌓였다.[33] 그 대부분을 요약하자면 오래된 격언인 "당신이 무엇을 먹었는가가 당신을 결정한다"라고 할 수 있지만, 1930년대 미국의 음식 전문가 빅터 린들라Victor Lindlahr가 뜻하던 바는 그런 의미가 아니었다. 그는 영양에 대해 이야기했던 반면, 대부분의 학자들은 우리가 누구인지를 정의하는 수단으로서 음식의 무거운 상징적 무게를 조사한다. 즉, 우리가 먹는 음식은 종교, 계급, 국적 등에 의해 우리를 규정한다. 그러므로 음식은 영양의 수단만이 아니다; 음식은 경계를 가르는 강력한 수단이기도 하다.

수많은 예를 들어서 이런 생각을 확인할 수 있지만, 널리 알려진 두 가지만 지적해보겠다. 첫 번째는 페르디난드와 이사벨라가 1492년 안달루시아의 마지막 무슬림을 정복한 후 스페인에서 돼지고기 소비를 장려한 정책으로, 이는 스페인이 이제 기독교 세계가 되었다고 분명하게 밝히는 바였다. 그리고 남부 유럽을 가로지르는 돼지고기와 살라미 벨트에 대해서도 똑같은 말, 즉 이슬람은 여기에서 멈춘다는 뜻이다.[34] 비슷하게, 군사 정복이나 종교적 정체성과 식량 소비 사이의 연관성은 크루아상과 베이글에도 축약되어 있는데, 추정컨대 이 두 가지 다 1683년 빈 공방전에서 기독교가 오스만 제국을 누르고 승리한 것을 기념하기 위해 만들어졌다.[35] 따라서 이슬람의 상징인 초승달 모양의 버터가 듬뿍 든 빵이나 베이글(전설에 따르면 터키인을 몰아낸 폴란드 왕 얀 3세 소비에스키의 등자鐙子[⊕] 모양을 따른 것이라고 한다)을 먹는 것은 역사상 이 특별한 순간을 포착할 뿐 아니라, 역사적, 문화적 경계를 표시하는 음식의 역할을 잘 보여준다.

물론 음식을 통해 그러한 경계를 나누는 행위는 기독교 서양만의 전유물이 아니다. 무슬림 사료들도 일상적으로 음식에 초점을 맞추며, 페르디난드와 이사벨라가 잘 알았듯이, 그 핵심은 돼지고기 문제이다.[36] 예를 들어 티무르 왕조의 사절, 기야스 알딘은 중국의 예술적 기교를 대단히 칭찬하는 글을 쓰면서, 한편으로는 중국인이 돼지고기를 좋아해서 매우 당황스러웠다고 했다. 그는 특히 중국 시장에서 돼지고기가 다른 고기와 나란히 놓여 있는 것을 보고 움찔했다.[37] 티무르 궁정에 온 포르투갈 특사인 루이 곤살레스 데 클라비호는 또 다른 흥미로운 사례로, 돼지고기가

⊕ 말을 탈 때 발을 디딜 수 있도록 만든, 안장에 달린 발 받침대.

어떻게 무슬림 세계와 '동양' 사이의 경계 표식으로 역할을 하는지 기록했다.[38] 그 기록에 따르면 타메를란은 중국 황제를 "돼지 왕"이라고 불렀다.[39] 타메를란이 중국 침공을 계획했었다는 사실을 기억해보면, 이 명칭은 무슬림의 돼지고기 혐오뿐 아니라 세계를 개념화하는 데서 음식의 역할도 잘 포착한다.[40]

물론 이러한 경계를 만든다고 레콩키스타⊕의 스페인과 원 왕조의 중국에서처럼 바로 폭력과 박해로 이어진다는 뜻은 아니다. 15세기 초의 또 다른 저자가 관찰한 바와 같이, 식생활 습관만 존중한다면 조화로운 사회가 만들어질 수 있었다.

> 그 나라의 왕은 난쿤 사람이다. 그는 불교도 종교[즉, 힌두교]의 열렬한 신도이다. [그리고] 그는 코끼리와 소를 숭배한다. 그 나라의 인구에는 다섯 계급이 있는데, 무슬림, 난쿤인, 체티인, 코링인, 무쿠아인이다. 그 나라 왕과 그 나라 사람들은 모두 소고기를 먹으면 안 된다. 큰 무리를 이룬 사람들은 무슬림이다. [그리고] 그들은 모두 돼지고기를 먹으면 안 된다. 이전에 어떤 왕은 무슬림과 맹약盟約을 했었는데, "너희는 돼지고기를 먹지 않는다. 나는 소고기를 먹지 않는다. 우리는 정중하게 그 금기를 존중할 것"이라고 했다; [그리고 이 협정이] 현재까지도 존중된다.[41]

⊕ 이베리아 반도에서 벌어진 사건으로 기독교 세력이 기존 무슬림 왕조를 몰아내고 영토를 획득한 것.

이 글의 저자는 중국인 무슬림인 마환馬歡으로, 그는 중국에서 아프리카 대륙 북동부까지 갔던 유명한 정화政和의 대원정을 후대를 위해 기록으로 남겼다.

인도 남부의 힌두교도와는 달리, 몽골인이 언제나 무슬림 음식 습관을 존중하지는 않았기 때문에 조화보다는 긴장이 잦았다. 그러나 앞서 언급했듯이 이러한 긴장은 제국 시대에만 만연했고 그때는 몽골과 무슬림이 하나의 통일 강역에서 서로 교류했었다. 제국이 무너지고 무슬림과 비무슬림이 각자 자기 길로 가자, 할랄 문제는 더 이상 절박한 문젯거리가 아니었다. 그러나 다시 한 번 무슬림과 몽골이 청 왕조 내에 모이자 이 상황이 바뀌었다.

이슬람과 청 왕조

만주족이 되어 청나라를 세운 사람들은 원래 중국 동북 방면 숲에 거주하는 농부와 어부였다.[42] 그렇게 하찮은 기원을 생각해보면, 그들이 언젠가 세계에서 가장 부유하고 가장 인구 많은 제국을 통치하리라고 상상하기 어렵다. 그런데 그들이 가장 부강한 제국을 세웠고, 그 이래로 많은 학자들이 어떻게 그런 일이 벌어졌는지 연구하게 만들었다. 이 문제에 대해 생각하자면, 우선 만주족이 적시적소適時適所에 있었다는 점에 주목해야 한다. 명나라는 정치적으로 마비되어 있었다. 경제는 불안정해졌고, 군대도 간신히 10만 정규 기마병기를 유지할 수 있었다.[43] 더욱이 몽골인은 티베트-몽고 불교 내전에 휩싸여 만주족을 위협 요인이 아니라 잠재적 동맹으로 보았다. 많은 몽골 집단이 만주족과 동맹을 맺으면서 만주족이 전투에 동참하기를 바랐고, 실제로 만주족이 전투에 동참했다. 그들은 1630년대에 이르러 내몽골의 모든 몽고인이 그들 통제하에 놓일 때까지 계속 그렇게 전쟁을 했다. 이렇게 일이 전개되면서, 만주족의 군사 계급은 그 숫자가 늘어났을 뿐만 아니라, 말을 무제한으로 이용할 수 있었다. 이러한 지원을 받아, 만주족은 남쪽으로 주의를 돌려, 곧 베이징을 정복하고 1644년에 명나라를 종식시켰다. 다른 주변 강역과 민족을 정복하는데 시간이 더 오래 걸렸지만, 17세기 말에 중국 남부는 모두 만주 통치하에 들었고, 몽골 고원과 내륙아시아의 중국 무슬림도 마찬가지로 그들이 통치하게 되었다.[44] 다음 세기가 되면 만주족은 1750년대에 동투르키스탄의 준가르족과 무슬림을 정복하고, 마침내 1790년대에는 티베트를 정복하여 영토의 크기를 두 배로 늘린다.

만주족 군대가 티베트로 진군한 주된 이유는 네팔의 구르카인의 침공을 격퇴하기 위해서였지만, 청나라 궁정은 영국이 이 지역에 영향력을 미칠까 봐 우려했다. 인도 총독인 워렌 헤이스팅스는 1770년대에 조지 보글을 보내 티베트와 외교 관계를 맺었다.[45] 건륭 황제가 티베트에 관심을 가진 이유는 순전히 현실 정치적 지정 전략 때문만은 아니었다. 그는 그의 티베트 구루(스승)인 롤페 도제의 독실한 사도이기도 했다. 실제로 탄트라는 처음부터 만주 통치의 필수 요소였으며, 만주 국가와 그 몽골 신하들 간의 유대를 성공적으로 만들어주었다.[46] 그렇지만 청나라는 결코 배타적인 불교 제국이 아니었다. 오히려 만주족이 생각한 자신들의 강역은 그 신민들의 문화적 차이를 존중하는 자비로운 제국이었다. 실제로 만주 황제의 이익을 위해 봉사하는 한 이들 다양한 집단은 어느 정도의 자율성을 가지고 자신의 전통을 유지할 수 있었다. 시간이 지나면서 신민들의 문화적 관습은 청나라 관습에 따라 바뀌었지만, 그와 동시에 각 집단들인 중국인, 몽골인, 티베트인, 투르크인은 청 왕조 내에서 독특한 정체성을 유지할 수 있었다. 만주 통치자들이 이러한 균형을 유지할 수 있었기 때문에 거의 300년 동안 그처럼 엄청나게 다양한 제국을 성공적으로 통치할 수 있었다고 어느 정도 설명할 수 있다.

그러나 이슬람의 경우, 만주족이 신중하게 이루었던 다민족 간 조화라는 이상을 결국 깨뜨릴 수밖에 없는 몇 가지 문제점을 드러냈다. 특히 중국 무슬림이야말로 청 당국에 문젯거리였다. 그들은 중국인, 몽골인, 티베트인과 같이 쉽게 알아볼 수 있는 '문화권'에 해당되지 않았을 뿐만 아니라, 하나로 묶일 수 있는 인접한 영토에 살지 않았기 때문이다. 특히 후자의 문제가 청나라 궁정을 성가시게 했는데, 그들은 신민들 사이의 긴장을 피할 수 있는 최선의 방법이 그들을 분리시켜두는 것이라고 보았기 때문이다. 만주족 정부는 이런 이유로 다양한 메커니즘을 유지하면서, 여러 집단들을 서로 떼어놓도록 했다. 그러나 중국 무슬림은 제국 전역에 흩어져 있었기 때문에 이 시스템과 맞지 않았고 '다문화주의'라는 만주 정부 정책이 이슬람의 경우에는 맞지 않다고 주장하는 관리들도 많았다. 그들 주장에 따르면 이 정책이 다른 집단의 경우에는 해당되지만, 무슬림은 독특한 방식으로 다루어야 했다. 그러나 강희제康熙帝(재위 1661~1722년)는 모든 신민을 동등하게 대우한다는 신념을 확고히 고수했으며, 이러한 생각을 장려하여 "중국인과 무슬림에게 동등하게 자비를 베푼다"⊕는 슬로건

을 널리 퍼뜨렸다.[47]

18세기 초에 지방의 중국 관리들이 지혜로운 이 정책에 의문을 제기했다. 그중 첫 번째 사람이 산동 지방관◆◆ 첸시구안陳世琯으로, 그는1724년에 무슬림은 본질적으로 다르기 때문에 제국에서 금해야 한다고 주장하는 상소를 올렸다: "그것(이슬람)은 사람을 속이는 잘못된 교리이므로 법으로 금해야 합니다. 그곳에 입문하는 자들은 천지를 존중하지 않고 신을 숭배하지 않으며, 그 대신 그들 자신의 신을 내세웁니다. … 그들은 악을 조장하고, 사람들에게 해를 끼칩니다. 부디 그들이 그 [잘못된] 가르침에서 벗어나도록 하시고 그들의 모스크를 파괴하십시오."[48]

옹정제雍正帝(재위 1722~1735년)는 이슬람이 어리석다는 데는 동의하지만, 그렇다고 위협이라고 느끼지 않는다고 답했다. 3년 후 옹정제는 내각內閣에 보낸 글에서 다음과 같이 자신의 견해를 다시 알렸다.

> 직접 [통치하는] 성省 전역에 걸쳐, 회족回族[무슬림]은 오래전부터 그곳에 살았던고로, 백성의 일부이며 여전히 우리나라 자손이다. 따라서 그들을 별도로 다루어서는 안 된다. 수년에 걸쳐 회족이 그들 별도의 종교를 유지하고, 외국어를 사용하고, 이상한 옷을 입으며, 격하고, 비뚤어지고, 불법不法을 자주 저지르니 엄격한 처벌을 내리고 제재를 가해야 한다고 청하는 봉사封事◆◆◆가 자

◆ 漢回一視同仁.

◆◆ 첸시구안의 당시 직함은 산동순무山東巡撫로, 순무巡撫(신푸)는 청나라의 지방 행정 관직이다.

◆◆◆ 봉사封事는 황제에게 올리는 문서 가운데 서로 다른 의견을 표한다든가 기존 제도

주 올라왔다. 그러나 짐朕의 생각으로는 회족[무슬림]이 그 종교를 가진 것은 그들의 조상이 그들에게 그러한 가족 습관과 지역 관습을 물려주었기 때문이다. … 그들이 평화롭게 그 관습을 지키는 한 그들을 배신자나 법범자, 또는 사람들을 속이고 잘못된 길로 인도하려는 사람들과 비교해서는 안 된다. … 우리 궁정은 모든 이들을 동등한 자비로 대하노라.[49]

어떤 관리가 이 정책에 의문을 제기하고 무슬림은 다른 사람들보다 더 가혹한 처벌을 받아야 한다고 주장하자 옹정제는 그를 해임시켰다.

몇 년 후, 청나라의 또 다른 관리인 첸훙무陳宏謀가 무슬림을 법과 질서로 이끌기 위해 더 가혹한 처벌이 필요하다는 생각을 다시 한 번 내세웠다.[50] 1751년 첸훙무는 형부刑部에 '化誨回回條約(무슬림 지도, 훈계 조약)'을 보내어 무슬림의 범죄행위에 대한 책임을 무슬림 지도자들에게 직접 물어야 한다고 주장함으로써 이전에 첸시구안의 주장보다 훨씬 앞서 나갔다. 형부에서는 첸훙무의 정책 권고를 채택하지 않았지만 그의 주장은 일종의 선례가 되었고, 1762년 섬감총독陝甘總督⊕은 그것을 실행에 옮겼다. 그는 무슬림 범죄자를 중국 범죄자보다 더 가혹하게 처벌했을 뿐만 아니라, 모스크의 이맘이 그의 회중의 행동에 책임을 지도록 했다. 이는 분명 이전 만주족의 정책이 추구하는 정신에 반했지만, 건륭제乾隆帝(재위

駁議에 반대하는 의견을 담은 문서를 뜻한다. 황제에게 올리는 문서는 주소奏疏, 주의奏議라고 했다.

⊕ 중국 명나라, 청나라 때의 산시성陝西省과 간쑤성의 총독으로, 관할 지역의 군정과 민정 모두를 총괄했다.

1735~1796년)는 이를 용인했다.

건륭제가 아버지와 할아버지의 정책을 뒤집기로 한 결정을 이해하기 위해서는 중국 무슬림 공동체 내에서 엄청난 변화가 일어나고 있었음을 알아두어야 한다. 특히 그들은 점점 낙쉬반디 교단의 영향을 받았는데, 낙쉬반디 교단은 한 세기 동안 동쪽으로 이동해 오고 있었다.[51] 이 특정 수피 교단이 회족에게 미쳤던 영향을 충분히 이해하기 위해서는 중국 무슬림이 그들의 종교 관습을 현지화된 중국계 이슬람 형식으로 변형시킨 지 오래되었다는 사실을 깨달아야 한다.[52] 회족은 몽골 시대 이후 모갈, 오이라트, 명나라, 몽골의 투쟁으로 인해 더 넓은 무슬림 세계의 지식이나 종교의 흐름과는 떨어져서 별도로 커왔다. 그런데 17세기에 모갈인과 낙쉬반디 교단이 동쪽으로 밀려오면서 이 고립이 끝났다. 예를 들어 무함마드 유수프는 쑤저우蘇州에서 설교하면서 회족 학자의 대표를 낙쉬반디 교단으로 이끌었다고 전해진다.

그러나 중국 무슬림 사이에서 가장 큰 영향을 미쳤던 사람은 유수프의 아들, 아팍 호자였다.

1671~1672년, 중국 사료에서 "무함마드의 25대 후손 히다야트 알라伊達雅圖勒拉"라고 하는 아팍 호자가 간쑤성 수도 란저우蘭州, 간쑤성 남부의 티타오현(현재 린타오현臨洮縣), 현재 칭하이성靑海省의 시닝西寧 경비대를 방문했고, 현재는 린샤시臨夏市로 이름이 변경된 중국의 "작은 메카*Makha 's-saghira*"인 간쑤성 중서부 허저우에도 왔다고 한다. 회족, 살라르족, 북동부 티베트의 무슬림, 그리고 당연히 중국의 다른 민족 출신 무슬림도 호자의 설교를 듣기 위해 왔

> 다. 아팍 호자는 이들 중국 무슬림 중에서 이후 3개 낙쉬반디 교단의 계보門宦를 창시한 이들의 참회(이나바트*inabat*)를 얻었는데, 이 창시자들이 결국 중국 북서부 지역의 무슬림 종교 생활을 지배하게 되었다.[53]

아팍 호자의 주요 후계자 3명 중 마이타이 바바(활동 1680~1690년)의 계보가 가장 중요해진 것은 바바 자신 때문만이 아니라 그의 사도 아불 푸투 마 라이치馬來遲(1673~1753년) 때문인데, 마 라이치는 야심 차고 뛰어난 학생이었다. 그는 열여덟 살에 이미 학업을 마치고 지역 모스크에서 이맘으로 임명되었다. 마이타이 바바는 딸을 그와 혼인시키고, 마 라이치를 아팍 호자의 낙쉬반디 교단 계보의 후계자로 임명했다.

마 라이치의 가장 큰 업적은 회족을 이슬람의 중심지와 다시 연결한 일이다. 그는 서쪽의 무슬림 학자들과 함께 여행하고 공부했기 때문에 이 일을 할 수 있었다. 그는 처음에 예멘에서 1년 동안 공부했고, 그다음 부하라에서 수피즘을 공부했다. 그 후에는 메카로 순례를 갔는데, 그곳에서 유명한 교사 마우라나 마흐덤이 그를 제자로 받아들였다. 여행과 학습의 결과로 마 라이치는 중국 무슬림 세계에서는 보기 드문 지위를 얻었다. 그것은 그가 서쪽에서 공부했기 때문이다. 그가 중국으로 돌아오자 그의 의견이 큰 비중을 차지하여, 그는 중국 무슬림 공동체에서 격렬하게 일어나고 있던 당대 종교 논쟁에 금방 휩쓸렸다.

그러한 논쟁 중 하나가 라마단 금식을 어떻게 마무리해야 하는가였다. 한 그룹은 스스로를 "먼저 마무리하는 자"라고 부르며, 금식 후에 먼저 먹고 모스크에 가서 기도해야 한다고 주장했다. 다른 집단은 "나중에 마무리하는 자"로, 먼저 모스크에서 기도한 다음 먹어야 한다고 주장했다. 마 라이치는 먼저 마무리하는 자 편에 서서 투르크계 살라르족과 수많은 회족을 그의 낙쉬반디 교단 계보로 끌어들였다. 그러나 먼저 마무리하는 자와 나중에 마무리하는 자 사이의 논쟁은 계속되었다. 긴장이 고조되어 결국 1731년에 이 두 파벌이 그들의 사건을 법정에 제소할 정도였다. 청 당국은 그 사건을 도무지 이해할 수 없어 이 내부 신학적 분쟁을 그들끼리 해결하라고 했다. 그러나 그들은 그렇게 할 수 없었다. 더욱이 중국 무슬림 공동체 내에서 적절한 제례에 대한 또 다른 분쟁이 생기면서 먼저 마무리하는 자와 나중에 마무리하는 자 사이의 불화가 더욱 커졌다.

이번 분쟁은 신을 부르는 수피 의식인 독경법讀經法(디크르*dhikr*)의 적절한 실행에 관해서다. 마 라이치는 디크르를 조용히(후피*khufi*) 수행해야 한다고 가르쳤다. 그러나 또 다른 수피 스승은 큰 소리로 낭송(자흐리*jahri*)해야 한다고 주장했다. 또 다른 수피 스승이 마 밍신馬明心, 馬明新으로, 그 역시 마 라이치와 마찬가지로 이슬람 서쪽 지역에서 공부했다. 실제로 이 두 사람은 부하라에서 길이 교차했다. 마 라이치가 중국으로 돌아올 때, 마 밍신은 예멘으로 갔고 그곳에서 20년 동안 머물면서 공부했다. 특히 그는 자비드 낙쉬반디 교단과 함께 공부했는데, 이들은 디크르를 소리내어 낭송해야 한다고 가르쳤다.[54] 마 밍신이 예멘에서 배운 것은 그것만이 아니었다.

그는 또한 당시 유럽 제국주의에 대응하여 중동을 휩쓸고 있던 신新정통주의 사상에 깊은 영향을 받았다. 계몽주의 이후 서구 기독교가 부상하면서 몽골 정복에서 그랬던 것과 같은 질문이 생겼다. 무엇이 잘못되었는가? 이 질문에 답을 구하면서, 많은 무슬림이 이 재난에 대한 적절한 대응은 이슬람 근본으로의 복귀라고 다시 한 번 주장했다. 그들이 보기에 이슬람이 예전의 영광을 되찾으려면 참된 원래 가르침으로 돌아가는 길뿐이었다. 그러한 사상가가 무함마드 이븐 압둘 알 와하브(1703~1792년)로, 사우드 가문이 아라비아반도를 지배하는 과정에서 그의 엄격한 이슬람 해석을 채택한다. 우연히도 마 밍신은 이 시기에 예멘에서 공부했고, 그는 18세기의 이 새로운 타즈디드*tajdīd*,즉 부흥 운동에 깊은 영향을 받았다. 중국으로 돌아오자마자 정치성이 가득한 그의 부흥주의적 비전이 더욱 예리해졌는데, 그가 없는 동안 이교도 청 왕조가 내륙아시아 무슬림 전체를 정복했기 때문이다.55

마 밍신은 돌아와서 바로 정치적 이슬람 부흥이라는 그의 더 넓은 비전을 펼칠 수가 없었다. 오히려 그 이전의 마 라이치와 마찬가지로, 그는 세세한 제식 문제에 관한 중국 무슬림 공동체의 내부 신학 논쟁에 얽혀들었다. 마 밍신의 경우 핵심 문제는 어떻게 독경(디크르)을 행하느냐였고, 이 이슬람 관행을 두고 마 밍신과 마 라이치의 추종자들 사이에 긴장이 고조되자 양측은 다시 한 번 청나라 법정에 그들 사건을 제소했다. 그런데 이번에는 청 법정이 그들끼리 분쟁을 해결하라고 하지 않았다. 심의에서 청 당국은 두 교파 가운데 더 오래된 편을 들었고, 마 라이치의 아들과 그의 하피이야('침묵주의자')를 정통파로 간주하는 대신 마 밍신의 자흐리야('낭송주의자')는 이단이라고 선언했다.

마 밍신은 이러한 제국의 법령에 따르지 않고 그의 가르침을 계속했으며, 그 결과 하피이야와 법적 대응이 더 많이 발생했다. 청 당국은 결국 마 밍신이 쉰화循化에서 가르치는 것을 금지했고, 7년 후 1769년에는 허저우를 떠나 고향으로 돌아가라고 명령했다. 마 밍신은 대신 관촨觀川으로 옮겼다. 그곳에서 그는 신장新疆, 닝샤寧夏, 산시 지방을 여행하면서 추종자를 확보했다. 그가 더 이상 쉰화에 가지 않았지만 그곳에, 특히 투르크계 살라르족 사이에 그의 추종자들이 여전히 남아 있어서 그들과 마 라이치 추종자들 간의 긴장이 높았다. 이러한 상태 때문에 청나라가 하피이야를 지속적으로 지원하게 되었을 것이다. 1781년 상황이 절정에 달하자 마 밍신의 추종자인 수 시쉬산蘇四十三이 자흐리야 그룹을 이끌고 하피이야를 공격하여 100명 이상이 사망했는데, 그중 청나라 관리가 한 사람 있었다. 사건이 이렇게 되자 마 밍신이 반군 지도자로 체포되어 란저우로 호송되었다. 수 시쉬산과 그의 군대가 마 밍신의 석방을 요구했다. 교도소의 청 관리는 그들의 탄원을 거부하고 마 밍신을 처형했다.

이 조치로 중국 북서부 전역의 마 밍신 추종자들 사이에서 본격적인 반란이 일어났다. 만주족 궁정은 베이징에서 아구이阿桂 재상⊕을 파견하여 부대를 이끌고 가서 봉기를 진압하도록 했다. 서쪽에 도착한 부대는 자흐리야 지도자를 모두 죽이고, 그들의 추종 세력을 청 제국의 국경으로 추방했다. 이러한 강압적인 작전이 있었지만 자흐리야는 3년 후 마 밍신의 제자, 티안 우田五의 지도하에 다시 부활했다. 그의 반란 역시 청나라 세력에 의해 잔인하게 진압되고, 청나라 궁정과 이 특정 무슬림 집단 간의 긴장은 계속 악화될 수밖에 없었다. 예를 들어 자흐리야의 세 번째 지도자

⊕ 명, 청 시기 최고의 중앙정부 부처인 내각의 수장을 수보首輔라 불렀다.

인 마 다티안馬達天은 1818년에 선동죄로 제소되어 만주에 있는 유배지로 가는 도중에 사망했다. 이렇게 제국의 탄압과 무슬림의 반응이라는 악순환이 이어지면서 도달한 최종 정점이 19세기 중반 중국 북부와 남부를 모두 휩쓸었던 파괴적인 무슬림 반란이다.[56]

현지 무슬림 집단과 청나라 사이에 이어진 폭력의 소용돌이를 이해하기 위해서는 건륭제가 종교, 법률 정책에서 변화했던 일을 기억할 필요가 있다. 1760년대 이전에는 중국 관리들이 제국에서 이슬람을 완전히 금지하도록 궁정에 거듭 청원했지만, 만주족 황제는 이슬람이 문명의 경계 안에 속하며 무슬림도 제국의 모든 신민과 동등한 대우를 받아야 한다고 주장했다. 그러나 청나라가 하피이야와 자흐리야 사이의 신학적 논쟁에서 한쪽 편을 들면서 이러한 제국의 미사여구는 더 이상 쓸모가 없었다. 더욱이 청나라 궁정이 첸훙무가 (순전히 그들의 종교에 근거해서) 무슬림을 차별하라고 입안한 법률을 시행하면서 만주족 국가에 대한 무슬림의 견해도 악화되었다. 이로써 공동체의 폭력과 국가 폭력의 악순환이 일어났으며, 그에 이어 혹은 그와 함께 소위 '반청反淸' 자흐리야가 성장했다. 게다가 청나라 관료의 부정행위로 이들 무슬림 거주 지역의 경제는 황폐화되었고, 이로 인해 더욱더 불신과 소외감이 고조되었다.

그럼에도 불구하고, 진정으로 긴장이 시작된 때는 건륭제와 형부가 1762년 최초의 반反무슬림 법을 제정했을 때였다. 이 법은 이전 첸훙무의 정책 권고를 따라 모든 무슬림 지도자들은 지역 사회 내의 어떠한 부적절한 행동도 당국에 신고해야 하며, 지방 관리들은 무슬림 범죄행위를 정부 당국에 신고해야 한다고 명했다. 예상할 수 있다시피 궁정 문서들은 무슬림의 범죄행위로 가득 차기 시작했고, 궁정에는 지방 관리들이 무슬림 마적단과 무슬림의 본질적인 폭력 성향에 대해 작성한 보고가 범람했다. 이에 청나라 당국은 더욱 의혹을 갖고 무슬림에 관한 추가 규정을 마련했다. 따라서 무슬림이 어떤 무기라도 지니고서, 3명 이상의 집단을 이루면 즉각 범죄자로 간주되었다. 1770년대에 청나라 궁정은 심지어 특정 무슬림을 체포하기 위한 핑계로 쓸 수 있도록 '난투亂鬪'라는 새로운 범죄 범주를 만들기까지 했다. 결국 애초에 자흐리야 교리에 편승하지 않았을 무슬림도 자흐리야와 함께 청나라 정책에 저항했고, 청나라 궁정은 점점 커져가는 이슬람의 반청 운동에 더욱 두려워하기에 이른다.

앞에서 언급했듯이 이 상호 적대감은 마 밍신이 처형된 1781년에 절정에 달했다. 이렇게 사태가 악화된 데에는 잘못된 정보 수집 탓이 컸다. 즉, 하피이야와 자흐리야 사이의 폭력을 진압하기 위해 파견된 어떤 청나라 관리가 하피이야라고 생각한 집단에게 자흐리야계 추종자들을 몰살시킬 것이라는 정보를 주었다. 그 청나라 관리 입장에서는 황당하게도 자신의 말을 들은 이들이 자흐리야 추종자였고, 그들은 즉시 그 관리를 살해했다. 또 다른 청나라 관리가 자흐리야의 손에 살해되자, 청나라 궁정은 아구이 재상이 이끄는 '화평' 작전으로 대응했다. 작전은 성공했지만 자흐리야에게는 적의의 씨앗을 남겼다. 이 분노는 현지 관리들 때문에 더욱 심해졌는데, 그들은 궁정에 좋은 인상을 주려고 국가의 적이라고 여겨지는 무슬림을 죽이는 데 지나치게 열중했다. 그 결과 자흐리야는 계속 성장하여 티안 우가 1784년에 또 다른 반란을 시작할 수 있었다.

사건이 이렇게 되자 건륭제는 영문을 몰라 당황하여, 관료에게 보낸 서한에 다음과 같이 썼다. "왜 무슬림이 원근을 불문하고 모여들어서 양떼처럼 그들을 따르는가? … 리 쉬야오李侍堯의 무슬림 수사 소식이 유출되어서, 반란군이 폭동을 일으킬 핑계로 '무슬림을 근절'[하려는 정부 작전]이라는 소문을 날리기 시작할 수 있었는가? 이러한 것들을 모두 생각해 보았지만, 짐이 보기에 어떠한 것도 진정한 이유가 아닌 것 같다. 도대체, 그들이 왜 저항하는가? 이 사건의 진상을 밝혀야만 한다!"[57]

그들이 사건의 진상을 밝혔는지는 알 수 없다. 다만 1784년 반란이 진압되었고, 임시 해결책으로 청나라는 중국 북서부에 일종의 가상 군사 점령을 도입했다. 이로써 다음 반세기 동안 평화가 유지되었으나, 증가하는 기독교계 태평천국의 난을 진압하기 위해 청나라 군대가 1850년대에 남쪽으로 이동해야만 했을 때, 내외적인 폭력이 다시 북서쪽에서 발생하여 1860년대와 1870년대에 파괴적인 무슬림 반란이 절정에 이르렀다.[58]

부흥復興주의 이슬람의 도입, 무슬림을 폭력적이고 반청反清으로 보는 공식 분류, 몽골 영토 경계를 따라 진행된 중국 북서부의 군사화 등의 사건이 진행되는 가운데 할랄에 대한 몽골의 의문이 18세기에 다시 나타났다. 할랄 문제가 당시에는 몽골 제국 시대에서와 같이 단순히 몽골-무슬림 문제가 아니고, 불교-무슬림 문제라는 점이 중요했다. 앞서 언급했듯이, 이슬람은 몽골 시대 이후 몽골 사료에서 전혀 문제가 된 적이 없고, 16세기 후반 몽골이 불교로 개종한 이후에도 문제가 되지 않았다. 그러나 18세기 만주족이 무슬림 내륙아시아를 정복하고, 뒤이어 자흐리야 봉기의 여파로 몽골인은 처음으로 이슬람 세계에 대해 논하기 시작했다.

특히 그들은 자신들이 불교도라고 보았던 몽골인, 티베트인, 중국인,

만주인과 무슬림을 구별했다. 물론 이는 청 왕조의 성격과 그 '문화 연합권'에 기반을 둔 구분으로, 순전히 몽골인들의 종교적 관점에서 재구성된 것이다. 따라서 몽골 시대 이후에는 종교가 부차적 특징이었던 반면, 청나라 말기에는 종교가 정체성의 지배적 요소였다. 예를 들어 몽골의 한 작가는 청나라 백성을 묘사하면서 "투르키스탄인은 장엄한 불법을 모르는 사람들"이라고 했다.[59] 물론 '투르키스탄인'은 모굴인이었고, 실제로 그들은 몽골인과 혈연관계였다. 샤 칸과 압달 카림은 알탄 칸이 불교도임에도 불구하고 그와 관계를 유지했는데, 그때는 몽골의 유산이 종교를 압도했기 때문이다.

그러나 청 왕조에서는 더 이상 그렇지 않았는데, 이는 만주족이 몽골의 유산을 사라지게 만들었기 때문이다. 그 결과, 몽골인 사이에서 불교가 가장 중요해졌고, 이는 오래된 혈연관계마저 새롭게 개념화하는 결과를 가져왔다. 따라서 모굴인/투르키스탄인처럼 '진짜' 몽골 조상으로 식별하기보다는 "티베트인, 중국인, 몽골인 … 그 셋은 한 어머니에게서 태어났다"(!)고 몽골의 의례서에서 주장하기까지 이르렀다.[60] 내륙아시아의 불교 세계와 무슬림 세계 사이의 경계를 재구상하고 다시 그려내는 과정에서 몽골인이 결국 『시륜탄트라』에 근거했다는 것은 어쩌면 당연하다. 『시륜탄트라』는 앞서 제2장에서 보았듯이 주로 11세기 인도에서 당시 이슬람의 전진에 대응해 만들어졌다. 몽골인은 청나라 후기 상황에서 당시를 이해하기 위해 『시륜탄트라』의 샴발라⊕ 신화를 사용하기 시작했

⊕ 샴발라Shambhala는 티베트 불교 전설에서 순수한 불교의 땅으로 내륙아시아의 어디

다. 예를 들어 1835년 몽골 실록인 『숩드 에리흐(진주 염주念珠)』⊕는 역사를 완전히 뒤집어서 무슬림을 죽이기 위해 칭기즈 칸이 태어났다는 예언을 받았다고 주장했다.[61]

그러나 이미 보았듯이, 『시륜탄트라』는 브라만적 규범과 비교하여 이슬람의 음식문화에 대해 길게 개탄한다. "[야만인들은] 낙타, 말, 소를 죽이고, 그 살을 잠깐 피와 함께 요리합니다. 그들은 소고기와 양수를 버터와 향신료로 요리하고, 쌀과 야채를 섞어, 야생 과일과 함께 모두 한꺼번에 불에 익힙니다. 오, 왕이시여, 사람들은 악마[야만인]의 자리에서 그것을 먹고, 조란鳥卵을 마십니다."[62]

『시륜탄트라』는 특히 할랄 고기의 준비를 비난했다: "야만인 신의 주문, 비스밀라를 하면서, 그들은 식칼로 동물의 목을 자른다."[63] 『시륜탄트라』의 저자(들)가 이렇게 무슬림 도살 관행을 표현한 것은 할랄 그 자체에 관해서가 아니라, 이미 보았듯이 이슬람을 베다 제사 희생과 연결해보려는 좀 더 크고 혼란스러운 시도의 일부였다. 그러나 원래의 의도와는 상관없이, 『시륜탄트라』의 이 구절은 몽골의 오랜 할랄 혐오를 불교가 승인해준 셈이었다. 따라서 이시기의 몽골 사료들은 반무슬림 정서로 가득 차 있으나, 이슬람의 배덕 행위를 확인하는 유일한 요소는 할랄뿐이다: "이들 무슬림에 따르면, 자연적으로 죽은 동물의 고기를 먹을 수 없다고 한

엔가 있는 가공의 이상 왕국이다.

⊕ 1835년 몽골 실록에 대해 도움을 주신 단국대학교 몽골연구소 김경나 박사에게 감사드린다.

다. 그들 자신의 잘못된 견해에 따라, 동물을 죽일 때 칼로 목을 가르면서 주님의 진언, 비스밀라를 암송하면 구원받을 것이라 한다."64

불교도와 무슬림을 각각의 도살 관행에 따라 구별하려는 이러한 열망은 라마 샤브카르(1781~1851년)의 작품에서 잘 드러나는데, 그는 심지어 몽골식 도살 방법을 불교 깨달음의 은유로 사용하기까지 한다.

> 나, 출가자出離者, "육근六根의 자기 해탈",
> 우선 잔치 고기를 만들기 위해 많이 도살한다
>
> 젊은 목동—지각知覺(을 상징하는 자)—
> 숭고한 바라밀다 불법의
> 산에서 내려오며, 몰고 오는 것은,
> 아홉 마리 야크—구방편九方便,
> 네 마리 양—탄트라 사과密敎四果,
> 세 마리 염소—삼장三藏
>
> 염소, 양, 야크를
> 거대한 울타리—광대무변廣大無邊— 안에 들이며,
> 도살자—전지全知한 원초原初의 각자覺者—는
> 통찰洞察의 칼을 갈아,
> 그들 중 하나를 땅에 내려놓으며—견신堅信—
> 그를 밧줄로 동여매노라— 복덕자량福德資糧.

지혜자량智慧資糧으로 배를 갈라
재빨리 엷은 막의 두 정맥을 자르고
분별의分別意로 고기 가죽을 벗긴다.

죽은 고기를 불경과 탄트라의 밝은 뜻覺義으로 자르고,
도살자는 도리道理와 조리條理로 고기를 발라,
사자상승師資相承 비법 전수傳授의 손도끼로 조각낸다.
그런 다음 그는 종종사種種事 조각을
물성物性의 거대한 가마솥에 던져 넣는다.

그 솥을 법신法身, 보신報身, 화신化身의 삼신三身의 삼각대에 올려놓고,
사무량심四無量心의 불을 밝힌다.
선 수련修鍊과 실현實現으로 끝까지 요리하여
이 모든 것을 물샐틈없는 천 위에 놓아 대접하니, ―선과 선 이후가 화합和合하도다.65

청 말기의 상황에서 몽골인과 티베트인은 할랄이라는 핵심 문제를 통해 불법과 몽골 유산 둘 다가 가지고 있는 반무슬림 기류를 성공적으로 융합했다.

그러나 몽골인들의 상황에 전적으로 불교의 신경질적인 반무슬림 경향만 있었던 것은 아니었다. 일부 몽골 작가들은 무슬림 세계에 대한 긴 설명을 작품에 포함시키기까지 했다:

그들의 영토 밖에는 300개의 문으로 둘러싸인 돌이 있다. 2개의 문 사이는 그들 계산에 따르면 360마일이고, 중국 계산에 따르면 720마일이다. 왕의 궁전에는 24개의 문이 있다. 중앙 궁전의 탑은 금으로 지어졌으며, 사방의 궁전들은 네 가지 색의 도자로 만들어졌다. … 그 나라에는 1, 2년마다 심한 바람이 불어, 건물과 도시가 파괴된다. 사람들은 12개 부족으로 나뉘어졌는데, 서로 다른 언어를 쓴다. 왕은 은총을 얻은 사람들에게 금화와 은화를 흩뿌린다. 사람들은 금과 은으로 우물의 테두리를 두르고, 물그릇을 만들어 온갖 보석으로 장식한다. … 쿤커 사람들의 남쪽에는 메카라고 알려진 푸른 돌이 있는데, 그 이단자들의 성소이다. 그 크기는 약 80센티미터이다. 그것은 공중에 고정되어 있으며, 너댓 뼘이 되도록 주변 어떤 것도 땅에 닿지 않는다. 그 높이는 말을 탄 사람의 손 높이 정도이다.

그 근처에는 이단자들의 사원이 있다. 그것은 거대한 사원으로, 내부 크기는 화살로 쏘아 대여섯 배 정도 되는 길이이다.⌖ 기둥이나 대들보가 하나도 없고, 대大랑중사寺라고 불린다. 그 사원에서 꽤 떨어져서 마하수리-인 빌라야라고 알려진 이단자들의 성소가 있다. 거기에는 사람의 성기와 같이 생긴 구멍 뚫린 흰 돌이 있는데, 그것 역시 어디에도 닿지 않는다. 사실 이것도 자기력磁氣力으로 공기 중에 고정되어 있다.[66]

이 구절은 황당한 요소를 담고 있지만, 세계 지리나 국제 정치에 대한 인식이 증가하고 있음을 반영하는데, 이는 숨바 켄포와 직메 린크파 같은

⌖ 화살이 미치는 거리, 활쏘기에 알맞은 거리. 약 300미터×5~6=1,500이나 1,600미터 정도.

티베트 학자들의 18세기 저서에 의해 알려진 것으로, 그들은 무굴 제국과 오스만 제국의 관계라든가 메카와 이스탄불 같은 도시에 대해 직접 체험으로 얻은 내용을 알려준다.[67]

그러한 작품들이 몽골인에게 이슬람 세계에 대한 다른 관점을 제공했을지는 모르지만, 그들이 가지고 있는 반무슬림 입장을 바꾸지는 못했다. 위의 인용 구절의 저자도 무슬림 세계에 대한 자신의 견해를 요약할 때 『시륜탄트라』를 바탕으로 했다: "메카의 땅이라고 불리는 곳은 시타강江 유역에 있는데, 메카는 무슬림을 의미하는 단어이다. 라루La Loo는 모두 무슬림이다. 이제 이 시대가 지나면, 이들 무슬림의 잘못된 믿음이 점점 더 널리 퍼질 것이며, 이 지구상 대륙의 대다수 사람이 무슬림이 될 것이다. 무슬림의 믿음에 관해 말하자면 이렇다: 그들은 자연사로 죽은 짐승의 고기를 먹지 않는다. 그들은 자신들의 능력이 닿는 한 짐승을 죽이는데, 옳지 않은 신념에 따라 도살하는 것으로, 그들의 믿음에 따르면 비스밀라라는 진언眞言을 외치고 날카로운 칼로 짐승의 목을 베면 구원을 받는다고 한다."[68] 18, 19세기 중국 청나라에서 다른 사건들이 많이 벌어졌음에도 불구하고, 몽골 불교도는 계속 할랄을 근거로 그들 자신과 무슬림 세계 사이에 날카로운 선을 그었다.

인잔나쉬와 이슬람 문제

한 몽골 작가가 이러한 현상에 도전했으니, 그는 무슬림과 할랄을 포함한 그들의 의식이 불교도의 의식과 똑같다고 주장했다. 그의 이름은 인잔나쉬Injannashi(1837~1892년)로, 저명한 가문 출신의 몽골 귀족이며 어려운 시기를 겪었던 사람이다.[69] 그 가문의 사업이 탄광을 포함해서 모두 실패했다. 삶의 위안과 의미를 찾기 위해서 인잔나쉬는 글쓰기에 전념했다. 그러면서 그는 두 편의 소설뿐 아니라 칭기즈 칸 인생 소설 대작을 썼는데, 이 작품은 명나라 소설 『홍루몽紅樓夢』의 개작改作 전통에 따라 베이후北侯라는 중국 양반 가문의 이야기를 다룬다. 또한 작품마다 흥미로운 서문을 담고, 거기에서 이슬람 문제를 비롯하여 다양한 문제에 대한 인잔나쉬 자신의 생각을 표현한다.[70]

처음 무슬림에 대한 인잔나쉬의 평은 부정적이다. 그러나 그의 적대감은 앞서 보았던 불교의 반무슬림 논쟁이라는 표준 레퍼토리에서 비롯되지는 않았다. 그보다 인잔나쉬가 분노했던 이유는 무슬림은 과거시험을 치를 수 있는데 몽골인은 그렇지 못했기 때문이다: "그런데 이 대청 제국에서, 몽골인보다 늦게 제국에 복종했고, 몽골인이 하듯 왕조 건국에 기여하지도 않았던 무슬림에게 관심을 기울여서 그들 가운데 학식 있는 사람들이 홀대받지 않도록 학업에 따라 사람을 뽑아 관리직에 임용시켰다. 몽골인만 유독 이 과거제도에서 제외되는 이유가 무엇인가? 나 혼자 생각한 바는 이렇다. 몽골인이 너무 무례하고, 어리석어서, 시험에 합격하지 못할 것이니 어떤 과거제도도 그들에게는 필요 없다는 것인가?"[71]

이 비판을 제대로 알아보기 위해서, 과거시험이 제국 후기의 중국에서 사회적 지위를 창출하고 유지하는 동력이었음을 기억할 필요가 있다.[72] 따라서 거기에서 배제되면 심각한 결과를 초래했고, 인잔나쉬에게 이런 배제가 특히 가슴 아팠던 이유는 그의 작품의 핵심 주장이 교육 개혁을 주창했기 때문이다. 혹은 적어도 그는 19세기 말 중국의 변화하는 사회경제적 현실에서 그들의 지위를 유지할 수 있도록 귀족들을 위한 교육을 받기 원했다.[73] 그는 이 특정 문제와 관련하여 무슬림을 분노 대리용으로 썼지만, 또 다른 관점에서도 이슬람을 바라보았는데, 이는 당시의 반무슬림 분위기와 완전히 상충되었다.

인잔나쉬는 제식/제사에 대한 비교 문화 연구를 통해 이러한 주장에 도달했다. 그는 우선 중국의 인기 백과사전 『만보전萬寶全』의 항목에서 다양한 애도 의식을 비교하기 시작하는데, 그 백과사전에는 다음과 같이 기록되어 있다: "남해의 섬에 오래된 만蠻국 주변에 금와국이라는 이름의 작은 나라가 있다. 그들은 산과 평원에서 짐승과 새를 사냥하여 생계를 꾸리는데, 이 나라를 만뤄우라고도 한다. 때로는 바람 때문에 중국 배와 보트가 그들 해안에 이르면, 원주민들이 무리를 지어 와서 배에 올라타고 사람들을 잡아 죽여 그 살을 먹는다. 그들은 사람 두개골과 뼈로 도구를 만든다. 그들은 자신들의 부모를 밤낮으로 저주하면서 빨리 죽기를 바란다. 부모가 죽으면 큰 북을 쳐서 이웃을 불러 죽은 자의 살로 잔치를 한다."[74] 당연히 중국 독자들은 이 설명에 충격을 받았는데, 부모를 실제로 먹는 것보다 더 나쁠 수가 있겠는가?[75] 유교적 효도의 세계에 푹 잠겨 있는 사람들에게 이것은 확실히 도리를 벗어난 일이었고, "그들은 인간임을 알지 못하는 나라"라고 『만보전』은 흔연히 확인해준다.

물론 '타자他者'를 괴물이나 식인종으로 표현하는 것은 전혀 새롭지 않다. 무슬림만이 이런 식으로 불교도를 표현했던 것도 아니다. 프란체스코회 수사, 뤼브릭 윌리엄도 마찬가지였다. 즉, 그는 티베트인이 부모가 돌아가시고 나면, "자신의 배 외에 다른 무덤을 두지 않는다는 경건한 동기에서" 그를 먹는다고 했다.[76] 『만보전』의 금와국에 대한 묘사, 『세계경역지』에 나타난 호탄인에 대한 견해, 뤼브릭의 티베트, 특히 식인습관에 대한 그들의 깊은 관심은 모두 일종의 대유법代喩法이다. 이러한 표현 모두 크게는 '타자'와 거리를 두고, 심지어 그들을 비인간화하는 담론의 일부였다. 따라서 그러한 표현에 도전한다는 점에서 인잔나쉬는 현대 학자들이 '타자'를 재현하는 '담론'을 제국이나 인종, 성별 등과 관련하여 연구하는 일과 매우 흡사하다.[77] 그러나 인잔나쉬에게 중요한 문제는 왜 중국 학자들이 금와국을 그렇게 제시했는가였다.

다소 단순하면서 단도직입적인 그의 대답에 따르면 그들의 편견은 무지와 이기심에서 비롯되었다. 그는 중국 학자들이 특별한 이 애도 의식의 기저 논리와 근거도 잘 모르면서 오로지 도덕적 우월감의 입장에서만 그것을 바라보았다고 비난했다.[78] "일부 학식 있는 사람들은 중국만이 천국이며, 중국만이 인간성을 갖고 있다고 믿는다. 그들은 이 땅만이 해와 달의 큰 은혜를 받고 있으며, 이 땅만이 지식인과 현자, 위대한 지성과 학자를 낳았다고 믿는다. 그들은 나머지 나라들은 모두 이상하고, 이질적이고, 비뚤어지고, 사악하고, 기이하고, 기괴하다고 말할 뿐만 아니라, 심지어 이것이 사실이라고 마음 속 깊이 믿는다."[79] 그러고 나서 그는 이러한 중국 이미지에 펑크를 내기 위해, 3천 년 동안 문명의 중심에 있다고 주장하면서도 그동안 계속 일식과 월식을 잘못 계산한 중국 학자들의 어리석음을 익살스럽게 지적했는데, 인잔나쉬가 명쾌하게 지적했던 이 실수는 17세기 벨기에 예수회 수사, 페르디난트 페르비스트가 강희제의 궁정에 도착하고 나서야 수정되었다.

그 주장을 확실히 하기 위해, 인잔나쉬는 몽골과 티베트 장례식에 대해 논하며 '타자'를 왜곡한다는 비판을 계속해나간다. 그는 몽골의 화장에서 라마가 불타는 사체 위에서 칼과 창을 휘두르는 것을 보고 중국인이 어떻게 몽골의 화장법을 부모에 대한 복수 행위로 오해할 수 있을지 생각해본다. "부모를 금과 옥에 둘러서 매장하는 중국 내륙의 중국인이 몽골의 화장을 목격한다고 가정해보면, 그들은 그런 이유를 모르기 때문에 금와국 사람들에 대해서 했던 말을 똑같이 할 것이다. 중국인은 이렇게 말할 텐데, 몽골인은 그들 부모를 죽을 때까지 저주하여 죽은 자들을 불태울 뿐만 아니라, 붉은색과 노란색의 옷을 입고, 변발辮髮도 하지 않고,[80] 대머리에 면도까지 한 사람들을 불러서 죽은 자 위에서 칼과 창을 휘두르며, 불이 잘 타오르도록 기름을 부어주면서, 죽은 부모에게 복수를 한다고 할 것이다. 그것이 죽은 자의 육신을 부처에게 공양하여 부처가 되도록 하는 제례임을 중국인은 절대 믿지 않을 것이다."[81] 그럼으로써 인잔나쉬는 그 의식의 배경을 이루는 근거를 이해할 필요가 있다는 그의 중심 주제를 다시 언급한다. 단순히 외부 관행만 볼 수는 없다. 반드시 그 안에 숨어 있는 논리를 밝혀내야 한다.[82]

그렇게 하기 위해 인잔나쉬는 티베트의 풍장風葬을 다루는데, 식인 풍습과 마찬가지로 이 장례법에 대해서도 동서양 모두 이상한 집착을 보인다. 그는 이 관행을 기이하게 여기거나 비난하기보다는 이 의식의 배경 이유를 설명해준다. 티베트인의 관점에서 독수리는 신성한 불법의 보호자이며 사체死體의 살을 먹음으로써 고인의 죄가 씻겨져서 그 영혼이 좋은 화신化身을 찾으리라는 것이다. 더욱이 그는 금와국과 그들의 사체 먹는 습관에 대해서도 같은 주장을 한다. "금와국의 사람들도 인구가 많고 땅이 부족하고 가축이 없었으니, 오래전부터 인육人肉의 맛을 알고 있었다. 그래서 부모가 죽으면 그들은 부족과 가족을 불러 큰 잔치를 하고 많은 이들의 허기를 메꾸어주는 공덕을 얻어 죽은 자의 영혼은 천국으로 간다. 요약하자면, 그들 모두 일종의 애도 의식을 하고 있다."[83] 이런 식으로 인잔나쉬는 죽은 부모를 먹는다는 기괴해 보이는 의식의 배경 근거를 설명할 뿐만 아니라 금와국의 인간다움을 입증한다. 그가 주장한 대로 "부모의 살을 먹어 삼키는 사람도 정의와 선함을 소유하고 있다. 그러하거늘, 어떤 가르침이라도 정당한 원칙이 없겠는가?"[84]

모든 가르침이나 종교는 본래 선善을 전제로 한다는 생각이 인잔나쉬의 핵심 주장이다. 그의 견해는 유교의 선례, 특히 맹자에 근거했음이 분명하지만, 인간은 선을 타고난다는 전통적인 유교관과 더불어 제례祭禮가 긍정적 가치를 주입하고 양육하는 가치가 있다는 관점을 비교 문맥에서 바라봄으로써, 새로운 방향에서 이를 해석한다.[85] 그러므로 유교의 애도 의례만이 합당하고 인류에게 가치를 심어주는 것이 아니라 모든 애도 의례가 정당하다. 그 의례들 역시 본질적으로 인간의 선함을 전제하고, 또 그 선함을 제식 행사를 통해 영속화하려는 소망을 전제로 하기 때문이다. 인잔나쉬가 이렇게 보는 이유는 어떠한 종교도 그렇지 않다면 추종자가 없을 것이기 때문이다. "나는 종교의 창시자가 [만약 그가] 사악한 새 교리를 고안한다면 … 이익을 얻을 수 없다고 생각한다. 그렇게 해서 그가 얻는 게 무엇이겠는가? 내 생각으로는 종교의 가르침마다 좋은 점이 있고,

결코 사악해야겠다는 의도는 없다. 우리는 이러한 가르침과 이론의 세세한 사항과 진정한 특성을 알지 못하기 때문에, 그들을 받아들일 수 없고 잘못되었다고 믿는다. 당연히 종교의 창시자는 이렇게 말할 수가 없다. '내 종교는 선하지 않다. 내 종교는 틀렸다. 다른 가르침이 옳다. 너희 모두 다른 가르침을 따르라. 내 종교를 떠나라; 내 종교를 따르지 말라; 내 종교를 공부하지 말라." 종교를 가르침이라고 부른다면 그것이 사람들을 가르치기 위해 창시되었기 때문이다. 종교가 순전히 악할 수는 없다."[86] 인잔나쉬의 해석은 여러 면에서 우리 시대의 세계 종교 입문 교과서와 유사하다. 이 교과서들도 모든 종교는 가치가 있다고 주장하며, 어떤 종교도 본질적으로 악하지 않고, 우리가 그를 이해할 필요가 있다고 한다.[87] 혹은 인잔나쉬가 다음과 같이 썼듯이, "장소마다 관습이 다르고, 개념이 서로 이상해 보이지만, 목표는 모두 같지 않은가?"[88]

따라서 모든 종교와 의식은 외부인의 관점에서 아무리 이해하기 어렵다 하더라도 인간의 선함에서 비롯되었으므로 관용되어야 한다. "무슬림의 특성과 금와국 풍습에도 그들의 의로움과 선함이 있다. … 그들 모두 사람을 위해서인데 어떻게 잘못과 악의가 있을 수 있겠는가? 나는 심지어 못된 유럽인과 무슬림들 가운데 교육받은 사람들과 이야기를 나눠보고 그들 역시 미덕의 배양과 자제에 대해 이야기하고 있음을 알았다. 분명 그들은 이기심 때문에 다른 사람을 해하라고 가르치지 않는다."[89]

이렇게 현상적 수준에서만 인잔나쉬의 작업이 현대 종교 연구와 유사하지는 않다. 그는 또한 회의론에 근거해서 자신의 분석을 펼친다. 그가 자신의 저서에서 "신과 악마와 이상한 마법과 요술의 문제"를 다루어야 하는지 여부를 설명하면서, "태어났을 때부터 [나는] 증거도 없는 그러한 문제를 믿어본 적이 없고, 논리와 [자연의] 법칙과 일치하지 않는 문제도 믿어본 적이 없다"고 했다.[90] 그럼에도 불구하고 그는 그러한 것들을 포함하기로 했는데, 과거에는 사람들이 그러한 것들을 믿었기 때문이다. 그러나 그가 기대한 바는 "이 저서의 미래 독자들이 사악한 라마들에 대해 생각하듯 나에 대해 생각하지 말아달라"는 것이다.[91]

인잔나쉬는 이론적 패러다임을 확립하고 나자, 마침내 무슬림의 음식 습관이라는 위태로운 문제를 다룬다. 그는 이렇게 썼다. "양과 소를 다루는 무슬림 도살자조차도 단순히 고기를 얻자고 양과 소를 죽일 수는 없으며, 도살한 동물의 영혼을 천국으로 인도하는 어떤 류의 제식을 행하고, 도살하기 전에 기도를 드리며 그 칼에 축복을 내린다. 그렇다고 해서 도살당한 영혼을 천국으로 보내지 못할 수도 있지만, 고기와 이익을 얻기 위해 어떤 류의 제식도 없이 동물을 도살하기만 하는 오늘날의 중국인, 몽골인과 비교해보면, 무슬림은 분명 선량한 마음을 가지고 있다. 잘 모르는 사람들이 관습대로 군중을 따라 무슬림을 동물에서 기원했다고 모독하고, 무슬림이 사악한 가르침과 잘못된 교리를 고수한다고 한다. 아! 이는 얼마나 부당한가!"[92] 회의적이면서도 현대적인 접근을 통해, 인잔나쉬는 이슬람에 대해 거의 천 년 동안 이어진 불교 논쟁에 도전할 수 있으며, 할랄 관행이 실제로 인간의 선함에서 비롯되었다고 주장한다.

이 점을 분명히 하기 위해 그는 할랄 도살 관행을 아미타불의 서방 정토에 다시 태어나기 위해 기도하는 티베트 불교 관습과 비교하면서 결론을 내린다.[93] 이 두 종교의 전문가들은 모두 "희망대로 영혼을 인도할 수 있을지 확신하지는 못한다고 하더라도, 그 대신 영혼을 지옥으로 이끈다고는 분명 믿지 않는다. 두 경우 모두 의도는 같고, 다만 차이는 하나는[=동물] 죽임을 당하고 다른 하나는[=인간] 자연적으로 죽는다는 것뿐이다."[94] 이렇게 인잔나쉬는 모든 종교와 의식이 실제로 인간의 선함에서 비롯된다는 이론에 기초하여 자신의 주요 논점을 재확인한다. "그들 모두 자신의 관습에 따라 최선을 추구한다. 외형은 다를 수 있지만 그 이면의 생각은 동일하다."[95] 이런 식으로 인잔나쉬는 마침내 무슬림과 불교도의 의도는 모두 본래 동일하다고 주장할 수 있었다. 불교도와 무슬림이 근본적으로 동일하다고 입증함으로써, 인잔나쉬는 편견의 문제뿐만 아니라 차이의 문제도 극복했다고 믿었다.

결론

비유가 약간 부족해도 내일이면 족하리라
울타리에서 열매가 익고, 이슬 아래에서 칼이 부러지기에는.
— 마흐무드 다르비시, 「소넷 6」

당신은 나, 나는 당신.
당연히 우리는 "상호 관계inter-are"이지 않을까요?
— 틱 낫한, 「상호 관계」

인잔나쉬가 편견과 차이의 문제를 해결했다고 믿었음에도 불구하고 분명 아직도 편견과 차이라는 두 문제가 이어지고 있듯이, 불교와 이슬람이 본질적으로 다르다는 생각 역시 여전히 남아 있다. 공통 인류에 대한 인잔나쉬의 비유가 이제 초교파주의, 다문화주의, 다원주의, 코즈모폴리턴주의 등과 같은 새로운 이론적 구조에서 새로운 모습으로 드러나지만, 여전히 어떻게 '타자'를 대할 것인가라는 근본적인 문제는 남아 있다. 물론 그러한 차이가 어떻게 표현되고 다루어지느냐는 아직도 진행 중인 과

정일 뿐만 아니라 인간 경험의 본질적인 측면이기도 하다. 그리고 이 점에서 내륙아시아의 불교도와 무슬림의 경우도 다르지 않다.

예를 들어 19세기 서양 여행자들이 내륙아시아를 재발견했을 때, 서양인이 접했던 세계는 불교도와 무슬림 사이가 확연히 나뉘어져 있었다. 이 두 집단의 차이는 너무나 깊고 심각하여, 매듭을 묶는 것 같은 기본적인 일상 수준에서도 서로 달랐다. 서양 여행자들에 따르면 어떻게 물건을 묶는지 혹은 어떻게 낙타에 물건을 싣는지만 봐도 그 사람의 종교 집단을 식별할 수 있었다.[1] 불교도와 무슬림 사이에 이러한 차이가 있다고 해서 서양 탐험가들은 놀라지도 않았다. 그들은 이슬람과 불교에 대한 현대적 견해가 만들어지던 시대에 성장했기 때문에, 당연히 불교와 이슬람이 근본적으로 다르다고 여겼다. 이러한 이해의 틀에 따라 그들의 가장 위대한 발견, 즉 전설적인 실크로드의 유명한 불교 유적들을 쉽사리 설명할 수 있었다.

그들이 보기에, 재발견될 때까지 이러한 예술적 보고들이 폐허로 버려진 채 남아 있었던 까닭은 내륙아시아에서 불교도를 격렬하게 떼밀어낸 광신도 무슬림 때문이었다. 13세기 초 날란다 사원이 파괴된 이래 불교-무슬림 간 상호 작용이라면 바로 그러한 역학이 아니겠는가? 불교도와 무슬림이 서로 달랐기 때문에 매듭조차 다르게 묶는다고 볼 수 있었다. 이들이 항상 매듭을 다르게 묶었는지, 아니면 어떤 특정한 시간이나 어떤 특정한 이유, 종교와는 아무 상관없을 수도 있는 이유 때문에 매듭을 다르게 묶게 되었는지, 어느 누구도 그런 질문을 하지는 않았다.

설혹 서양 탐험가들이 그러한 질문을 했다 하더라도 대답은 마찬가지였을 것이다. 우리 시대 내륙아시아에 사는 불교도와 무슬림은 항상 그랬을 거라고 확언해줄 것이다. 그들은 항상 우리와 달랐다. 우리는 항상 안 맞았다는 식의 이야기를 해줄 것이다. 이와 같은 논리에 따라 티베트 라마승들이 중화인민공화국에서 무슬림을 배제해야 한다고 주장했다. 그들의 견해에 따르면 무슬림은 후진적이고 폭력적이어서 중국이라는 현대 민족국가에서 불교도와 함께 어울려서는 안 되었다.[2] 티베트 라마승들이나 서양 탐험가들 모두 불교와 이슬람 사이의 영원한 차이가 있다고 주장했다. 그러나 앞의 티베트 라마승들의 경우에서 보았듯이 불교가 이슬람에 대해 가진 이 특수한 견해의 기원은 주로 청나라의 유산이라 할 수 있다. 청나라 시기 동안 중국화된 몽골인과 티베트 불교도가 하나의 집단을 이루고, 무슬림을 그들과 다른 집단이라고 보았다. 서양 탐험가들도 이와 같다고 할 수 있는데, 그들 역시 자신들의 견해를 펼칠 때 평화스러운 불교도와 호전적인 무슬림을 항상 대립항으로 두는 공통적인 서사를 따랐기 때문이다.

이 책의 목적은 이러한 이야기에 도전해보는 일이었다. 그리고 서론에서 약속했듯이 또 다른 목적은 불교-무슬림 간의 만남을 통해 몇 가지 서로 얽혀 있는 주제, 즉 실크로드에서 만남을 통해 불교와 이슬람이 어떻게 형성되었는지, 천 년의 역사가 다문화 간 이해의 가능성에 대해 알려주는 것은 무엇인가라는 주제를 탐구하는 일이었다. 가장 희망적으로 첫 번째 목적을 온전하게 달성했다고 하더라도, 이 역사를 통해 다문화 간 이해라는, 정의 내리기 어려운 주제에 대해 어떤 웅대한 결론을 도출할 수 있는지는 앞으로 연구 문제로 유보해두어야 할지 모른다. 다만 이 연구가 적어도 이러한 노력을 통해 역사의 중요성을 드러냈기 바란다. 실제로 이 작업 전체의 핵심은 역사의 위력이 온갖 종류의 의심과 편견을 알려주는 일반 서사를 전복할 수 있다는 점이다. 그러나 이와 동시에, 역사는 사회적 통념을 뒤집는 일만이 아니다. 역사는 또한 현재를 설명하고 정당화하기 때문에 현상 유지를 지탱하는 중심 기둥이기도 하다. 이러한 모순적 가능성 때문에 역사는 현재와 미래를 비치는 거울이자 안내자로서 매력을 지닌다. 이제 과거를 떠나 현재와 미래에 대해 생각하면서 끝을 맺기로 하자.

불법과 이슬람, 유라시아 대륙에서 일어난 상호 교류의 역사에 대한 상식을 재평가하는 것 외에, 불교-무슬림 간 만남의 역사를 통해서 현재 세계에 대해 무엇을 알 수 있을까? 이 책에서 다루었던 문제들(지하드의 부활, 무함마드의 예술적 재현, 무슬림 통합, 서로 다른 법률 체제 등) 가운데 어떤 것이라도 그와 똑같은 문제를 다루는 우리 시대의 토론에 적용할 수 있을까? 혹은 아시아와 중동의 경제적 부흥에 대해서는 어떠한가? 세계 변혁의 경제 변화가 기독교 서양만이 아니라, 석유와 천연가스가 풍부한 내륙 아시아에서 다시 만날 불교도와 무슬림에게 어떤 영향을 미치겠는가? 불교와 이슬람이 코즈모폴리턴 엘리트의 종교로 등극하면서 기독교는 갈 곳 잃은 이들의 종교가 될 것인가?[3] 좀 더 중요한 문제로는, 미래에 불교와 무슬림이 서로를 어떻게 이해할 것인가? 최근 아이 엠 뻬이I. M. Pei가 디자인한 도하의 이슬람 박물관의 선불교적 단순성을 통해 알 수 있듯이, 그들은 지속적인 감동을 주는 새로운 혼종 문화를 창조할까?[4] 그렇게 영속적인 기념물이 생긴다든지, 혹은 그만큼 영속적이지는 않은 좀 더 일상

그림 29. 부처상과 아랍어 문신
자료: 릴야나 엘버스커그.

적인 사례(그림 29)가 생기는 일이 불교-무슬림 간의 다문화 교류의 새로운 시대를 알려주는 것일까? 아니면 그들의 차이는 결국 갈등으로 이어질까? 안타깝게도 이 질문들에 대한 대답은 알 수 없지만, 불교-무슬림 간의 상호 교류의 역사가 이제 막 시작했다는 것만은 분명하다.

주

서론

제명(題名): 인용 출처. Efraim Karsh, *Islamic Imperialism: A History* (New Haven: Yale University Press, 2007), 1. Maurice Walshe, *The Long Discourses of the Buddha: A Translation of the Dīgha Nikāya* (Boston: Wisdom Publications, 1995), 156.

1. 현재 날란다를 세계 최고의 대학 중 하나로 만들겠다는 목표를 가진 날란다 재건 프로젝트가 있는데, 이를 보면 아시아 역사에서 이 기관의 중요성을 짐작할 수 있다. (Jeffery E. Garten, "Real Old School," *New York Times*, December 9, 2006)

2. André Wink, *Al-Hind: The Making of the Indo-Islamic World, Vol.1: Early Medieval Indiaand the Expansion of Islam 7th-11th Centuries* (Leiden: Brill, 1990), 268.

3. Ronald M. Davidson, *Indian Esoteric Buddhism: A Social History of the Tantric Movement* (New York: Columbia University Press, 2002), 109.

4. 날란다의 파괴에 대해서는 다음 참조. H. D. Sankalia, *The Nālandā University* (Delhi: Oriental Publishers, 1976), 244-247.

5. 이는 대중적이거나 학술적인 문헌 모두 공통적으로 보이는 견해이다. 그 예로는 다음 참조. Lawrence Sutin, *All Is Change: The Two Thousand-Year Journey of Buddhism to the West* (New York: Little, Brown, 2006), 45-46; and Jerry H. Bentley, *Old World Encounters: Cross-Cultural Encounters and Exchanges in Pre-Modern Times* (New York: Oxford University Press, 1993), 131-133.

6. Steven Darian, "Buddhism in Bihār from the Eighth to the Twelfth Century with Special Reference to Nālandā." *Asiatische Studien/Éudes asiatiques* 25(1971): 346.

7. George Roerich, *Biography of Dharmasvāmin (Chag lo tsa-ba Chos-rje-dpal): A Tibetan Monk Pilgrim* (Patna: K. P. Jayaswal Research Institute, 1959), 90.

8. Arthur Waley, "New Light on Buddhism in Medieval India," *Méanges Chinois et Boudhiques*

1(1931-1932): 355-376.

9. Kazuo Enoki, "Tsung-le's Mission to the Western Regions in 1378-1382," *Oriens Extremus* 19, 1-2(1972): 52.

10. R. A. L. H. Gunawardana, *Robe and Plough: Monasticism and Economic Interest in Early Medieval Sri Lanka* (Tucson: University of Arizona Press, 1979), 264.

11. 지역학 모델은 유라시아 전역의 역사적 상호 작용에 대한 이해를 왜곡한다. 이 모델이 담고 있는 역사 기록학적 문제에 대해서는 다음 경우 참조. Alexander Woodside, *Lost Modernities: China, Vietnam, Korea and the Hazards of World History* (Cambridge: Harvard University Press, 2006), 15, 24-25; Thomas T. Allsen, *The Royal Hunt in Eurasian History* (Philadelphia: University of Pennsylvania Press, 2006).

12. 인도에서 불교가 몰락한 것은 인도 불교도뿐만 아니라 아시아 전역의 불교도에게 문제였다. 예를 들어, 중국에서는 인도에서 불교의 종말, 혹은 종말이라고 상상되는 일이 중국 역사 기록과 아주 잘 맞아떨어지는데, 특히 그로 해서 중국과 신성한 우타이산(五臺山)이 불교 세계의 중심으로 새롭게 그려질 수 있었기 때문이다. (Tansen Sen, *Buddhism, Diplomacy, and Trade: The Realignment of Sino-Indian Relations, 600-1400* [Honolulu: University of Hawai'i Press, 2003], 87)

13. 인도의 역사 기록학 및 종교적 정체성 문제에 대해서는 다음 참조. Peter van der Veer, *Religious Nationalism: Hindus and Muslims in India* (Berkeley: University of California Press, 1994).

14. 이러한 감정을 아주 잘 그려낸 것이 T. 포첸(Postens)의 1834년 저작으로, 그는 "아랍 정복 동안 '가장 무자비하게 잔혹하고 편협했던 것으로 보인다'"(p. 152)고 했고, '무슬림의 광신 때문에 항상 무슬림은 사람들의 상태를 개선시키기보다는 개종자를 만들려고 했다'"(p. 160)고 기록했다. (인용 출처. Derryl N. MacLean, *Religion and Society in Arab Sind* [Leiden: Brill, 1989], 23)

15. 인도의 불행을 설명할 때 무굴 제국과 이슬람을 자주 들먹였는데, 지금도 그러하지만, 간디와 같은 많은 인도 민족주의자들이 현대 인도의 비전에 이슬람을 함께 두어야 한다고 그 필요성을 인식하고 있었다. 사실 영국인은 힌두교와 이슬람교가 연맹을 맺을까 봐 가장 두려워했으며, 간디는 이를 지지했다. (David Page, *Prelude to Partition: The Indian Muslims and the Imperial System of Control 1920-1932* [New York: Oxford University Press, 1982] 참조.) 이슬람교도와 힌두교도를 통합하려는 이 지적 프로젝트에 대해 한 가지 흥미로운 이야깃거리를 들자면, 이슬람과 무함마드의 가르침이 이미 베다에 암시되어 있고, 알리가 그걸 찾으려 했다는 것이다. (*Mohammed in Ancient Scriptures* [Agra: S. R. Brothers, 1936])

16. 물론 오늘날 인도인 가운데 폭력적인 힌두 민족주의자는 거의 없다. 대부분의 사람들은 인도의 강점이 바로 그들의 다문화적 과거에 있다는 사실을 인정한다. 그러한 예로 다음 참조. Amartya

Sen's *The Argumentative Indian: Writings on Indian History, Culture and Identity* (New York: Picador, 2006).

17. 오리엔탈리즘에 관한 문헌은 방대하다. 이 담론의 개요와 그 지속적인 관련성에 대해서는 다음 참조. Emran Qureshi and Michael A Sells, eds., *The New Crusades: Constructing the Muslim Enemy* (New York: Columbia University Press, 2003).

18. 팀 존 셈멀링(Tim Jon Semmerling)의 연구에서 "오리엔탈리즘의 공포"라는 문구를 차용했는데, 셈멀링은 어떻게 무슬림이 서구 국가 이데올로기와 신화에 도전하고 있다고 인지하면서 생긴 문화적 두려움 때문에 "사악한 아랍인"이라는 고정관념이 생겨났는지 연구했다. (*"Evil" Arabs in American Popular Film: Orientalist Fear* [Austin: University of Texas Press, 2006]). 이슬람 역사와 이슬람-유럽 기독교 관계를 재평가하는 학문적 업적이 방대하지만, 최근 주목할 만한 몇 가지 예로는 다음 참조. 윌리엄 달림플(William Dalrymple)의 무굴제국 연구(*White Mughals: Love and Betrayal in Eighteenth-Century India* [New York: Viking, 2003]; *The Last Mughal: The Fall of a Dynasty: Delhi, 1857* [New York: Knopf, 2007]), 러크노우(Lucknow)에 보내는 마야 야스노프(Maya Jasanoff)의 애도의 글(*Edge of Empire: Lives, Culture, and Conquest in the East, 1750-1850* [New York: Vintage, 2006]), 오스만 제국 살로니카(Salonica)에 대한 마크 마조워(Mark Mazower)의 비슷한 묘사(*Salonica, City of Ghosts: Christians, Muslims and Jews 1430-1950* [New York: Vintage, 2006]), 메트로폴리탄 미술관 전시 도록(*Venice and the Islamic World, 828-1797*, ed. Stefano Carboni [New Haven: Yale University Press, 2007]).

19. 19세기 학문에서 보이는 이러한 고정관념의 기원에 대해서는 다음 참조. Tomoko Masuzawa, *The Invention of World Religions* (Chicago: University of Chicago Press, 2005), 121-146, 179-180.

20. 불교와 과학의 연결은 이미 20세기 초에 시작되었지만, 이러한 접근 방식으로 유명한 대중적 사례로는 다음 참조. Fritjof Capra's *The Tao of Physics: An Exploration of the Parallels Between Modern Physics and Eastern Mysticism* (Berkeley: Shambhala, 1975). 이 현상에 대한 세밀한 해석을 보려면 다음 참조. Donald S. Lopez, Jr., *Buddhism and Science: A Guide for the Perplexed* (Chicago: University of Chicago Press, 2008).

21. 이슬람이 본질적으로 중세적이라는 견해는 국제 언론에서 탈레반을 보여줄 때 특히 더 널리 퍼져 있었다. 예를 들어, 덱스터 필킨스(Dexter Filkins)는 최근 탈레반에 대해 이렇게 묘사했다. "탈레반은 중세로 가는 길을 내고 있는 것으로 유명하다." ("Right at the Edge," *New York Times Magazine*, September 7 [2008]: 55)

22. 서양으로 인해 불교가 만들어졌다는 자료나 수집을 보려면 다음 참조. Donald S. Lopez, Jr., ed., *A Modern Buddhist Bible: Essential Readings from East and West* (Boston: Beacon Press, 2002).

23. David L. McMahan, *The Making of Buddhist Modernism* (New York: Oxford University Press, 2008).

24. 이 특정 역사 기록학적 모델의 의미에 대해서는 다음 참조. Jonathan S. Walters, *Finding Buddhists in Global History* (Washington, D.C.: American Philosophical Society, 1998), 8-12; Philip C. Almond, *The British Discovery of Buddhism* (Cambridge: Cambridge University Press, 1988).

25. 19세기 학문의 아리안-셈족 담론에 대해서는 다음 참조. Maurice Olender (trans. Arthur Goldhammer), *The Languages of Paradise: Race, Religion, and Philology in the Nineteenth Century* (Cambridge: Harvard University Press, 2008); Dorothy M. Figueira, *Aryans, Jews, Brahmins: Theorizing Authority Through Myths of Identity* (Albany: State University of New York Press, 2002).

26. 탈레반의 바미얀 불상 파괴의 맥락과 의미에 대한 탁월한 연구로는 다음 참조. Finbarr Barry Flood's "Between Cult and Culture: Bamiyan, Iconoclasm, and the Museum," *Art Bulletin* 84, 4(2002): 641-659.

제1장 접촉

1. 최근 몇 년 동안 서양에서는 불교에 대한 학문이 꾸준히 성장해왔다. 이에 대한 소개로는 다음 참조. Charles S. Prebish and Martin Baumann, *Westward Dharma: Buddhism Beyond Asia* (Berkeley: University of California Press, 2002).

2. 서구의 부유한 불교도는 종종 조롱이나 경멸의 대상이 된다. "캘리포니아 불교도"에 대한 실망과 분노에 대해서는 다음 참조. "California Buddhists" in Pankaj Mishra, *An End of Suffering: The Buddha in the World* (New York: Farrar, Straus and Giroux, 2004), 353-371.

3. 부처를 최초의 페미니스트로 보려는 시도가 많지만, 남아 있는 자료를 보면 이와 같은 현대적 해석을 받아들이기 어렵다. 사례로는 다음 참조. Liz Watson, *Charming Cadavers: Horrific Figurations of the Feminine in Indian Buddhist Hagiography* (Chicago: University of Chicago Press, 1996); Bernard Faure, *The Power of Denial: Buddhism, Purity and Gender* (Princeton: Princeton University Press, 2003); and Kim Gutschow, *Being a Buddhist Nun: The Struggle for Enlightenment in the Himalayas* (Cambridge: Harvard University Press, 2004).

4. 예를 들어 일본 제국주의에서 불교가 행했던 폭력적인 역할에 대해서는 다음 참조. Brian Victoria, *Zen at War* (Burlington: Weatherhill, 1997), James Heissig and John C. Maraldo, eds., *Rude Awakenings: Zen, the Kyoto School and the Question of Nationalism* (Honolulu: University of Hawaii Press, 1995) and Robert Buswell, "The Zen of Japanese Nationalism," in *Curators of the Buddha: The Study of Buddhism Under Colonialism*, ed. Donald S. Lopez, Jr. (Chicago: University of Chicago Press,1995), 107-160.

5. Elliot Sperling, "'Orientalism' and Aspects of Violence in the Tibetan Tradition," in *Imagining Tibet: Perceptions, Projections, and Fantasies*, ed. Thierry Dodin and Heinz Räther (Boston: Wisdom Publications, 2003), 318. For more on Tibetan warfare, see Donald LaRocca, *Warriors of the Himalayas: Rediscovering the Arms and Armor of Tibet* (New York: Metropolitan Museum of Art, 2006).

6. 최근 몇 년 동안 샹그릴라 신화의 역사와 그 신화가 동양과 서양에 미친 영향에 대한 연구가 쏟아지고 있다. 예를 들면 다음 참조. Peter Bishop, *The Myth of Shangri-La: Tibet, Travel Writing and the Creation of Sacred Landscape* (London: The Athlone Press, 1989); Thierry Dodin and Heinz Räther, *Imagining Tibet: Perceptions, Projections, and Fantasies* (Boston: Wisdom Publications, 2003); Donald S. Lopez, *Prisoners of Shangri-la: Tibetan Buddhism and the West* (Chicago: University of Chicago Press, 1998); Martin Brauen, Renate Koller, and Markus Vock, *Traumwelt Tibet: Westliche Trugbilder* (Berne: Paul Haupt, 2000); and Monica Esposito, *Images of Tibet in the Nineteenth and Twentieth Centuries* (Paris: Éole françise d'Extrême-Orient, 2008).

7. 신할라(스리랑카의 주요 인구) 불교 민족주의의 폭력적인 요소에 대해서는 다음 참조. Stanley J. Tambiah, *Buddhism Betrayed?: Religion, Politics, and Violence in Sri Lanka* (Chicago: University of Chicago Press, 1992); Tessa J. Bartholomeusz and Chandra Richard De Silva, eds., *Fundamentalism and Minority Identities in Sri Lanka* (Albany: State University of New York Press, 1998); Tessa J. Bartholomeusz, *In Defense of Dharma: Just-War Ideology in Buddhist Sri Lanka* (New York: Routledge Curzon, 2002); Ananda Abeyesekara, "The Saffron Army, Violence, Terror(ism): Buddhism, Identity, and Difference in Sri Lanka," *Numen* 48, 1(2001): 1-46.

8. 불교 경제사를 탐구하는 몇 안 되는 연구 중 하나로 다음 참조. Jacques Gernet, *Buddhism in Chinese Society: An Economic History from the Fifth to the Tenth Centuries*, trans. Franciscus Verellen (New York: Columbia University Press, 1998).

9. 학자들이 확인한 바에 따르면 부처의 생애에 대해서는 장기 연대기와 단기 연대기 두 가지가 있다. 부처의 연대에 대한 학문적 논쟁(총 3권)은 다음 참조. *The Dating of the Historical Buddha*, ed. Heinz Bechert (Göttingen: Vandenhoeck und Ruprecht, 1991-97).

10. John S. Strong, *The Experience of Buddhism: Sources and Interpretations* (Belmont: Wadsworth, 1995), 9-10.

11. Sheldon Pollock, *The Language of the Gods in the World of Men: Sanskrit Culture, and Power* *in Premodern India* (Berkeley: University of California Press, 2006), 51. 이런 무관심을 해결하기 위한 시도로는 다음 참조. Sheldon Pollock, "Axialism and Empire," in *Axial Civilizations and World History*, ed. Johann P. Arnason, S. N. Eisenstadt, and Björn Wittrock (Leiden: Brill, 2005), 400-411.

12. 이러한 발전을 개관하고 초기 불교 발전에 미친 영향을 재평가한 것으로는 다음 참조. Greg Bailey and Ian Mabbett, *The Sociology of Early Buddhism* (New York: Cambridge University Press, 2003), 13-107.

13. 소위 "16대국(*soḍaśa mahājanapada*)"에 대해서는 다음 참조. Éienne-Lamotte, *History of Indian Buddhism: From the Origins to the Śaka Era*, trans. Sara Webb-Boin (Louvain-Paris: Peeters Press, 1988), 7-9. 그리고 이러한 것들이 불교 문헌에서 어떻게 역사적 현실이라기보다는 "전문 용어"가 되었는지에 대해서는 다음 참조. Richard F. Gombrich, *Theravada Buddhism: A Social History from Ancient Benares to Modern Colombo* (London: Routledge & Kegan Paul, 1988), 54.

14. 이러한 "공화국(*gana-sanghas*)"에서 왕국과 제국이라는 좀 더 복잡한 정치 체제로 어떻게 이동했는지에 대한 자세한 연구는 다음 참조. Romila Thapar, *From Lineage to State: Social Formations in the Mid-first Millennium B.C. in the Ganga Valley* (Bombay: Oxford University Press, 1984); Uma Chakravarti, *The Social Dimensions of Early Buddhism* (Delhi: Oxford University Press, 1987).

15. 철(鐵)과 병법의 변화가 중앙집권 정부의 부상과 갖고 있는 관계에 대해서는 중국 최초의 통일 왕조인 진(秦)나라의 부상을 연구한 빅터 마이어(Victor H. Mair)의 연구 참조. (*The Art of War: Sun Zi's Military Methods* [New York: Columbia University Press, 2007], 37-39)

16. Rudolf W. Müler, *Geld und Geist: Zur Enstehungsgeschichte von Identitatsbewusstein und Rationalitat seit der Antike* (Frankfurt: Campus, 1977).

17. Jonathan P. Berkey, *The Formation of Islam: Religion and Society in the Near East* (New York: Cambridge University Press, 2003), 5.

18. Chakravarti, *Social Dimensions*, 19.

19. 『마등녀해형중육사경(摩登女解形中六事經, *Śārdūlakarṇāvadāna*)』은 대략 230년에 중국어로 번역되었고, 거기서 마가다어(語)의 마샤카(*mashaka*)는 금 알갱이 12개와 같다고 언급한다. 16마샤카는 중국 금 1돈과 같다. 이 정보를 알려준 브라이언 바우먼(Brian Baumann)에게 감사를 전한다.

20. Walshe, *Long Discourses of the Buddha*, 236.

21. 이 구절은 『앙굿따라 니까야(*Aṅguttara Nikāya*), 증지부(增支部)』에서 온 것으로 인용 출처는 다음 참조. Chakravarti, *Social Dimensions*, 83. 비슷한 구절이 다음에도 보인다 『맛지마 니까야(*Majjhima Nikāya*), 중부(中部)』 가운데 「신모희수경(身毛喜竪經, *Mahâîanâa Sutta*)」, 12.41.

22. Himanshu P. Ray, *The Winds of Change: Buddhism and the Maritime Links of Early South

Asia (Delhi: Oxford University Press, 1994), 132.

23. Jes P. Asmussen, *X^uāstvānīft. Studies in Manichaeism* (Copenhagen: Prostant apud Munksgaard, 1965), 150. See also Davidson, *Indian Esoteric Buddhism*, 78.

24. Ray, *The Winds of Change*, 153-154.

25. Gustavo Benavides, "Buddhism, Manichaeism, Markets and Empires," in *Hellenisationy Empire, and Globalisation: Lessons from Antiquity*, ed. Luther H. Martin and Panayotis Pachis (Thessaloniki: Vanias Publications, 2004), 23.

26. 유교의 이상적 4계급(사농공상=문인, 농민, 장인, 상인)과 팽창하는 경제 현실 사이의 상호 작용에 대한 뛰어난 연구로는 다음 참조. Timothy Brook, *The Confusions of Pleasure: Commerce and Culture in Ming China* (Berkeley: University of California Press, 1999).

27. Patrick Olivelle, *Dharmasutras: The Law Codes of Apastamba, Gautama, Baudhayana, and Vasistha* (New York: Oxford University Press, 1999), 105.

28. Michael J. Walsh, "The Economics of Salvation: Toward a Theory of Exchange in Chinese Buddhism," *Journal of the American Academy of Religion* 75, 2(2007): 363.

29. I. B. Horner, *Milinda's Questions*, Vol. 1 (London: Luzac & Company, Ltd., 1963), 171. 다양한 배경의 남성을 동등하게 대우한다는 매춘부들의 전통에 대해서는 다음 참조. Ludwick Sternbach, *Gaṇikā-vṛtta-saṃgrahaḥ or Texts on Courtezans in Classical Sanskrit* (Hoshiapur: Vishveshvaranand Institute Publications, 1953), 72-73.

30. Chakravarti, *Social Dimensions*, 99.

31. 시간이 지날수록 불교 문헌에는 점점 더 많은 직업이 나타났다. 예를 들어 『디가 니까야(*Dīha Nikāya*), 장부(長部)』에는 25종류의 직업 표준목록이 들어 있는데(Walshe, *Long Discourses of the Buddha*, 93), 이후에 쓰인 『밀린다팡하(*Milandapañhā*, 나선비구경(那先比丘經)』에는 75종류가 있다. (Liu Xinru, *Ancient China and Ancient India: Trade and Religious Exchanges AD 1-600* [Delhi: Oxford University Press, 1988], 37)

32. Gustavo Benavides, "Economy," *Critical Terms for the Study of Buddhism*, ed. Donald S. Lopez, Jr. (Chicago: University of Chicago Press, 2005), 82-83.

33. Fred M. Donner, *Narratives of Islamic Origins: The Beginning of Islamic Historical Writing* (Princeton: Darwin Press, 1998), 147-148, 175-177.

34. G. R. Hawting, *The Idea of Idolatry and the Emergence of Islam: From Polemic to History* (New York: Cambridge University Press, 1999), 13. 패트리샤 크론(Patricia Crone)과 마이클 쿡(Michael Cook)은 이를 극단적으로 밀고 간 학자들이다. 그들은 초기 시대에 대한 이슬람 자료가 모두 늦게 기록되었으므로, 초기 이슬람 역사를 재구성하는 데 사용해서는 안 된다고 주장했다. 대신

아르메니아어, 그리스어, 시리아어, 히브리어로 된 동시대 자료만 사용함으로써 이슬람이 실제로 유대인의 메시아 운동에서 시작되었다고 했다. (*Hagarism: The Making of the Islamic World* [Cambridge: Cambridge University Press, 1977]) 이 역사 기록학적 해석에 대한 좀 더 상세한 논의를 보려면 다음 서문 참조. Patricia Crone, *Slaves on Horses: The Evolution of the Islamic Polity* (Cambridge: Cambridge University Press, 1980), 1-17.

35. Chase F. Robinson, *Islamic Historiography* (Cambridge: Cambridge University Press, 2003), 11-12.

36. Hawting, *The Idea of Idolatryy* 12-13.

37. 꾸란의 '수정주의적' 해석 개관을 보려면 다음 참조. Gabriel Said Reynolds, "Introduction: Qur'ānic studies and its controversies," *The Qur'ān in Its Historical Context*, ed. Gabriel Said Reynolds (New York: Routledge, 2008), 1-25.

38. Oleg Grabar, *The Shape of the Holy: Early Islamic Jerusalem* (Princeton: Princeton University Press, 1996), 56-71.

39. 이슬람이 무역 세계에서 발생했다는 생각에 대한 비판은 다음 참조. Patricia Crone, *Meccan Trade and the Rise of Islam* (Oxford: Basil Blackwell, 1987).

40. André Wink, *Al-Hind: The Making of the Indo-Islamic World, Vol. 1: Early Medieval India and the Expansion of Islam 7th-11th Centuries* (Leiden: Brill, 1990), 34.

41. 이렇게 발전하면서 생긴 불가피한 결과는 부족의 과거를 이상화할 뿐만 아니라 그 진정성의 문제도 피할 수 없어, 어떤 집단과 사상이 "진정한 이슬람"을 대표하느냐 하는 문제를 불러일으켰다. 이러한 논점에 대해서는 다음 참조. Engseng Ho, *The Graves of Tarim: Genealogy and Mobility Across the Indian Ocean* (Berkeley: University of California Press, 2006), 55-60.

42. 이 표현은 무트리비 알 아삼 알 사마르칸디(Mutribi al-Asamm al-Samarqandi)의 저서에 기록되어 있는데, 그는 1620년대 후반 무굴 궁정을 방문했다. Muzaffar Alam and Sanjay Subrahmanyam, *Indo-Persian Travels in the Age of Discoveries, 1400-1800* (Cambridge: Cambridge University Press, 2006), 127 참조.

43. D. Lombard, "Y a-t-il Une Continuité des Réseaux Marchands Asiatiques?" *Marchands et Hommes d' Affaires Asiatiques dans l'Océan Indien et la Mer da Chine*, ed. D. Lombard and J. Aubin (Paris: EHESS, 1988), 11-18.

44. Berkey, *The Formation of Islam*, 121.

45. 불교, 기독교, 이슬람이 부상하는 데 있어 중간 그룹, 특히 상인의 역할에 대해서는 다음 참조. Benavides, "Economy," 84.

46. James Heitzman, "Early Buddhism, Trade, and Empire," in *Studies in the Archaeology and*

Paleoanthropology of South Asia, ed. Kenneth A. R. Kennedy and Gregory L. Possehl (New Delhi: Oxford and IBH Publishing/American Institute of Indian Studies, 1984), 121-137; G. M. Bongard-Levin, *Mauryan India* (New Delhi: Sterling, 1985), 133-136; Charles Holcombe, "Trade-Buddhism: Maritime Trade, Immigration, and the Buddhist Landfall in Early Japan," *Journal of the American Oriental Society* 119, 2(1999): 280-292 참조.

47. 은행 기능을 한 불교 기관과 상인 간의 상호 연관성에 대해서는 다음 참조. Himanshu P. Ray, *Monastery and Guild: Commerce Under the Satavahanas* (Delhi: Oxford University Press, 1986); Gregory Schopen, "Doing Business for the Lord: Lending on Interest and Written Loan Contracts in the *Müasarvâtivada vinaya*," *Journal of the American Oriental Society* 114 (1994): 527-554.

48. S. A. M. Adshead, *China in World History* (London: Macmillan, 1988), 52, 102.

49. Thomas T. Allsen, *Commodity and Exchange in the Mongol Empire: A Cultural History of Islamic Textiles* (Cambridge: Cambridge University Press, 1997), 105.

50. 이 작품의 기원과 그리스에 그러한 선례가 있을 수 있다는 데 대해서는 많은 논쟁이 있다. 예를 들어 다음 참조. Stanley K. Abe, "Inside the Wonder House: Buddhist Art and the West," *Curators of the Buddha: The Study of Buddhism Under Colonialism*, ed. Donald S. Lopez, Jr. (Chicago: University of Chicago Press, 1995), 63-106.

51. 이 기간의 경기 침체와 그 광범위한 의미에 대해서는 다음 참조. Philippe Beaujard, "The Indian Ocean in Eurasian and African World-Systems Before the Sixteenth Century," *Journal of World History* 16, 4(2005): 421-436.

52. 6세기 중국 역사서에서 초기에 에프탈(백훈족)에 대해 긍정적 평가를 했다는 점은 다음 참조. Yang Hsüan-chih, *A Record of Buddhist Monasteries in Lo-yang* (Princeton: Princeton University Press, 1984), 225-228. 에프탈(백훈족) 지배 아래 불교의 운명에 관해 주목할 필요가 있는 이유는 그들의 통치 기간 동안 거대한 바미얀 불상이 세워졌기 때문이다. Xavier Tremblay, "The Spread of Buddhism in Serindia: Buddhism Among Iranians, Tocharians, and Turks Before the 13th Century," *The Spread of Buddhism*, ed. Ann Heirman and Stephen P. Bumbacher (Leiden: Brill, 2007), 88 참조.

53. Étienne de La Vaissière, *Sogdian Traders: A History*, trans. James Ward (Leiden: Brill, 2005), 111.

54. 투르크인의 부상과 그들이 중앙아시아에 개입한 일에 대해서는 다음 참조. Peter B. Golden, *An Introduction to the History of the Turkic Peoples* (Wiesbaden: Otto Harrassowitz, 1992), 115-154.

55. 산스크리트어(범어梵語) 공용의 국제도시 발전에 대해서는 다음 참조. Pollock, *The Language of the Gods in the World of Men.*

56. Liu, *Ancient India and Ancient China*, 27. 이러한 발전은 중국 구법승들의 기록뿐만 아니라 서사적 증거에서도 확인된다. de la Vaissière, *Sogdian Traders*, 81 참조.

57. Siglinde Dietz, "Buddhism in Gandhara," in *The Spread of Buddhism*, ed. Ann Heirman and Stephen P. Bumbacher (Leiden: Brill, 2007), 60-62.

58. 인용 출처. Khaliq Ahmad Nizami, "Early Arab Contact with South Asia," *Journal of Islamic Studies* 5, 1(1994): 56.

59. Wink, *Al-Hind* Vol. 1, 173.

60. 무역로가 북쪽으로 이동하고 이후 소그드인이 부상했는데, 이는 그들이 여러 면에서 적시적소에 있었기 때문이다. 이에 대해서는 라바이시에르(La Vaissière) 종합 연구 *Sogdian Traders* 참조.

61. Davidson, *Indian Esoteric Buddhism*, 81. 중앙아시아 불교의 역사에 관해서 다음 참조. Boris A. Litvinsky, *Die Geschichte des Buddhismus in Ostturkestan* (Wiesbaden: Harrassowitz Verlag, 1999).

62. Antonio Forte, "Chinese State Monasteries in the Seventh and Eighth Centuries," *Echoo Go Tenjiku Koku den kenkyu*, ed. Kuwayama Shoshin (Kyoto: Institute for Research in the Humanities, 1992), 228-231.

63. Ray, *Winds of Change*, 27.

64. Kirin Narayan, *My Family and Other Saints* (Chicago: University of Chicago Press, 2007), 181. 이 거래가 워낙 활발했기 때문에 어떤 이들은 에티오피아 악숨(Aksum) 왕국의 기념비적인 조각품들이 불교의 선례에서 영감을 받았다고까지 했다. (Wink, *Al-Hind* Vol. 1, 28); 그러나 대부분의 학자들은 이제 이 생각을 받아들이지 않는다. (David W. Phillipson, *Ancient Ethiopia: Its Antecedents and Successors* [London: British Museum, 1998], 64)

65. 페르시아만을 따라 퍼진 불교의 역사에 대해서는 다음 두 논문 참조. W. Ball, "Two Aspects of Iranian Buddhism," *Bulletin of the Asia Institute of Pahlavi University* 1(1976): 103-163; "Some Rock-cut Monuments in Southern Iran," *Iran* 24(1986): 95-115; Gianroberto Scarcia, "The 'Vihar' of Qongqor-olong: Preliminary Report," *East and West* 25, 1-2(1979): 99-104. 초기 불교가 이란 문화와 교류한 일에 대해서는 다음 참조. A. S. Melikian-Chirvani, "Recherches sur l'architecture de l'Iran bouddhique. I. Essai sur les origines et le symbolisme du stupa iranien," *Le monde iranien et l'Islam* 3, 1(1975): 1-61; Victor H. Mair, "Three Brief Essays Concerning Chinese Tocharistan, no. B: Early Iranian Influences on Buddhism in Central Asia," *Sino-Platonic Papers* 16(1990): 131-134; David A. Scott, "The Iranian Face of Buddhism," *East West* 40(1990): 43-78; Richard C. Foltz, *Spirituality in the Land of the Noble: How Iran Shaped the World's Religions* (Oxford: Oneworld, 2004): 63-75.

66. 아프가니스탄의 불교도와 실크로드의 새로운 북방 루트 사이의 연결에 대해서는 다음 참조. Jens-Uwe Hartmann, "Buddhism Along the Silk Road: On the Relationship Between the Buddhist Sanskrit Texts from Northern Turkestan and Those from Afghanistan," in *Turfan Revisited: The First Century of Research into the Arts and Cultures of the Silk Road*, ed. Desmond Durkin-Meisterernst et al. (Berlin: Dietrich Reimer Verlag, 2004), 125-128.

67. 서쪽으로의 이러한 인구 이동은 나크쉬 루스탐에 있는 키르더의 사산 왕조 비문(碑文)에 의해 확인되는데, 그 비문에는 특히 동부 이란의 불교도가 언급된다. (Christopher J. Brunner, "The Middle Persian Inscription of the Priest Kirder at Naqsh-i Rustam," in *Near Eastern Numismatics, Iconography, Epigraphy, and History: Studies in Honour of George C. Miles*, ed. Dickran K. Kouymjian [Beirut: American University of Beirut, 1974], 105-106) 아프가니스탄의 불교 유적에 대한 조사는 다음 참조. C. S. Upasak, *History of Buddhism in Afghanistan* (Sarnath: Central Institute of Higher Tibetan Studies, 1990); 바미얀의 역사에 대해서는 다음 참조. Deborah Klimburg-Salter, *The Kingdom of Bamiyan: Buddhist Art and Culture of the Hindu Kush* (Naples-Rome: Istituto Universitario Orientale, 1989).

68. B. G. Gokhale, "Buddhism in the Gupta Age," in *Essays on Gupta Culture*, ed. Bardwell L. Smith (Delhi: Motilal Banarsidass, 1983), 129-153.

69. Wink, *Al-Hind* Vol. 1, 73.

70. 『카마수트라(*Kamasutra*)』에 대해서는 방대한 문헌이 있지만, 그 텍스트와 의미를 소개하는 탁월한 글로는 다음 참조. Wendy Doniger, "Reading the '*Kamasutra*': The Strange and the Familiar," *Daedalus* Spring 2007: 66-78.

71. André Bareau, *Les sectes bouddhiques du Petit véhicule* (Saigon: Éole françise d'extrême-orient, 1955). 예전에는 이러한 불교 전통을 히나야나(Hinayana), 즉 "소승(小乘, 작은 수레)"이라고 했으나, 최근 들어 학자들은 니까야(Nikaya)라는 용어를 쓰기 시작했다. 이는 '학파' 또는 '주류(主流)'라는 의미이며, '소승'은 대승 문헌에서 유래한 경멸적인 용어이다.

72. Jonathan Silk, "What, if Anything, Is Mahāyāna Buddhism? Problems of Definitions and Classifications," *Numen* 49(2002): 355-405.

73. Paul Harrison, "Searching for the Origins of the Mahāyāna: What Are We Looking For?" *Eastern Buddhist* 28(1995): 65; Jan Nattier, *A Few Good Men: The Bodhisattva Path According to the Inquiry of Ugra (Ugraparipṛcchā-sūtra)* (Honolulu: University of Hawai'i Press, 2003); Daniel Boucher, *Bodhisattvas of the Forest and the Formation of the Mahāyāna: A Study and Translation of the Rāṣṭrapālaparipṛcchā-sūtra* (Honolulu: University of Hawai'i Press, 2008).

74. Douglas Osto, *Power, Wealth and Women in Indian Mahāyāna Buddhism: The Gaṇḍavyū*

ha-sūtra (New York: Routledge, 2008).

75. 대승불교 사상에 대한 포괄적인 개괄서로는 다음 참조. Paul Williams, *Mahāyāna Buddhism: The Doctrinal Foundations* (London: Routledge, 1989).

76. 이 용어의 출처로는 다음 참조. Strong, *Experience of Buddhism*, 181-187.

77. 불교에서 이 논쟁의 중요성에 대해서는 다음 참조. Peter Gregory, *Sudden and Gradual: Approaches to Enlightenment in Chinese Thought* (Honolulu: University of Hawai'i Press, 1987).

78. 대승불교의 출현과 관련된 문제는 다음 참조. Gregory Schopen, *Figments and Fragments of Mahāyāna Buddhism in India: More Collected Papers* (Honolulu: University of Hawaii Press, 2005).

79. Liu, *Ancient India and Ancient China*, 39. 이러한 사태에 대한 불교의 반응에 대해서는 다음 사례 참조. Osto, *Power, Wealth and Women in Indian Mahāyāna Buddhism.*

80. Liu Xinru, *Silk and Religion: An Exploration of Material Life and the Thought of People, AD 600-1200* (Delhi: Oxford University Press, 1996), 28.

81. "간단히 말해, 칠보(七寶)의 불교적 가치와 이러한 칠보 물품의 공양을 강조한 일은 통치자와 도시 거주자들이 사치품을 구하던 경제 환경에서 발전했다. … 한편으로 이들 물건은 그 소유주들, 즉 수도원, 공양인, 유행의 영향을 따르는 구매자의 명성을 키워주었다. 한편, 그 생산과 거래는 상당한 경제 활동을 장려했다. 따라서 불교의 가치 덕분에 도시 쇠퇴의 기간 동안에도 일정한 경제 활동이 유지되었고 교역 활동이 강화, 확장되었다." (Liu, *Ancient India and Ancient China*, 177, 180)

82. John Kieschnick, *The Impact of Buddhism on Chinese Material Culture* (Princeton: Princeton University Press, 2003) 참조. 불교의 도입은 중국의 물질문화에만 영향을 미치지 않았다. 공간을 구성하는 방법이라든지 좀 더 무형(無形)의 것들에도 영향을 미쳤다. Anne Cheng, "La notion d'espace dans la pensée traditionelle chinoise," in *Aménager l'espace*, ed. Flora Blanchon (Paris: Presses de l'Université de Paris-Sorbonne, 1993), 33-44 참조.

83. Ray, *Winds of Change*, 41-44, 116. 이 문제에 대해서 다음도 참조. Sen, *Buddhism, Diplomacy, and Trade*, chap. 4.

84. Benavides, "Economy," 82.

85. David Gordon White, *The Alchemical Body: Siddha Traditions in Medieval India* (Chicago: University of Chicago Press, 1996), 35.

86. 데이빗슨(Davidson)이 *Indian Esoteric Buddhism* (3장)에서 보여주듯이, 굽타 시대 이후의 사회 붕괴로 6가지 결과가 생겼다. ① 재계의 재정적 지원이 사라지자, 불교도는 새로운 정치 세력에서 지원을 구했다. ② 이로 인해 특히 인도 남부에서 불교 유적지가 축소되었다. ③ 여성은 더 이상 불법에 관여하지 않게 되었다. ④ 불교 학자들은 급진적인 회의론, *Prasangika Madhyamika*(쁘라상기까

마다미카, 귀류논증중관파歸謬論證中觀派)를 주창했고, "그 극단주의 덕분에" 이 이론이 우위를 점하게 되었다. ⑤ 불교 지식인들은 불교의 아비달마(abhidharma)[⊕]를 떠나 브라만교의 인식론으로 이동했다. ⑥ 후원자가 바뀜으로써 수도원은 봉토(封土)를 가진 영주, 혹은 '대사원'이 되었다.

87. David B. Gray, *The Cakrasamvara Tantra* (New York: American Institute of Buddhist Studies, 2007), 9.

88. 밀교를 바라보는 대중의 관점에 대해서는 다음 참조. Hugh B. Urban, *Tantra: Sex, Secrecy, Politics, and Power in the Study of Religion* (Berkeley: University of California Press, 2003).

89. White, *The Alchemical Body*, 306.

90. Davidson, *Indian Esoteric Buddhism*, chap. 4.

91. David Gordon White, *Kiss of the Yogini* (Chicago: University of Chicago Press, 2003), 124-125.

92. Gray, *Cakrasamvara Tantra*, 81.

93. Taranatha, *History of Buddhism in India*, trans. Lama Chimpa and Alaka Chattopa-dhyaya (Delhi: Motilal Banarsidas, 1990), 279.

94. Wink, *Al-Hind* Vol. 1, 283.

95. Davidson, *Indian Esoteric Buddhism*, 85.

96. Tremblay, "The Spread of Buddhism in Serindia," 89-97. See also Mariko Namba Walter, "Sogdians and Buddhism," *Sino-Platonic Papers* 174(2006): 1-66.

97. B. A. Litvinsky, "Outline History of Buddhism in Central Asia," in *Kushan Studies in the USSR: Papers Presented by the Soviet Scholars at the UNESCO Conference on History, Archaeology and Culture of Central Asia in the Kushan Period, Dushanbe 1968*, ed. B. Gafurov et al. (Calcutta: Indian Studies Past and Present, 1970), 57.

98. Benavides, "Buddhism, Manichaeism, Markets and Empires," 34. 마니교의 역사와 수행에 관한 개관으로는 다음 참조. Jason BeDuhn, *The Manichaean Body: In Discipline and Ritual* (Baltimore: Johns Hopkins University Press, 2000).

99. 이것은 물론 마니교 사료에서 발견된 해석이며, 이후 이슬람 사료에서도 되풀이되고 있다. (예를 들면 다음 참조. Juvaini, 'Ala-ad-Din 'Ata-Malik, *The History of the World Conqueror*, trans. John A. Boyle [Manchester: Manchester University Press, 1958], vol. 1, 58). 뵈귀(카를륵) 카간의 개종과 역사에 대한 중요한 재평가를 보려면 다음 참조. Larry V. Clark, "The Conversion of Bügü Khan to

---

⊕ 불교의 경전을 경經·율律·논論의 3장으로 나눌 때 논장論藏. 즉, 논부論部의 총칭.

Manichaism," in *Studia Manichaica. IVy* ed. R. E. Emmerick, W. Sunderman, P. Zieme (Berlin: Berlin-Brandenburgische Akademie der Wissenschaften, 2000), 82-123.

100. 카슈미르 불교의 역사에 대해서는 다음 참조. Jean Nadou, *Les bouddhistes Kasmiriens au moyen age* (Paris: Presses Universitaires de France, 1968); 그리고 결국 카슈미르가 이슬람화한 것에 대해서는 다음 참조. Muhammad Ishaq Khan, *Kashmir's Transition to Islam: The Role of Muslim Rishis (Fifteenth to Eighteenth Century)* (New Delhi: Manohar, 2002).

101. 바우마카라 왕조에 관해서는 다음 참조. Bimal Chandra Mahapatra, *Buddhism and Socio-Economic Life of Eastern India with Special Reference to Bengal and Orissa (8th-12th Centuries)* (New Delhi: D. K. Printworld, Ltd., 1995).

102. Tilman Frasch, "A Buddhist Network in the Bay of Bengal: Relations Between Bodhgaya, Burma and Sri Lanka, c. 300-1300," *From the Mediterranean to the China Sea: Miscellaneous Notes*, ed. C. Guillot, D. Lombard, and R. Ptak (Wiesbaden Harrassowitz Verlag, 1998), 69-92. 불교 지중해를 가로지르는 연결망은 이 지역에서 발견되는 불교 예술의 유사성에서도 나타난다. Denise Patry Leidy, *The Art of Buddhism: An Introduction to Its History and Meaning* (Boston: Shambhala, 2008), 29 참조.

103. Wink, *Al-Hind* Vol. 1, 111.

104. MacLean, *Religion and Society*, 7.

105. Wink, *Al-Hind* Vol. 1, 135. 이 지역 불교 상인들의 초기 역사에 대해서는 다음 참조. Ball, "Two Aspects of Iranian Buddhism," 116-122.

106. 『차츠나마(*Chachnama*)』의 문제와 역사적 사료로서 그 가치에 대해서는 다음 참조. Wink, *Al-Hind* Vol. 1, 194-196.

107. R. A. Stein, *Tibetan Civilization* (Stanford: Stanford University Press, 1972), 58-59.

108. J. Harmath and B. A. Litvinsky, "Tokharistan and Gandhara Under Western Turk Rule (650-750)," *History of Civilizations of Central Asia*, Vol. III., ed. B. A. Livintsky (Paris: UNESCO Publishing, 1996), 391-401; Frantz Grenet, "Regional Interaction in Central Asia and Northwest India in the Kidarite and Hephthalite Periods," *Indo-Iranian Languages and People, ed. Nicholas Sims-Williams* (London: Oxford University Press, 2002), 203-224.

109. 이슬람 역사 기록에 이 사건을 다룬 데 대해서는 다음 참조. S. Maqbul, *India and the Neighbouring Territories in the "Kitab Nuzhat al-Mushtaq fi'Khtiraq al-'Afaq" of al'Sharif al'Idrisi* (Leiden: Brill, 1960), 96-97. 4만 파운드라는 금액의 출처는 이븐 나딤의 『피흐리스트』이다. Bayard Dodge, *The Fihrist of al-Nadim: A Tenth Century Survey of Muslim Culture* (New York: Columbia University Press, 1970), 829 n. 16 참조.

110. 이 이야기와 놀라울 만큼 유사한 것으로는 악명 높은 '캘커타의 블랙홀', 즉 캘커타에 죄수 수감을 들 수 있는데, 이는 영국의 인도 침공을 정당화하는 데 사용되었다. Nicholas B. Dirks, *The Scandal of Empire: India and the Creation of Imperial Britain* (Cambridge: Belknap Press, 2006), 1-4, 34 참조.

111. 이 사건에 대해서는 다음 참조. MacLean, *Religion and Society*, 65-66.

112. MacLean, *Religion and Society*, 66 (citing the *Chachnama*, 93; and Baladhuri 1866: 437-438).

113. Patricia Crone, *God's Rule—Government and Islam: Six Centuries of Medieval Islamic Political Thought* (New York: Columbia University Press, 2004), 372.

114. Richard Bulliet, *Conversion to Islam in the Medieval Period* (Cambridge: Harvard University Press, 1979). Bulliet의 방법론에 대한 비판은 다음 참조. Michael Morony, "The Age of Conversions: A Reassessment," in *Conversion and Continuity: Indigenous Christian Communities in Islamic Lands, Eighth to Eighteenth Centuries*, ed. Michael Gervers and Ramzi Jibran Bikhazi (Toronto: Pontifical Institute of Medieval Studies, 1990), 135-150.

115. Gianroberto Scarcia, "A Preliminary Report on a Persian Legal Document of 470-1078 Found at Bamiyan," *East and West* 14(1963): 73-85; Klimburg-Salter, *The Kingdom of Bamiyan*, 41; Zemaryalai Tarzai, "Bamiyan 2006: The Fifth Excavation Campaign of Prof. Tarzai's Mission," *Silk Road Studies* 4, 2(2006): 21.

116. Wink, *Al-Hind* Vol. 1, 149.

117. Yohanan Friedmann, *Tolerance and Coercion in Islam: Interfaith Relations in the Muslim Tradition* (New York: Cambridge University Press, 2003), 84-85.

118. 이슬람의 중앙아시아 정복에 대한 개관으로는 다음 참조. Hugh Kennedy, *The Great Arab Conquests: How the Spread of Islam Changed the World We Live In* (Cambridge: Da Capo Press, 2007), 255-323.

119. Wink, *Al-Hind* Vol. 1, 195.

120. Patricia Crone, Roman, *Provincial and Islamic Law: The Origins of the Islamic Patronate* (Cambridge: Cambridge University Press, 1987).

121. 인용 출처. MacLean, *Religion and Society*, 41.

122. 대영 제국에서 썼던 유사한 정책에 대해서는 다음 참조. David Cannadine, *Ornamentalism: How the British Saw Their Empire* (New York: Oxford University Press, 2001).

123. MacLean, *Religion and Society*, 42.

124. MacLean, *Religion and Society*, 44.

125. Berkey, *Formation of Islam*, 161.

126. Jügen Paul, *Herrscher, Gemeinwesen, Vermitter: Ostiran und Transoxanien in vormongolischer Zeit* (Stuttgart: Steiner, 1996) 참조.

127. Wink, *Al Hind* Vol. 1, 112-125.

128. Wink, *Al Hind* Vol. 1, 213-216.

129. S. Razia Jafri, "Description of India (Hind and Sind) in the Works of Al-Iṣṭakhrī, Ibn Ḥauqal and Al-Maqdisī," *Bulletin of the Institute of Islamic Studies* 5(1961): 8, 14, 18, 33, 36.

130. C. E. Sachau, *The Chronology of Ancient Nations: An English Version of the Arabic Text of the Athar-ul-bakiya of Albiruni, or "Vestiges of the Past," Collected and Reduced to Writing by the Author in A.H. 390-1, A.D. 1000* (London: William H. Allen, 1879), 188-189.

131. 인용 출처. A. S. Melikian-Chirvani, "The Buddhist Ritual in the Literature of Early Islamic Iran," in *South Asian Archaeology 1981*, ed. Bridget Allchin (Cambridge: Cambridge University Press, 1984), 273.

132. Melikian-Chirvani, "The Buddhist Ritual," 273.

133. Mahapatra, *Buddhism and Socio-Economic Life*, 55.

134. See Aziz Ahmad, "Epic and Counter-Epic in Medieval India," *Journal of the American Oriental Society* 83(1962): 470-476.

135. 인도에서 불교가 쇠퇴한 이유를 설명할 때 좀 더 흔하게 등장하는 것들은 다음과 같다. ① 수도원 규율의 해이, ② 승가(僧伽)의 분열, ③ 밀교의 부상과 힌두교와의 융합, ④ 평신도의 정체성 부족, ⑤ 힌두교의 지적 공격, ⑥ 고통의 교리, ⑦ 무슬림의 박해, ⑧ 후원(後援)의 소멸, ⑨ 왕권의 박해, ⑩ 너무 지적이라 일상사와 괴리. 그러한 예로 다음 참조. Kanai Lai Hazra, *The Rise and Decline of Buddhism in India* (New Delhi: Munshiram Manoharlal Publishers, 1995).

136. Robert G. Hoyland, *Seeing Islam as Others Saw It: A Survey and Evaluation of Christian, Jewish and Zoroastrian Writings on Early Islam* (Princeton: Darwin Press, 1995), 248; Han-Sung Yang et al., *The Hye CWo Diary: Memoir of the Pilgrimage to the Five Regions of India* (Berkeley: Asian Humanities Press, 1989), 52.

137. MacLean, *Religion and Society*, 68.

138. Wink, *Al Hind* Vol. 1, 173.

139. MacLean, *Religion and Society*, 75.

140. Ray, *Winds of Change*, 122.

141. "영적 자본(Spiritual capital)"은 사회학자 피터 버저(Peter L. Berger)와 로버트 헤프너(Robert W. Heffner)가 만든 용어이다. "Spiritual Capital in Comparative Perspective," http://www.spintu-alcapitalresearch program.com/pdf/Berger.pdf (n.d., accessed November 24, 2008) 참조.

142. 불교 전파에서 의학 지식과 병자 치유의 중요성에 대해서는 다음 참조. Kenneth G. Zysk, *Asceticism and Healing in Ancient India: Medicine in the Buddhist Monastery* (New York: Oxford University Press, 1991), Gregory Schopen, "The Good Monk and His Money in a Buddhist Monasticism of 'The Mahāyāna Period'," *Eastern Buddhist* 12, 1(2000): 95. 개종 이야기에서는 항상 그렇듯이 핵심 요소는 치유 능력이다. 그러한 예로, 인도 북서부에서 생긴 이슬람교의 경우에 대해서는 다음 참조. S. Nadvi, "Religious Relations Between Arabia and India," *Islamic Culture* 8(1934): 204.

143. 이러한 논점에 대해 생각할 때, 인도의 법전 『데발라스므르티(*Devalasmṛti*)』(800~1000년경)에서 "이슬람으로의 개종은 사소한 오염일 뿐이므로, 사소한 의식으로 무효화될 수 있다"고 했다는 점은 재미있다. Andreas Kaplony, "The Conversion of the Turks of Central Asia to Islam as Seen by Arabic and Persian Geography," in *Islamisation de l'Asie centrale: Processus locaux d'acculturation du VIIe au XIe siècle*, ed. Étienne de la Vaissière [Paris: Association pour l'avancement des études iraniennes, 2008], 328.

144. Peter Brown, *Authority and the Sacred: Aspects of Christianization of the Roman World* (New York: Cambridge University Press, 1995), x.

145. Brown, *Authority and the Sacred*, 6.

146. 중앙아시아의 이슬람화에 대해 이해하려면 다음 참조. Devin DeWeese, *Islamization and Native Religion in the Golden Horde: Baba Tükles and Conversion to Islam in Historical and Epic Tradition* (University Park: Pennsylvania State University Press, 1994).

제2장 상호 이해

제명(題名): 인용 출처. Vladimir Minorsky, *Sharaf al-Zamān Tāhir Marvazī on China, the Turks and India* (London: Royal Asiatic Society, 1942), 141. 인용 출처. John Newman, "Islam in the Kâ lacakra Tantra," *Journal of the International Association of Buddhist Studies* 21, 2(1998): 320.

1. 텍스트는 아흐마드 빈 야히아 무르타다(Ahmad bin Yahya Murtada)(1437년경 사망)의 *Kitāb al-manbah wa-l-'amal fī sharḥ kitāb al-malal wa-n-naḥl* 으로 그에 대한 설명은 다음 참조 S. Nadvi, "Religious Relations between Arabia and India," *Islamic Culture* 8, 2(1934): 205-206.

2. 예를 들어, 이븐 하우칼(Ibn Hauqal)은 신드 거주민 대다수가 비무슬림으로 아랍인은 지배 엘리트일 뿐이라고 기록하고 있다. *Configuration de la terre [Kitāb Ṣūrat al-Arḍ]*, trans. J. H. Kramers and G. Wiet [Paris: Éditions G.-P. Maisonneuve & Larose, 1964], 313). 또 다른 참조 도서는 다음과 같다. S. Razia Jafri, "Description of India (Hind and Sind) in the Works of Al-Iṣṭakhrī, Ibn Ḥauqal and Al-Maqdisī," *Bulletin of the Institute of Islamic Studies* 5(1961): 8, 14, 18, 32-33, 35-36.

3. 그러한 예로 다음을 들 수 있다. Al-Istakhrl writes, "Here the Muslims and the infidels wear the same type of dress and allow their hair to grow long," quoted in Jafri, "Description of India," 13.

4. M. A. Shaban, *The 'Abbasid Revolution* (Cambridge: Cambridge University Press, 1970), 48.

5. 우마이야 역사에 대해서는 다음 참조 G. R. Hawting, *The First Dynasty of Islam: The Umayyad Caliphate A.D. 661-750* (London: Croom Helm, 1986).

6. Christopher I. Beckwith, "The Plan of the City of Peace: Central Asian Iranian Factors in Early 'Abbasid Design," *Acta Orientalia Academiae Scientiarum Hungaricae* 38(1984): 128-147. 바그다드의 기원에 대한 다른 학설을 보려면 다음 참조. Jacob Lassner, *The Shaping of 'Abbasid Rule* (Princeton: Princeton University Press, 1980), 169-183.

7. See Christopher I. Beckwith, "Aspects of the Early History of the Central Asian Guard Corps in Islam," *Archivum Eurasiae Medii Aevi* 4(1984): 29-43; Étienne de la Vaissière, "Chakars d'Asie centrale: à propos d'ouvrages recents," *Studia Iranica* 34(2005): 139-149.

8. Tayeb El-Hibri, *Reinterpreting Islamic Historiography: Harun al-Rashid and the Narrative of the 'Abbasid Caliphate* (New York: Cambridge University Press, 1999), 8.

9. Éienne de la Vaissière, *Samarcande et Samarra: Elites d'Asie centrale dans l'empire abbasside* (Paris: Association pour l'avancement des études iraniennes, 2007).

10. 바르마크 가문의 역사에 대해서는 다음 참조. Dominique Sourdel, *Le vizirat 'abbaside de 739 à 936 (132 à 324 à l'Hégire)* (Damascus: Institut françis de Damas, 1959), 129-144; Hugh Kennedy, *When Baghdad Ruled the Muslim World: The Rise and Fall of Islam's Greatest Dynasty* (Cambridge: Da Capo Press, 2004), 37-44, 62-65.

11. 이러한 사실로 인해 아랍 지리학자 이븐 알 파키(Ibn al-Faqih)는 실제로 바르마크 가문을 이슬람 이전 시대의 카바 보호를 담당했던 쿠레이쉬 가문과 비슷하다고 했다. Hugh Kennedy, *The Early Abbasid Caliphate: A Political History* [London: Croom Helm, 1981], 101.

12. 바르마크 가문이 이슬람으로 개종하게 된 이유에 대해서는 다음 참조. C. E. Bosworth, "Abū Ḥafṣ 'Umar Al-Kirmānī and the Rise of the Barmakids," *Bulletin of the School of Oriental and African Studies* 57, 2(1994): 270.

13. 바르마크 가문이 실시한 정책에 대해서는 다음 참조 Hugh Kennedy, "The Barmakid Revolution in Islamic Government," *Pembroke Papers* 1(1990): 89-98.

14. Richard W. Bulliet, "Naw Bahar and the Survival of Iranian Buddhism," *Iran* 14(1976): 140-145.

15. Dimitri Gutas, *Greek Thought, Arabic Culture: The Graeco-Arabic Translation Movement in*

Baghdad and Early Abbasid Society* (New York: Routledge, 1998).

16. 데이비드 핑그리(David Pingree)가 지적했듯이, 세 가지 전통이 근거하고 있는 것은 브라마굽타의 『브라마스푸타싯단타(*Brahmasphutasiddhanta*)』, 브라마굽타의 『칸다카디야카(*Khaṇḍakhādyaka*)』, 아리아바타의 『아리아바티야(*Āryabhatiya*)』이다. "Al-Biruni's Knowledge of Sanskrit Astronomical Texts," *The Scholar and the Saint*, ed. Peter J. Chelkowski (New York: New York University Press, 1975), 67-68 참조.

17. Max Meyerhof, " 'Ali at-Tabri's 'Paradise of Wisdom,' One of the Oldest Arabic Compendiums of Medicine," *Isis* 16, 1(1931): 12-13, 42-46. 당시 아랍어로 번역된 다른 인도 의학서 목록에 대해서는 다음 참조. Nizami, "Early Arab Contact," 64.

18. Charles Seife, *Zero: The Biography of a Dangerous Idea* (New York: Viking Penguin, 2000), 66-73.

19. Jacques Vernet, "Al-Khwarazmi," in *Encyclopedia of Islam*, 2nd edition, ed. P. J. Bearman et al. (Leiden: Brill, 1960-2005).

20. Majid Fakhry, *A History of Islamic Philosophy* (New York: Cambridge University Press, 1983), 33-34.

21. 인도 물건에 대한 무슬림의 관심에는 인도제 강철로 검을 만드는 전통도 포함되는데, 이를 받아들임으로써 칼리파의 군사력이 크게 강화되었다. (Robert Raymond, *Out of the Fiery Furnace: The Impact of Metals on the History of Mankind* [University Park: Pennsylvania State University Press, 1984], 80).

22. Dodge, *Fihrist*, 828-829.

23. 불교 순례를 새롭게 해석한 연구로는 다음이 중요하다. Toni Huber, "Putting the Gnas Back into Gnas-skor: Rethinking Tibetan Pilgrimage Practice," *Sacred Spaces and Powerful Places in Tibetan Culture: A Collection of Essays*, ed. Toni Huber (Dharamsala: Library of Tibetan Works and Archives, 1999), 77-104.

24. Dodge, *Fihrist*, 829.

25. "중세의 동질적 실체성(consubstantiality)에 따르면, 보는 것과 듣는 것 둘 다 동등하게 믿을 만한 지식의 원천"이라는 데 대해서는 다음 참조. Syed Manzurul Islam, *The Ethics of Travel: From Marco Polo to Kafka* (Manchester: Manchester University Press, 1996).

26. 초기 이슬람의 형성에서 우상숭배 담론에 관해서는 다음 참조. Hawting, *The Idea of Idolatry and the Emergence of Islam: From Polemic to History*.

27. 무함마드가 우상들을 부수었을 때, 아브라함, 마리아, 예수의 형상만 카바 안에 남겨두었다. (Elaine Wright, *Islam: Faith, Art, Culture, Manuscripts of the Chester Beatty Library* [London: Scala

Publishers, 2009], 27).

28. Dodge, *Fihristy*, 829.

29. A. S. Melikan-Chirvani, "The Buddhist Heritage in the Art of Iran," in Mahāyānist *Art After A.D. 900*, ed. William Watson (London: Percival David Foundation of Chinese Art, 1977), 59.

30. Christopher I. Beckwith, *The Tibetan Empire in Central Asia: A History of the Struggle for Great Power Among Tibetans, Turks, Arabs, and Chinese During the Early Middle Ages* (Princeton: Princeton University Press, 1987), 161.

31. Wink, *Al Hind* Vol. 1, 124.

32. Dodge, *Fihrist*, 829-830.

33. Vladimir Minorsky, "Abu Dulaf," in *Encyclopedia of Islam*, 2nd ed., ed. P. J. Bearman et al. (Leiden: Brill, 1960-2005).

34. Dodge, *Fihrist*, 830-831 n.20.

35. Grant Parker, *The Making of Roman India* (New York: Cambridge University Press, 2008), 122-125, 251-294.

36. Dodge, *Fihrist*, 831.

37. Jacques Waardenburg, "The Medieval Period, 650-1500," in *Muslim Perceptions of Other Religions: A Historical Survey*, ed. Jacques Waardenburg (New York: Oxford University Press, 1999), 33.

38. 이 모델은 현대의 "불교-기독교 간의 대화"에서 종종 보살상과 예수상을 비교하는 경우에도 쓰인다. 그러한 예로 다음 참조. Donald S. Lopez, Jr. and Steven C. Rockefeller, eds., *The Christ and the Bodhisattva* (Albany: State University of New York Press, 1987).

39. Roger Jackson, "Terms of Sanskrit and Pali Origin Acceptable as English Words," *The Journal of the International Association of Buddhist Studies* 5(1982): 141-142. Henry Yule and A. C. Burnell, *Hobson-Jobson: A Glossary of Colloquial Anglo-Indian Words and Phrases* (Delhi: Munshiram Manoharlal, 1968 rpt.) 참조.

40. Berkey, *Formation of Islam*, 99-100.

41. "Ibrahim b. Adham," in *Encyclopedia of Islam*, 2nd ed., ed. P. J. Bearman et al. (Leiden: Brill, 1960-2005).

42. Robert C. Zaehner, *Hindu and Muslim Mysticism* (London: Athlone, 1960), 86-109.

43. 이것은 815년 이전에 번역된 것으로 추정된다. Daniel Gimaret, *Le Livre de Bilawahr et Budasf selon la version arabe ismaélienne* (Geneva: Librarie Droz, 1971), 61 참조. 아랍어 판에 대해서는 다음 참조. Daniel Gimaret, *Kitāb Bilawhar wa Budasaf* (Beirut: Dar El-Machreq Éditeurs, 1986).

44. Zeina Matar, "The Buddha Legend: A Footnote from an Arabic Source," *Oriens* (1990): 440-442.

45. Gimaret, *Le Livre de Bilawahr et Budasf*, 3-11.

46. S. M. Stern and S. Walzer, *Three Unknown Buddhist Stories in an Arabic Version* (Oxford: Oxford University Press, 1971), 4-6, 15-24.

47. Carl-A. Keller, "Perceptions of Other Religions in Sufism," in *Muslim Perceptions of Other Religions: A Historical Survey*, ed. Jacques Waardenburg (New York: Oxford University Press, 1999), 184.

48. Stern and Walzer, *Three Unknown Buddhist Stories*, 5.

49. 인용 출처. E. Esin, "The Turkish Baksi and the Painter Muhammad Kalam," *Acta Orientalia* 32(1970): 84 n9. 진홍색 겉옷을 언급한 점에 주목할 만한데, 이 색상은 중국 황제가 은사(恩賜)를 보냈던 승려만이 쓸 수 있는 색이었다. (Antoninoforte, "On the Origin of the Purple *kasaya* in China," *Buddhist Asia* 1[2003]: 145-166). 그러므로 이러한 묘사는 사실 중앙아시아에 있었던 중국 사찰들을 의미하는 것일 수 있다. (Antonino Forte, "An Ancient Monastery Excavated in Kirgiziya," *Central Asiatic Journal* 38[1994]: 41-57 참조)

50. Minorsky, *Marvazī*, 42.

51. Dodge, *Fihrist*, 831-832.

52. 미륵 신화의 전개에 대해서는 다음 책의 수록 논문들을 참조. Alan Sponberg and Helen Hardacre, eds., *Maitreya, the Future Buddha* (New York: Cambridge University Press, 1988).

53. 이러한 논쟁의 역사에 대해서는 다음 참조. Jan Nattier, *Once Upon a Future Time: Studies in a Buddhist Prophecy of Decline* (Berkeley: Asian Humanities Press, 1991), 27-144.

54. 중국의 천년왕국 종교운동에 대한 개요는 다음 책에 잘 정리되어 있다. Maria Hsia Chang, *Falun Gong: The End of Days* (New Haven: Yale University Press, 2004), 32-59.

55. Robert E. Fisher, *Buddhist Art and Architecture* (London: Thames & Hudson, 1993), 118-119.

56. Simone Gaulier, Robert Jera-Bezard and Monique Maillard, *Buddhism in Afghanistan and Central Asia* (Leiden: Brill, 1976), 12.

57. 불상과 불상 숭배, 특히 그것이 대승과 관계되어 있다는 잘못된 가설에 대해 그 개설과 참고 문헌을 보려면 다음 참조. Gregory Schopen, "On Sending the Monks Back to Their Books: Cult and Conservatism in Early Mahāyāna Buddhism," in *Figments and Fragments of Mahāyāna Buddhism in India: More Collected Papers* (Honolulu: University of Hawai'i Press, 2005), 108-153.

58. 당시 불교 예술의 발전에 대해서는 다음 참조. Susan L. Huntington, *The "Pala-Sena" Schools of Sculpture* (Leiden: Brill, 1984).

59. White, *Alchemical Body*, 80.

60. Dodge, *Fihrist*, 832-833.

61. 탄트라의 발달과 정의에 관해서는 다음 참조. David Gordon White, "Introduction," *Tantra in Practice*, ed. David Gordon White (Princeton: Princeton University Press, 2000), 3-38.

62. Roxanne L. Euben, *Journeys to the Other Shore: Muslim and Western Travelers in Search of Knowledge* (Princeton: Princeton University Press, 2006), 77.

63. 바르마크 가문의 몰락에 대해서는 다음 참조 J. S. Meisami, "Mas'ūdī on Love and the Fall of the Barmakids," *Journal of the Royal Asiatic Society* (1989): 252-277.

64. 예를 들어 이슬람 신학(칼람*kalam*)의 두 학파인 아샤리 학파와 마투리디 학파에서 이러한 분열을 볼 수 있는데, 특히 초기에 전자가 후자를 전적으로 인지하지 못했다는 데서도 이를 알 수 있다. 물론 이 대부분은 마투리디 학파가 중앙아시아에서 발전했다는 사실과 관련이 있는 것으로, 중앙아시아는 당시 이슬람 중심지와도 거리가 멀었고, 그 중심지가 가지고 있던 서쪽 지향성을 갖고 있지 않았기 때문이다. 그 결과 아샤리주의자들은 마투리디 학파의 신학적 주장을 무시할 수 있었다. 그러나 투르크인이 현지 전통인 마투리디 학파를 채택하면서 상황은 완전히 역전되었다. 특히 투르크인이 이슬람의 심장부로 이동하고 마투리디 학파에 기반을 둔 하나피 전통을 장려하면서, 칼리파 시대의 바그다드라든가 다른 도시보다는 중앙아시아가 이슬람 지식의 중심지가 되었다. 이러한 발전에 대해서는 다음 참조. Wilferd Madelung, "The Spread of Maturidism and the Turks," *Religious Schools and Sects in Medieval Islam* (London: Variorum Reprints, 1985), II, 109-168. 그리고 12, 13세기에 샤리아를 연구하고 세밀하게 다루는 학문인 후루(*furu'*)학에서 중앙아시아 학자들의 중요성에 대해서는 다음 참조. Robert D. McChesney, "Central Asia's Place in the Middle East: Some Historical Considerations," in *Central Asia Meets the Middle East*, ed. David Menashri (London: Frank Cass, 1998), 37-48.

65. S. M. Yusuf, "The Early Contacts between Islam and Buddhism," in *Studies in Islamic History and Culture* (Lahore: Institute of Islamic Culture, 1970), 42-78. 비슷하게도 무슬림들이 가지고 있던 중국에 대한 지식이 9, 10세기에 이르러 단절되었다는 점에 대해서는 다음 참조. André Miquel, "L'Inde et la Chine vues du coté de l'Islam," *As Others See Us: Mutual Perceptions, East and West*, ed. Bernard Lewis, Edmund Leites, and Margaret Case (New York: International Society for the Comparative Study of Civilizations, 1985), 285.

66. Richard C. Foltz, "Muslim 'Orientalism' in Medieval Travelogues of India," *Studies in Religion/Sciences Religiouses* 37, 1(2008): 82.

67. G. Ferrand, *Voyage du marchande arabe Sulayman en Inde et en Chine redigéen 851 suivi de remarques par Abu Zayd Hasan* (Paris: Bossard, 1922), 124.

68. Sen, *Buddhism, Diplomacy and Trade*, 243.

69. 이 신화의 전개에 대해서는 다음 참조. Carl Ernst, "India as a Sacred Land," *Religions of India in Practice*, ed. Donald S. Lopez, Jr. (Princeton: Princeton University Press, 1995), 556-564.

70. 비루니에 따르면 불교도는 이슬람이 중앙아시아에 이르기 전에 마니교인에 의해 쫓겨났다. (E. Sachau, *Alberuni's India* [London: Trübner, 1888], 21)

71. 동양을 향한 티베트 무역의 발전에 관해 다음 참조. Elliot Sperling, "The Szechwan-Tibet Frontier in the Fifteenth Century," *Ming Studies* 26(1988): 38-39.

72. 탕구트(서하) 불교와 거란 불교에 대해서는 다음 참조. Ruth W. Dunnell, *The Great State of White and High: Buddhism and State Formation in Eleventh-Century Xia* (Honolulu: University of Hawai'i Press, 1996); and Nancy S. Steinhardt, *Liao Architecture* (Honolulu: University of Hawai'i Press, 1997). 송나라 불교에 대해서는 다음 참조. Peter Gregory and Daniel Getz, eds., *Buddhism in the Sung* (Honolulu: University of Hawai'i Press, 1999); Mark Halperin, *Out of the Cloister: Literati Perspectives on Buddhism in Sung China* (Cambridge: Harvard University Asia Center, 2006).

73. 송나라가 세계 경제에 미친 영향에 대해서는 다음 참조. William H. MacNeill, *The Pursuit of Power: Technology, Armed Force, and Society since A.D. 1000* (Chicago: University of Chicago Press, 1982), 24-62; Janet L. Abu-Lughod, *Before European Hegemony: The World System* A.D. 1250-1350 (New York: Oxford University Press, 1989), 316-348; A. G. Frank, *ReOrient: Global Economy in the Asian Age* (Berkeley: University of California Press, 1998).

74. 그러한 사례로 다음 참조. Friedrich Hirth and W. W. Rockhill, *Chao Ju-kua and His Work on the Chinese and Arab Trade in the Twelfth and Thirteenth Centuries* (St. Petersburg: Imperial Academy of Sciences, 1911; rpt. Taipei: Literature House, 1965).

75. 미술사가들이 이렇게 연결 짓는 것으로 알려져 있는데, 특히 아프가니스탄에서 버마에 이르는 연결을 소위 "내륙아시아 국제 스타일"이라 한다. 그러한 예로서 다음 참조. Deborah E. Klimburg-Salter and Eva Allinger, *The Inner Asian International Style 12th-14th Centuries: Papers presented at a Panel of the 7th Seminar of the International Association for Tibetan Studies, Graz 1995* (Vienna: Verlag der Österreichischen Akademie der Wissenschaften, 1998).

76. Mimi Hall Yiengpruksawan, "Finding China and Tibet in Classical Japan: The Case of the Amida Hall at Byodoin," unpublished lecture presented at Southern Methodist University, April 12, 2007.

77. Sen, Buddhism, *Diplomacy and Trade*, chaps. 4, 5.

78. 비루니는 생존하는 불교도를 찾을 수는 없었지만, *Athar al-baqiya* 에 있는 간략한 설명에서 볼

수 있듯이 불교나 힌두교 문서에서 불교 우주론에 대한 정보를 수집할 수는 있었다. 불행히도 문서가 잘려 나가서 비루니가 실제로 불교에 대해 무엇을 알고 있었는지에 대해서는 정확하게 알 길이 없다. "그들은 시간의 영원성과 영혼의 이동을 믿는다. 그들은 원형의 우주가 무한한 진공 속에서 움직이고 있고, 따라서 회전 운동을 한다고 생각하는데, 둥근 것은 무엇이든 제자리에서 벗어나면 원형 운동을 하며 하강하기 때문이라고 한다. 그러나 그들 중 어떤 이들은 세계가 (한정한 시간 내에) 창조되었다고 믿으며, 그 지속 기간이 100만 년이고, 그 기간을 다시 4시대로 구분하는데, 40만 년 중 첫 번째 기간은 황금시대(아우레아 아이타스*Aurea Aetas*)라고 한다." (Sachau, *The Chronology of Ancient Nations*, 189)

79. Sen, *Buddhism, Diplomacy and Trade*, 176.

80. Dodge, *Fihrist*, 837.

81. Minorsky, *Marvazī*, 42.

82. Bruce B. Lawrence, *Shahrastani on the Indian Religions* (The Hague: Mouton, 1971), 103.

83. M. S. Khan, "An Eleventh Century Hispano-Arabie Source for Ancient Indian Science and Culture," in *Prof. H. K. Sharwani Felicitation Volume* (Hyderabad: 1975), 357-389.

84. V. Minorsky, "Gardīzī on India," in *Iranica: Twenty Articles* (Tehran: University of Tehran, 1964), 208.

85. Shahrastani의 저서의 전 번역으로는 다음 참조. *Livre des religions et des sectes*, trans. Daniel Gimaret and Guy Monnot (Leuven: Peeters, 1986). 불교에 대한 설명은 다음 참조. volume 2, pages 530-533.

86. Lawrence, *Shahrastani*, 42-43.

87. Lawrence, *Shahrastani*, 108.

88. Lawrence, *Shahrastani*, 113-114.

89. Minorsky, *Marvazī*, 42.

90. Paul E. Walker, "The Doctrine of Metempsychosis in Islam," in *Islamic Studies Presented to Charles J. Adams*, ed. Wael B. Hallaq and Donald P. Little (Leiden: Brill, 1991), 219-238.

91. 플라톤과 그의 『파이드로스』에 관해서는 다음 참조. Gannanath Obeyesekere, *Imagining Karma: Ethical Transformation in Amerindian, Buddhist and Greek Rebirth* (Berkeley: University of California Press, 2002), 253-318.

92. 중국 당나라의 이슬람교도에 관해서는 다음 참조. Edward H. Schafer, "Iranian Merchants in T'ang Dynasty Tales," in *Semitic and Oriental Studies*, ed. Walter J. Fischel (Berkeley: University of California Press, 1951), 403-422; Chen Dasheng, "Persian Settlements in Southeastern China during the T'ang, Sung and Yüan Dynasties," in *Encyclopedia of Islam*, 2nd ed., ed. P. J.

Bearman et al. (Leiden: Brill, 1960-2005).

93. 이 반란과 그것이 광동의 이슬람 공동체에 미친 영향에 대해서는 다음 참조. Howard S. Levy, *Biography of Huang Ch'ao* (Berkeley: University of California Press, 1961), 113-121; and George F. Hourani, *Arab Seafaring in the Indian Ocean in Ancient and Early Medieval Times* (Princeton: Princeton University Press, 1951), 64-75.

94. 이 무역의 범위를 잘 보여주는 것으로는 티베트의 지리 개념에서 '서부'는 칼리파를 의미하고, 단순히 "상인들의 땅"으로 이해되었다는 사실을 들 수 있다. (Arianne MacDonald, "Note sur la diffusion de la 'théorie des Quatre Fils du Ciel' au Tibet," *Journal asiatique* 250[1962]: 539)

95. Ibn Ḥauqal, *Configuration de la terre*, 447. 무슬림-티베트 간의 사향(麝香) 무역에 대해서는 다음 참조. Ferrand, *Voyage du marchande arabe Sulayman*, 109-111; Corneille Jest, "Valeurs d'echange en Himalaya et au Tibet: lambre et le musc," in *De la voute celeste au terroir, du jardin au foyer*, ed. Lucien Bernot et al. (Paris: Éditions de l'École des Hautes Études en Sciences Sociales, 1987), 227-238; 최근 연구로는 다음 참조. Anna Akasoy and Ronit Yoeli-Tlalim, "Along the Musk Routes: Exchanges between Tibet and the Islamic World," *Asian Medicine: Tradition and Modernity* 3, 2(2007): 217-240; Anya King, "The Musk Trade and the Near East in the Early Medieval Period" (unpublished Ph.D. dissertation, Indiana University, 2007).

96. Edwin O. Reischauer, *Ennin's Diary: The Record of a Pilgrimage to China in Search of the Law* (New York: Ronald Press, 1955), 70.

97. 초기 이슬람 세계에서 티베트에 관해서는 다음 참조. Douglas M. Dunlop, "Arab Relations with Tibet in the Eighth and Early Ninth Centuries A.D.," *Islam Tetkikleri Enstitüsü Dergisi* 5(1973): 301-318; Christopher I. Beckwith, "The Location and Population of Tibet According to Early Islamic Sources," *Acta Orientalia Academiae* 43(1989): 163-170.

98. A. P. Martinez, "Gardīzī's Two Chapters on the Turks," *Archivum Eurasiae Medii Aevi* 2(1982): 128-131.

99. Vladimir Minorsky, *Ḥudūd al-'Ālam 'The Regions of the World': A Persian Geography 372 A.H.-982 A.D.* (London: Luzac and Co., 1970), 92.

100. Minorsky, *Ḥudūd al-'Ālam,* 93-94.

101. V. Minorsky, "A False Jayhāni," in *Iranica: Twenty Articles* (Tehran: University of Tehran, 1964), 216-223.

102. Minorsky, *Marvazī*, 28.

103. Nadvi, "Religious Relations," 202.

104. Ferrand, *Voyage du marchande arabe Sulayman*, 68, 113. See also Ingeborg Palke, "Die

Chinareise des Sulaiman at-Tagir," *Zeitschrift für Geschichte der arabischislamischen Wissenschaften* 5(1989), 190-224.

105. Ferrand, *Voyage du marchande arabe Sulayman*, 68, 71.

106. 이븐 나딤이 설명한 유명한 사례에 따르면, 중앙아시아의 이슬람 통치자가 마니교도 집단을 죽이지 않은 것은 중국의 '마니교' 황제가 보복으로 중국의 이슬람교도를 죽이겠다고 위협했기 때문이라고 한다. (Dodge, *Fihrist*, 802-803; on this episode see V. Minorsky, "Tamīm ibn Baḥr's Journey to the Uyghurs," *Bulletin of the School of Oriental and African Studies* 12, 2[1948]: 303). 마니교 중국이라는 생각은 마르바지에서도 찾을 수 있지만 (Minorsky, *Marvazī*, 15), 페르시아의 『세계경역지(世界境域志, *Ḥudūd al-'Ālam*)』에서는 "그들 대부분이 마니교인(*din-i Mani*)이지만 왕은 불교도"라고 기록하고 있다. (Minorsky, 84) 무슬림이 왜 계속해서 중국이 마니교라고 주장했는지 그 이유에 대해, 어떤 학자는 몇 가지 설명이 가능하다면서 마니가 중국으로 탈출했으리라는 전설 때문이라든가, 혹은 위구르 칸의 개종과 혼동했기 때문이라고 한다. 화가로서 마니의 명성이 중국 장인들의 전설적인 기술과 연관되었을 수도 있고, 아니면 무슬림이 15세기까지 살아남은 중국 남해안의 마니교도와 친숙한 데서 유래했을 수도 있다. 마지막으로, 외부인의 눈에 두 종교가 비슷해 보였기 때문에 순전히 두 종교를 혼동한 것이었을 수도 있다. Michal Biran, *The Empire of the Qara Khitai in Eurasian History: Between China and the Islamic World* (New York: Cambridge University Press, 2005), 175-176 참조.

107. 서구가 유교를 접하게 된 일에 대해서는 다음 참조. Lionel M. Jensen, *Manufacturing Confucianism: Chinese Traditions and Universal Civilizations* (Durham: Duke University Press, 1997).

108. Stanley Weinstein, *Buddhism Under the T'ang* (Cambridge: Cambridge University Press, 1987); and T. H. Barrett, *Taoism under the T'ang: Religion and Empire During the Golden Age of the Chinese* (London: Wellsweep, 1996) 참조.

109. 중국 종교생활의 다원성의 한 사례로 다음 참조. Michel Strickmann, "India in the Chinese Looking Glass," in *The Silk Route and the Diamond Path*, ed. Deborah E. Klimburg-Salter (Los Angeles: UCLA Art Council, 1979), 52-63; Stephen F. Teiser, introduction to *Religions of China in Practice*, ed. Donald S. Lopez, Jr. (Princeton: Princeton University Press, 1996), 3-40.

110. Minorsky, *Marvazī*, 25.

111. Arthur F. Wright, "Fo-t'u-teng: A Biography," *Harvard Journal of Asiatic Studies* 11(1948): 321-371.

112. John Kieschnick, *The Eminent Monk: Buddhist Ideals in Medieval Chinese Hagiography* (Honolulu: University of H awai'i Press, 1997), 67-111. 그러나 제국 후기가 되면 기우제에서 불교도의 역할을 제한했다. Jeffrey Snyder-Reinke, *Dry Spells: State Rainmaking and Local Governance* *in Late Imperial China* (Cambridge: Harvard University Asia Center, 2009), 58-59.

113. Minorsky, *Ḥudūd al-'Ālam*, 85.

114. Sarah E. Fraser. *Performing the Visual: The Practice of Buddhist Wall Painting in China and Central Asia, 618-960* (Stanford: Stanford University Press, 2004), 20-21, 172.

115. 호탄과 호탄 불교에 대한 개괄로는 다음 참조. Prods Oktor Skjaervø, "Khotan, An Early Center of Buddhism in Chinese Turkestan," *Buddhism Across Boundaries: Chinese Buddhism and the Western Regions*, ed. Jan Nattier and John McRae (Taipei: Foguangshan Foundation for Buddhist & Culture Education, 1999), 265-344.

116. Minorsky, *Ḥudūd al-'Ālam*, 85.

117. 불교의 유골(遺骨) 숭배에 관해서는 다음 참조. Kevin Trainor, *Relics, Ritual and Representation in Buddhism: Rematerializing the Sri Lankan Theravada Tradition* (New York: Cambridge University Press, 1997); David Germano and Kevin Trainor, eds. *Embodying the Dharma: Buddhist Relic Veneration in Asia* (Albany: State University of New York Press, 2004); John S. Strong, *Relics of the Buddha* (Princeton: Princeton University Press, 2004).

118. Minorsky, *Ḥudūd al-'Ālam*, 85.

119. "호탄은 두 강 사이에 자리하고 있다. 그 경계(*Ḥudūd*) 안에 사는 사나운 사람들이 식인종이다." (Minorsky, *Ḥudūd al-'Ālam*, 85)

120. 카라한 칸국에 대해서는 다음 참조. Peter B. Golden, "The Karakhanids and Early Islam," *The Cambridge History of Early Inner Asia*, ed. Denis Sinor (New York: Cambridge University Press, 1990), 343-370.

121. Maḥmūd al-Kāšgarī, *Compendium of the Turkic Languages (Diwan Lugat at-Turk)* Volume 1, ed. and trans. Robert Dankoff and James Kelly (Cambridge: Harvard University Press, 1982), 270. 이 시는 위구르인에 대한 공격을 묘사하고 있지만, 실제로는 카라한 칸국의 호탄 정복을 언급했을 것이다. 이에 대해 다음 참조. Robert Dankoff, "Three Turkic Verse Cycles Relating to Inner Asian Warfare," *Harvard Ukranian Studies* 3-4, 1(1979-1980): 161.

122. White, *Alchemical Body*, 7.

123. White, *Alchemical Body*, 73 ff.

124. Taranatha, *History*, 319-320.

125. Taranatha, *History*, 326-327.

126. Taranatha, *History*, 328.

127. F. W. Thomas, "Buddhism in Khotan: Its Decline According to Two Tibetan Accounts," *Sir Asutosh Mookherjee Silver Jubilee Volumes* (Calcutta: Calcutta University Press, 1927), 30-52. 호

탄의 "구삼비국 전설(Kauśāmbī Legend)"에 대한 자세한 내용은 다음 참조. Nattier, *Once Upon a Future Time*, 188-204.

128. 인용 출처. Newman, "Islam in the Kālacakra Tantra," 312.

129. 7세기부터 11세기까지 인도 문학과 비문(碑文)에서 모두 이슬람에 대한 언급이 극히 적다는 점에 대해서는 다음 참조. Brajadulal Chattopadhyaya, *Representing the Other? Sanskrit Sources and the Muslims* (New Delhi: Manohar, 1998), 92-97.

130. David Scott, "Buddhism and Islam: Past to Present Encounters and Interfaith Lessons," *Numen* 42, 2(1995): 143.

131. 『시륜(時輪)탄트라(칼라차크라탄트라*Kālacakratantra*)』가 처음 등장한 시기와 장소(9세기와 11세기 사이, 인도 북서부와 동부)에 대해 학자들의 의견이 일치하지는 않지만, 그 작품의 중심 요소는 불교와 이슬람 간의 긴장 관계이다. Giacomella Orofino, "Apropos of Some Foreign Elements in the Kalacakratantra," in *Tibetan Studies: Proceedings of the 7th Seminar of the IATS, Grazy 1995*, ed. H. Krasser et al. (Vienna: Osterreichische Akademie der Wissenschaften, 1997), 717-724 참조; Newman, "Islam in the Kālacakra Tantra," 332.

132. Newman, "Islam in the Kālacakra Tantra," 334.

133. 샴발라 전설에 대해서는 다음 참조. Edwin Bernbaum, *The Way to Shambhala: A Search for the Mythical Kingdom Beyond the Himalayas* (Los Angeles: Jeremy P. Tarcher, 1980); Lubos Belka, "The Myth of Shambhala: Visions, Visualizations, and the Myth's Resurrection in the Twentieth Century in Buryatia," *Archiv Orientální* 71, 3(2003): 247-262.

134. John Newman, "Eschatology in the Wheel of Time Tantra," in *Buddhism in Practice*, ed. Donald S. Lopez, Jr. (Princeton: Princeton University Press, 1995), 284-289.

135. Newman, "Islam in the Kālacakra Tantra," 325.

136. Leonard W. J. van der Kuijp, "The Earliest Indian Reference to Muslims in a Buddhist Philosophical Text of *circa* 700," *Journal of Indian Philosophy* 34(2006): 196-200.

137. Newman, "Islam in the Kālacakra Tantra," 334-335.

138. Newman, "Islam in the Kālacakra Tantra," 343-344.

139. Newman, "Islam in the Kālacakra Tantra," 342.

140. "이슬람의 프톨레마이오스 이론이 인도 천문학에 미친 영향은 10세기의 문잘라(Munjala)까지 거슬러 올라갈 수 있다." David Pingree, *Jyotiḥśātra: Astral and Mathematical Literature* (Wiesbaden: Otto Harrassowitz, 1981), 34.

141. Newman, "Islam in the Kālacakra Tantra," 336 n. 46.

142. 이 정보를 알려준 Brian Baumann에게 감사드린다.

143. Robert Hillenbrand, "Madrasa III. Architecture," in *Encyclopedia of Islam*, 2nd ed., ed. P. J. Bearman et al. (Leiden: Brill, 1960-2005).

144. Géza Fehévári, "Islamic Incense-burners and the Influence of Buddhist Art," *The Iconography of Islamic Art: Studies in Honour of Robert Hillenbrand*, ed. Bernard O'Kane (Edinburgh: Edinburgh University Press, 2005), 127. 또 다른 참조는 다음과 같다. A. S. Melikian-Chirvani, "The Buddhist Heritage in the Art of Iran," in *Mahāyānist Art After AD 900*, ed. William Watson (London: Percival David Foundation, 1971), 56-73.

145. Christopher I. Beckwith, "The Introduction of Greek Medicine into Tibet in the Seventh and Eighth Centuries," *Journal of the American Oriental Society* 99, 2(1979): 297-313; Christopher I. Beckwith, "The Medieval Scholastic Method in Tibet and the West," *Reflections on Tibetan Culture: Essays in Memory of Turrell V. Wylie*, ed. L. Epstein and R. Sherbourne (New York: E. Mellen Press, 1990), 307-313.

146. Ronit Yoeli-Tlalim, "On Urine Analysis and Tibetan Medicine's Connections with the West," *Studies in the History of Tibetan Medicine*, ed. Frances Garrett, Mona Schrempf, and Sienna Craig (Sankt Augustin: International Institute for Tibetan and Buddhist Studies, forthcoming); Dan Martin, "Greek and Islamic Medicines' Historical Contact with Tibet: A Reassessment in View of Recently Available but Relatively Early Sources on Tibetan Medical Eclecticism," unpublished paper presented at the Islam and Tibet Conference, November 18, 2006, Warburg Institute, London.

147. White, *Alchemical Body*, 106.

148. 마방진의 역사에 대해서는 다음 세 논문 참조. Schuyler Cammann, "Evolution of Magic Squares in China," *Journal of the American Oriental Society* 80(1960): 116-124; "Old Chinese Magic Squares," *Sinologica* 7(1962): 14-53; "Islamic and Indian Magic Squares," *History of Religion* 8(1968/1969): 181-209, 271-299.

149. Karl R. Schaeffer, *Enigmatic Charms: Medieval Arabic Book Printed Amulets in American and European Libraries and Museums* (Leiden: Brill, 2006), 5.

150. 불교 중국의 인쇄 발전에 대해서는 다음 참조. T. H. Barrett, *The Woman Who Discovered Printing* (New Haven: Yale University Press, 2008).

151. Jonathan M. Bloom, *Paper Before Print: The History and Impact of Paper in the Islamic World* (New Haven: Yale University Press, 2001), 32-45. 이슬람권 내륙아시아에 종이가 미친 영향에 대해서는 다음 참조. David J. Roxburgh, *The Persian Album 1400-1600: From Dispersal to Collection* (New Haven: Yale University Press, 2005), 159-165.

152. 예를 들어, 중국 목판인쇄 부적(원서의 도판 140-143, 147, 148, 150, 153)과 중국어와 산스크리트어 진언이 둘 다 담긴 10세기 중반 부적(원서의 도판 149, 151, 152) 참조. Roderick Whitfield, *The Art of Central Asia: The Stein Collection in the British Museum Vol. 2, Paintings from Dunhuang II* (London: Kodansha International and The Trustees of the British Museum, 1983). 고대 중국에서 불교 부적이 도교와 관련되어 발전한 것에 대해서는 다음 참조. Michel Strickmann, *Chinese Magical Medicine* (Stanford: Stanford University Press, 2002), 1-193; Christine Mollier, *Buddhism and Taoism Face to face: Scripture, Ritual and Iconographie Exchange in Medieval China* (Honolulu: University of Hawai'i Press, 2008). 불교 전통에서 부적 사용에 대해서는 다음 참조. Stanley J. Tambiah, *The Buddhist Saints of the Forest and the Cult of Amulets: A Study in Charisma, Hagiography, Sectarianism, and Millennial Buddhism* (Cambridge: Cambridge University Press, 1984).

153. 12세기 동서양 교류의 부활, 특히 카라 키타이(Qara Khitai)로 인한 부활에 대해서는 다음 장에서 더 자세히 살펴볼 것이다. 그러나 인쇄술의 맥락에서 보아 중요한 것은 이와 동시에 인도에서 날염 직물이 등장했다는 것과(Phyllis Granoff, "Luxury Goods and Intellectual History: The Case of Printed and Woven Multicolored Textiles in Medieval India," *Ars Orientalis* 34[2004]: 151-171), 이 물건이 이슬람 세계로 팔려 나갔다는 것이다. (Ruth Barnes, *Indian Block-Printed Textiles in Egypt: The Newberry Collection in the Ashmolean Musuem, Oxford* [Oxford: Clarendon Press, 1997])

154. Nik Douglas, *Tibetan Tantric Charms and Amulets: 230 Examples Reproduced from Original Woodblocks* (New York: Dover Publications, 1978).

155. Francis Richard, *Splendeurs persanes: Manuscrits de XIIe au XVIIe siècle* (Paris: Bibliothèque nationale de France, 1997), 37.

156. 이 전승의 또 다른 측면으로 좀 더 연구가 필요한 것이 목판 인쇄된 하지(Hajj) 증명서의 발전인데, 이 역시 불교 관습에서 유래한 듯하다. Dominique Sourdel and Janine Sourdel-Thomine, "Une collection médiévale de certificates de pèlerinage à la Mekke conservés à Istanbul," in *É tudes médiévales et patrimonie Turc: Volume publié a'l'occasion du centième anniversaire de la naissance de Kemal Atatürk*, ed. Janine Sourdel-Thomine (Paris: Éditions du Centre National de la Recherche Scientifique, 1983), 167-273; Sule Aksoy and Rachel Milstein, "A Collection of Thirteenth-Century Illustrated Hajj Certificates," *M. Ugur Derman Festschrift: Papers Presented on the Occasion of his Sixty-fifth Birthday*, ed. Irvin Cemil Schick (Istanbul: Sabanci Universitesi, 2000), 101-134 참조.

157. Charles Melville, "*Padshah-i Islam*: The Conversion of Sultan Mahmud Ghazan Khan," *Pembroke Papers* 1(1990): 163.

158. J. de Somogyi, "A *Qasida* on the Destruction of Baghdad by the Mongols," *Bulletin of the School of Oriental and African Studies* 7(1933-5): 41-48; J. A. Boyle, "The Death of the Last 'Abbasid Caliph of Baghdad: A Contemporary Muslim Account," *Journal of Semitic Studies* 6 (1961): 145-161; and G. M. Wickens, "Nasir ad-Din Tusi on the Fall of Baghdad: A Further Study," *Journal of Semitic Studies* 7(1962): 23-35.

제3장 우상 숭배

제명(題名): *Buddha Abhiseka*, 인용 출처. Donald K. Swearer, *Becoming the Buddha: The Ritual of Image Consecration in Thailand* (Princeton: Princeton University Press, 2004), 162-164.

1. C. E. Bosworth, "An Alleged Embassy from the Emperor of China to the Amir Nasr b. Ahmad: A Contribution to Samanid Military History," *Yad-name-ye Iraniye Minorsky*, ed. Mojtaba Minovi and Iraj Afshar (Tehran: Tehran University, 1969), 19.

2. Bosworth, "An Alleged Embassy," 20.

3. Bosworth, "An Alleged Embassy," 21.

4. Bosworth, "An Alleged Embassy," 21-22.

5. 그러나 이슬람으로 개종했다고 알려진 명나라 정덕제(正德帝, 재위 1506~1521)의 흥미로운 사례에 대해서는 다음 참조. (Toh Hoong Teik, "Shaykh 'Alam: The Emperor of Early Sixteenth-Century China," *Sino-Platonic Papers* 110[2000]: 1-20). 중국 무슬림 역사 기록에서는 명나라 시조(始祖)가 무슬림이라고도 한다. (Zvi ben-dor Benite, "'The Marrano Emperor': The Mysterious Bond Between Zhu Yuanzhang and His Muslims," *Long Live the Emperor! Uses of the Ming Founder Across Six Centuries of East Asian History*, ed. Sarah Schneewind [Minneapolis: Society for Ming Studies, 2008], 275-308)

6. C. E. Bosworth, *The Ghaznavids: Their Empire in Afghanistan and Eastern Iran 994-1040* (Edinburgh: Edinburgh University Press, 1963), 4-23.

7. 데이비드 스니스(David Sneath)가 언급한 바와 같이, 이러한 인구 이동으로 해서 전체 민족이 이동했다든지 현지인이 제자리에서 쫓겨나는 일은 생기지 않았다. 오히려 새로운 지역으로 이동하여 권력을 강화한 이들은 주로 다양한 그룹의 정치 엘리트들이었다. *The Headless State: Aristocratic Orders, Kinship Society, and Misrepresentations of Nomadic Inner Asia* (New York: Columbia University Press, 2007), 159-167 참조.

8. Peter B. Golden, "The Migrations of the Ogwz," *Archivum Ottomanicum* 4(1972): 78-80.

9. 투르크 침략에 대한 이슬람의 대응에 대해서는 다음 참조. David Cook, *Studies in Muslim Apo-*

calyptic (Princeton: The Darwin Press, 2002), 84-91.

10. S. Vryonis, Jr., *The Decline of Medieval Hellenism in Asia Minor and the Process of Islamization from the Eleventh through the Fifteenth Century* (Berkeley: University of California Press, 1971), 70-120.

11. C. E. Bosworth, "The Political and Dynastic History of the Iranian World (A.D. 1000-1217)," in *The Cambridge History of Iran*, ed. J. A. Boyle (Cambridge: Cambridge University Press, 1968), 1-202.

12. Tha'alibi, *The Book of Curious and Entertaining Information*, trans. C. E. Bosworth (Edinburgh: Edinburgh University Press, 1968), 141.

13. Tha'alibi, *The Book*, 141.

14. Sunil Sharma, *Persian Poetry at the Indian Frontier: Mas'ūd Sa'd Salmān of Lahore* (New Delhi: Permanent Black, 2000), 12.

15. Melikian-Chirvani, "The Buddhist Ritual," 274.

16. Richard N. Frye, *The History of Bukhara* (Cambridge: Mediaeval Academy of America, 1954), 20.

17. Bo Gyllensvärd, "The Buddha Found at Helgö," in *Excavations at Helgö XVI: Exotic and Sacral Finds*, ed. Helen Clarke and Kristina Lamm (Stockholm: Almqvist & Wiksell, 2004), 5-14.

18. S. Yoshinobu, "Sung Foreign Trade: Its Scope and Organization," in *China Among Equals: The Middle Kingdom and Its Neighbors, 10th-14th Centuries*, ed. Morris Rossabi (Berkeley: University of California Press, 1983), 104-106.

19. 이 현상을 다룬 권위 있는 연구로는 다음 참조. Joseph Fletcher, "Turco-Mongolian Monarchic Tradition in the Ottoman Empire," in *Eucharisterion: Essays Presented to Omeljan Pritsak*, ed. I. Sevcenko and F. E. Sysyn (Cambridge: Ukranian Research Institute, 1979-1980): 237-242.

20. 프레스터 존 전설에 대해서는 다음 논문 참조. C. F. Beckingham and B. Hamilton, *Prester John, the Mongols and the Ten Lost Tribes* (Aldershot: Variorum, 1996); Peter Jackson, "Prester John Redivivus: A Review Article," *Journal of the Royal Asiatic Society* 3, 7(1997): 424-432. 몽골의 도래에 대한 기독교의 또 다른 반응에 대해서는 다음 참조. Robert E. Lerner, *The Powers of Prophecy: The Cedar of Lebanon Vision from the Mongol Onslaught to the Dawn of the Enlightenment* (Berkeley: University of California Press, 1983).

21. Christopher Tyerman, *God's War: A New History of the Crusades* (London: Allen Lane, 2006), 62-78.

22. Michal Biran, "True to Their Ways: Why the Qara Khitai Did Not Convert to Islam," *Mongols,*

Turks and Others: Eurasian Nomads and the Sedentary World, ed. Reuven Amitai and Michal Biran (Leiden: Brill, 2005), 175-200.

23. Biran, *Qara Khitai*, 211.

24. 인도와 중국에 대한 이러한 관점이 나중에 유럽에서도 나타난다. 그러한 예로 다음 참조. David Porter, *Ideographica: The Chinese Cipher in Early Modern Europe* (Stanford: Stanford University Press, 2001).

25. Biran, *Qara Khitai*, 100.

26. A. K. S. Lambton, "Justice in the Medieval Persian Theory of Kingship," *Studia Islamica* 17 (1962): 91-119.

27. Biran, *Qara Khitai*, 171.

28. Thomas T. Allsen, "Mongolian Princes and Their Merchant Partners 1200-1260," *Asia Major* 3, 2(1989): 86-94.

29. Biran, *Qara Khitai*, 174.

30. 고대 구게 왕국에 대해서 다음 참조. Roberto Vitali's *The Kingdoms of Gu.Ge Pu.Hrang: According to Mnga'.Ris Rgyal.Rabs by Gu.Ge Mkhan.Chen Ngag.Dbang Grags.Pa* (London: Serindia Publications, 1997); *Records of Tho.Ling: A Literary and Visual Reconstruction of the "Mother" Monastery in Gu.ge* (Dharamsala: Amnye Machen Institute, 1999), 7-36.

31. André Wink, *Al-Hind: The Making of the Indo-Islamic World, Vol. 2: The Slave Kings and the Islamic Conquest: llth -13th Centuries* (Leiden: Brill, 1997), 149.

32. Richard M. Eaton, "Temple Desecration and Indo-Muslim States," *Beyond Turk and Hindu: Rethinking Religious Identities in Islamicate South Asia*, ed. David Gilmartin and Bruce B. Lawrence (Gainesville: University of Florida Press, 2000), 246-281.

33. Wink, *Al Hind* Vol. 2, 147.

34. Dan Martin, "Tibet at the Center: A Historical Study of Some Tibetan Geographical Conceptions Based on Two Types of Country-Lists Found in Bon Histories," *Tibetan Studies: Proceedings of the 6th Seminar of the International Association for Tibetan Studies, Fagernes 1992*, Vol. 1, ed. Per Kvaerne (Oslo: The Institute for Comparative Research in Human Culture, 1994), 532, fig. 9.

35. Toni Huber, *The Holy Land Reborn: Pilgrimage and the Tibetan Reinvention of Buddhist India* (Chicago: University of Chicago Press, 2008), chaps. 3, 4. 후버(Huber)가 그의 연구에서 보여주듯이, 좀 더 최근에 이르면 이 현상이 역전되었다. 즉, 티베트인은 이제 불교 근대화와 그들 자신의 망명 등 수많은 요인들로 인해 인도를 성지(聖地)로 간주한다.

36. Leonard van der Kuijp, *The Kȧacakra and the Patronage of Buddhism by the Mongol Imperial*

Family (Bloomington: Indiana University, Department of Central Eurasian Studies, 2004).

37. 원나라 시대 자료는 부족하지만 그 후기에 중요한 저서들이 나왔다. 예를 들어, 동남아시아의 경우 무함마드 라비(Muhammad Rabi)의 저술을 들 수 있는데, 그는 1680년대에 이란의 술래이만 샤가 태국의 나라이 왕의 궁정으로 파견한 사람이다. 존 오케인(John O'Kane)이 이 저술의 일부 번역을 출판했고(*The Ship of Sulaiman* [New York: Columbia University Press, 1972]), 알람(Alam)과 수브라마냐암(Subrahmanyam)은 최근 라비에 대한 뛰어난 연구물을 발표했다(*Indo-Persian Travels in the Age of Discoveries, 1400-1800,* 159-174). 마찬가지로, 청나라 시대에 중국 무슬림 사상가들도 불법(佛法)에 대해 고민했었다. 가장 유명한 예로는 유지(劉智)를 들 수 있는데, 그는 도교의 무위(無念) 개념, 불교의 공(空) 개념, 중국 이슬람교의 진이(眞義) 개념을 서로 비교했다. (James D. Frankel, "Liu Zhi's Journey Through Ritual Law to Allah's Chinese Name: Conceptual Antecedents and Theological Obstacles to the Confucian-Islamic Harmonization of the *Tianfang Dianli*," Ph.D. diss., Columbia University, 2005 참조)

38. Juvaini, *History of the World Conqueror*, 64-65.

39. 몽골이 적통화하기 위해 사용한 또 다른 전략은 자신들을 피르다우시의 『샤나메(제왕기諸王記)』에 등장하는 무슬림 이전의 위대한 이란 왕들과 비슷하게 그리는 것이었다. 예를 들어 아보랄라 수다바(Abolala Soudavar)의 주장에 따르면, 『대몽골 샤나메』에서 삽화가 들어 있는 사건들은 그 사건과 몽골 역사상의 사건에 유사성이 있어서 선택한 것이다("The Saga of Abu-Sa'id Bahador Khan. The Abu-Sa'idnamé," in *The Court of the Il-khans 1290-1340,* ed. Julian Raby and Teresa Fitzherbert [Oxford: Oxford University Press, 1996], 95-211). 이 주제에 대해서는 다음의 논문도 참조. A. S. Melikian-Chirvani, "Le *Shah-name,* la gnose soufie et le pouvoir mongol," *Journal asiatique* 222(1984): 249-338; "Le Livre des rois, miroir du destin, I," *Studia Iranica* 17, 1(1988): 7-46; "Le Livre des rois, miroir du destin, II: Takht-e Soleyman et la symbolique du Shah-mame," *Studia Iranica* 20, 1(1991): 33-148; "Conscience du passé et résistance culturelle dans l'Iran mongol," *L'Iran face à la domination mongole*, ed. Denise Aigle (Tehran: Institut Français de Recherche en Iran, 1997), 135-177; as well as Sheila S. Blair, "A Mongol Envoy," *The Iconography of Islamic Art: Studies in Honour of Robert Hillenbrand*, ed. Bernard O'Kane (Edinburgh: Edinburgh University Press, 2005), 45-46.

40. Biran, *Qara Khitai*, 198.

41. H. G. Raverty, *Tabakat-i-Nasiri: A General History of the Muhammadan Dynasties of Asia, including Hindustan, from A.H. 194[810 A.D.], to A.H. 658[1260 A.D.], and the Irruption of the Infidel Mughals into Islam* (London: Gilbert & Rivington, 1881), 1157-1159.

42. Igor de Rachewiltz, "Turks in China Under the Mongols: A Preliminary Investigation of

Turco-Mongol Relations in the 13th and 14th Centuries," *China Among Equals: The Middle Kingdom and Its Neighbors, 10th-14th Centuries*, ed. Morris Rossabi (Berkeley: University of California Press, 1983), 287. 구유크의 역사 기록에 대해서는 다음 참조. Kim Hodong, "A Reappraisal of Güyüg Khan," *Mongols, Turks and Others: Eurasian Nomads and the Sedentary World*, ed. Reuven Amitai and Michal Biran (Leiden: Brill, 2005), 309-338.

43. Peter Zieme, *Religion und Gesellschaft im Uigurischen Königreich von Qoco* (Opladen: Westdeutscher Verlag, 1992).

44. 이 문헌을 개관한 것으로는 다음 참조. Johan Elverskog, *Uygur Buddhist Literature* (Turnhout: Brepols, 1997).

45. E. I. Kychanov, "Tibetans and Tibetan Culture in the Tangut State Hsi Hsia (982-1227)," *Proceedings of the Csoma de Körös Memorial Symposium*, ed. Louis Ligeti (Budapest: Akadémiai Kiadó, 1978), 205-211; Elliot Sperling, "Lama to the King of Hsia," *The Journal of the Tibet Society* 7(1987): 31-50; Ruth Dunnell, "The Hsia Origins of the Yüan Institution of Imperial Preceptor," *Asia Major* 5(1992): 85-111; Elliot Sperling, "Rtsa-mi Lo-tsa-ba Sangs-rgyas grags-pa and the Tangut Background to Early Mongol-Tibetan Relations," *Tibetan Studies. Proceedings of the 6th Seminar of the International Association of Tibetan Studies, Fagernes 1992*, ed. Per Kvaerne (Oslo: Institute for Comparative Research in Human Culture, 1994), 801-824; Xie Jisheng, "A Unique Tangut Thangka in the Wuwei City Museum: Study of a *thangka* Discovered in the Tara Cave Temple," *Studies in Sino-Tibetan Buddhist Art: Proceedings of the Second International Conference on Tibetan Archaeology and Art, Beijing, September 3-6 , 2004*, ed. Xie Jisheng, Shen Weirong, and Liao Yang (Beijing: China Tibetology Publishing House, 2006), 427-458.

46. 오고데이 재위기 동안 불교 유적들이 세워진 일에 대해서는 다음 참조. F. W. Cleaves, "The Sino-Mongolian Inscription of 1346," *Harvard Journal of Asiatic Studies* 15(1952): 1-123.

47. 제국 시대 동안 몽골의 종교 정책에 대해서는 다음 참조. Christopher P. Atwood, "Validation by Holiness or Sovereignty: Religious Toleration as Political Theology in the Mongol World Empire of the Thirteenth Century," *The International History Review* 23, 2(2004): 237-256; Peter Jackson, "The Mongols and the Faith of the Conquered," *Mongols, Turks and Others: Eurasian Nomads and the Sedentary World*, ed. Reuven Amitai and Michal Biran (Leiden: Brill, 2005), 245-290.

48. Joseph Thiel, "Der Streit der Buddhisten und Taoisten zur Mongolenzeit," *Monumenta Serica* (1961): 1-81.

49. Juvaini, *History of the World Conqueror*, 52.

50. Biran, *Qara Khitai*, 177 n. 53.

51. Juvaini, *History of the World Conqueror*, 60, 70-74.

52. Guillaume de Rubrouck, *The Mission of Friar William: His Journey to the Court of the Great Khan Möngke 1253-1255*, trans. Peter Jackson (London: Hakluyt Society, 1990), 151.

53. '*Nom*'이라는 단어는 그리스어 '노모스(*νομυσ*)에서 파생했으며, 소그드인에 의해 내륙아시아로 전달되어 '불법(佛法, Dharma)'과 '서적(Book)' 둘 다의 표준 번역이 되었다.

54. Juvaini, *History of the World Conqueror*, 60.

55. Thomas T. Allsen, "Mahmud Yalavac(?~1254), Mas'ud Beg(?~1289), 'Ali Beg(?~1280); Bujir(fl. 1206-1260)," *In the Service of the Khan: Eminent Personalities of the Early Mongol-Yüan Period*, ed. Igor de Rachewiltz et al.(Wiesbaden: Harrassowitz Verlag, 1993), 122-135.

56. Morris Rossabi, "The Muslims in the Early Yüan Dynasty," in *China Under Mongol Rule*, ed. John D. Langlois, Jr. (Princeton: Princeton University Press, 1981), 265.

57. Juvaini, *History of the World Conqueror*, 207.

58. Juvaini, *History of the World Conqueror*, 223. 또 다른 참조는 다음과 같다. Herbert Franke, "Eine Mittelalterliche chinesische Satire auf die Mohammedaner," *Der Orient in der Forschung: Festschrift für Otto Spies zum 5 April 1966y* ed. Wilhelm Hoenerbach (Wiesbaden: Otto Harrassowitz, 1967), 202-208.

59. Juvaini, *History of the World Conqueror*, 225. 같은 이야기가 등장하는 출처로는 다음이 있다. Juzjani; 1110-1111 참조.

60. Maurizio Peleggi, "Shifting Alterity: The Mongol in the Visual and Literary Culture of the Late Middle Ages," *The Medieval History Journal* 4, 1(2001): 21-22; Richard C. Foltz, "Ecumenical Mischief Under the Mongols," *Central Asiatic Journal* 43(1999): 42-69.

61. Peter Jackson, "The Dissolution of the Mongol Empire," *Central Asiatic Journal* 32(1978): 235. 원나라 후기 불교의 영향에 대해서는 다음 참조. Herbert Franke, "Tibetans in Yüan China," *China Under Mongol Rule*, ed. John D. Langlois, Jr. (Princeton: Princeton University Press, 1981), 326-328; and Shoju Inaba, "An Introductory Study on the Degeneration of Lamas: A Geneaological and Chronological Note on the Imperial Preceptors in the Yüan Dynasty," *A Study of Kleśa: A Study of Impurity and the Purification in the Oriental Religions*, ed. G. H. Sasaki (Tokyo: Shimizukobundo, 1975), 19-57.

62. Allsen, *Commodity and Exchange*, 50. 이슬람 지역에서 몽골의 힘을 크게 키워나간 사람은 몽케였지만, 놀랍게도 이슬람 사료에서는 그를 경멸적으로 다루지 않는다. 그러나 인두세에 해당하는 쿠브치르 도입에 대해서는 무슬림이 몹시 비난했는데, 이는 이슬람의 인두세인 지즈야와 매우 비슷

한 기능을 한다고 보았기 때문이다. (Thomas T. Allsen, *Mongol Imperialism: The Policies of the Grand Qan Möngke in Chinay Russia and the Islamic Lands, 1251-1259* [Berkeley: University of California Press, 1987]: 167-168)

63. 쿠빌라이 칸과 팍파 라마의 관계에 대해서는 다음 참조. Dieter Schuh, *Erlasse und Sendschreiben mongolischer Herrscher für tibetische Geistliche* (Skt. Augustin: VGH Wissenschaftsverlag, 1977); Janos Szerb, "Glosses on the Oeuvre of Bla-ma 'Phags pa: II. Some Notes on the Events of the Years 1251-1254," *Acta Orientalia Hungarica* 34(1980): 263-285; Constance Hoog, *Prince Jin-gim's Textbook of Tibetan Buddhism* (Leiden: Brill, 1983); Herbert Franke, *Chinesischer und Tibetischer Buddhismus im China der Yüanzeit* (Munich: Kommission für Zentralasiatische Studien/Bayerische Akademie der Wissenschaften, 1996).

64. 무슬림 과학과 문화가 중국 원나라로 이동한 일에 대해서는 다음 참조. Kodo Tasaka, "An Aspect of Islam Culture Introduced into China," *Memoirs of the Research Department of the Toyo Bunko* 16(1957): 35-74; Paul D. Buell and Eugene N. Anderson, *A Soup for the "Qan": Chinese Dietary Medicine of the Mongol Era as Seen in Hu Szu-Hui's "Yin-Shan Cheng-Yao"* (London: Kegan Paul International, 2000).

65. 무슬림 학자들이 원나라 천문학에 기여했던 역할의 개괄에 대해서는 다음 참조. Brian Baumann, *Divine Knowledge: Buddhist Mathematics According to the Anonymous Manual of Mongolian Astrology and Divination* (Leiden: Brill, 2008), 299-307.

66. 일칸 궁정에서 나시르 알 딘의 경력에 대해서는 다음 참조. George Lane, *Early Mongol Rule in Thirteenth-Century Iran: A Persian Renaissance* (London: Routledge, 2003), chap. 7; F. J. Ragep, *Nasr al-Din Tusi's Memoir of Astronomy (al-Tadhkira fi 'ilm al-hay'a)* (New York: Springer-Verlag, 1993), 13-15.

67. 인용 출처. S. M. Grupper, "The Buddhist Sanctuary-Vihara of Labnasagut and the Il-Qan Hülegü: An Overview of Il-Qanid Buddhism and Related Matters," *Archivum Eurasiae Medii Aevi* 13(2004): 31-32. 훌레구의 불교 헌신은 1267년 기독교 아르메니아 자료에서도 찾아볼 수 있다: "그는 점성가들과 삭모니아(Sakmonia)라고 하는 어떤 우상을 섬기는 제사장들에게 미혹되어 있었는데, 그들 말로 삭모니아는 3,040년 동안 신이었다고 한다. 그는 앞으로 37토만(Toman, 페르시아 화폐 단위, 금화)을 더 가질 것인데, 1토만은 1만이다. 그러면 다른 몬드리(Mondri)[미륵]가 그를 데려갈 것이라고 한다. 그들은 이 제사장들을 토인(Toyin, 승려)이라고 불렀는데, 그 [훌레구]는 이들을 믿으며 그들의 명령에 따라 전쟁에 나가거나 나가지 않거나 했다. 그들 말로는 '너희는 오래도록 너희 몸에 머물다가 아주 늙으면 다른 새 몸으로 들게 된다'고 한다. 그들 때문에 그는 우상들을 위하여 성전을 지었다. 그는 기도하러 거기에 가곤 했고, 그들은 그에게 모든 욕된 마법을 걸었다." (Robert W.

Thomson, "The Historical Compilation of Vardan Arewelc'i," *Dumbarton Oaks Papers* 43[1989]: 221)

68. 테구데르는 젊은 시절 이슬람으로 개종했고, 왕위에 오르면서 술탄 아흐마드라는 이름으로 통치했다(재위 1282~1284). 그러나 그의 통치는 재앙일 뿐이어서, 그의 개종은 몽골 엘리트에게 전혀 영향을 미치지 못했고, 결국 그들이 그를 쫓아냈다. Reuven Amitai, "The Conversion of Tegüder Ilkhan to Islam," *Jerusalem Studies in Arabic and Islam* 25(2001): 15-43; Judith Pfeiffer, "Conversion to Islam Among the Ilkhans in Muslim Narrative Traditions: The Case of Ahmad Tegüder," Ph.diss., University of Chicago, 2003 참조.

69. Jamal J. Elias, *The Throne Carrier of God: The Life and Thought of 'Ala' addawla as-Simnani* (Albany: State University of New York Press, 1995), 18, 26.

70. Rashiduddin Fazlullah, *Jami'u't-tawarikh: Compendium of Chronicles, A History of the Mongols, Part Three*, trans. W. M. Thackston (Cambridge: Harvard University, Department of Near Eastern Languages and Civilizations, 1999), 664.

71. Melville, "Padishah," 171-172. 일칸의 개종, 그리고 종종 수피즘과 몽골 샤머니즘을 잘못 연결하는 일에 대해서는 다음 참조. Reuven Amitai, "Sufis and Shamans: Some Remarks on the Islamization of the Mongols in the Ilkhanate," *Journal of the Economic and Social History of the Orient* 42, 1(1999): 27-46.

72. 가잔의 유력한 고문 나우라즈의 반불교, 반기독교 활동에 대해서는 다음 참조. Jean Aubin, *Emirs mongols et vizirs persans dans les remous de l'acculturation* (Leuven: Peeters, 1995), 61-68.

73. DeWeese, *Islamization*, 95-100.

74. A. P. Martinez, "The Third Portion of the Story of Gazan Xan in Rasidu'd-Din's *Ta'rix-e Mobarak-e Gazani,*" *Archivum Eurasiae Medii Aevi* 6(1986[1988]): 56-72.

75. 이 현상의 전형적인 예는 9세기 중반 중국 당나라에서 볼 수 있다. Kenneth Ch'en, "The Economic Background of the Hui-ch'ang Suppression of Buddhism," *Harvard Journal of Asiatic Studies* 19, 1-2(1956): 67-105 참고. 보스워스(Bosworth)는 가즈나 왕조를 "이교 힌두교도의 망치"일 뿐만 아니라 "인도의 사원 보물을 동부 이슬람 경제로 끌어들인 자"라고 보았는데, 그 견해에 대해서는 다음 참조. (*The Later Ghaznavids: Splendour and Decay, The Dynasty in Afghanistan and Northern India 1040-1186* [New York: Columbia University Press, 1977], 32)

76. Karl Jahn, *Rashid al-Din's History of India* (The Hague: Mouton, 1965), xxxiii.

77. 훌레구가 1258년에 바그다드를 파괴한 일이 무슬림 이슬람 작가들에게 미친 충격은 결코 과소평가할 수 없다. 한 학자가 지적했듯이 십자군 활동 전체는 훌레구의 정복에 비하면 각주에 불과하다. 게다가 이 사건은 우리 시대의 지하드 운동에서 가장 강력하게 살아나서 "몽골 상징은 … 사이이

드 쿠트브파(派)가 개발한 혁명 이론의 핵심을 이룬다". (E. Sivin, *Radical Islam: Medieval Theology and Modern Politics* [New Haven: Yale University Press, 1985], 57) 또 다른 참조. Johannes Jansen, "Ibn Taymiyyah and the Thirteenth Century: A Formative Period of Modern Muslim Radicalism," *Quadreni di Studi Arabi* 5-6 (1987-1988): 391-396.

78. 쥬베니이는 단순히 부역자만은 아니었다. 그의 충성심은 몽골에게, 또 그의 동족에게 양분되어 있었다. Teresa Fitzherbert, "Portrait of a Lost Leader: Jalal al-Din Khawarazmshah and Juvaini," in *The Court of the Il-khans 1290-1340*, ed. Julian Raby and Teresa Fitzherbert (Oxford: Oxford University Press, 1996), 69-75 참조. 일칸 시대 이란에서 쥬베니이 가문의 역할에 대해서는 다음 참조. Lane, *Early Mongol Rule in Thirteenth-Century Iran*, chap. 6.

79. Juvaini, *History of the World Conqueror*, 15-16.

80. Farhad Dafarty, *The Assassin Legends: Myths of the Isma'ilis* (London: I. B.Tauris, 1994), 36-44. 훌레구의 니자리 파괴에 대해서는 다음 참조. Farhad Daftary, *The Isma'ilis: Their History and Doctrines* (Cambridge: Cambridge University Press, 1990), 421-430.

81. A. K. Lambton, "Changing Concepts of Justice and Injustice from the 5th/11th Century to the 8th/14th Century in Persia: The Saljuq Empire and the Ilkhanate," *Studia Islamica* 68(1988): 50.

82. Lambton, "Changing Concepts of Justice and Injustice," 60.

83. Judith Pfeiffer, "Conversion Versions: Sultan Öljeytü's Conversion to Shi'ism (709/1309) in Muslim Narrative Sources," *Mongolian Studies* 22(1999): 35-67.

84. 이븐 타이미야의 파트와(fatwa)와 그의 몽골 비판의 역사적 맥락에 대해서는 다음 참조. Thomas Raff, *Remarks on an Anti-Mongol Fatwa by Ibn Taimiya* (Leiden: Self-published, 1973), 38-59; Denise Aigle, "The Mongol Invasions of Bilād al-Shām by Ghāzān Khān and Ibn Taymīyah's Three 'Anti-Mongol' Fatwas," *Mamluk Studies Review* 11, 2(2007): 89-120.

85. Reuven Amitai, "Ghazan, Islam and Mongol Tradition: A View from the Mamluk Sultanate," *Bulletin of the School of Oriental and African Studies* 59(1996): 9.

86. D. Aigle, "Le grand jasaq de Genghis-khan, l'empire, la culture mongole et la shari'a," *Journal of the Economic and Social History of the Orient* 47, 1(2004): 31-79; D. Aigle, "Loi mongole *vs* loi islamique: Entre mythe et réalité," *Annales: Histoire, Sciences sociales* 59, 5-6(2004): 971-996.

87. David Cook, *Understanding Jihad* (Berkeley: University of California Press, 2005), 64-65.

88. 이븐 타이미야(Ibn Taymiyya)에 대한 당대의 달갑지 않은 관점을 개괄한 것으로는 다음 참조. Donald P. Little, "Did Ibn Taymiyya Have a Screw Loose?" *Studia Islamica* 41 (1975): 93-111.

89. Muhammad U. Menon, *Ibn Taimīya's Struggle Against Popular Religion* (The Hague: Mouton, 1976); Jean R. Michot, *Musique et danse selon Ibn Taymiyya: Le Livre du Sama*[c] *et de la Danse*

(Kitab al'Sama[c] wa'l-Raqs) *compilé par le shaykh Muḥammad al-Manbijī* (Paris: J. Vrin, 1991); Niels Henrik Olesen, *Culte des saints et pélerinage chez Ibn Taymiyya* (Paris: P. Geuthner, 1991).

90. Perween Hassan, "The Footprint of the Prophet," *Muqarnas* 10(1993): 341.

91. 현지 페르시아 통치자와 몽골의 관계에 대해서는 다음의 개괄서 참조. Lane, *Early Mongol Rule in Thirteenth-Century Iran*, chap. 5.

92. A. P. Martinez, "Change in Chancellery Languages and Language Changes in General in the Middle East, with Particular Reference to Iran in the Arab and Mongol Periods," *Archivum Eurasiae Medii Aevi* 7(1987-1991): 107-108.

93. Aubin, *Emirs mongols et vizirs persans*, 31-38.

94. Karl Jahn, "Paper Currency in Iran," *Journal of Asian History* 4(1970): 120-135; Judith Kolbas, *The Mongols in Iran: Chingiz Khan to Uljaytu 1220-1309* (New York: Routledge, 2006), 290.

95. Birgitt Hoffrnan, "The Gates of Piety and Charity: Rasid al-Din Fadl Allah as Founder of Pious Endowments," *L'Iran face à la domination mongole*, ed. Denise Aigle (Tehran: Institut Francçais de Recherche en Iran, 1997), 189-202.

96. 라시드 알딘의 전기로 가장 상세한 것은 다음 참조. Birgitt Hoffman, *Waqf im mongolischen Iran: Rashiduddins Sorge um Nachrum und Seelenheil* (Stuttgart: Franz Steiner Verlag, 2000), 53-91.

97. 『집사(集史)』에 관한 역사 기록상의 문제에 대해서는 다음 참조. David O. Morgan, "Rašid al-Din and Gazan Khan," *L'Iran face à la domination mongole*, ed. Denise Aigle (Tehran: Institut Français de Recherche en Iran, 1997), 179-188.

98. Abolala Soudavar, "The Han-Lin Academy and the Persian Royal Library-Atelier," *History and Historiography of Post-Mongol Central Asia and the Middle East: Studies in Honor of John E. Woods*, ed. Judith Pfeiffer and Sholeh A. Quinn (Wiesbaden: Harrassowitz Verlag, 2006), 467-483.

99. Robert Hillenbrand, "The Arts of the Book in Ilkhanid Iran," *The Legacy of Genghis Khan: Courtly Art and Culture in Western Asiay 1256-1353*, ed. Linda Komaroff and Stefano Carboni (New Haven: Yale University Press, 2002), 150.

100. 『인도의 역사(History of India)』에 관해서는 칼 얀(Karl Jahn)의 독일어 완역본과 함께 그의 논문 참조. *Rashid al-Din's History of India and Die Indiengeschichte des Rašid ad-Din* (Vienna: Verlag der Osterreichischen Akademie der Wissenschaften, 1980).

101. Allsen, *Culture and Conquest*, 92.

102. Luciano Petech, *Central Tibet and the Mongols: The Yüan-Sa-skya Period of Tibetan History*

(Rome: Istituto italiano per il Medio ed Estremo Oriente, 1990).

103. Vitali, *The Kingdoms of Gu.Ge Pu.Hrangy* 418-419.

104. Elliot Sperling, "Hülegü and Tibet," *Acta Orientalia Academicae Scientiarum Hungaricae* 44(1990): 153.

105. Jahn, *History of India*, xxxvii.

106. Jahft, *Indiengeschichte*, 93.

107. Jahn, *Indiengeschichte*, 100. 위에서 언급한 바와 같이, 탕구트(서하) 출신의 불교도가 티베트인일 수 있지만, 카말라스리 자신처럼 카슈미르인일 수도 있다. Leonard van der Kuijp, "Jayānanda: A Twelfth Century Guoshi from Kashmir Among the Tangut," *Central Asiatic Journal* 37, 3-4(1993): 188-197 참조.

108. Geng Shimin and Zhang Baoxi, "Yuan huihuwen 'Zhong xiu wen shu si bei,' chu shi," *Kaogu xuebao* 2(1986): 253-264. 위구르 불교에서 미륵불의 중요성에 대해서는 다음 참조. Klaus Röhrborn and András Róna-Tas, *Spätformen des zentralasiatischen Buddhismus. Die altuigurische Sitātapatrā-dhāranī* (Göttingen: Nachrichten der Akademie der Wissenschaften zu Göttingen, 2005), 240-241.

109. Masahiro Shogaito, "On Uighur Elements in Buddhist Mongolian Texts," *Memoirs of the Research Department of the Toyo Bunko* 49(1991): 27-49; Michael C. Brose, "Uyghur Technologists of Writing and Literacy in Mongol China," *T'oung Pao* 91(2005): 396-435.

110. Herbert Franke, "A Note on the Multilinguality in China Under the Mongols: The Compilers of the Revised Buddhist Canon, 1285-87," *Opuscala Altaica: Essays Presented in Honor of Henry Schwarz*, ed. Edward H. Kaplan and Donald W. Whisenhunt (Bellingham: Western Washington University, 1994), 286-298.

111. Gregory Schopen, "Hīnayāna Texts in a 14th Century Persian Chronicle," *Central Asiatic Journal* 26(1982): 228-235.

112. 예를 들어 부처의 삼십이상(三十二相) 과 10악(十惡)에 대한 그의 표현에 대해서는 다음 참조. (Jahn, *Indiengeschichte*, 73, 77)

113. Jahn, *History of India*, xlviii.

114. Sheila R. Canby, "Depictions of Buddha Śakyamuni in the *Jami' al-Tavarikh and the Majma" al-Tavarikh*," *Muqarnas* 10(1993): 299-310.

115. 예를 들어 9장 「상가마바차라 자타카」에 나오는 난다 이야기 참조. (Jahn, *Indiengeschichte*, 82-83)

116. Stephen F. Teiser, *Reinventing the Wheel: Paintings of Rebirth in Medieval Buddhist*

Temples (Seattle: University of Washington Press, 2007), 50-75.

117. 불교 담론과 까르마 이론에서 기형적 신체와 대조되는 건강하고 아름다운 신체의 중요성에 대해서는 다음 참조. John Powers, *A Bull of a Man: Images of Masculinity, Sex and the Body in Indian Buddhism* (Cambridge: Harvard University Press, 2009)

118. Max Scherberger, *Das Mi'ragname: Die Himmel-und Hölenfahrt des Propheten Muhammad in der osttürkischen Üerlieferung* (Würzburg: Ergon Verlag, 2003), 123-128, 131-132.

119. 이 문서에 대한 연구와 그것이 불교에 끼쳤다고 볼 수 있는 영향에 대해 자세히 연구한 것으로는 다음 참조. Christiane J. Gruber, *The Timurid "Book of Ascension"* (Mi^crajnama): *A Study of Text and Image in a Pan-Asian Context* (Rome: Ediciones Patrimonio, 2008): 313-326.

120. 불교 전통에서 천당과 지옥의 중요성에 대해서는 다음 참조. Bryan J. Cuevas and Jacqueline I. Stone, *The Buddhist Dead: Practices, Discourses, Representations* (Honolulu: University of Hawai'i Press, 2007); and Bryan J. Cuevas, *Travels in the Netherworld: Buddhist Popular Narratives of Death and the Afterlife in Tibet* (Oxford: Oxford University Press, 2008).

121. 이러한 번역투에 대한 설명뿐 아니라 쇼펜(Schopen)이 확인한 바로는 라시드 알딘이 산스크리트어로 된 다른 2종의 니까야 경전도 이용했다고 하는데, 8장의 천당 설명은 「바시스흐타 수트라」에서 온 것이고 16장의 문답은 「데바타 수트라(天請問經)」에서 온 것이다. ("Hīnayana Texts," 226-227)

122. 이슬람 용어로 불교 개념을 해석하는 것(예: *wuṣūl, ittiḥād, tanasukh, khalwatīyān*) 역시 심나니(Simnani)의 저서에서 나타난다. 데빈 드위즈(Devin DeWeese)가 그의 심나니 연구에서 이를 확인했는데, 아직 출간되지 않은 글을 보여준 그에게 감사를 보낸다.

123. Jahn, *Indiengeschichte*, 78.

124. Jahn, *Indiengeschichte*, 94

125. 라시드 알딘은 부처가 경전을 가진 선지자라고 주장했지만, 다른 이슬람교도가 이 주장을 받아들였던 것 같지는 않다. 예를 들어 심나니는 일칸 시대 불교도와 폭넓게 교류한 이슬람 학자인데, 불교 신비가들이 잘못된 이유는 바로 "그들이 선지자의 인도를 받은 것이 아니라 자기 개인적인 의견에 따라 도를 추구"하기 때문이라고 했다. (Elias, *The Throne Carrier of God*, 110)

126. Jahn, *History of India*, xcviii.

127. Jahn, *History of India*, lxxiv.

128. 라시드 알딘의 표현은 이런 점에서도 심나니와 다른데, 심나니는 불교도가 자기 자신들의 교리도 제대로 이해하지 못한다고 비난하고, 아니면 비구 파린다라는 단 한 불교도만 칭송하는데, '우상'에 대한 파린다의 관점이 실제로 이슬람의 이해와 일치한다고 했다. (Elias, *The Throne Carrier of God*, 18, 26)

129. 중국의 정토종 발달에 대해서는 다음 참조. Julian F. Pas, *Visions of Sukhavati: Shan-Tao's*

Commentary on the Kuan Wu-Liang-Shou-Fo Ching (Albany: State University of New York University, 1995).

130. T 365, *Skt. *Amitayur-dhyana Sutra.* 이 작품에 대해서는 다음 참조. Pas, *Visions of Sukhavati.*

131. Jahn, *History of India*, lxxi. 우다라카가 아미타불 낙원에 오르는 설화에 대해서도 참조. (*History of India*, xcv)

132. 10장에서도 관음 숭배를 지지하고 있다: "중국어로는 관스[인]이라 하는 어떤 존재, 천사, 로케스하라(Lokeshara)가 있다고 하는데, 그의 임무는 영혼을 불완전한 동물 형태에서 해방하여 인간의 단계로 올리는 것이다. 로케스하라는 완벽한 영혼이 불완전한 육체에서 벗어나도록 끊임없이 구원한다." (Jahn, *History of India*, lxiv)

133. Chün-fang Yü, *Kuan-yin: The Chinese Transformation of Avalokitesvara* (New York: Columbia University Press, 2001), 324. 『집사(*Compendium*)』의 인용과 비교하면 『대승장엄보왕경(大乘莊嚴寶王經, *Kāraṇḍavyūha Sūtra*)』에 있는 다음 설명이 유사하다는 것도 알 수 있다: "11면 천수관음이 아비지옥(무간지옥)에 들어 그 지옥을 청정도량으로 변모시킨다. 이 경에서는 아비지옥의 끔찍한 모습을 세세히 설명하지 않고 단지 그 지옥이 철벽 고리로 둘러싸여 있으며, 타오르는 불이 끊임없이 그 벽을 가열하고 있다고만 한다. 또 다른 지옥은 거대한 가마솥으로 되어 있어, 펄펄 끓는 물에서 죄지은 자들이 마치 삶은 콩처럼 끊임없이 위아래로 튀어오르고 있다. 그러나 관음이 들어오자 불은 즉시 꺼지고 가마솥은 산산이 부서진다. 또한 화덕은 수레바퀴만 한 큰 연꽃들로 뒤덮힌 귀한 연못으로 변모한다. 모든 지옥이 낙원이 되고 눈부시게 밝은 빛이 비친다. 관음은 아귀도로 들어가 그들도 구한다. … 그들은 환희의 정토에서 환생한다. "(Yü, *Kuan-yin*, 324-325)

134. Jahn, *History of India*, lxxii.

135. Jahn, *History of India*, lxxiii.

136. Johan Elverskog, "The Mongolian *Big Dipper Sūtra*," *Journal of the International Association of Buddhist Studies* (2007): 87-124.

137. 이러한 상호 작용은 13세기에 이란의 새해를 이슬람력에 따라 춘분에 시행하지 않고 중국 달력에 따라 춘분 6주 전에 시행했다는 데서 알 수 있다. Charles Melville, "The Chinese Uighur Animal Calendar in Persian Historiography of the Mongol Period," *Iran* 32(1994): 83-98 참조.

138. 이런 정보 제공자들이 있어서 라시드 알딘이 그의 중국 역사를 쓸 수 있었다. Herbert Franke, "Some Sinological Remarks on Rašid al-Din's History of China," *Oriens* 4(1951), 21-26 참조.

139. Karl Jahn, "Rashid al-Din and Chinese Culture," *Central Asiatic Journal* 14(1970): 134-147.

140. Elverskog, *Uygur Buddhist Literature*, # 25, 26, 34, 54. Peter Zieme, *Magische Texte des uigurischen Buddhismus* (Turnhout: Brepols, 2005), 115-150, 179-185 추가 참조. 불교의 내륙아시

아 전파의 복잡한 특성에 대해서는 중국 관음 문서인 『천수천안관세음보살광대원만무애대비심다라니경(千手千眼觀世音菩薩廣大圓滿無㝵大悲心陀羅尼經)』(T 1060)의 고대 티베트어 번역본도 참조. György Kara, "An Old Tibetan Fragment on Healing from the Sutra of the Thousand-Eyed and Thousand-Handed Great Compasionate Bodhisattva Avalokitesvara in the Berlin Turfan Collection," *Turfan Revisited: The First Century of Research into the Arts and Cultures of the Silk Road*, ed. Desmond Durkin-Meisterernst et al. (Berlin: Dietrich Reimer Verlag, 2004), 141-146.

141. Jampa L. Panglung, "Die tibetische Version des Siebengestirn-Sūtra," *Tibetan History and Language: Studies Dedicated to Uray Géza on His 70th Birthday*, ed. E. Steinkellner (Vienna: Arbeitskreis für Tibetische und Buddhistische Studien, 1991), 399-416.

142. 이 설화는 여러 불교 문헌에 나타나는데, 그 가운데에는 *Apādana, Mahāvastu, Divyāvadanā, Ekottarikāgama*(T 125), 『대지도론(大智度論)』(T 1508), 『분별공덕론(分別功德論)』[⊕](T 1507), 『대승비분다리경(大乘悲分陀利經, *Mahākaruṇapuṇḍarīka*』(T 380) 등이 있다. Jonathan A. Silk, *Riven by Lust: Incest and Schism in Indian Buddhist Legend and Historiography* (Honolulu: University of Hawai'i Press, 2009), 115-122 참조.

143. Jan Nattier, "Namowa buddhay-a: A Note on the Sources of the Mongolian Kanjur," unpublished paper presented at the Annual Meeting of the American Oriental Society, New Haven, Conn., 1986.

144. 이런 점에서 보면 또 다른 언어적 증거로 아담스 피크를 설명할 때 유골에 대해 위구르-몽골어 *saril* (산스크리트어, *carira*)를 사용한 것이다. (Jahn, *Indiengeschichte*, 75) 비슷한 언어적 분석을 통해 이란에 위구르인이 있었음을 확인하게 되는데, 'Labnasgut'라는 용어에 대한 그루퍼(Grupper)의 연구에서 찾을 수 있다 ("The Buddhist Sanctuary," 35-36); 심나니가 불법(佛法)을 의미할 때 위구르 용어인 *nom* 을 쓰고, 부처를 위구르 용어인 *burkhan* 으로 나타낸 것을 들 수 있다(이를 알려준 데빈 드위즈에게 감사를 보낸다).

145. 이 문제에 대해서는 다음 참조. Johan Elverskog, *Buddhism, History and Power: The Jewel Translucent Sutra and the Formation of Mongol Identity* (Ph.D. diss., Indiana University, 2000), 1-10; Teiser, *Reinventing the Wheel*, 42-49; and Natalie Köhle, "Why did the Kangxi Emperor Go to Wutai Shan? Patronage, Pilgrimage, and the Place of Tibetan Buddhism at the Early Qing Court,' *Late Imperial China* 29, 1(2008): 102-105.

146. Jahn, *History of India*, lx-lxi. 승려와 공양 음식의 관계에 대한 부처의 설명도 참조할 것. 이에

⊕ 혹은 『분별공덕경(分別功德經)』, 『증일아함경소(增一阿含經疏)』.

따르면 밀교 수행자들을 다른 두 불교 전통에서보다 높이 세우고, 또한 채식주의를 장려하고 있다. "성문승(聲聞乘, Sravakas)과 연각승(緣覺乘, Pratyekabuddhas)에게 말씀하시길, 구걸로 음식을 얻어야 한다고 하셨다. 그리고 만일 동물성 음식이 동냥 그릇에 던져지면, 그 출처를 묻지 말고 무엇이든 간에 위장을 달래기 위해 그것을 다 먹어야 한다. 또 정편지(正遍知, Samyaksambuddhas)를 따르는 파에 이르시되, '너희가 선악을 분별하는 능력를 얻었으니 마땅히 무엇을 할지 무엇을 먹을 수 있을지를 알며 짐승을 괴롭게 하지 아니할지니라. 그러나 너희가 굶주려 있는데 죽은 짐승이나 죽임을 당한 짐승이 주어진다면 그것을 먹되, 어떤 경우라도 짐승을 죽이는 것을 허락하지 말라'(Jahn, *History of India*, lxi).

147. 서양에서 불교와 채식주의를 잘못 연결한 것에 대해서는 다음 참조. Tristram Stuart, *The Bloodless Revolution: A Cultural History of Vegetarianism from 1600 to Modern Times* (London: W. W. Norton, 2006), 46, 124, 127, 523 n. 3.

148. John Kieschnick, "Buddhist Vegetarianism in China," in *Of Tripod and Palate: Food, Politics, and Religion in Traditional China*, ed. Roel Sterckx (New York: Palgrave Macmillan, 2005), 186-194. 중국 불교의 정체성을 나타내는 표지로서 채식주의의 중요성에 대해서는 다음 참조. Francesca Tarocco, *The Cultural Practices of Modern Chinese Buddhism: Attuning the Dharma* (New York: Routledge, 2007), 31-39.

149. Jahn, *Indiengeschichte*, 101.

150. Kurtis R. Schaeffer and Leonard W. J. van der Kuijp, *An Early Tibetan Survey of Buddhist Literature: The Bstan pa rgyas pa rgyan gyi nyi 'od of Bcom ldan ral gri* (Cambridge: The Harvard Oriental Series, 2009): 9-41.

151. 그러한 예로서 다음 참조. Sheila S. Blair and Jonathan M. Bloom, *The Art and Architecture of Islam*, 1250-1800 (New Haven: Yale University Press, 1994), 24-36.

152. 이 분류의 근거로 다음 참조. Oleg Grabar, *Mostly Miniatures: An Introduction to Persian Painting* (Princeton: Princeton University Press, 2000), 43-45.

153. 이에 대해서는 다음 참조. Priscilla Soucek, "An Illustrated Manuscript of al-Biruni's *Chronology of Ancient Nations*," *The Scholar and the Saint: Studies in Commemoration of Abu'l-Rayhan al-Biruni and Jalal al-Din al-Rumi*, ed. Peter J. Chelkowski (New York: New York University Press, 1975), 103-168.

154. Güner Inal, "Some Miniatures of the *Jami'al-Tavarikh* in Istanbul, Topkapi Museum, Hazine Library No. 1654," *Ars Islamica* 5(1963): 163-176; David Talbott, *The Illustrations to the "World History" of Rashid al-Din* (Edinburgh: Edinburgh University Press, 1976); Basil Gray, *The World History of Rashid al-Din: A Study of the Royal Asiatic Society Manuscript* (London: Faber & Faber,

1978); Sheila S. Blair, *A Compendium of Chronicles: Rashid ad-Dins Illustrated History of the World* (London: The Nour Foundation, 1995).

155. Marianna Shreve Simpson, *The Illustrations of an Epic: The Earliest Shahname Manuscripts* (New York, 1979).

156. Richard Ettinghausen, "Persian Ascension Miniatures," *Academia Nazionale dei Linceiy Rendiconti* 12(1957): 360-383; Oleg Grabar and Sheila S. Blair, *Epic Images and Contemporary History: The Illustrations of the Great Mongol Shahname* (Chicago: University of Chicago Press, 1980).

157. Linda Komaroff and Stefano Carboni, *The Legacy of Genghis Khan: Courtly Art and Culture in Western Asia, 1256-1353* (New Haven: Yale University Press, 2002).

158. Johann Christoph Bürgel, *The Feather of the Simurgh: The "Licit Magic" of the Arts in Medieval Islam* (New York: New York University Press, 1988), 14.

159. Daan van Reenen, "The *Bilderverbot*, a New Survey," Der Islam 67, 1(1990): 27-77.

160. Oleg Grabar, *The Illustrations of the Maqamat* (Chicago: University of Chicago Press, 1984), 150.

161. Marshall Hodgson, *The Venture of Islam: Conscience and History in a World Civilization*, 3 vols. (Chicago: University of Chicago Press, 1974), 255.

162. Grabar, *Maqamat*, 147.

163. 이 기간 동안 도입된 건축상의 변화에 대한 사례는 다음 참조. Yasser Tabbaa, *The Transformation of Islamic Art During the Sunni Revival* (London: I. B. Tauris, 2002).

164. Oleg Grabar, "The Illustrated *Maqamat* of the Thirteenth Century: the Bourgeoisie and the Arts," in *Islamic Visual Culture, 1100-1800* (Burlington: Ashgate Variorum, 2006), 167-186.

165. Basil Gray, "Fourteenth-century Illustrations of the Kalilah and Dimnah," *Ars Islamica* 8(1940): 136-138; David S. Rice, "The Oldest Illustrated Arabic Manuscript," *Bulletin of the School of Oriental and African Studies* 22(1954): 207-223; Esin Atil, *Kalila wa Dimna: Fables from a Fourteenth Century Arabic Manuscript* (Washington, D.C.: Smithsonian, 1981); Jill S. Cowan, *Kalila wa Dimna: An Animal Allegory of the Mongol Court* (New York: Oxford University Press, 1989).

166. A. S. Melikian-Chirvani, *Le roman de Varqe et Golsah: Essai sur les rapports de l'esthétique plastique dans l'Iran pré-mongol, suivi de la tradition du poème* (Paris: Artes Asiatique numéro spécial XXII, 1970).

167. M. S. Ipsiroglu, *Painting and Culture of the Mongols* (New York: Harry N. Abrams, 1964),

38. 과학적 필사본 가운데 삽화가 있는 것으로 이 주제에 대해서는 다음 책의 다섯 논문 참조. Anna Contadini's *Arab Painting: Text and Image in Illustrated Arabic Manuscripts* (Leiden: Brill, 2007), 25-91.

168. Grabar, *Maqamat*, 140.

169. 페르시아 회화에 끼친 중국의 다양한 영향에 대해서는 다음 참조. Basil Gray, "Chinese Influence in Persian Painting: 14th and 15th Centuries," *The Westward Influence of Chinese Arts from the 14th to the 18th Century*, ed. William Watson (London: Percival David Foundation of Chinese Art, 1988), 11-19; Nancy S. Steinhardt, "Chinese Ladies in the Istanbul Albums," *Between China and Iran: Paintings from Four Istanbul Albums*, ed. Ernst J. Grube and Eleanor Sims (London: Percival David Foundation of Chinese Art, 1988), 77-84; Basil Gray, "The Chinoiserie Elements in the Paintings in the Istanbul Albums," *Between China and Iran: Paintings from Four Istanbul Albums*, ed. Ernst J. Grube and Eleanor Sims (London: Percival David Foundation of Chinese Art, 1988), 85-89; Yukai Kadoi, "Cloud Patterns: The Exchange of Ideas Between China and Iran Under the Mongols," *Oriental Art* 48(2002): 25-36.

170. Linda Komaroff, "The Transmission and Dissemination of a New Visual Language," *The Legacy of Genghis Khan: Courtly Art and Culture in Western Asia*, 1256-1353, ed. Linda Komaroff and Stefano Carboni (New Haven: Yale University Press, 2002), 183.

171. Grabar, *Mostly Miniatures*, 43.

172. James C. Y. Watt, "A Note on Artistic Exchanges in the Mongol Empire," *The Legacy of Genghis Khan: Courtly Art and Culture in Western Asia, 1256-1353*, ed. Linda Komaroff and Stefano Carboni (New Haven: Yale University Press, 2002), 72-73.

173. Emil Esin, "Two Miniatures from the Collection of Topkapi," *Ars Orientalia* 5(1963): plate 1. '불교의 영향'은 부정적이기는 하지만 우상의 파괴를 묘사한 이슬람 그림에서도 찾아볼 수 있는데, 그 우상들이 불상처럼 보인다. 예를 들어 알 비루니의 『지난 세기의 표지(*Athar al-Baqiya*)』에서 아브라함이 사비아 우상들을 파괴하는 그림 참조(Soucek, "An Illustrated Manuscript," figure 5); 또 1595년 미르콴드의 『청정한 정원(*Rawdat as-Safa*)』에서 무함마드가 카바 지붕에서 우상들을 내던지는 그림을 참조할 수 있는데, 이 그림은 1장의 그림 4로 쓰였다.

174. 또 다른 제안에 따르면 일칸 미술의 "띠 구성"은 부처의 일생담을 그린 중앙아시아 그림에서 유래했다(Ipsiroglu, *Painting and Culture*, 42). 위구르 영향에 대해서는 다음 참조. Esin, "Two Miniatures," 156-157 n. 2; Emel Esin, "A Pair of Miniatures from the Miscellany Collections of Topkapi," *Central Asiatic Journal* 21, 1(1977): 13-35; Emel Esen, "On the Relationship Between the Iconography in Muslim Uygur Manuscripts and Buddhist Uygur Eschatology," *Altaistic Studies*, ed.

Gunnar Jarring and Staffan Rosén (Stockholm: Almqvist, 1985), 37-52.

175. 여기에서 유명한 시아 칼람(Siyah Qalam), 즉 "검은 펜"의 불가사의한 그림들이 불교나 중앙아시아의 영향을 받았을 가능성이 있다는 증거로 포함시키고 싶지만, 이들은 후기 시대 작품으로 다른 영향을 받았기 때문에 적절하지 않은 듯하다. Michael Rogers, "Siyah Qalam," *Marg* 41(1987-1988): 21-38; Nancy S. Steinhardt, "Siyah Qalem and Gong Kai: An Istanbul Album Painter and a Chinese Painter of the Mongolian Period," *Muqarnas* 4(1987): 59-71 참조.

176. 대승불교에서 시각성이 중심을 이룬다는 데 대해서는 다음 참조. David L. McMahan, *Empty Vision: Metaphor and Visionary Imagery in Mahayana Buddhism* (London: Routledge Curzon, 2002).

177. "1299년 바그다드에서 필사된 『마주반서(書)(*Marzubannama*)』 사본의 시작 부분을 보면 선지자는 왕좌에 앉아 있는 것으로 그려져 있고, 무함마드 일생의 주기를 담은 삽화가 일칸 시대 필사본에 등장하는데, 그중에는 압둘 파들 무함마드 발아미의 연대 미상 역사서, 알 비루니 글의 1307년 사본, 라시드 알딘의 『집사』의 여러 사본이 있다 (Sheila S. Blair, "The Religious Art of the Ilkhanids," *The Legacy of Genghis Khan: Courtly A rt and Culture in Western Asia, 1256-1353*, ed. Linda Komaroff and Stefano Carboni [New Haven: Yale University Press, 2002], 117).

178. 그러나 그러한 파괴가 결코 일반적이지는 않았다. 그럼에도 불구하고, 이와 관련하여 가장 흥미로운 사례는 오스만 제국의 작가 에브리야 첼레비가 기록한 1655년 아나톨리아 경매 기록에서 찾을 수 있다. 그 기록을 보면, 입찰자들이 경매 전에 판매 품목을 정독할 수 있었는데, 어떤 사람이 그때 삽화본을 훼손했다. 그러나 그 사람은 경건하다고 칭찬을 들은 것이 아니라 오히려 속물이라고 비난 받고 형벌로 채찍질을 당하고 돌로 맞았다. Robert Dankoff, *Evliya Çelebi in Bitlis: The Relevant Section of the Seyahatname* (Leiden: Brill, 1990), 294-297 참조.

179. Hillenbrand, "The Arts of the Book," 150.

180. Priscilla P. Soucek, "The Life of the Prophet: Illustrated Versions," *Content and Context of Visual Arts in the Islamic World*, ed. Priscilla P. Soucek, (University Park: Pennsylvania State University Press, 1988), 193-217; Robert Hillenbrand, "Images of Muhammad in al-Biruni's *Chronology of Ancient Nations Persian Painting from the Mongols to the Qajars: Studies in Honour of Basil W. Robinson*, ed. Robert Hillenbrand (New York: I. B. Tauris, 2000), 133-135.

181. 불법(佛法)을 가르치는 데 이미지를 사용하는 경우는 특히 중국에서 널리 퍼져 있었다. Victor H. Mair, "Records of Transformation Tableaux (*Pien-hsiang*)," *T'oung Pao* 72(1986): 3-43; Victor H. Mair, *Painting and Performance: Chinese Picture Recitation and Its Indian Genesis* (Honolulu: University of Hawai'i Press, 1989); Wu Hung, "What is *Bianxiang?*—On the Relationship Between Dunhuang Art and Dunhuang Literature," *Harvard Journal of Asiatic Studies* 52, 1(1992): 111-192 참조.

182. 이 구절의 출처는 『근본설일체유부율(根本說一切有部律, *Mūlasarvāstivada Vinaya*)』이며 인용 출처는 다음 참조. Teiser, *Reinventing the Wheel*, 55-56.

183. David Jackson, *A History of Tibetan Painting: The Great Tibetan Painters and Their Traditions* (Wien: Verlag der Österreichischen Akademie der Wissenschaften, 1996), 70.

184. 알치 수도원의 공양자상에 반영된 티베트와 내륙아시아의 관계에 대해서는 다음 참조. Eleanor Sims, with Boris Marshak and Ernst J. Grube, *Peerless Images: Persian Painting and Its Sources* (New Haven: Yale University Press, 2002), 22-24; 페르시아 이슬람이 알치에 미친 영향에 대해서는 다음 참조. F. B. Flood, "Mobility and Mutation: Iranian Hunting Themes in the Murals of Alchi, Western Himalayas," *South Asian Studies* 7(1991): 21-35. 서부 티베트의 초기 불교 예술에 대한 개요로는 다음 참조. Romi Khosla, *Buddhist Monasteries in the Western Himalaya* (Kathmandu: Ratna Pustak Bhandar, 1979); Roger Goepper and Jaroslav Poncar, *Alchi: Ladakh's Hidden Buddhist Sanctuary, the Sumtsek* (Boston: Shambhala Publications, 1996); Deborah E. Klimburg-Salter, *Tabo: A Lamp for the Kingdom, Early Indo-Tibetan Buddhist A rt in the Western Himalaya* (New York: Thames & Hudson, 1998).

185. Grabar, *Mostly Miniatures*, 95.

186. Jane Casey Singer, "Painting in Central Tibet, ca. 950-1400," *Artibus Asiae* 54, 1/2(1994): 135.

187. 그러나 이러한 맥락에서 특기할 점은 발과 손을 얹은 티베트 회화가 특히 팍모 드룩파(1110~1170)와 그의 제자 지그텐 숨고(1143~1217)의 저술과 더불어 발전했다는 것인데, 이들이 세운 드리궁파는 이란의 몽골인과 연계가 있었다. Kathryn H. Selig Brown, "Early Footprint Thangkas, 12th-14th Century," *The Tibet Journal* 27, 1-2(2003): 71-112; and Kathryn H. Selig Brown, *Eternal Presence: Handprints and Footprints in Buddhist Art* (Katonah: Katonah Museum of Art, 2004), 19 참조.

188. Blair, "Patterns of Patronage and Production," 53. Terry Allen, "Byzantine Sources for the *Jami' al-tawarikh* of Rashid al-Din," *Ars Orientalia* 15(1985): 121-136 참조.

189. Raff, *Remarks on an Anti-Mongol Fatwa*, 63.

190. Blair, "Religious Art of the Ilkhanids," 112-114.

191. M. Molé, "Les Kubrawiya entre le Sunnisme et Shiisme aux Huitième et Neuvième Siècles de l'Hégire," *Revue des Éudes Islamiques* 29(1961): 76-90.

192. Pfeiffer, "Conversion Versions," 45-46.

193. 그러한 예로서 다음 참조. B. W. Robinson, *Fifteenth-Century Persian Painting: Problems and Issues* (New York: New York University Press, 1991); Thomas W. Lentz and Glenn D. Lowry, *Timur and the Princely Vision: Persian Art and Culture in the Fifteenth Century* (Washington,

D.C.: Smithsonian Institution Press, 1989). 우즈벡인이 티무르 예술 문화를 받아들인 것에 대해서는 다음 참조. Maria Eva Subtelny, "Art and Politics in Early Sixteenth Century Central Asia," *Central Asiatic Journal* 21, 1(1983): 121-148.

194. 그러한 예로서 다음 참조. Mirza Haydar's comments about the origin of Islamic painting during the Il-khans in his *Tarikh-i-Rashidi: A History of the Khans of Moghulistan*, trans. W. M. Thackston (Cambridge: Harvard University, Department of Near Eastern Studies, 1996), 130.

4장 지하드

제명(題名): 大智度論(*Mahāprajñāpāramitopadeśa*), 인용 출처. Paul Demiéville, "Le boudhisme et la guerre," in *Choix d'éudes bouddhiques* (Leiden: Brill, 1973), 266-267.

1. 모굴인 가운데 알코올 중독 문제가 너무 심각해서 서부 위구르에 대한 지하드 침공에서는 군대가 너무 취한 바람에 작전을 수행할 수 없었던 적도 있다(Mirza Haydar Dughlat, *Tarikh-i-Rashidi: A History of the Khans of Moghulistan*, trans. W. M. Thackston [Cambridge: Harvard University, Department of Near Eastern Studies, 1996], 219). 몽골의 알콜중독 문제와 제국 시대의 그 기원에 대해서는 다음 참조. Thomas T. Allsen, "Ögedei and Alcohol," *Mongolian Studies* 29(2007): 3-12.

2. Haydar Dughlat, *Tarikh-i-Rashidi*, 256.

3. 티베트 사료에 따르면, 1447~1448년 모굴리스탄의 침공을 물리친 이는 철교(鐵橋) 건설로 유명한 라마, 탕통 걀포(1385~1464?)이다; Luciano Petech, "Ta-ts'e, Gu-ge, Pu-ra?: A New Study," *Selected Papers on Asian History* (Rome: Istituto Italiano per il medio ed estresmo oriente, 1988), 385 참조.

4. Haydar Dughlat, *Tarikh-i-Rashidi*, 76, 253. 티베트가 중국 명나라 불교계의 중심이라는 주제에 대해서는 다음 참조. Hoong Teik Toh, *Tibetan Buddhism in Ming China* (Ph.D. diss., Harvard University, 1994,), 44-58.

5. Haydar Dughlat, *Tarikh-i-Rashidi*, 256.

6. Haydar Dughlat, *Tarikh-i-Rashidi*, 267-268.

7. Haydar Dughlat, *Tarikh-i-Rashidi*, 268.

8. Haydar Dughlat, *Tarikh-i-Rashidi*, 276.

9. 미르자 하이다르는 1545년, 1548년에 다시 라다크를 침공했고, 1548년에 물라 하산을 그곳의 총독으로 지명했다. 그러나 미르자 하이다르가 1551년 사망하면서 무슬림의 라다크 지배 역시 끝났다(Luciano Petech, *The Kingdom of Ladakh c. 950-1842 A.D.* [Rome: Istituto Italiano per il medio ed estresmo oriente, 1977], 27-28).

10. Michal Biran, "The Mongol Transformation: From the Steppe to Eurasian Empire," *Medieval*

Encounters 10 (2004): 339-361.

11. 어떤 기점(起點)을 선택하느냐에 따른 역사 기록상의 의미에 대해서는 다음 참조. Bernard Lewis, *From Babel to Dragomans: Interpreting the Middle East* (New York: Oxford University Press, 2004), 389.

12. 투르판과 샤조우(沙州, 돈황의 옛 이름 중 하나)로 위구르인이 이주하고 발전하게 된 데는 다음 참조. James Russell Hamilton, *Les Ouighours à l'époque des Cinq Dynasties d'après les documents chinois* (Paris: Presses Universitaires de France, 1955); Elisabeth Pinks, *Die Uiguren von Kan-chou in der früen Sung-Zeit (960-1028)* (Wiesbaden: Harrassowitz, 1968); Lilia Russell-Smith, *Uygur Patronage in Dunhuang: Regional Art Centres on the Northern Silk Road in the Tenth and Eleventh Centuries* (Leiden: Brill, 2005), 31-76.

13. H. J. Klimkeit, "Christians, Buddhists and Manicheans in Medieval Central Asia," *Buddhist-Christian Studies* 1(1981): 46-50.

14. Takao Moriyasu, "On the Uighur Buddhist Society at Ciqtim in the Turfan During the Mongol Period," *Splitter aus der Gegend von Turfan: Festschrift für Peter Zieme anläßlich seines* 60. *Geburtstags*, ed. Mehmet Ölmez and Simone-Christiane Raschmann (Istanbul: Türk Dilleri Arastirmalari Dizisi, 2002), 156. 위구르 불교의 발전에 관한 이론 개관으로는 다음 참조. Takao Moriyasu, "Chronology of West Uighur Buddhism: Re-examination of the Dating of the Wall-paintings in Grünwedel's Cave No. 8 (New: No. 18), Bezelik," *Aspects of Research into Central Asian Buddhism: In Memoriam Kogi Kudara*, ed. Peter Zieme (Turnhout: Brepols, 2008), 191-194.

15. "대초원의 지식층(steppe intelligentsia)"이라는 용어는 다음에서 차용. Paul D. Buell, "Cinqai (ca.1169-1252)," *In the Service of the Khan: Eminent Personalities of the Early Mongol-Yüan Period (1200-1300)*, ed. Igor de Rachewiltz et al. (Wiesbaden: Harrassowitz, 1993), 95.

16. Thomas T. Allsen, "The Yüan Dynasty and the Uighurs of Turfan in the 13th Century," *China Among Equals: The Middle Kingdom and Its Neighbors, 10th-14th Centuries*, ed. Morris Rossabi (Berkeley: University of California Press, 1983), 243-280.

17. Abdurishid Yakup, "Two Alliterative Uighur Poems from Dunhuang," *Linguistic Research* 17-18(1999): 11-12.

18. Abdurishid Yakup, "On the Interlinear Uyghur Poetry in the Newly Unearthed Nestorian Text," *Splitter aus der Gegend von Turfan: Festschrift für Peter Zieme anläßlich seines 60. Geburtstags*, ed Mehmet Ölmez and Simone-Christiane Raschmann (Istanbul: Türk Dilleri Arastirmalari Dizisi, 2002), 415.

19. 위구르 불교의 이슬람 저항 사례로는 다음 참조. Semih Tezcan, *Das uigurische Insadi-Sutra*

(Berlin: Akademie Verlag, 1974), 71-72; Semih Tezcan and Peter Zieme, "Antiislamische Polemik in einem alttürkischen buddhistischen Gedicht aus Turfan," *Altorientalische Forschungen* 17, 1(1990): 146-151.

20. Peter Zieme and György Kara, *Ein uigurisches Totenbuch: Naropas Lehre in uigurischer Übersetsung von vier tibetischen Traktaten nach Sammelhandschrift aus Dunhuang British Museum Or. 8212 (109)* (Wiesbaden: Harrassowitz, 1979), 27-29, 161-162.

21. Herbert Franke, "Mittelmongolische Glossen in einer arabischen Astronomischen Handschrift von 1366," *Oriens* 31(1988): 95-118. 알 산주피니의 지즈(*zij*)의 과학적 내용에 대해서는 다음 참조. E. S. Kennedy and Jan Hogendijk, "Two Tables from an Arabic Astronomical Handbook for the Mongol Viceroy of Tibet," *A Scientific Humanist: Studies in Memory of Abraham Sachs*, ed. Erie Leichty et al. (Philadelphia: The University Museum, 1988), 233-242; E. S. Kennedy, "Eclipse Predictions in Arabic Astronomical Tables Prepared for the Mongol Viceroy of Tibet," *Zeitschrift für Geschichte der Arabisch-Islamischen Wissenschaften* 4(1990): 60-80.

22. Peter B. Golden, "The World of the Rasulid Hexaglot," *The King's Dictionary: The Rasūlid Hexaglot: Fourteenth Century Vocabularies in Arabic, Persian, Turkic, Greek, Armenian, and Mongol*, ed. Peter B. Golden (Leiden: Brill, 2000), 14-18. 몽골 제국 기간 동안 다른 언어에 대한 관심이 증가한 데 대해서는 다음 참조. Thomas T. Allsen, "The Rasūlid Hexaglot in Its Eurasian Cultural Context," *The King's Dictionary: The Rasūlid Hexaglot: Fourteenth Century Vocabularies in Arabic, Persian, Turkic, Greek, Armenian, and Mongol*, ed. Peter B. Golden (Leiden: Brill, 2000), 25-48.

23. "몽골의 멍에(Mongol yoke)"가 러시아의 예술 작품들에서 보이는 부정적인 역할에 대해서는 다음 참조. Orlando Figes, *Natasha's Dance: A Cultural History of Russia* (New York: Metropolitan Books, 2002), 358-429.

24. 그러한 예로서 다음 참조. John Darwin, *After Tamerlane: The Global History of Empire Since 1405* (London: Bloomsbury Press, 2008).

25. Thomas T. Allsen, "Sharing Out the Empire: Apportioned Lands Under the Mongols," *Nomads in the Sedentary World*, ed. Anatoly M. Khazanov and André Wink (Richmond: Curzon Press, 2001), 172-190.

26. Jean Richard, "La conversion de Berke et les debuts de l'islamisation de la horde d'or," *Revue des Éudes Islamiques* 35(1967): 173-184; István Vásáry, "'History and Legend' in Berke Khan's Conversion to Islam," in *Aspects of Altaic Civilization III*, ed. Denis Sinor (Bloomington: Indiana University, Research Institute for Inner Asian Studies, 1990): 230-252; Devin DeWeese, "Problems of Islamization in the Volga-Ural Region: Traditions About Berke Khan," *Proceedings of the International Symposium on Islamic Civilisation in the Volga-Ural Region, Kazan, 8-11 June 2001*, ed. Ali Çaksu and Radik Mukhammetshin (Istanbul: Research Centre for Islamic History, Art and Culture, 2004), 3-13.

27. Charles J. Halperin, "The Kipchak Connection: The Ilkhans, the Mamluks and Ayn Jalut," *Bulletin of the School of Oriental and African Studies* 63, 2(2000): 229-245.

28. 이 둘의 갈등에 대해서는 다음 참조. Reuven Amitai Preiss, *Mongols and Mamluks: The Mamluk-Ilkhanid War, 1260-1281* (Cambridge: Cambridge University Press, 1995).

29. Amitai Preiss, *Mongols and Mamluks*, 81.

30. 몽골과 기독교 유럽의 관계에 대한 전반적 연구로는 다음 참조. Peter Jackson, *The Mongols and the West, 1221-1410* (Harlow: Pearson Longman, 2005).

31. Amitai Preiss, *Mongols and Mamluks*, 80.

32. Michal Biran, *Qaidu and the Rise of the Independent Mongol State in Central Asia* (Richmond: Curzon, 1997).

33. Peter Jackson, "From Ulus to Khanate: The Making of the Mongol States c. 1220-c. 1290," *The Mongol Empire and Its Legacy*, ed. Reuven Amitai-Preiss and David O. Morgan (Leiden: Brill, 1999), 12-38.

34. 그러한 예로서 다음 참조. Herbert Franke, "Sino-Western Contacts Under the Mongol Empire," *Journal of the Royal Asiatic Society* (Hong Kong Branch) 6(1966): 49-72.

35. 그러한 예로서 다음 참조. Thomas T. Allsen, "Biography of a Cultural Broker: Bolad Ch'eng-Hsiang in China and Iran," *The Court of the Ilkhans, 1290-1340*, ed. Julian Raby and Teresa Fitzherbert (Oxford: Oxford University Press, 1996), 7-22.

36. 그러한 예로서 다음 참조. Eric Vogelin, "Mongol Orders of Submission to European Powers, 1245-1255," *Byzantion* 15(1940-1941): 378-411.

37. György Kara, "Mediaeval Mongol Documents from Khara Khoto and East Turkestan in the St. Petersburg Branch of the Institute of Oriental Studies," *Manuscripta Orientalia* 9, 2(2003): 28-30.

38. 이 문제에 대해서는 다음 참조. Beatrice Forbes Manz, "The Development and Meaning of Chaghatay Identity," in *Muslims in Central Asia: Expressions of Identity and Change*, ed. Jo-Ann Gross (Durham: Duke University Press, 1992), 27-45.

39. Igor de Rachewiltz, *The Secret History of the Mongols: A Mongolian Epic Chronicle of the Thirteenth Century* (Leiden: Brill, 2006), § 202, 758-761.

40. 차가타이의 반이슬람 정책을 전면에 내세우며 가장 열렬하게 주장한 것이 쥬쟈니의 저술이다.

그런 예로서 다음 참조. H. G. Raverty, *The Tabakat-i-Nasiri of Minhaji-Saraj, Abu-Umar-i-LJsmart: A General History of the Muhammadan Dynasties of Asia, including Hindustan from A. H. 194 (810 A.D.) to A.H. 658(1260 A.D.), and the irruption of the infidel Mughals into Islam* (London: Gilbert & Rivington, 1881), 1144-1148.

41. 차가타이에 대한 이러한 견해는 1250년대 몽케의 차가타이 혈통 숙청이라는 맥락에서 발전했다고 본 연구로는 다음 참조. Christopher P. Atwood, "Informants and Sources for the Secret History of the Mongols," *Mongolian Studies* 29(2007): 34-36.

42. 이어지는 사료들의 근거로는 다음 참조. Michal Biran, "The Chaghadaids and Islam: The Conversion of Tarmashirin Khan (1331-34)," *Journal of the American Oriental Society* 122, 4(2002): 742-752.

43. 그러한 예로서 다음 참조. R. D. McChesney, "Zamzam Water on a White Felt Carpet: Adapting Mongol Ways in Muslim Central Asia, 1550-1650," *Religion, Customary Law, and Nomadic Technology*, ed. Michael Gervers and Wayne Schlepp (Toronto: Toronto Studies in Central and Inner Asia, 2000), 63-80.

44. Dai Matsui, "A Mongolian Decree from the Chaghataid Khanate Discovered at Dunhuang," *Aspects of Research into Central Asian Buddhism: In Memoriam Kogi Kudara*, ed. Peter Zieme (Turnhout: Brepols, 2008), 159-178; Dai Matsui, "Revising the Uigur Inscriptions of the Yulin Caves," *Nairiku Ajia gengo no kenkyu* 23(2008): 30-41.

45. Biran, "Chaghataids and Islam," 750.

46. '모굴'이라는 용어는 페르시아어와 아랍어에서 '몽골'이라는 투르크어를 번역한 것으로, 14세기에서 17세기까지 중앙아시아를 통치한 차가타이 왕조 혈통을 가르킬 때 사용했다. 유감스럽게도 이 용어가 인도를 통치한 바부르의 후손을 의미하는 것으로도 쓰이며, '무굴'이라고 철자를 잘못 표기하기도 하는 것은 인도 발음을 영국식으로 차용한 것이다. 어찌 되었든 이 용어는 부적절한 명칭인데, 바부르의 후손은 결코 이 용어를 사용하지 않았기 때문이다. 그들은 스스로를 티무르인이라고 여겼다. (Lisa Balabanlilar, "The Lords of the Auspicious Conjunction: Turcp-Mongol Imperial Identity on the Subcontinent," *Journal of World History* 18, 1[2007]: 1-39 참조). 그리고 문제를 더욱 복잡하게 만드는 것은 차가타이의 후손이 모굴인이라고 알려지면서 차가타이라는 용어가 티무르인과 그들의 문자 언어에도 적용되었다는 것이다.

47. 티무르 왕조가 유목 제국에서 농업과 함께 이슬람 사원에 중심을 둔 도시화 국가로 전환한 데 대해서는 다음 참조. Maria E. Subtelny, *Timurids in Transition: Turko-Persian Politics and Acculturation in Medieval Iran* (Leiden: Brill, 2007).

48. 투글룩 테무르의 개종에 대해서는 다음 참조. Kim Hodong, "The Early History of the Moghul

Nomads: The Legacy of the Chaghatai Khanate," *The Mongol Empire and Its Legacy*, ed. Reuven Amitai-Preiss and David O. Morgan (Leiden: Brill, 1999), 301-307.

49. 카타키의 역사 및 수피주의와 도시 재생의 관계에 대해서는 다음 참조. Kim Hodong, "Muslim Saints in the 14th to the 16th Centuries of Eastern Turkestan," *International Journal of Central Asian Studies* 1(1996): 287-296, 314-319.

50. K. M. Maitra, *A Persian Embassy to China: Being an Extract from Zubdatut Tawarikh of Hafiz Abru* (New York: Paragon Book Reprint Corp., 1970), 14-15.

51. Luo Yuejiong, *Xian bin lü* (Beijing: Zhonghua shuju, 1983). 이 참조를 알려준 압둘리시드 야쿠프(Abdurishid Yakup)에게 감사드린다.

52. 탬벌레인의 부상(浮上)에 대해서는 다음 참조. Beatrice F. Manz, *The Rise and Rule of Tamerlane* (New York: Cambridge University Press, 1989), 41-89.

53. 이러한 정치적 투쟁에 대해서는 다음 참조 John Dardess, *Conquerors and Confucians: Aspects of Political Change in Late Yüan China* (New York: Columbia University Press, 1973).

54. Johan Elverskog, *The Pearl Rosary: Mongol Historiography in Early Nineteenth Century Ordos* (Bloomington: Mongolia Society, 2007), 60 n. 189.

55. 이어지는 자료의 근거는 다음 참조. Herbert Franke and Denis Twitchett, *The Cambridge History of China, Vol. 6: Alien Regimes and Border States, 907-1368* (New York: Cambridge University Press, 1994); L. Carrington Goodrich and Chaoyang Fang, *Dictionary of Ming Biography, 1368-1644* (New York: Columbia University Press, 1976).

56. 몽골 치하 중국 법률의 발전에 대해서는 다음 참조. Bettine Birge, *Women, Property, and Confucian Reaction in Sung and Yuan China: 960-1368* (Cambridge: Cambridge University Press, 2002).

57. 이 난관에 대한 몽골의 대응, 특히 칭기즈 칸 숭배를 통한 새로운 영토 회복 시도에 대해서는 다음 참조. Johan Elverskog, "The Legend of Muna Mountain," *Inner Asia* 8, 1(2006): 99-122.

58. 몽골에 대한 명나라 궁정의 논쟁과 다양한 견해에 대해서는 다음 참조. Henry Serruys, *Sino-Mongol Relations During the Ming, I: The Mongols in China During the Hung-wu Period (1368-1398)* (Brussels: Institut Belge des Hautes Études Chinoises, 1959); Sechin Jagchid and Van Jay Symons, *Peace, War, and Trade Along the Great Wall: Nomadic-Chinese Interaction Through Two Millennia* (Bloomington: Indiana University Press, 1989); Alastair Johnston, *Cultural Realism: Strategic Culture and Grand Strategy in Chinese History* (Princeton: Princeton University Press, 1995).

59. 명나라의 몽골 증오가 병적인 극단까지 달했던 때가 가정제(嘉靖帝, 재위 1522~1566년) 통치 후기로, 가정제는 모든 공식 기록에서 "胡(즉, 몽골)"이라는 단어를 써야 할 때는 가능한 한 가장 작은 문자로 쓰라고 명했다 (James Geiss, "The Chia-ching Reign, 1522-1566," *The Cambridge History of*

China, Vol. 8: 1, ed. F. W. Mote and D. Twitchett [Cambridge: Cambridge University Press, 1988], 441).

60. Hidehiro Okada, "Origins of the Dorben Oyirad," *Ural-Altaische Jahrbücher* 7(1987): 181-211; Junko Miyawaki, "The Birth of Oyirad Khanship," *Central Asiatic Journal* 41(1997): 39-41.

61. Jasper Becker, *City of Heavenly Tranquility: Beijing in the History of China* (New York: Oxford University Press, 2008), 18.

62. 명나라와 몽골 간의 말 거래에 대해서는 다음 참조. Henry Serruys, *Sino-Mongol Relations During the Ming, III: Trade Relations: The Horse Fairs* (Brussels: Institut Belge des Hautes Études Chinoises, 1975).

63. Elliot Sperling, "The Szechwan-Tibet Frontier in the Fifteenth Century," *Ming Studies* 26(1988): 37-55. 초기 중국과 티베트 간 무역에 대해서는 다음 참조. Paul J. Smith, *Taxing Heaven's Storehouse: Horses, Bureaucrats, and the Destruction of the Sichuan Tea Trade, 1074-1224* (Cambridge: Council on East Asian Studies, 1991).

64. Johan Elverskog, *The Jewel Translucent Sutra: Altan Khan and the Mongols in the Sixteenth Century* (Leiden: Brill, 2003), 148-149 n. 257.

65. Morris Rossabi, "Ming Foreign Policy: The Case of Hami," *China and Her Neighbours: Borders, Visions of the Other, Foreign Policy 10th to 19th Century*, ed. Sabine Dabringhaus and Roderich Ptak (Wiesbaden: Harrassowitz, 1997), 79-97.

66. 사실, 이러한 서쪽 지향은 멀리 이집트까지 이어졌는데, 이집트에서 오이라트 남자는 군대에서 복무했고 오이라트 여자는 맘루크 엘리트들의 아내로 환영받았다. Linda S. Northrup, *From Slave to Sultan: The Career of Al-Manṣūr Qalāwūn and the Consolidation of Mamluk Rule in Egypt and Syria (678-689 A.H./1279-1290 A.D.)* (Stuttgart: Franz Steiner Verlag, 1998), 117-118, 191 참조.

67. André Wink, *Al-Hind: The Making of the Indo-Islamic World, Vol. 1, Early Medieval India and the Expansion of Islam 7th-11th Centuries* (Leiden: Brill, 1990), 331.

68. Joseph F. Fletcher, "China and Central Asia, 1368-1884," *The Chinese World Order*, ed. John K. Fairbank (Cambridge: Harvard University Press, 1968), 205-219. 티무르 조와 명나라 간의 상호 작용에 대해서는 다음 참조. Morris Rossabi, "A Translation of Ch'en Ch'eng's *Hsi-Yu Fan-kuo Chih*," *Ming Studies* 17(1983): 49-59.

69. Maitra, *A Persian Embassy*, 39.

70. Maitra, *A Persian Embassy*, 46-49. 이와 비슷하게 '불신도(不信徒)'의 예술성에 찬사를 보낸 일이 샤루크의 사절인 압둘 라자크 사마르칸디스가 1442년에서 1445년 사이 인도 남부를 사행(使行)했던 설명에 나타난다: "우리가 펜두르 마을에 도착하니, 그곳의 건물은 마치 천상 미녀(houri)와 천국 궁

전과 같았다. 우상 사원이 하나 있다. … 과장 없이 말하는데, 어떻게 설명한다 하더라도 그 건물의 아름다움을 전달할 수 없을 것이다. … 그것은 에람 정원만큼 쾌적하다. … 이 공간의 한가운데에는 사람 키 정도 되는 단상이 있었는데, 아름답게 장식한 돌을 쌓아 만든 것으로, 너무나 정교하고 섬세하게 돌을 쌓아 올려서 마치 한 덩어리처럼 생각될 정도였다. … 그 화강암에 날카로운 첨필로 디자인하고 그림 그린 것들이 너무나 많아 말로 다 설명할 수 없을 정도였다. 그 구조물의 위에서부터 아래까지 모든 공간은 피랑지(*firangi*, 외래인)와 중국적(*khatai*, 하타이) 디자인을 아는 장인이 만들었다. … 그곳에서 아침저녁으로 그들은 도저히 용납할 수 없는 예배를 드린 후 악기를 연주하고 춤을 춘다. 마을의 모든 남자들은 그곳에서 수행할 의무가 있으며, 거기로 공양물을 가져오는데, 공양물들은 먼 도시에서부터 왔다. 이 불신자들의 종교에서 보면 이것이 바로 이교도의 카바이다." (W. M. Thackston, *A Century of Princes: Sources on Timurid History and Art* [Cambridge: Aga Khan Program for Islamic Architecture, 1989], 306-307) 후기 무굴 시대 무슬림의 긍정적인 '불신도' 예술관에 대해서는 다음 참조. Carl Ernst, "Admiring the Works of the Ancients: The Ellora Temples as Viewed by Indo-Muslim Authors," *Beyond Turk and Hindu: Rethinking Religious Identities in Islamicate South Asia* (Gainesville: University of Florida Press, 2000), 98-120.

71. Masami Hamada, "Jihād, Hijra, et 'devoir du sel' dans l'histoire du Turkestan Oriental," *Turcica* 33(2001), 38.

72. "주마다(이슬람력에서 다섯 번째 달)가 끝날 무렵(7월 11일) 그들은 투르판에 도착했다. 이 도시의 주민 대부분은 불신자였고 우상을 숭배했다. 그들은 뛰어나게 아름다운 큰 우상 신전을 가지고 있었는데, 그 안에는 많은 우상이 있었고, 그중에는 새로 만든 것도 있고 오래된 것도 있었다. 제단의 전경에는 그들이 석가모니상이라고 하는 큰 상이 있었다." (Maitra, *A Persian Embassy*, 12-13)

73. Joseph F. Fletcher, "The Naqshbandiyya in Northwest China," *Studies on China and Islamic Central Asia*, ed. Beatrice Manz (Aldershot: Variorum, 1995), XI, 5.

74. 낙쉬반디 교단이 샤리아에 초점을 맞추게 된 기원은 14세기 호자간 수피(Khojagānī Sufi)에서 찾을 수 있다. Devin DeWeese, "Khojagānī Origins and the Critique of Sufism: The Rhetoric of Communal Uniqueness in the *Manāqib* of Khoja ᶜAli ᶜAzīzān Rāmītanī," *Islamic Mysticism Contested: Thirteen Centuries of Controversies and Polemics*, ed. Frederick De Jong and Bernd Radtke (Leiden: Brill, 1999), 496, 507, 518 참조.

75. 몽골이 이슬람 세계에 미친 영향을 개관한 것으로는 다음 책이 짜임새 있다. Michal Biran, *Chinggis Khan* (Oxford: Oneworld Publications, 2007), 74-136.

76. Devin DeWeese, "The Influence of the Mongols on the Religious Consciousness of Thirteenth Century Europe," *Mongolian Studies* 5(1978): 41-78.

77. 인간 문제에 대한 외적 해결과 내적 해결, 그리고 그 다양한 비유법들 간의 영원한 투쟁에 대해

서는 다음 참조. Edward Slingerland, *Effortless Action: Wu-wei as Conceptual Metaphor and Spiritual Ideal in Early China* (Oxford: Oxford University Press, 2003).

78. Devin DeWeese, "'Stuck in the Throat of Chingiz Khan': Envisioning the Mongol Conquests in Some Sufi Accounts from the 14th to 17th Centuries," *History and Historiography of Post-Mongol Central Asia and the Middle East: Studies in Honor of John E. Woods*, ed. J. Pfeiffer and S. A. Quinn (Wiesbaden: Harrassowitz, 2006), 23-60.

79. 야사비 교단과 낙쉬반디 교단 간의 영적, 역사적 투쟁에 대해서는 다음 참조. Devin DeWeese, "The *Masha'-ikh-i* Turk and the *Khojagan*: Rethinking the Links Between the Yasavi and Naqshbandi Sufi Traditions," *Journal of Islamic Studies* 7, 2(1996): 180-207.

80. 이 건축물과 야사비 역사 기록과의 연관성에 대해서는 다음 참조. Devin DeWeese, "Sacred Places and 'Public' Narratives: The Shrine of Ahamd Yasavi in Hagiographical Traditions of the Yasavi Sufi Order, 16th-17th Centuries," *Muslim World* 90(2000): 353-376.

81. Beatrice F. Manz, "Tamerlane and the Symbolism of Sovereignty," *Iranian Studies* 21, 1-2(1988): 105-122.

82. David Roxburgh, *Turks: A Journey of a Thousand Years, 600-1600* (London: Royal Academy of Arts, 2005), 196-197.

83. "이방인의 사악한 관습을 제거"한다는 이 특정 문구("sharr-i rusūm-i bīgānegān")는 여러 낙쉬반디야 서한에 나타난다. (Jo-Ann Gross and Asom Urunbaev, *The Letters of Khwāja 'Ubayd Allāh Aḥrār and His Associates* [Leiden: Brill, 2002]: 114, 128, 166.)

84. Kim Hodong, "The Rise and Fall of the Hami Kingdom (ca. 1389-1513)," *Land Routes of the Silk Roads and the Cultural Exchanges Between the East and West Before the 10th Century* (Beijing: New World Press, 1996). 또한 토유크에 있는 위구르 불교 석굴 사원들이 수피 데르비시(수행 탁발승)들의 거점이 되었다는 것을 유의해야 하는데, "그들은 그 석굴이 이슬람 성인전에 등장하는 '칠면자(七眠子)'의 거처라고 여겼다". (Scott, "Buddhism and Islam," 146.)

85. 이러한 종교적 개종 과정의 또 다른 측면으로, 불교 설화와 이슬람 전통의 통합을 들 수 있다. 예를 들어, 현장(玄奘)의 중앙아시아 순례기에 나오는 모래 폭풍 이야기는 카타키 수피 전설의 일부가 되었다. (Masami Hamada, "Islamic Saints and Their Mausoleums," *Acta Asiatica* 34[1978]: 81-83.) 더욱이, 소위 '우에이시(Uwaysi)' 수피들은 무힙브이 쿠흐마르(Muhibb-i Kuhmar, 산뱀의 연인)라는 이름의 수피와 신성한 뱀에 대한 전설을 알고 있는데, 이는 불교 철학자 나가르주나(龍樹)와 불교의 뱀 이야기를 모델로 한 것이 분명하다. (Julian Baldick, *Imaginary Muslims: The Uwaysi Sufis of Central Asia* [New York: I. B. Tauris, 1993], 163-165.) 마찬가지로, 불교적 요소를 이슬람에 전용하는 일이 자바에서도 일어났다. A. H. Johns, "From Buddhism to Islam: An Interpretation of the Javanese Literature of the Transition," *Comparative Studies in Society and History* 9, 1(1966): 40-50 참조.

86. Haydar, *Tarikh-i-Rashidi*, 35-36, 48.

87. Joseph F. Fletcher, "China and Central Asia, 1368-1884," *The Chinese World Order*, ed. John K. Fairbank (Cambridge: Harvard University Press, 1968), 216-218. 15세기까지 이어진 무역에 대해서는 다음 참조. Hiroshi Watanabe, "An Index of Embassies and Tribute Missions from Islamic Countries to Ming China (1368-1644) as Recorded in the *Ming Shih-lu* Classified According to Geographic Area," *Memoirs of the Research Department of the Toyo Bunko* 33 (1975): 285-348; F. W. Cleaves, "The Sino-Mongolian Edict of 1453 in The Topkapi Sarayi Müsezi," *Harvard Journal of Asiatic Studies* 13, 3-4(1950): 431-446.

88. Juten Oda, "Uighuristan," *Acta Asiatica* 34(1978): 43.

89. Henry Serruys, "Early Lamaism in Mongolia," *Oriens Extremus* 10(1962): 189-191.

90. Sh. Bira, "Qubilai Qa'an and 'Phags-pa bLa-ma," *The Mongol Empire and Its Legacy*, ed. Reuven Amitai-Preiss and David O. Morgan (Leiden: Brill, 1999), 240-249.

91. Herbert Franke, "Tibetans in Yüan China," *China Under Mongol Rule*, ed. John D. Langlois, Jr. (Princeton: Princeton University Press, 1981), 308. 몽골과 티베트인의 이러한 불교 통치 모델에 대한 연구는 다음 참조. Janos Szerb, "Glosses on the Oeuvre of Bla-ma 'Phags-pa: III. The 'Patron-Patronized' Relationship," in *Soundings in Tibetan Civilization*, ed. Barbara Nimri Aziz and Matthew T. Kapstein (Delhi: Manohar, 1985), 165-173; David S. Ruegg, "*Mchod yon, yon mchod* and *mchod gnas/yon gnas* : On the Historiography and Semantics of a Tibetan Religiosocial and Religio-political Concept," *Tibetan History and Language*, ed. Ernst Steinkeller (Vienna: Arbeitskreis für Tibetische und Buddhistische Studien Universitat Wien, 1991), 441-453; David S. Ruegg, "The Precept-Donor *(yon mchod)* Relation in Thirteenth Century Tibetan Society and Polity, Its Inner Asian Precursors and Indian Models," *Tibetan Studies*, ed. H. Krasser et al. (Vienna: Österreichische Akademia der Wissenschaft, 1997), 857-872.

92. Serruys, "Early Lamaism in Mongolia," 181-216; Henry Serruys, "Additional Note on the Origin of Lamaism in Mongolia," *Oriens Extremus* 13(1966): 165-173; Elliot Sperling, "Notes on References to 'Bri-Gung-pa-Mongol Contact in the Late Sixteenth and Early Seventeenth Centuries," *Tibetan Studies: Proceedings of the 5th Seminar of the International Association of Tibetan Studies*, ed. Ihara Shoren and Yamaguchi Ziuho (Narita: Naritasan Shinsoji, 1992), 741-750.

93. 명나라 궁정과 티베트 라마의 관련에 대해서는 다음 참조. Toh, *Tibetan Buddhism in Ming China*; Natalie Köhle, "Why Did the Kangxi Emperor Go to Wutai Shan? Patronage, Pilgrimage, and the Place of Tibetan Buddhism at the Early Qing Court," *Late Imperial China* 29, 1(2008):

77-84; Peter Schwieger, "A Document of Chinese Diplomatic Relations with East Tibet During the Ming Dynasty," *Tibetstudien: Festschrift für Dieter Schuh zum 65. Geburtstag*, ed. Petra Maurer and Peter Schwieger (Bonn: Bier'sche Verlaganstallt, 2007), 209-226; Shen Weirong, "On the History of Gling tshang Principality of mDo khams During the Yuan and Ming Dynasties: Studies on Sources Concerning Tibet in *Ming Shilu* (I)," *Tibetstudien: Festschrift für Dieter Schuh zum* 65. Geburtstag, ed. Petra Maurer and Peter Schwieger (Bonn: Bier'sche Verlaganstallt, 2007), 227-266; Dora C. Y. Ching, "Tibetan Buddhism and the Creation of the Imperial Image," *Culture, Courtiers, and Competition: The Ming Court (1368-1644)*, ed. David M. Robinson (Cambridge: Harvard University Asia Center, 2008), 321-364; David M. Robinson, "The Ming Court and the Legacy of the Yuan Mongols," in *Culture, Courtiers, and Competition: The Ming Court (1368-1644)*, ed. David M. Robinson (Cambridge: Harvard University Asia Center, 2008), 365-421.

94. 오이라트의 황제 생포는 명나라에 중대한 영향을 미쳤다. (F. W. Mote, "The T'u-mu Incident of 1449," in *Chinese Ways in Warfare*, ed. Frank Kierman, Jr., and John K. Fairbank [Cambridge: Harvard University Press, 1974], 243-272.) 그 사건으로 명나라의 지적 세계가 영원히 바뀌었다고까지 주장하는 학자도 있다. (Chu Hung-lam, "Intellectual Trends in the Fifteenth Century," *Ming Studies* 27[1989]: 9.)

95. 이러한 발전에 대해서는 다음 참조. Elverskog, *The Jewel Translucent Sutra*, 129-179.

96. David Robinson, "Politics, Force and Ethnicity in Ming China: Mongols and the Abortive Coup of 1461," *Harvard Journal of Asiatic Studies* 59(1999), 95.

97. Jürgen Paul, *Die politische und soziale Bedeutung der Naqsbandiyya in Mittelasien im 15. Jahrhundert* (Berlin: Walter de Gruyter, 1991).

98. 중앙아시아와 인도에서 호자 아흐라의 정치적, 재정적 권력에 대해서는 다음 참조. Muzaffar Alam, "The Mughals, the Sufi Shaikhs and the Formation of Akbari Dispensation," *Modern Asian Studies* 43, 1(2009): 143-154.

99. Jürgen Paul, "Forming a Faction: The *Ḥimāyat* System of Khwaja Ahrar," *International Journal of Middle East Studies* 23, 4(1991): 533-548.

100. Morris Rossabi, "The Decline of the Central Asian Caravan Trade," in *The Rise of Merchant Empires: Long Distance Trade in the Early Modern World, 1350-1750*, ed. James D. Tracy (New York: Cambridge University Press, 1990), 351-370.

101. Fletcher, "The Naqshbandiyya," 6-7.

102. Elverskog, *The Jewel Translucent Sutra*, 48-53.

103. Johan Elverskog, "The Story of Zhu and the Mongols of the 17th Century," *Ming Studies*

50(2004): 39-76.

104. Hidehiro Okada, "Dayan Khan in the Battle of Dalan Terigün," *Gedanke und Wirkung: Festschrift zum 90. Geburtstag von Nikolaus Poppe*, ed. W. Heissig and K. Sagaster (Wiesbaden: Harrassowitz, 1989), 262-270.

105. Louis Hambis, "Note sur l'installation des Mongols dans la Boucle du Fleuve Jaune," *Mongolian Studies*, ed. Louis Ligeti (Amsterdam: B. R. Grüner, 1970), 167-179.

106. 예를 들어, 알탄 칸이 1558~1560년 2년간 서쪽으로 원정을 하는 동안, 그는 티베트를 침략했지만 밀교에는 아무런 관심도 보이지 않았다. Elverskog, *The Jewel Translucent Sutra*, 108 참조.

107. 예를 들어, 청나라와 유럽 열강 간의 대결에 대해서는 다음 참조. James L. Hevia, *Cherishing Men from Afar: Qing Guest Ritual and the Macartney Embassy of 1993* (Durham: Duke University Press, 1995); James L. Hevia, *English Lessons: The Pedagogy of Imperialism in Nineteenth-Century China* (Durham: Duke University, 2003); Lydia H. Liu, *The Clash of Empires: The Invention of China in Modern World Making* (Cambridge: Harvard University Press, 2006).

108. 만리장성의 역사와 의미에 대해서는 다음 참조. Nicola DiCosmo, *Ancient China and Its Enemies: The Rise of Nomadic Power in East Asian History* (Cambridge: Cambridge University Press, 2002); Arthur Waldron, *The Great Wall of China: From Myth to History* (Cambridge: Cambridge University Press, 1990).

109. B. J. ter Haar, *The White Lotus Teachings in Chinese Religious History* (Leiden: Brill, 1992), 152-153.

110. Elverskog, *The Jewel Translucent Sutra*, 98 n. 104.

111. Carney T. Fisher, "Smallpox, Salesmen, and Sectarians: Ming-Mongol Relations in the Jiajing Reign (1522-67)," *Ming Studies* 25(1988): 1-23.

112. Johan Elverskog, "Tibetocentrism, Religious Conversion and the Study of Mongolian Buddhism," in *The Mongolia-Tibet Interface: Opening New Research Terrains in Inner Asia*, ed. Hildegaard Diemberger and Uradyn Bulag (Leiden: Brill, 2007), 59-81.

113. 몽골어 "백건(白巾)"은 내륙아시아의 무슬림을 의미하며 중국어에서 차용한 것이다. (Paul Pelliot, "Le Hōja et le Sayyid Husain de l'Histoire des Ming," *T'oung pao* 38[1948]: 130-132 참조.)

114. Elverskog, *The Jewel Translucent Sutra*, 168-169.

115. F. W. Cleaves, "Aqa Minu," *Harvard Journal of Asiatic Studies* 24(1962-1963): 64-81.

116. Elverskog, *The Jewel Translucent Sutra*, 109-110.

117. Fletcher, "The Naqshbandiyya," 9.

118. Serruys, "Early Lamaism in Mongolia," 202-213.

119. 이러한 발전에 대해서는 다음 참조. Zahiruddin Ahmad, *Sino-Tibetan Relations in the Seventeenth Century* (Rome: Istituto Italiano per il Medio ed Estremo Oriente, 1970).

120. 명나라의 마지막 세기에 대한 개관으로는 다음 참조. Brook, *The Confusions of Pleasure: Commerce and Culture in Ming China* (Berkeley: University of California Press, 1999), 153-237.

121. 만주 국가의 창시자인 누르하치(1559~1626)는 이미 밀교에 입문하여 그의 '구루(스승)'인 올룩 다르한 낭소(Olug Darkhan Nangso)를 1621년에 만주 강역(疆域)의 법사(法師)로 임명했다. 또한 누르하치는 1620년대에 허투알라(興京, 옛 수도인 옌덴)의 그의 거주지 근처에 큰 수도원 7개를 건설했다. (Sabine Dabringhaus, "Chinese Emperors and Tibetan Monks: Religion as an Instrument of Rule," *China and Her Neighbours: Borders, Visions of the Other, Foreign Policy 10th to 19th Century China*, ed. Sabine Dabringhaus and Roderich Pitak [Wiesbaden: Harrassowitz, 1997], 122.) 이 건축 프로젝트에 이어서 그의 후계자인 홍 타이지(1592~1643)의 건축 프로젝트가 있었다. 그는 1635년에 유명한 마하칼라 사원을 건설했으며, 이 사원은 전형적으로 불교 및 몽골 유산이 만주식과 중첩된 형태이다. 이 사원에 보존되어 있는 것 중에는 몽골어 불교 경전 사본뿐만 아니라, 칭기즈 왕조의 마지막 통치자인 링단 칸(林丹汗)과 그의 스승 샤르바 후툭투의 유해, 그리고 무엇보다도 가장 중요한 마하칼라 동상이 있다. 쿠빌라이 칸은 원 왕조 동안 이 사원에 파스파(혹은 팍마) 라마의 동상을 기부했고, 링단 칸의 가족이 만주족에게 항복했을 때 이를 공물로 바쳤다. 이 라마상이 지극히 중요했던 이유는 그 역사적 연관성과 제례적 의미에서 만주족이 몽골 불교 통치의 정당한 후계자임을 보여준다는 점 때문이다. 그리하여 1643년에 홍 타이지는 중요한 이 사찰을 확장하기 시작했다. 1645년 이 과업이 완성되면서 4개의 사찰과 인접한 사리탑들이 세워졌고, 마하칼라 사원, 황궁, 만주족의 수도 묵던(瀋陽)이 하나의 만다라 안에 들어 있도록 건설되었다. 새뮤얼 그루퍼(Samuel Grupper)가 언급한 바와 같이, "불교 우주론적 질서의 건축적 표현은(이러한 배치는 브래그 마르 (Brag mar) 옛 티베트 제국 구역에 위치한 삼예(Bsam yas, 桑耶寺) 사원[◆]의 가람 배치를 연상시키는 것으로), [홍 타이지의] 전륜성왕(轉輪聖王) 계승을 축하하고, 만주 왕조의 권리를 밝히며, 만주 수도와 그 강역을 마하칼라의 보호하에 두도록 했다." ("Manchu Patronage and Tibetan Buddhism During the First Half of the Ch'ing Dynasty," *Journal of the Tibet Society* 4[1984]: 53.)

122. 토르구드가 이끄는 세 번째 그룹은 1630년에 이 지역을 떠나 러시아 남부의 볼가강에 정착했다. 그들이 현재 러시아 칼미크공화국의 주민, 칼미크인이 되었다.

123. Christopher P. Atwood, "Titles, Appanages, Marriages, and Officials: A Comparison of Political Forms in the Ziinghar and Thirteenth-Century Mongol Empires," *Imperial Statecraft: Poli-*

◆ 755년경 세워진 티베트 최초의 불교 사원. 불전에서 전해지는 세계관, 즉 만다라를 모델로 가람을 배치했다.

tical Forms and Techniques of Governance in Inner Asia, Sixth-Twentieth Centuries, ed. David Sneath (Bellingham: Western Washington University, 2006), 211-214.

124. 위대한 5대의 경력에 대해 읽기 쉽게 만들어진 개관으로는 다음 참조. Samten G. Karmay, "The Fifth Dalai Lama and His Reunification of Tibet," *Lhasa in the Seventeenth Century: The Capital of the Dalai Lamas*, ed. Françoise Pommaret (Leiden: Brill, 2003), 65-80; Elliot Sperling, "Tibet's Foreign Relations During the Epoch of the Fifth Dalai Lama," *Lhasa in the Seventeenth Century: The Capital of the Dalai Lamas*, ed. Françoise Pommaret (Leiden: Brill, 2003), 119-132.

125. Elliot Sperling, "Awe and Submission: A Tibetan Aristocrat at the Court of Qianlong," *International History Review* 20, 2(1998): 325-335. 18세기 청나라의 티베트 정책에 대해서는 다음 참조. Luciano Petech, *China and Tibet in the Early 18th Century* (Leiden: Brill, 1950).

126. Yumiko Ishihama, "A Study of the Seals and Titles Conferred by the Dalai Lamas," in *Tibetan Studies: Proceedings of the Fifth Seminar of the International Association of Tibetan Studies*, ed. Shoren Ihara and Zuiho Yamaguchi (Narita: Naritasan Shinsoji, 1992), 501-514.

127. 까규파에 대한 이러한 공격의 결과, 특히 그들이 중국-티베트 국경 지역으로 퇴각한 데 대해서는 다음 참조. Karl Debreczeny, "Dabaojigong and the Regional Tradition of Ming Sino-Tibetan Painting in the Kingdom of Lijiang," *Buddhism Between Tibet and China*, ed. Matthew T. Kapstein (Boston: Wisdom Publications, 2009), 97-152.

128. 결국 위대한 5대가 티베트에 대한 통제력을 행사했다. 하지만 달라이 라마, 그리고 달라이 라마가 종교 의식이나 정치에서 가진 권위를 제도화한 것은 대부분 섭정인 상게 갸초의 유업으로, 그는 이 주제에 대해 7,000페이지가 넘는 기록을 남겼다. (Kurtis R. Schaeffer, "Ritual, Festival and Authority Under the Fifth Dalai Lama," *Power, Politics, and the Reinvention of Tradition: Tibet in the Seventeenth and Eighteenth Centuries*, ed. Bryan J. Cuevas and Kurtis R. Schaeffer [Leiden: Brill, 2006], 188.)

129. Elliot Sperling, "'Orientalism' and Aspects of Violence in the Tibetan Tradition," *Imagining Tibet: Perceptions, Projections, and Fantasies*, ed. Thierry Dodin and Heinz Räther (Boston: Wisdom Publications, 2003), 318.

130. Zuiho Yamaguchi, "The Sovereign Power of the Fifth Dalai Lama: *sPrul sku* gZims-khang-gong-ma and the Removal of Governor Nor-bu," *Memoirs of the Research Department of the Toyo Bunko* 53(1995): 1-28.

131. 조낭파에 대해 "서양 학자들은 오래전부터 사망 기사를 준비하고 있지만" 그 전통은 여전히 잠탕(壤塘县)의 초제 사원 등지에서 번성하고 있다. (Elliot Sperling, "Tibetan Buddhism, Perceived and Imagined, along the Ming-Era Sino-Tibetan Frontier," *Buddhism Between Tibet and China*, ed. Matthew T. Kapstein [Boston: Wisdom Publications, 2009], 156.)

132. Gerhard Emmer, "Dga' Ldan Tshe Dbang Dpal Bzang Po and the Tibet-Ladakh-Mughal War of 1679-84," *The Mongolia-Tibet Interface: Opening New Research Terrains in Inner Asia*, ed. Uradyn E. Bulag and Hildegaard G. M. Diemberger (Leiden: Brill, 2007), 81-107.

133. 1733년 소남 토브계의 전기 *dPal-mi'i dbang po'i rtogs-pa brjod-pa 'jig-rten kun-tu dga'-ba'i gtam*에서 인용한 것으로, 출처는 다음 참조. Luciano Petech, "The Tibetan-Ladakhi-Moghul War (1679-1683)," in his *Selected Papers on Asian History* (Rome: Istituto Italiano per il Medio ed Estresmo Oriente, 1988), 33.

134. 이 두 계보의 역사에 대해서는 다음 참조. Alexandre Papas, *Soufisme et politique entre Chine, Tibet, et Turkestan: Étude sur les Khwajas Naqshbandis du Turkestan Oriental* (Paris: Librarie d'Amérique et d'Orient, 2005).

135. Thierry Zarcone, "Sufism from Central Asia Among the Tibetans in the 16th-17th Centuries," *Tibet Journal* 20, 3(1995): 102-105.

136. Hidehiro Okada and Junko Miyawaki, "The *Biography of Zaya Pandita*, the Greatest Oirad Monk," *Biographies of Eminent Mongol Buddhists*, ed. Johan Elverskog (Sankt Augustin, Germany: International Institute for Tibetan and Buddhist Studies, 2008), 27-45.

137. James A. Millward, *Eurasian Crossroads: A History of Xinjiang* (New York: Columbia University Press, 2007), 77.

138. 만주의 준가르 정복에 대해서는 다음 참조. Peter C. Perdue, *China Marches West: The Qing Conquest of Central Eurasia* (Cambridge: Belknap Press, 2005).

제5장 할랄

제명(題名): 『원사(元史)』, 번역은 다음 참조. F. W. Cleaves, "The Rescript of Qubilai Prohibiting the Slaughtering of Animals by Slitting the Throat," *Journal of Turkish Studies* 16(1992): 69.

1. 몽골 수도에 대해서는 다음 참조. Hok-lam Chan, *Legends of the Building of Old Peking* (Hong Kong: Chinese University Press, 2007).

2. A. C. Moule and Paul Pelliot, *Marco Polo, The Description of the World*, Vol. 1 (London: George Routledge & Sons, 1938), 216.

3. 번역 참조. Cleaves, "The Rescript of Qubilai," 72-73.

4. Paul Ratchnevsky, "Rašid ad-Din üiber de Mohammendaner-Verfolgungen in China unter Qubilai," *Central Asiatic Journal* 14(1970): 163-180.

5. J. A. Boyle, *The Successors of Genghis: Translated from the Persian of Rashid al-Din* (New York: Columbia University Press, 1971), 294.

6. Boyle, *The Successors of Genghis*, 294.

7. 분명히 "저들 불신자(不信者 혹은 多神論者)를 살해하라"(꾸란 9:5)와 "저들 불신자(不信者 혹은 多神論者)를 공격하라"(꾸란 9:36)는 구절에 근거한 듯하다.

8. Boyle, *The Successors of Genghis*, 295.

9. 여기에서 위대한 신이란 몽골 신 가운데 최고 신인 몽케 텡그리, 즉 "영원한 텡그리"로, 칭기즈 칸에게 세계를 다스리라는 축복을 주었다. 그리고 하미드 알딘이 올바르게 지적했듯이, 이 사실을 인정하여 몽골인이 발행한 모든 서한과 법령에는 "영원한 하나님의 축복/권세로"라는 문구로 시작하는데, 그들의 관점에서 몽골의 정복과 세계 지배는 몽케 텡그리의 뜻이었기 때문이다. (Nicholas Poppe, *Mongolian Monuments in the hP'ags-pa Script*, trans. J. R. Krueger [Wiesbaden: Harrassowitz, 1957]; and Sgrol-dkar et al., *Xizang lishi dangan huicui* [A collection from the Historical Archives of Tibet] [Beijing: Cultural Relics Publishing House, 1995], no. 1, 2, 5, 6 참조. 폴 펠리오가 발간한 파스파 어 서한에서는 약간 다른 형식["Monkha denri-yin khuchun-dur kha'an u su-dur"]을 쓰고 있다. Giuseppe Tucci, *Tibetan Painted Scrolls* [Rome: Librera dello Stato, 1949], 623 참조.) 몽고의 이러한 종교적 비전을 서양의 종교적 틀로 번역할 때는 항상 혼란이 발생하게 마련이다. 그러한 사례로 몽케 칸이 "이것은 영원한 신[몽케 텡그리]의 명령이오"로 시작하는 편지를 루이 9세에게 보냈는데, 그것을 뤼브릭 윌리엄이 번역한 경우를 들 수 있다. 'In Heaven there is only one eternal God [Mongke Tengri]'" (Rubruck, *The Mission of Friar William*, 248; Eric Vogelin, "Mongol Orders of Submission to European Powers, 1245-1255," *Byzantion* 15[1940-1941]: 391 참조). 기독교인은 당연히 이것이 '몽케 텡그리'가 아니라 기독교의 하나님을 의미한다고 이해했다. 그러나 사실은 그렇지 않았다. 구유크 칸은 교황에게 보낸 편지에서 왜 몽골인이 기독교로 개종하지 않는지 그 이유를 설명하면서 "그들[기독교인]은 신[몽케 텡그리]의 말씀에 순종하지 않기 때문이오"라고 하여 이를 분명히 밝혔다. 그리고 바로 그러한 종교적 혼란 때문에 하미드 알딘이 쿠빌라이 칸과 지하드 이론을 논의할 때 유리하게 쓸 수 있었다. 실제로 그의 주장은 이전 장에서 언급했던 요점, 즉 지하드가 항상 새로운 역사적 맥락에 따라 재해석된다는 것을 아주 잘 보여준다.

10. Elizabeth Endicott-West, "Merchant Associations in Yuan China: The *Ortaq*," *Asia Major* 2(1989): 127-145.

11. Christopher P. Atwood, *Encyclopedia of Mongolia and the Mongols* (New York: Facts on File, 2004), 253.

12. 출처는 최근 발견된 1346년 『지정조격(至正條格)』으로, 한국학중앙연구원 편(서울: 휴머니스트, 2007) 발간. 번역에 대해 김호동에게 감사드린다.

13. Paul Buell, "A Cautionary Tale: Činqqis Qan as the Third Man," *Mongolian Studies* 29(2007): 55-66.

14. 칭기즈 칸의 생애와 경력에 대해 지금까지 최고의 역사서로 꼽히는 도서는 다음과 같다. Paul Ratchnevsky, *Genghis Khan: His Life and Legacy* (Oxford: Basil Blackwell, 1991). 칭기즈 칸을 표현하는 문제에 대해서는 다음 참조. Jack Weatherford, *Genghis Khan and the Making of the Modern World* (New York: Crown, 2004).

15. Christopher P. Atwood, "The Date of the *Secret History* Reconsidered," *Journal of Song-Yuan Studies* 37(2007): 1-48.

16. Christopher P. Atwood, "Informants and Sources for the *Secret History of the Mongols*," *Mongolian Studies* 29(2007): 34-36.

17. "일단 권력을 잡자, 그들은 **야사**에서 누구도 목을 베어 동물을 도살해서는 안 되며 몽골 고유의 방식대로 가슴을 갈라야 한다고 정했다." ('Ala-ad-Din 'Ata-Malik Juvaini, *The History of the World Conqueror*, trans. John A. Boyle [Manchester: Manchester University Press, 1958], 260)

18. Juvaini, *History of the World Conqueror*, 206.

19. Juvaini, *History of the World Conqueror*, 272.

20. '칭기즈 칸의 대(大)**야사**'의 성격과 역사에 대해 논쟁이 계속 이어지고 있는데, 그 개요에 대해서는 다음 참조. David Morgan, "The 'Great *Yasa* of Chinggis Khan' Revisited," *Mongols, Turks, and Others: Eurasian Nomads and the Sedentary World*, ed. Reuven Amitai and Michal Biran (Leiden: Brill, 2005), 291-308.

21. A. Bausani, "Religion Under the Mongols," *The Cambridge History of Iran, Vol. 5: The Saljuq and Mongol Periods*, ed. J. A. Boyle (Cambridge: Cambridge University Press, 1968), 548.

22. J. A. Boyle, "Dynastic and Political History of the Il-Khans," *The Cambridge History of Iran, Vol. 5: The Saljuq and Mongol Periods*, ed. J. A. Boyle (Cambridge: Cambridge University Press, 1968), 346.

23. 우연히도, 아흐마드가 살해되고 나서 결국 그에 대해 수사하자 "쿠빌라이는 이 무슬림 관리의 유죄를 확신했고, 그 시체를 파내어 저잣거리에 걸어두어 개떼가 공격하도록 했다." (Morris Rossabi, "The Reign of Khubilai Khan," *The Cambridge History of China, Vol. 6: Alien Regimes and Border States, 907-1368*, ed. Herbert Franke and Denis Twitchett [New York: Cambridge University Press, 1994], 474).

24. 송나라 중국인이 몽골 정복에 대해 보인 반응은 다음 참조. John Chaffee, *Branches of Heaven: A History of the Imperial Clan of Sung China* (Cambridge: Harvard University Asia Center, 1999), 242-259.

25. 이 사건과 관련하여 제국의 권위 유지의 중요성에 대해서는 다음 참조. Kim Hodong, "A Portrait of a Christian Official Under Mongol Rule: Life and Career of 'Isa Kelemechi (1227-1308)," unpublished paper presented at the workshop, "The Mongols and Christianity," Ulaanbaatar, Mongolia, August 10-12, 2007.

26. Craig Clunas, *Empire of Great Brightness: Visual and Material Cultures of Ming China, 1368-1644* (Honolulu: University of Hawai'i, 2007), 82. 청화백자에 대한 역사적 개관으로는 다음 참조. John Carswell, *Blue and White: Chinese Porcelain Around the World* (London: Art Media Resources, 2000).

27. 회족(回族)의 역사와 발전의 "4가지 물결", 즉 초기, 청나라 시대 부흥기, 근대 개혁기, 종족 민족주의기로 읽기 좋게 정리한 저서로는 다음 참조. Dru C. Gladney, *Muslim Chinese: Ethnic Nationalism in the People's Republic* (Cambridge: Council on East Asian Studies, 1996), 21-63.

28. Thomas T. Allsen, *Commodity and Exchange in the Mongol Empire: A Cultural History of Islamic Textiles* (Cambridge: Cambridge University Press, 1997), 30-45.

29. James A. Millward and Laura J. Newby, "The Qing and Islam on the Western Frontier," in *Empires at the Margins: Culture, Ethnicity, and Frontier in Early Modern China*, ed. Pamela Kyle Crossley, Helen F. Siu, and Donald S. Sutton (Berkeley: University of California Press, 2006), 124-125.

30. Vincent Goossaert, "The Beef Taboo and the Sacrificial Structure of Late Imperial Chinese Society," in *Of Tripod and Palate: Food, Politics, and Religion in Traditional China*, ed. Roel Sterckx (New York: Palgrave Macmillan, 2005), 244.

31. 티베트 불교 문헌에서는 채식주의를 찬양하지만 (e.g., Shabkar Tsogdruk Rangdrol, *The Life of Shabkar: The Autobiography of a Tibetan Yogin*, trans. Matthieu Ricard et al. [Albany: State University of New York Press, 1994]: 195, 327, 411, 541-542, 582, 585), 티베트인 대부분이 여전히 육식을 한다. 티베트인이 어떻게 먹기 위해 동물을 죽이는 데도 그 까르마의 결과를 회피할 수 있는지에 대한 사례로는 다음 참조. Geoff Childs, *Tibetan Diary: From Birth to Death and Beyond in a Himalayan Valley of Nepal* (Berkeley: University of California Press, 2004), 125-128.

32. Valentin A. Riasanovsky, *Fundamental Principles of Mongol Law* (Bloomington: Indiana University Press, 1965), 83.

33. 음식 습관이 종교적, 문화적, 민족적 경계를 정의할 때 가지는 중요성에 대해 광범위한 연구물들이 있는데, 이 연구와 관련된 일부 저서들은 다음과 같다. Claudine Fabre-Vassas, *The Singular Beast: Jews, Christians, and the Pig*, trans. Carol Volk (New York: Columbia University Press, 1997); Uradyn E. Bulag, *Nationalism and Hybridity in Mongolia* (Oxford: Oxford University Press,

1998), 194-211; Maris Boyd Gillette, *Between Mecca and Beijing: Modernization and Consumption Among Urban Chinese Muslims* (Stanford: Stanford University Press, 2000), 114-166; and Robert F. Campany, "The Meanings of Cuisines of Transcendence in Late Classical and Medieval China," *T'oung Pao* 91(2005): 1-6.

34. 스페인 당국은 한동안 돼지고기 홍보를 지속했는데, 모리스코인, 즉 기독교로 개종한 무슬림에게 특히 더 홍보했다. 유독 스페인 정부와 교회 지지자들은 모리스코인의 개종을 진정으로 믿을 수 없다고 계속 두려워했다. 이것을 확인하기 위해 교회 지도자들, 예를 들어 필리페 3세의 고해 신부인 루이스 데 알리아그라 수사(修士, 1578~1621)와 같은 사람들은 선한 기독교인이라면 미사에 참석하고 고해를 할 뿐만 아니라 돼지고기를 먹고 포도주를 마시는 것까지 해야 한다고 주장했다(James B. Tueller, *Good and Faithful Christians: Moriscos and Catholicism in Early Modern Spain* [New Orleans: University Press of the South, 2002], 171, 223).

35. Jason Goodwin, *Lords of the Horizons: A History of the Ottoman Empire* (New York: Henry Holt, 1998), 230; and Maria Balinska, *The Bagel: The Surprising History of a Modest Bread* (New Haven: Yale University Press, 2008), 41-43.

36. Richard A. Lobban, Jr., "Pigs and Their Prohibition," *International Journal of Middle East Studies* 26, 1(1994): 57-75.

37. K. M. Maitra, *A Persian Embassy to China: Being an Extract from Zubdatu't Tawarikh of Hafiz Abru* (New York: Paragon Book Reprint Corp., 1970), 106.

38. 무슬림이 태국의 불교도와 자신들을 구별하기 위해 돼지고기를 사용하는 것에 대해서는 Angela Burr, "Pigs in Noah's Ark: A Muslim Origin Myth from Southern Thailand," *Folklore* 90, 2(1979): 178-185.

39. Ruy Gonzalez de Clavijo, *Clavijo: Embassy to Tamerlane, 1403-1406*, trans. Guy Le Strange (London: George Routledge & Sons, 1928), 223.

40. 플레처(Fletcher)는 이 이름이 명나라 건국자의 성(姓)인 '朱'와 돼지를 뜻하는 중국어 단어 猪의 말장난일 수도 있다고 주장했다("China and Central Asia," 349 n. 20).[⊕]

41. Ma Huan, *Ying-yai Sheng-lan: The Overall Survey of the Ocean's Shores [1433]*, trans. J. V. G. Mills (Cambridge: Cambridge University Press, 1970), 138.

42. 만주의 기원에 대해서 참조. Mark C. Elliott, *The Manchu Way: The Eight Banners and Ethnic*

⊕ 한국어 발음으로는 성씨를 나타내는 한자 '朱'는 '주', 돼지를 뜻하는 '猪'는 '저'로 발음하지만, 중국어로는 둘 다 '주(zhu)'에 가까운 발음이다.

Identity in Late Imperial China (Stanford: Stanford University Press, 2001), 1-33.

43. Frederic Wakeman, Jr., *The Great Enterprise: The Manchu Reconstruction of Imperial Order in Seventeenth-Century China* (Berkeley: University of California Press, 1985), 202-203.

44. 청나라의 중국 무슬림 정복에 대해서는 다음 참조. Morris Rossabi, "Muslim and Central Asian Revolts," *From Ming to Ch'ing: Conquest, Region and Continuity in Seventeenth-Century China*, ed. Jonathan D. Spence and John E. Wills, Jr. (New Haven: Yale University Press, 1979), 185-194.

45. Kate Teltscher, *The High Road to China: George Bogle, the Panchen Lama, and the First British Expedition to Tibet* (New York: Farrar, Straus and Giroux, 2006).

46. Johan Elverskog, *Our Great Qing: The Mongols, Buddhism and the State in Late Imperial China* (Honolulu: University of Hawai'i Press, 2006), chap. 4.

47. Jonathan N. Lipman, "'A Fierce and Brutal People': On Islam and Muslims in Qing Law," in *Empire at the Margins: Culture, Ethnicity, and Frontier in Early Modern China*, ed. P. K. Crossley, H. F. Siu, and D. S. Sutton (Berkeley: University of California Press, 2006), 88.

48. Lipman, "'A Fierce and Brutal People,'" 89.

49. Lipman, "'A Fierce and Brutal People,'" 89.

50. 첸훙무의 경력과 그의 "문명화 임무" 관점에 대한 철저한 연구물로는 다음 참조. William T. Rowe, *Saving the World: Chen Hongmou and Elite Consciousness in Eighteenth Century China* (Stanford: Stanford University Press, 2001), esp. chap. 12.

51. 역사 요약의 기본은 다음 참조. Jonathan N. Lipman, *Familiar Strangers: A History of Muslims in Northwest China* (Seattle: University of Washington Press, 1997), 114-115; Joseph F. Fletcher, *Studies on Chinese and Islamic Inner Asia*, ed. Beatrice Manz (Aldershot: Variorum, 1995); A. D. W. Forbes, "Ma Ming-hsin," in *Encyclopedia of Islam*, 2nd ed., ed. P. J. Bearman et al. (Leiden: Brill, 1960-2005), V, 850-852; and Anthony Garnaut, "Pen of the Jahriyya: A Commentary of *The History of the Soul* by Zheng Chengzhi," *Inner Asia* 8(2006): 29-50.

52. 청나라 중국-이슬람 문화의 발전에 대해서는 다음 참조. Zvi Ben Dor Benite, *The Dao of Muhammad: A Cultural History of Muslims in Late Imperial China* (Cambridge: Harvard East Asia Center, 2005), 5-19.

53. Joseph F. Fletcher, "The Naqshabandiyya in Northwest China," *Studies on China and Islamic Central Asia*, ed. Beatrice Manz (Aldershot: Variorum, 1995), XI: 13-14.

54. 낙쉬반디 교단 전통에서 침묵 디크르 대 낭송 디크르의 역사에 대해서는 다음 참조. Jürgen Paul, "Organization and Doctrine: The Khwājagān/Naqshbandīya in the First Generation After

Baha'uddin," *Anor* 1 (Halle/Berlin: Das Arabische Buch, 1998): 18-30.

55. 18, 19세기 말레이 반도에서도 비슷하게 불교 국가와 와하비파 무슬림 사이에 갈등이 벌어졌다 (Victor Lieberman, *Strange Parallels: Southeast Asia in Global Context, c. 800-1830y Vol. 1, Integration on the Mainland* [New York: Cambridge University Press, 2003], 334 참조).

56. 남부의 회족 반란에 대해서는 다음 참조. David G. Atwill, *The Chinese Sultanate: Islam, Ethnicity, and the Panthay Rebellion in Southwest China, 1856-1873* (Stanford: Stanford University Press, 2005).

57. Lipman, *Familiar Strangers*, 114-115.

58. 이러한 반란, 특히 야쿠브 벡의 반란에 대해서는 다음 참조. Kim Hodong, *Holy War in China: The Muslim Rebellion and State in Chinese Central Asia, 1864-1877* (Stanford: Stanford University Press, 2004).

59. Jimbadorji, *Bolor Toli*, ed. Liu Jinsuo (Beijing: Ündüsüten-ü keblel-ün qoriya, 1984), 366.

60. *Üegen-ü sang orosiba*, mss., 2r (『中國蒙古文古籍总目』[北京: 圖书馆出版社, 1999], no. 3529). 찰스 보든(Charles Bawden)이 출판한 울란바토르 *Üegen-ü sang* 사본에도 같은 구절이 있다. Charles Bawden, "The 'Offering the Fox' Again," *Zentralasiatische Studien* 10(1976): 453. 반면에 오이라트 필사본에서는 그들이 같은 아버지를 가졌다고 주장한다. Charles Bawden, "An Oirat Manuscript of the 'Offering the Fox,'" *Zentralasiatische Studien* 12(1978): 7-34 참조.

61. Johan Elverskog, *The Pearl Rosary: Mongol Historiography in Early Nineteenth Century Qrdos* (Bloomington: Mongolia Society, 2007), 36-37.

62. John Newman, "Islam in the Kalacakra Tantra," *Journal of the International Association of Buddhist Studies* 21, 2(1998): 319.

63. Newman, "Islam in the Kalacakra Tantra," 334.

64. *Sambala-yin oron-u teüke orosiba* [History of the Land of Shambhala], MS p. 19(Zhongguo Menggu wen guji zongmu bianhui, *Catalogue of Ancient Mongolian Books*, no. 4633).

65. Shabkar, *The Life of Shabkar*, 196.

66. Jimbadorji, *Bolor Toli*, 367.

67. Micheal Aris, "India and the British According to a Tibetan Text of the Later Eighteenth Century," in *Tibetan Studies: Proceedings of the 6th Seminar of the IATS, Fagernes 1992*, ed. Per Kvaerne (Oslo: The Institute for Comparative Research in Human Culture, 1994), 7-25; Michael Aris, '*Jig-med-gling-pa's 'Discourse on India' of 1787: A Critical Edition and Annotated Translation of the Cho-phyogs rgya-gar-gyi gtam brtag-pa brgyad-kyi me-long* (Tokyo: International Institute for Buddhist Studies of ICABS, 1996); and Matthew Kapstein, "Just Where on Jambudvipa Are

We? New Geographical Knowledge and Old Cosmological Schemes in 18th Century Tibet," in *Forms of Knowledge in Early Modern South Asia*, ed. Sheldon Pollock (Durham: Duke University Press, forthcoming) 참조.

68. Jimbadorji, *Bolor Toli*, 368.

69. 인잔나쉬 일생의 전기적 사항에 대해서는 다음 참조. John Gombojab Hangin, *Köke Sudur (The Blue Chronicle): A Study of the First Mongolian Historical Novel by Injannasi* (Wiesbaden: Harrassowitz, 1973), 1-14.

70. 이 서문의 문학적 맥락에 대해서는 다음 참조. A. Craig Clunas, "The Prefaces to *Nigen Dabqur Asar* and their Chinese Antecedents," *Zentralasiatische Studien* 14, 1(1980): 139-194.

71. Hangin, *Köke Sudur*, 63.

72. Benjamin A. Elman, *A Cultural History of Civil Examinations in Late Imperial China* (Berkeley: University of California Press, 2000), xi.

73. Johan Elverskog, "Injannashi, the Anti-Cervantes," in *Biographies of Eminent Mongol Buddhists*, ed. Johan Elverskog (Sankt Augustin, Germany: International Institute for Tibetan and Buddhist Studies, 2008), 75-98.

74. Hangin, *Köke Sudur*, 95.

75. 중국의 식사 및 식인 풍습 담론에 대해서는 다음 참조. Gang Yue, *The Mouth That Begs: Hunger, Cannibalism, and the Politics of Eating in Modern China* (Durham: Duke University Press, 1999).

76. Rubruck, *The Mission of Friar William*, 158.

77. 인류학이 유독 식인 풍습에 매료되었다는 것에 대해서는 다음 참조. Peggy R. Sandave, *Divine Hunger: Cannibalism as a Cultural System* (Cambridge: Cambridge University Press, 1988); Laurence R. Goldman, *The Anthropology of Cannibalism* (Westport: Bergin & Garvey, 1999); Francis Parker et al., *Cannibalism and the Colonial World* (Cambridge: Cambridge University Press, 2004); Gananath Obeyesekere, *Cannibal Talk: The Man-Eating Myth and Human Sacrifice in the South Seas* (Berkeley: University of California Press, 2005).

78. 도덕적 우월성 문제와 종교 연구에 대한 참조로는 미국 남부 지방의 기독교인 뱀잡이들에 대한 접근 방식을 연구한 로버트 오르시(Robert Orsi)의 연구를 들 수 있다. ("Snakes Alive: Religious Studies Between Heaven and Earth," in his *Between Heaven and Earth: The Religious Worlds People Make and the Scholars Who Study Them* [Princeton: Princeton University Press, 2005]: 177-203).

79. Hangin, *Köke Sudur*, 96.

80. 청나라 사회에서 변발의 중요성에 대해서는 다음 참조. Philip Kuhn, *Soulstealers: The Chinese Sorcery Scare of 1768* (Cambridge: Harvard University Press, 1990); Weikun Cheng, "Politics of the Queue: Agitation and Resistance in the Beginning and End of Qing China," in *Hair: Its Power and Meaning in Asian Cultures*, ed. Alf Hiltebeitel and Barbara Miller (Albany: State University of New York Press, 1998), 123-142.

81. Hangin, *Köke Sudury* 98.

82. 같은 연구 방식으로 중국 법률 관행, 능지(凌遲)를 다룬 연구로는 다음 책이 있다. Timothy Brook, Jérôme Bourgon, and Gregory Blue, *Death by a Thousand Cuts* (Cambridge: Harvard University Press, 2008), chaps. 3-5.

83. Hangin, *Köke Sudur*, 99.

84. Hangin, *Köke Sudur*, 99.

85. 맹자에 대한 해석으로 탁월한 연구는 다음 참조. Slingerland, *Effortless Action*, 131-173; 종교적 관습 비교에 대해서는 다음 참조. Robert F. Campany, "Xunzi and Durkheim as Theorists of Ritual Practice," in *Discourse and Practice*, ed. Frank Reynolds and David Tracy (Albany: State University of New York Press, 1992), 86-103.

86. Hangin, *Köke Sudur*, 97.

87. 예를 들어 비교 종교 연구의 역사적 발전에 대해서는 다음 참조. Eric J. Sharpe, *Comparative Religion: A History* (La Salle: Open Court, 1986).

88. Hangin, *Köke Sudur*, 99.

89. Hangin, *Köke Sudur*, 99, 100.

90. Hangin, *Köke Sudur*, 75-76.

91. Hangin, *Köke Sudur*, 76. 당시 라마에 대한 인잔나쉬의 비판은 19세기 후반 청나라의 반종교주의에서 온 것이다. 이 현상에 대해서는 다음 참조. Vincent Goossaert, ed., *Anticléricalisme en Chine*, special issue of *Extrême-Orient, Extrême-Occident* 24(2002).

92. Hangin, *Köke Sudur*, 96-97.

93. 티베트의 아미타불 숭배에 대해서는 다음 참조. Matthew T. Kapstein, "Pure Land Buddhism in Tibet?" in *Approaching the Land of Bliss: Religious Praxis in the Cult of Amitabha*, ed. Richard Payne and Kenneth Tanaka (Honolulu: University of Hawai'i Press, 2004), 16-41; Georgios Halkias, "Pure-Lands and Other Visions in Seventeenth-Century Tibet: A *Gnam chos sadhana* for the Pure-land Sukhavati Revealed in 1658 by Gnam chos Mi 'gyur rdo rje (1645-1667)," in *Power, Politics, and the Reinvention of Tradition: Tibet in the Seventeenth and Eighteenth Centuries*, ed. Bryan J. Cuevas and Kurtis R. Schaeffer (Leiden: Brill, 2006), 103-128.

94. Hangin, *Köke Sudur*, 97.

95. Hangin, *Köke Sudur*, 97-98.

결론

1. Peter Fleming, *News from Tartary: A Journey from Peking to Kashmir* (London: Jonathan Cape, 1936), 201. 무슬림과 불교도 간의 매듭을 다르게 묶는 사례에 대해 알려준 필립 포레(Philippe Forêt)에게 감사한다.

2. Gray Tuttle, *Tibetan Buddhists in the Making of Modern China* (New York: Columbia University Press, 2005), 143-144.

3. 예를 들어 기독교가 남반구로 이동한 일에 대해서는 다음 참조. Phillip Jenkins, *The Next Christendom: The Coming of Global Christianity* (New York: Oxford University Press, 2002).

4. Nicolai Ouroussoff, "For I. M. Pei, History Is Still Happening," *New York Times*, 2008.12.14.

찾아보기

ㅌ

ㅍ

ㅎ

숫자

감사의 글 ⊕

이 책을 쓰는 동안 나는 저명한 폴란드 사회학자의 세미나에 참석했었다. 강의 중에 그분은 미국 학자들이 학술서 후기에 가족에게 감사의 말을 전하더라면서 웃었다. 그분 생각으로는 그렇게 감사의 말을 하는 건 좀 우스꽝스러웠던 모양이다. 그보다는 참고문헌에 나오는 학자들에게 감사해야 한다고 말했다.

그의 정서에 공감하지만, 그럼에도 불구하고 나는 아내 Liljana에게 감사를 표하는 것으로 감사의 글을 시작한다. 아내는 내가 제대로 예고도 없이 가족의 삶을 뒤집어 놓으면서 아들을 데리고 스웨덴으로 가서 이 책을 쓸 수 있도록 해주었다. 아내의 지칠 줄 모르는 지원과 이해가 없었다면 이 책을 쓸 수 없었을 것이다.

⊕ 감사의 글에 등장하는 인물들의 이름은 개인적으로 선호하는 발음이 있을 수 있어 번역하지 않고 원어 그대로 두었다.

물론 단순한 순간적 충동으로 스웨덴행을 감행했던 것은 아니다. 나는 운이 좋게도 스웨덴 고등 학문 협의회Swedish Collegium for Advanced Study에서 내륙아시아를 연구하는 학자 그룹과 함께하자는 초대를 받았다. 이에 대해 Barbro Klein, Staffan Rosen, Bjôrn Wittrock에게 깊은 감사를 드린다. 그 기회 덕분에 교육이나 일상적 학업에서 벗어나지 않았다면 이 프로젝트를 시도조차 할 수 없었을 것이다. 이렇게 학자들을 위한 유토피아를 만들고 유지하면서, 웁살라에서의 체류를 즐겁고 생산적으로 만들어준 스웨덴 고등 학문 협의회의 이사와 직원 들에게 감사드린다.

린네 기념홀Linneanum의 한가한 공간에서 이 원고를 썼지만, 원고가 처음으로 시작된 것은 내가 10대 시절 비트세대 작가들에게 매혹되어 Brion Gysin의 아랍어와 중국어 복합 서예체를 접하게 된 때라고 할 수 있다. 어린 날의 이 호기심이 어떻게 책으로 다듬어졌는지에 대해서는 할 이야기가 많다. 캘리포니아 대학교University of California, Berkeley, 나로파 연구원Naropa Institute, 카르마파 연구원Karmapa Institute, 트리부반 대학교 Tribhuvan University, 미들버리 대학Middlebury College, 인디애나 대학교Indiana University, Bloomington에서 선생님들을 만날 수 있는 행운이 없었다면 결코 이 책을 쓰지 못했을 것이다. 그들을 만나지 못했다면, 나는 어린 시절의 환상을 학문적 현실로 만들고자 노력할 수 있는 지적 수단을 결코 갖지 못했을 것이다.

이러한 현실 달성이 나 혼자만의 힘으로 가능하지는 않았다. 수많은 동료들이 토론으로, 또 다양한 질문을 담은 이메일을 끊임없이 나누면서 내 논리를 다듬을 수 있도록 도움을 주었다. 그들 모두에게 감사를 보낸다.

특히 이 작업의 초안에 귀중한 의견을 주었던 Thomas Allsen, Chris Atwood, Brian Baumann, Devin DeWeese, Ayman El-Desouky, Philippe Foret, Kim Hodong, Victor Mair, Aleksandr Naymark, Morris Rossabi, Bruce Tindall, Gray Tuttle, Dan Waugh, Abdurishid Yakup에게 감사 인사를 전한다.

이 작업의 일부는 여러 학회와 집담회集談會에서 발표를 거쳤다. 초대해준 모든 분들과 와버그 연구원Warburg Institute, 웁살라 대학교Uppsala University, 라이스 대학교Rice University, 토론토 대학교University of Toronto, 맥마스터 대학교McMaster University, 남캘리포니아 대학교University of Southern California, 하버드 대학교Harvard University에서 내 발표에 유용한 조언과 비판을 주셨던 분들에게 감사드린다.

이 책에 등장하는 이미지와 지도에 도움을 준 모든 분들, Helen Abbott, Ian Aberle, Rudolph Abraham, Rodney Ast, Norman Belza, Jonathan Bloom, Geoff Childs, Michael Crow, Karl Debreczeny, Melvyn Goldstein, Amy Hofland, Linda Komaroff, Donald LaRocca, Angelo Lui, Auste Mickunaite, Maggie Murphy, Jennifer Lee, Ruth Long, Sandra Powlette, Jane Siegel, Eric Sommer, Volker Thewalt, Johannes Thomann, Jade Tran, Jenna Turner, Lynda Unchern, Sinead Ward, Doris Weiner, Shiyuan Yuan에게도 감사드린다. 이러한 이미지 사용 비용 기금을 제공해준 남감리교 대학교Southern Methodist University의 Peter Moore 학장과 연구부 및 대학원의 James Quick에게 감사를 표한다.

또한 이 책의 실제 제작에 참여한 모든 이들에게 감사를 전한다. 특히

Victor Mair는 문자 그대로 문을 나서면서 내 원고를 품에 받아주었고, 그 이후로 끊임없는 격려와 현명한 조언을 주었다. 또한 Peter Agree와 펜실베니아 대학교 출판부 직원들, 특히 Ashley Nelson, Noreen O'Connor-Abel, Jennifer Malloy, Sandra Haviland가 이 프로젝트의 마지막 단계를 즐겁게 보낼 수 있도록 해주었던 데 감사드린다.

마지막으로, 책에서 인용했던 모든 학자들에게 감사를 표한다. 그들의 선구적인 작업이 없었다면 이 프로젝트는 결실을 맺을 수 없었을 것이다.

⊕ 원서와 국문판의 이미지가 일부 다른데, 국문판의 이미지는 공공 사용이 가능한 공유public domain 이미지로 대체했다.

옮긴이의 글

이 책은 펜실베이니아 대학교 출판부UPenn에서 나온 *Buddhism and Islam on the Silk Road*(2010)를 번역한 것이다. 저자 요한 엘버스키그는 텍사스 SMU 대학교의 역사학 교수로, 일찍부터 불교와 이슬람이라는 두 거대한 종교 전통의 만남에 주목하여 지속적으로 관련 연구물을 발표해 오고 있다.

매년 쏟아져 나오는 신간이 많은데 굳이 10여 년 전에 출간된 책을 번역한 이유를 말하라면, 무엇보다도 책의 내용이 좋아서라고 하겠다. 그런데, 무엇이 좋으냐는 것은 결국 취향의 문제이다 보니, 부족한 사람으로서 불교와 이슬람의 만남이라는 쉽지 않은 내용을 번역하겠다고 나선 데는, 한국 독자들에게 반드시 이 책을 소개하고 싶다는 역자 나름의 고집이 있었음을 고백하지 않을 수 없다.

나는 한국에서 영문학을 전공하고 10년 이상 강의를 하다가 세기가 바뀌기 직전 영국으로 옮겨 가 지금까지 살고 있다. 처음에는 런던 대학교에서 영문학을 전공했는데, 점점 더 영문학보다 박물관이나 전시장을 찾는 시간이 많아졌고, 급기야는 미술사 공부를 제대로 해보자는 생각이 들었다. 돌이켜보면 2008년에 미술사로 다시 학부를 시작한 일은 순전히 무식하니 용감해서였다.

한국과 마찬가지로 영국 대학교의 학부에서도 각 전공의 기본 과목을 의무적으로 수강해야 하고, 그렇게 생전 처음으로 '이슬람 미술'이라는 과목을 들었다. 과목을 소개하는 첫 강의에는 모두 아무런 준비도 없이 들어왔다. 학업을 시작한 이래 그렇게 처음부터 끝까지 모르는 소리 일색인 강의는 처음이었다. 미흐랍, 키블라, 마드라사 같은 새로운 단어들이 등장하는데, 영어로도 우리말로도 어떻게 변변히 받아 적을 수가 없었다. 내 딴에는 영문학, 그것도 17세기 밀턴의 서사시를 전공했기에 서양 문화와 기독교 전통에도 제법 익숙하고, 몇 권의 번역서를 작업한 경험도 있어 세계사에 무식하지 않다고 생각했는데 이건 뭘까, 심각한 낭패감이 들었다. 열여덟, 열아홉 살 학생들과 같이 수업을 듣는데 이렇게 몰라도 되나 두렵기까지 했다. 그나마 내 나이쯤으로 보이는 영국 부인이 있어 위로가 되었으나 그 사람은 첫 주를 마치고 학업을 중단했다. 남은 아줌마는 나 혼자뿐인데, 교수들이 무슬림 학생들과 아랍어 인사를 나누는 이곳에서 어떻게 살아남아야 할지 위기감이 들었다.

배포된 참고문헌 목록을 찾아 밤새어 책을 읽으면서 알게 되었다. 진짜 문제는 다른 데 있다는걸. 교수들의 강의가 한결같이 좋았던 것이다. 공부 못하는 학생이라도 선생님이 잘 가르치는지 그렇지 않은지는 안다. 게다가 나 자신이 가르치는 일을 업으로 하다 보니 선생님의 강의 태도나 내용에 예민할 수밖에 없다. 그들이 내가 모르는 말을 하고 있지만, 그게 중요한 내용이라는 것만은 알 수 있었다. 수업 내용을 모르는 것은 내 잘못이지 그들이 잘못 가르쳐서가 아니다. '이슬람 미술'을 공부하면서 지금까지 내가 모르던 세상을 만났고, 유라시아 대륙 중앙, 그것도 거대한 부분을 점유하고 있는 지역과 문화에 대해 무지한 채 동양에서 서양만 바라보며 아는 척했던 데 대한 반성도 컸다.

시간이 지나면서 이슬람 전공 학자들의 뛰어난 책을 읽는 즐거움도 알았고, 다음 수업을 기다릴 정도로 이슬람 미술에 관심이 커져 갔다. 이슬람 문화를 연구하는 학자들은, 특히 20세기 초 이슬람 문화 연구 초기에 등장한 학자들은 남다른 문제의식을 갖춘 탁월한 연구물을 남겼을 뿐 아니라 글솜씨가 뛰어난 경우가 많았다. 그들의 책을 통해 문학작품에서 느끼지 못했던 즐거움을 누릴 수 있었는데, 그럴수록 아쉬움도 커졌다. 세계대전 이전부터 이슬람 문화에 관심을 갖고 연구했던 서구의 학자들은 서구 전통과 기독교의 관점에서 이슬람을 바라보았고, 그들의 저작에서 이슬람과 동아시아 문화, 이슬람과 불교를 연관 짓는 내용은 거의 없었다. 12세기 이래 거란의 서진과 몽골의 이란 점령으로 이어진 사건이 있었음에도 불구하고, 일칸국 회화의 몇 가지 시각적 표현에서 중국 미술의 요소가 보인다고 지적하는 정도였고, 그나마도 이탈리아 회화의 영향이 더 강조되었다.

8세기 중반부터 13세기 말까지 이어진 아바스 칼리파 조의 수도가 바그다드였다는 사실에서도 짐작할 수 있듯이 이슬람 문화는 결코 지금처럼 서구나 기독교의 대척점에서만 바라봐야 하는 문화가 아니다. 아브라함을 시조로 모신다는 점에서 기독교나 유대교와 시발점이 같지만, 이슬람 문화는 그 지정학적 위치가 상징하듯 서양과 동양의 중간에서 문화적으로도 양쪽 지역과 영향을 주고받았다. 그런데 서양의 이슬람 학자들은 이슬람 문화를 기독교나 유대교와의 관계에서만 바라보았다.

동아시아에서 보면 이러한 배제가 아쉽지만, 서양 학자들의 조건에서 보면 거대한 기독교 전통의 흐름에서 이슬람 문화를 이해하는 일은 당연하다고 할 수 있다. 서구 학자들의 이러한 편향성에 불만을 제기하는 것은 마치 한국 사람에게 왜 영어를 하지 않느냐고 비난하는 격이다. 다만 중세시대 미술사적 관점에서 한국과 이슬람 문화권의 만남에 관심을 가지고 있었던 나로서는 이슬람 문화와 불교문화의 관계에 대한 연구가 너무나 미약한 점이 늘 불만이었다.

2001년 탈레반이 바미안 석불을 폭파하는 사건이 벌어졌다. 뉴욕의 메트로폴리탄 박물관에서 석불을 사겠다는 제안도 했고, 구미 각국에서 석불 보존 운동을 벌였음에도 불구하고 천 년 이상 보존되어 있던 거대한 석불이 순식간에 파괴되고 말았다. 세계 각국이 이슬람 권역의 저급한 문명 파괴 행위에 분노를 터트렸고, 다시 한 번 이슬람의 배타성과 그 문화의 무지몽매함이 성토 대상이 되었다. 그러나 그 석불은 바로 아프가니스탄이라는 무슬림 국가에서 천 년 이상 유지되어온 유물이라는 사실을 잊지 말아야 한다. 탈레반이 그 석불을 파괴하기 전까지 서방 국가들은 그 석불에 별다른 관심을 가지지 않았다. 오랜 세월 동안 그곳의 무슬림들은 종교를 빌미로 불상을 파손하지도 않았고, 그 존립을 거래의 대상으로 사용하지도 않았다. 바미안 석불은 이런 점에서 무슬림과 불교도의 접촉의 역사를 증거하며 동시에 우리 시대의 정치화된 문명 충돌의 현장을 상징한다.

엘버스커그 교수의 책은 불교와 이슬람이 완전히 별개의 현상으로서 아무런 접점도 없다고 막연하게 단정하는 우리의 상식에 재고를 권한다. 이를 위해 그는 주요한 사례를 들어 불교와 이슬람의 만남이 실제로 어떻게 진행되었는지 역사적 변모를 보여준다. 물론 이 책에서 저자가 말하는 불교와 이슬람은 교리, 이념, 이상이 아니라 그러한 종교적 표현이 현실에 적용되었을 경우를 가리킨다. 불교나 이슬람뿐 아니라 기독교나 유대교, 힌두교 등 어떤 종교라도 이 세상에서 번성하려면 신자들의 기도와 경건한 헌신 이상이 필요하다. '구원의 경제economy of salvation'라는 용어가 말해주듯 종교는 평화와 위로, 죽음 너머의 안식을 보장하는 대가로 신도들의 경제적 기여를 요구하고, 신도들은 현실적으로 강력한 세력을 구축한 종교 집단에 소속됨으로써 자신의 영달을 도모하는 '영적 자본spiritual capital'을 획득한다. 저자가 이 책에서 거듭 불교와 이슬람이 크게 다르지 않다고 강조하는 것은 이러한 현 실태로서의 종교 양상을 말한다.

이와 같은 배경에서 저자는 불교-이슬람 교류사를 조명하는 공간으로 인도나 아라비아 반도에서 시작하지 않고, '실크로드'로 알려져 있는 교역 지역, 즉 아프가니스탄에서 몽골리아까지 뻗어 있는 드넓은 내륙아시아에 초점을 맞추고 있다. 따라서 이 책에서 말하는 '불교', 혹은 '대승불교'는 동아시아의 선불교가 아니라 내륙아시아 교역의 중심지 역할을 하면서 거란, 몽골, 만주족 등 북방 유목민족의 정신적 지주 역할을 맡았던 티베트의 불교, 즉 '밀교' 혹은 '탄트라 불교'를 지칭한다. 한국을 포함한 동아시아의 선불교는 사실상 이 책의 논의 대상이 아니다.

시간적 구성 역시 불교나 이슬람이 형성되는 초기 과정이라든가 자체 내 교리 논쟁부터 종말론까지 이어지는 가상적인 체계가 아니라 7세기 중엽부터 19세기까지 기간 동안 이 두 전통의 상호작용을 다룬다. 각 장은 연대순으로 배열되는데, 7세기 중반 이슬람이 등장하면서 기존의 교역로를 지배하던 불교 세력과 어떤 식으로 조우했는지, 어떻게 서로를 이해하고 오해하면서 갈등과 적대로 이어지고 그 와중에도 화해를 모색하려고 시도했는지, 내륙아시아도 그 강역疆域에 두었던 청나라 말기까지의 사례를 다룬다.

제1장에서는 약 700년부터1000년경에 이르는 시기, 무역이라는 관점과 종교적 사상 및 경제 체제 간의 연관성을 통해 불교도와 무슬림 간의 초기 접촉의 양상을 탐색한다. 제2장 역시 같은 기간을 다루지만 '구원의 경제'를 넘어서 이 두 전통이 어떻게 서로를 이해하려고 노력했는지 사례를 통해 그 방법을 알아본다. 제3장에서는 제1장과 제2장에서 다루었던 시대를 넘어 소위 '팍스 몽골리카Pax Mongolica'라고 알려진 1100년부터 1400년경까지의 몽골 제국기를 배경으로 한다. 무슬림을 통해 헬레니즘의 기술적, 의학적 지식이 티베트를 중심으로 내륙아시아까지 전파되었는데, 이보다 훨씬 중요한 불교-무슬림 상호작용의 사례는 우상 숭배라고 지탄받았던 불교문화의 "지극히 시각적인 전통"이 무슬림의 예술 생산에 영향을 남겼던 것이다. 이에 비해 제4장에서는 몽골 제국이 사라진 이후, 1400년경부터 1650년경에 이르는 시기에 이 두 전통에 점점 더 거리가 생기면서, 불교 세계와 무슬림 세계 사이에 갈등이 야기된 경위를 알아보

고, 급기야 '지하드'라는 개념의 충돌이 등장하는 정치적, 경제적 배경을 소개한다. 마지막으로 제5장에서는 불교도와 무슬림이 하나의 왕조 아래 모였던 청나라(1644~1911년)에서 '먹는다'는 지극히 일상적인 활동이 어떻게 종교 논쟁으로 비화되고 정치 쟁점화되었는지 살펴본다. 사실 '할랄'의 문제는 청나라에만 해당되지 않고 기독교와 이슬람이 크게 충돌했던 이베리아 반도나 이탈리아에서도 발견되는데, 지금까지 중국의 무슬림이 겪고 있는 문제의 근간을 이루기 때문에 청나라 사례가 유독 중요하다.

이상의 요약을 보고 이 책이 건조한 학술서일 거라고 생각한다면 오해이다. 저자는 전해져 내려오는 '이야기', '설화'를 다루면서 두 전통의 만남에 대한 이해와 오해를 밝히겠다고 했는데, 그가 든 사례들은 한결같이 사료를 바탕으로 꼼꼼하고 충실하게 분석되었으면서도 흥미진진하다. 이야기꾼으로서 저자의 면모가 드러난다. 이러한 가독성可讀性을 번역본이 제대로 전달할 수 있기만을 바랄 뿐이다.

엘버스커그 교수의 책은 그 세부적인 내용 못지않게 불교와 이슬람이라는 두 줄기 거대한 전통, 지금까지 결코 교차점이 없다고 단정지어졌던 두 전통을 하나의 주제로 모았다는 사실만으로도 교류사나 문화사 연구에서 큰 업적이다. 1, 2차 세계대전 이래 유럽에서는 기독교인의 숫자가 현저하게 줄어들면서 문을 닫는 교회가 급증하고 있다. 그에 비해 서양인 불교도의 숫자는 조용하지만 꾸준히 늘고 있다. 한국 역시 변화를 겪었는데, 기독교는 6·25전쟁 이래 눈부실 정도로 확산된 반면 불교는 사찰이 국토 곳곳에 흩어져 있음에도 불교도의 숫자는 예전에 비해 줄어들었다. 그런데 이러한 변화에도 불구하고 전통과 역사의 힘은 끈질기고 강력하다. 유럽의 시간은 여전히 기독교회의 행사로 규정된다. 종교적 의미에서 뿐만 아니라 일상의 시간을 지배한다는 점에서 크리스마스가 새해 첫날보다 중요하게 여겨지는 것이 한 예이다. 이렇게 보면 서구에서 불교와 이슬람은 둘 다 낯선 전통이다. 단지 이슬람은 지리적으로 서구와 근접해 있고, 역사적으로 접촉과 충돌이 잦아 서구인에게 불교보다 가까울 뿐이다. 엘버스커그 교수가 이 두 가지 외부 전통을 다룰 수 있었던 것은 다양한 문화에 대한 그의 오랜 관심과 그러한 관심을 학술적으로 표현하고 다듬을 수 있는 열의와 끈기가 있었기 때문이라고 본다.

한국 미술과 이슬람 미술의 관계를 찾는 논문을 준비하면서 나는 엘버스커그 교수의 책에서 큰 격려를 받았다. 그에 대한 감사로 이 책을 번역하겠노라 작정했고, 졸업 후 그에게 무작정 메일을 보냈다. 중간에 소개를 부탁할 수 있는 분들도 있었지만 그렇게 하지 않았다. 예전에 번역을 몇 편 하면서 이 작업이 결코 쉽지 않다는 걸 알았기 때문이다. 특히나 '책은 죽었다'고 아우성치는 세상에 어느 출판사가 학술서도 아니고 학술 번역서를 출판해주겠는가. 생각만 해도 길고 고달픈 여정이었다. 빚을 진 듯한 마음에 메일을 썼지만 실은 크게 기대하지 않았다.

그런데 저자에게 정중하고 따뜻한 메일이 오면서 결국 번역은 현실이 되었다. 2021년 6월 출판처로 도서출판 한울엠플러스(주)가 정해졌는데, 펜실베이니아 대학교 출판부가 늦장을 부리면서 해가 바뀌었다. 출판부를 독촉해서 일을 진행시킨 저자는 지극히 사적인 가족사를 담은 '한국어판 서문'도 써주었다. 그가 처음 책을 냈을 때만 해도 바미안 석불 파괴 사건이 큰 이슈였는데, 2023년이 저물어가는 지금 우리에게 익숙한 이슬람은 하마스로 바뀌었다. 이제는 무슬림과 불교의 대립보다 유대교와 기독교가 이슬람과 대립하는 모양새가 추세인 시대다. 엘버스커그 교수의 주장대로라면 모든 종교는 이 세상의 현실을 살아간다는 점에서 크게 다르지 않다. 자신의 경제적, 정치적 이익을 추구하고 교리상 평화를 외치지만 이익을 선점하기 위해서 폭력을 조장하고 불사한다. 저자는 첫 책뿐만 아니라 이 책의 '한국어판 서문'에서도 밝히고 있듯이 잘못된 '이야깃거리'에 넘어가지 말고 '나무보다 숲'을 보자고 권한다.

"책 읽기의 즐거움, 글쓰기의 괴로움"이라는 말이 있다. 역시 지당한 말씀이어서, 혼자 읽을 때는 그렇게 명징하던 책 내용이 막상 번역을 하려니 이토록 복잡하게 얽혀 있을 수가 없었다. 불교, 이슬람, 그 각각이 하나의 거대한 덩어리를 이루고 있다고 생각하지만, 자체적인 신학상의 전개나 특정한 공동체 윤리가 너무나 다양했다. 부족한 부분을 메꾸느라 관련 학문 연구자들에게 여러 조언을 구했지만 여전히 조심스럽다. 앞으로 독자들의 조언과 질정을 통해 번역을 좀 더 다듬어가리라 약속한다.

ଔ

책이 나오게 된 데는 유은실 교수의 힘이 컸다. 의사 선생이면서 한글 사랑이 지극하고 출판에도 관심이 많은 유 교수의 소개가 없었다면 한울에서 과연 이 번역 출판을 맡겠다고 했을까. 이 자리를 빌려 흔쾌히 출간을 결정해준 한울의 김종수 대표에게 감사드린다. 그리고 지루한 라이선스 계약을 불평 한 번 없이 추진해준 윤순현 부장에게도 고마움을 전한다. 무엇보다도 난삽한 원고를 깔끔하게 다듬고 일정을 엄수하며 원고를 진행한 배소영 팀장의 도움이 없었더라면 아마 이 책은 세상에 나오기까지 또 오랜 시간을 기다렸을 것이다. 배 팀장의 열의가 없었다면 나 역시 오랜 시간에 지쳤을 텐데, 그의 사무적인 듯하면서도 따뜻한 메시지가 앞으로 나아가는 데 얼마나 큰 도움이 되었는지 모른다. 깊은 감사를 전한다.

동서문명교류연구소의 정수일 소장님과 여러 연구원분들에 대해서도 언급하지 않을 수 없다. 지난 1년간 연구위원들과 함께하면서 한국 학자들이 한국사부터 중국학, 몽골학, 이슬람 문화권 등 다양한 분야에서 이룩한 학문적 성과를 직접 듣고 의견을 나눌 수 있었던 것은 학부부터 영어권에서 공부했던 내게 큰 행운이 아닐 수 없었다. 연구위원들과 토론하면서 서구 학자들이 놓치고 있던 것들도 알게 되고, 또 우리에게 아쉬운 점도 깨달았다. 이 자리를 빌려 함께 의견을 나누었던 정 소장님과 여러 연구원분들에게 다시 한 번 감사드린다.

책을 번역하면서 한 번도 직접 뵌 적은 없지만, 스님들께서 이슬람에 대해 말씀하시는 걸 들으면서 위로를 받았던 기억이 있다. 법륜 스님은 대중 강연 중에 간혹 아프가니스탄에서 겪었던 이야기라든가 무슬림 문화에 대해 말씀하신다. 처음 스님의 말씀을 들었을 때 한국 스님들도 이렇게 이슬람에 관심을 가질 수 있구나 하고 놀랐었다. 자현 스님이 특유의 해학과 농담을 섞어 불교와 이슬람의 만남에 대해 진지한 이야기를 전달하시던 강의도 고마운 기억으로 남아 있다. 이슬람 미술을 전공했다고 하니 무슬림이냐고 묻던 친구가 있었는데, 이처럼 이슬람 문화 이해가 아직도 요원한 환경에서 스님들의 말씀은 그 내용이 아무리 소박하더라도 큰 위로가 된다.

저자가 감사의 글에서 밝히기를, 어느 강연에서 한 교수가 학술서에 가족에게 감사의 말을 남기는 것은 우스꽝스럽다고 했다는데, 그도 그럴듯해서 나는 가족에 대한 감사는 생략하기로 한다. 단지 그간 미안했다는 말은 남기고 싶다.

2024년 2월

김인성

지은이

요한 엘버스커그 (Johan Elverskog)

텍사스 SMU(Southern Methodist University)의 역사학 교수(Dedman Family 석좌교수). 연구 분야는 중국과 내륙아시아의 교류사로, 중국 명·청대(代) 교류사, 투르크 및 몽골인의 불교사, 내륙아시아 문명 교류사, 내륙아시아 환경 문제 등을 다룬 논서들이 있고, 전근대 내륙아시아어 문서를 번역하기도 했다.

주요 저서에 *The Buddha's Footprint: An Environmental History of Asia* (2020), *Buddhism and Islam on the Silk Road* (2011), *Our Great Qing: The Mongols, Buddhism, And the State in Late Imperial China* (2006) 등이 있다.

옮긴이

김인성 (金仁星)

런던 대학교 아프리카 아시아 연구원(SOAS: School of Oriental and African Studies)의 연구교수이다. 2008년 SOAS 미술사학과에서 학부를 시작하여 물질 문화 측면에서 중세 한국과 이슬람 세계의 교류 관계를 탐구했고, 2017년 박사학위를 받았다(학위논문 "Islamic Material Culture in Medieval Korea and Its Legacy"). 졸업 이후 학술 발표와 논문을 통해 같은 주제의 연구를 이어오고 있으며, 현재 이슬람 문화권뿐 아니라 당대 유라시아 문화 일반과의 관계에서 한국 문화를 조명하는 연구를 하고 있다. 한국연구원의 후원으로 『중세 한국, 이슬람 문화와 만나다(가제)』(2024)가 출판될 예정이다.

미술사를 전공하기 전, 이화여자대학교 영어영문학과에서 학부를 시작하여 1991년 존 밀턴에 관한 연구로 박사학위를 받았다. 관련 출판물로는 『영어의 숲을 여행하다』(2011), 『시인의 자리를 찾아서: 김인성의 영국문학기행 1』(2005), 『소설가의 길을 따라: 김인성의 영국문학기행 2』(2005) 등이 있고, 대표적인 역서로는 『역사 속의 페미니스트』(개정판 2007, 1998), 『더 이상 어머니는 없다: 모성의 신화에 대한 반성』(개정판 2018, 2002) 등이 있다.

한울아카데미 2494

불교와 이슬람, 실크로드에서 만나다

지은이 | 요한 엘버스커그
옮긴이 | 김인성
펴낸이 | 김종수
펴낸곳 | 한울엠플러스(주)
편 집 | 배소영

초판 1쇄 인쇄 | 2024년 3월 1일
초판 1쇄 발행 | 2024년 3월 8일

주소 | 10881 경기도 파주시 광인사길 153 한울시소빌딩 3층
전화 | 031-955-0655
팩스 | 031-955-0656
홈페이지 | www.hanulmplus.kr
등록 | 제406-2015-000143호

Printed in Korea.
ISBN 978-89-460-7495-8 93910 (양장)
978-89-460-8291-5 93910 (무선)

※ 책값은 겉표지에 표시되어 있습니다.